厉以宁 著

社会主义政治经济学

图书在版编目(CIP)数据

社会主义政治经济学 / 厉以宁著. —北京：商务印书馆，2017
ISBN 978-7-100-12828-5

Ⅰ.①社… Ⅱ.①厉… Ⅲ.①社会主义政治经济学—教材 Ⅳ.①F04

中国版本图书馆 CIP 数据核字(2016)第 312507 号

权利保留，侵权必究。

社会主义政治经济学
厉以宁 著

商 务 印 书 馆 出 版
(北京王府井大街36号 邮政编码100710)
商 务 印 书 馆 发 行
北 京 冠 中 印 刷 厂 印 刷
ISBN 978 - 7 - 100 - 12828 - 5

2017年12月第1版　　　　开本 880×1230　1/32
2017年12月北京第1次印刷　　印张 20¾
定价：96.00元

2016 年重印说明

本书初次印刷是在 1986 年 11 月。以后这些年,一共印刷了 10 次。2016 年商务印书馆又决定重印。

我的学生们问我,是不是需要做一些修改或补充? 我对他们说:"为了反映当年(1986 年)交稿时的原貌,就不必修改或补充了。"1986 年距离今年恰好 30 周年,当时有当时的形势,当时有我自己的认识水平,当时我作为社会主义政治经济学的探索者,也有自己认识上的许多不足。这些都是历史了,所以把这本 1986 年出版的教科书按原样重印,是对历史的尊重。

本书出版后,我曾用它作为教材,给北京大学经济管理系的学生们讲授过。后来,孙来祥同学在 1987、1988、1989 年等几个班接过了本书的讲授任务,讲了好几遍。朱善利同学也在 20 世纪 90 年代担任过本书的讲授,因为这时孙来祥到欧洲留学去了。他通过努力,后来成为英国皇家科学院院士。朱善利则不幸因病医治无效,于 2015 年去世。在此,我对朱善利同学英年早逝,致以诚挚的哀悼,并为他在 20 世纪 90 年代讲授本书一事深表感谢。

厉以宁

目 录

本书的体系、结构与基本论点 …………………………………… 1

第一章 导论 …………………………………………………… 7
第一节 社会主义制度的建立 ……………………………… 7
一、社会主义制度是人类历史上崭新的社会制度 ………… 7
二、从资本主义到社会主义的过渡时期的必要性 ………… 8
第二节 社会主义制度的基本特征 ………………………… 10
一、社会主义公有制 ………………………………………… 10
二、按劳分配 ………………………………………………… 12
第三节 社会主义的物质技术基础和社会主义生产目的 … 13
一、社会主义的物质技术基础 ……………………………… 13
二、社会主义阶段的根本任务是发展生产力 ……………… 14
三、社会主义生产目的 ……………………………………… 16
第四节 社会主义社会中的经济规律 ……………………… 17
一、关于社会经济运动的规律：生产关系一定要适应生产力性质的规律 ………………………………………………… 17
二、关于商品生产和交换的规律：价值规律 ……………… 19
三、关于经济按比例发展的规律：社会再生产规律 ……… 21
第五节 社会主义的有计划的商品经济 …………………… 22
一、社会主义经济的计划性和商品性的统一 ……………… 22

  二、指令性计划 ································· 23
  三、指导性计划 ································· 24
  四、市场调节 ··································· 26
  五、我国的计划体制 ····························· 26
 第六节 社会主义建设过程中的经验和教训 ············ 28
  一、社会主义制度的建立只是为社会主义制度优越性的发挥
    创造前提 ··································· 28
  二、社会主义经济建设的指导思想 ················· 29
  三、社会主义经济体制 ··························· 30
  四、对外开放 ··································· 32
  五、社会主义物质文明建设和精神文明建设 ········· 34
  六、社会主义民主和社会主义建设 ················· 35

第二章 社会主义经济运行分析的前提 ··················· 37
 第一节 计划和市场 ································· 37
  一、计划管理范围 ······························· 37
  二、价格 ······································· 37
  三、计划管理方法 ······························· 38
  四、商品市场和资金市场 ························· 39
  五、劳务市场 ··································· 40
  六、科学技术成果的有偿转让：技术市场 ··········· 41
 第二节 多种所有制和经营形式 ······················· 42
  一、全民、集体、个体经济的地位 ················· 42
  二、资源开发的所有制和经营形式 ················· 44
  三、新型的经济联合体 ··························· 45
 第三节 企业地位 ··································· 46
  一、企业的法人地位 ····························· 46

二、企业破产问题 …………………………………… 46
　　三、企业与国家之间的关系 ………………………… 47
　　四、企业内部关系 …………………………………… 48
　　五、企业与企业之间的关系 ………………………… 49
　　六、社会主义企业活力的性质 ……………………… 49
　第四节　经济立法、经济监督和经济信息系统………… 50
　　一、纯经济分析的适用性和局限性 ………………… 50
　　二、经济立法 ………………………………………… 52
　　三、经济监督 ………………………………………… 53
　　四、经济信息系统 …………………………………… 54
　　五、新旧经济体制交替时期的"过渡性症状" …… 55

第一篇　国民经济运行

第三章　国民收入的形成和分解 ……………………… 63
　第一节　国民收入的形成 ………………………………… 63
　　一、生产活动 ………………………………………… 63
　　二、最终产品和中间产品 …………………………… 64
　　三、按最终产品价值计算的社会总产值 …………… 66
　　四、国民收入 ………………………………………… 67
　　五、国民收入形成过程 ……………………………… 68
　第二节　国民收入的分解 ………………………………… 69
　　一、社会总供给 ……………………………………… 69
　　二、社会总需求 ……………………………………… 70
　　三、国民收入的价值构成 …………………………… 72
　第三节　国民收入的价值运动：封闭条件下的情况…… 74
　　一、封闭型经济的含义 ……………………………… 74

二、简单再生产条件下社会总需求与社会总供给的价值
　　　　平衡 ……………………………………………………… 74
　　三、简单再生产条件下国民收入的初次分配 …………… 80
　　四、简单再生产条件下国民收入的再分配 ……………… 82
　　五、扩大再生产条件下社会总需求与社会总供给的
　　　　价值平衡 …………………………………………………… 84
　　六、扩大再生产条件下国民收入的初次分配和再分配 … 87
　第四节　国民收入的价值运动：开放条件下的情况 ……… 89
　　一、开放型经济的含义 …………………………………… 89
　　二、开放条件下社会总需求与社会总供给的价值平衡 … 90
　　三、开放条件下国民收入的初次分配和再分配 ………… 94
　　四、开放条件下影响社会总需求和社会总供给的其他项目 … 95

第四章　国民经济中的价值平衡和实物平衡 …………………… 100
　第一节　价值平衡和实物平衡的统一 ……………………… 100
　　一、总量的价值平衡的局限性 …………………………… 100
　　二、实物平衡概念 ………………………………………… 101
　　三、封闭型简单再生产过程中两种平衡实现的条件 …… 102
　　四、封闭型扩大再生产过程中两种平衡实现的条件 …… 105
　　五、净出口、净资金流出与两种平衡的实现 …………… 108
　　六、侨汇收入和支出、出入国境者的支出、劳务进出口
　　　　与两种平衡的实现 ………………………………………… 111
　　七、总量意义上价值平衡与实物平衡的统一 …………… 113
　第二节　价值平衡、实物平衡的自行调整 ………………… 114
　　一、价值平衡、实物平衡自行调整的含义 ……………… 114
　　二、价值平衡、实物平衡自行调整的机制 ……………… 114
　　三、价值平衡、实物平衡自行调整的局限性 …………… 116

第三节　财政、信贷和两种平衡之间的关系 …… 119
一、财政在价值平衡实现过程中的作用 …… 119
二、信贷在价值平衡实现过程中的作用 …… 123
三、财政、信贷与总量的实物平衡 …… 125
四、财政、信贷收支差额的累积性效应 …… 129

第四节　社会主义经济中总量失衡问题的提出 …… 134
一、失衡与总量失衡 …… 134
二、财政信贷调整前的失衡与调整后的失衡 …… 135
三、社会主义经济中出现总量失衡的可能性 …… 136
四、对社会主义经济中总量失衡的认识 …… 138

第五章　国民经济中的部门结构和部门间的经济联系 …… 140

第一节　封闭条件下的部门结构 …… 140
一、从结构的角度看价值平衡和实物平衡 …… 140
二、部门的划分 …… 141
三、总需求和总供给的按部门分解 …… 142
四、关于三次产业的划分 …… 144

第二节　开放条件下的部门结构 …… 147
一、开放部门与非开放部门 …… 147
二、开放条件下总需求和总供给的按部门分解 …… 149
三、开放条件下社会总需求与社会总供给平衡公式的另一种表述 …… 152

第三节　部门间的经济联系 …… 153
一、投入、产出、消耗系数 …… 153
二、直接消耗、间接消耗 …… 153
三、最终产品的部门结构 …… 154
四、部门间的实物平衡 …… 158

五、部门内部的经济联系 …………………………………… 160
　　六、包括中间产品在内的"社会总需求"和"社会总供给"的
　　　　平衡 ……………………………………………………… 162
　　七、部门结构和就业 …………………………………………… 164
　第四节　社会主义部门结构的协调 ……………………………… 166
　　一、讨论的出发点 ……………………………………………… 166
　　二、两大部类概念及其与部门结构分析的统一 ……………… 167
　　三、为保持社会总需求与社会总供给的平衡所要求的部门
　　　　结构调整 ………………………………………………… 176
　　四、对最优部门结构的理解 …………………………………… 179
　　五、社会主义部门结构协调的基本原则 ……………………… 182
　第五节　社会主义经济中结构性失衡问题的提出 ……………… 185
　　一、结构性失衡的含义 ………………………………………… 185
　　二、部门结构关系的自行调整及其局限性 …………………… 186
　　三、财政、信贷与部门结构的调整 …………………………… 187
　　四、对社会主义经济中结构性失衡的认识 …………………… 190

第二篇　企业经济活动

第六章　企业的成本和收益 ………………………………………… 195
　第一节　企业的成本 ……………………………………………… 195
　　一、企业成本的定义 …………………………………………… 195
　　二、成本中的固定部分和非固定部分 ………………………… 196
　　三、平均成本 …………………………………………………… 197
　　四、边际成本 …………………………………………………… 198
　　五、企业的投入 ………………………………………………… 199
　　六、企业的内部经济与不经济 ………………………………… 201

第二节　企业的收益 ………………………………… 203
一、企业收益的定义 ………………………………… 203
二、企业利润 ………………………………………… 204
三、平均收益和边际收益 …………………………… 205
四、边际收益和边际成本 …………………………… 206
五、目标利润和目标收益 …………………………… 207
六、目标利润率和实际利润率 ……………………… 208
七、利润率的其他形式 ……………………………… 210

第三节　企业经营中的价格问题 …………………… 211
一、价格的构成 ……………………………………… 211
二、非限制性市场与企业价格的决定 ……………… 212
三、限制性市场与企业价格的决定 ………………… 213
四、计划价格偏低和偏高的后果 …………………… 214
五、计划价格与市场上自然形成的价格之间的关系 … 216

第四节　企业之间在成本和收益方面的相互影响 … 219
一、企业之间在成本方面的相互影响 ……………… 219
二、企业之间在收益方面的相互影响 ……………… 221
三、企业的外部经济与不经济 ……………………… 223

第七章　企业的生产决策和存货调整 ……………… 226
第一节　企业的生产决策 …………………………… 226
一、企业生产决策的含义 …………………………… 226
二、机会成本 ………………………………………… 227
三、生产要素替代 …………………………………… 227
四、企业的外延型扩大再生产和内含型扩大再生产 … 228
五、技术创新类型 …………………………………… 229
六、企业计划的平衡 ………………………………… 231

第二节　企业生产经营条件的不确定性 …………… 233
　一、企业内部条件的不确定性 ……………………… 233
　二、企业外部条件的不确定性 ……………………… 234
　三、不确定环境中企业生产决策的原则 …………… 235
第三节　企业存货调整 …………………………………… 236
　一、企业存货概念 …………………………………… 236
　二、目标存货水平与实际存货水平 ………………… 237
　三、企业存货的经常调整 …………………………… 239
　四、价格预期对企业存货调整的作用 ……………… 240
　五、供给不足和限制性市场条件下的企业存货调整 …… 241
第四节　企业存货调整与市场商品可供量变动
　　　　之间的关系 ………………………………… 243
　一、市场商品可供量概念 …………………………… 243
　二、市场商品可供量的总量与结构 ………………… 244
　三、从企业存货调整看经济中的总量失衡问题 …… 246
　四、从企业存货调整看经济中的结构性失衡问题 …… 247

第八章　企业的资金筹集和资金运用 …………… 249
第一节　企业资金的循环和周转 ……………………… 249
　一、企业资金概念 …………………………………… 249
　二、企业资金循环 …………………………………… 250
　三、企业资金各种形态的并存 ……………………… 251
　四、企业资金周转 …………………………………… 252
　五、固定资金周转 …………………………………… 252
　六、流动资金周转 …………………………………… 254
第二节　企业的资金筹集 ……………………………… 254
　一、企业资金筹集的含义 …………………………… 254

二、企业资金来源 ·· 255

　　三、企业资金筹集的代价 ··· 256

　　四、企业资金筹集决策 ·· 257

　　五、企业的国外资金来源 ··· 258

　　六、租赁：企业资金筹集的另一种形式 ························ 259

第三节　企业的资金运用 ·· 260

　　一、企业资金运用的分类 ··· 260

　　二、企业投资的有效性 ·· 261

　　三、企业资金的时间价值 ··· 262

　　四、投资回收期概念 ··· 262

　　五、投资的风险性 ·· 263

第四节　企业资金由货币形态向实物形态的转化 ················ 264

　　一、从国民经济的角度看企业资金的来源 ···················· 264

　　二、国民经济中资金筹集的限额 ································ 267

　　三、从总量上看企业资金由货币形态向实物形态的转化 ···· 267

　　四、企业自筹资金的转化问题 ··································· 270

　　五、从结构上看企业资金由货币形态向实物形态的转化 ···· 271

　　六、企业资金形态的转化与国民经济中的失衡的关系 ······ 272

第三篇　个人经济行为

第九章　个人作为消费者 ·· 279

第一节　个人可支配收入 ·· 279

　　一、个人收入 ·· 279

　　二、个人可支配收入的确定 ······································ 280

　　三、个人可支配收入的分解 ······································ 280

第二节　个人消费支出 ··· 282

一、个人消费动机的假定 282
二、影响个人消费支出的货币因素 283
三、影响个人消费支出的商品因素 285
四、个人消费支出的去向 286
五、个人消费结构的变化 288
六、个人消费水平的不可逆性 289

第三节 个人消费品存量调整 290
一、个人消费品存量 290
二、个人消费品存量调整的目的 291
三、个人消费品存量调整的不规则性 292
四、个人消费品存量调整与市场消费品可供量 ... 294
五、市场消费品可供量的结构 294

第四节 个人现金持有额调整 297
一、个人现金持有额 297
二、个人现金持有额调整的目的 298
三、个人现金持有额调整的不规则性 299
四、个人现金持有额调整与国民经济中现金流通
　　之间的关系 300
五、个人现金持有额调整与总量失衡之间的关系 ... 303

第十章 个人作为投资者 306

第一节 个人的投资行为 306
一、个人投资行为的含义 306
二、个人的间接生产经营活动和直接生产经营活动 309
三、个人直接生产经营的成本 309
四、个人直接生产经营的收益 310
五、个人生产经营净收入的分解 311

六、个人生产经营净收入各个组成部分的性质·············· 312
第二节　个人资产形式的选择·························· 314
　　一、个人资产形式选择的含义······················ 314
　　二、个人资产形式选择过程中经济因素的作用·········· 315
　　三、个人资产形式选择过程中非经济因素的作用········ 317
　　四、个人资产形式选择的不规则性···················· 318
第三节　个人资产形式的调节机制······················ 319
　　一、个人资产形式的自行调节······················ 319
　　二、个人资产形式的政府调节······················ 319
第四节　个人资产形式调整对国民经济运行和企业
　　　　经济活动的影响······························ 322
　　一、个人资产形式调整的含义······················ 322
　　二、个人资产形式调整和消费品市场的变动············ 322
　　三、个人资产形式调整和生产资料市场的变动·········· 324
　　四、个人资产形式调整和社会的资金供给·············· 326
　　五、个人资产形式调整对企业经济活动的影响·········· 327
　　六、个人资产形式调整对国民经济运行的影响·········· 329

第四篇　宏观经济与微观经济的协调

第十一章　社会主义经济调节手段体系···················· 333
第一节　给定经济体制前提下的社会主义经济运行······ 333
　　一、社会主义社会中企业、个人、政府之间的经济关系······ 333
　　二、企业、个人、政府之间货币收入流转的正常进行········ 335
第二节　宏-微观经济之间的关系与总量失衡的现实性
　　　　·· 336
　　一、微观经济对宏观经济的多方面的影响·············· 336
　　二、总量失衡的一种表现：经济停滞··················· 337

三、总量失衡的另一种表现:通货膨胀 ······ 338
　　　四、宏-微观经济的不协调与经济停滞 ······ 340
　　　五、宏-微观经济的不协调与通货膨胀 ······ 341
　第三节　宏-微观经济之间的关系与结构性失衡的
　　　　　现实性 ······ 342
　　　一、结构性失衡现实性问题的提出 ······ 342
　　　二、某些关键性产品的供给过剩与经济停滞 ······ 343
　　　三、某些关键性产品的供给不足与通货膨胀 ······ 345
　　　四、总量失衡与结构性失衡并发的现实性 ······ 346
　　　五、总量失衡与结构性失衡并发的表现 ······ 347
　第四节　政府的经济调节在协调宏-微观经济
　　　　　方面的作用 ······ 348
　　　一、政府的经济调节的意义 ······ 348
　　　二、政府的价格调节与宏-微观经济的协调 ······ 349
　　　三、政府的财政调节与宏-微观经济的协调 ······ 351
　　　四、政府的金融调节与宏-微观经济的协调 ······ 355
　　　五、政府的汇率调节与宏-微观经济的协调 ······ 357
　第五节　政府各种经济调节手段的配合使用 ······ 361
　　　一、需求调节和供给调节的比较 ······ 361
　　　二、价格调节、财政调节、金融调节的比较 ······ 363
　　　三、"双松"、"双紧"和"松紧配合" ······ 365
　　　四、再论"松紧配合"的实用性 ······ 368
　　　五、对社会主义经济调节手段体系的理解 ······ 369

第十二章　不断调整中的消费品市场、生产资料市场
　　　　　和资金市场之间的关系 ······ 371
　第一节　社会经济的自我调理功能和二元机制的作用
　　　　　 ······ 371

一、社会主义经济运动的规律性 ………………………… 371
二、社会经济的自我调理功能 …………………………… 373
三、市场机制作用的再认识 ……………………………… 375
四、政府调节作用的再认识 ……………………………… 376
五、二元机制的含义 ……………………………………… 378
六、二元机制的作用的局限性 …………………………… 379

第二节 微观经济单位的活力和微观经济活动的
自发性 …………………………………………… 380
一、微观经济单位活力的源泉 …………………………… 380
二、自负盈亏的企业的生产经营特点 …………………… 382
三、微观经济活动的自发性 ……………………………… 383

第三节 消费品市场、生产资料市场和资金市场的
相互制约关系 …………………………………… 385
一、微观经济活动的自发性在三个市场上的表现 ……… 385
二、消费品市场和生产资料市场之间关系的不断调整 … 386
三、商品市场和资金市场之间关系的不断调整 ………… 388
四、关于企业自筹投资的意愿和消费者爱好的满足问题 …… 390

第四节 控制货币供应量增长率与三个市场
之间关系的调整 ………………………………… 392
一、对货币数量问题的进一步表述 ……………………… 392
二、市场供不应求条件下对货币供应量增长率的控制 … 393
三、市场供大于求条件下对货币供应量增长率的控制 … 396
四、对货币供应量增长率的控制与三个市场的协调 …… 396
五、对货币供应量增长率的控制这一调节手段的性质 … 399
六、对货币供应量增长率的控制在社会主义经济调节
手段体系中的地位 ……………………………………… 401

七、关于货币供应量增长率控制问题的进一步探讨·········· 403
第十三章　社会主义经济中资源配置的合理化趋向·········· 407
　第一节　资源配置中的价格问题······················ 407
　　一、资源配置的含义······························· 407
　　二、资源配置的机制······························· 408
　　三、资源配置价格概念····························· 409
　　四、资源配置中价格问题的两条研究途径············· 411
　　五、资源配置价格与价值之间的间接关系············· 414
　第二节　资源配置的合理化·························· 415
　　一、资源配置合理化的含义························· 415
　　二、资源配置与内部经济变动之间的关系············· 416
　　三、资源配置与外部经济变动之间的关系············· 417
　　四、资源配置与社会边际收益······················· 419
　　五、资源配置价格与市场对资源投入的调节··········· 421
　　六、资源配置价格与政府对资源投入的调节··········· 422
　第三节　资源配置中的补偿问题······················ 423
　　一、资源投入个别边际收益与社会边际收益的不一致··· 423
　　二、补偿的非自发性······························· 424
　　三、直接补偿和间接补偿··························· 425
　　四、两种补偿方式的兼用··························· 426
　　五、资源配置中的直接补偿的负担··················· 428
　　六、资源配置中的间接补偿的负担··················· 429
　第四节　资源合理配置与经济体制的进一步完善化······ 430
　　一、给定的经济体制前提下资源配置过程中遇到的问题··· 430
　　二、劳动力流动和人力资源配置····················· 433
　　三、两种用工制度的比较··························· 435

四、对经济体制改革与资源配置合理化之间关系的认识 …… 437
五、企业家和"企业家精神" …… 439
六、工资攀比及其解决途径的探索 …… 440
七、宏观经济与微观经济的协调是一个长期趋势 …… 447

第五篇　社会规范与个人行为的协调

第十四章　利益、动力和行为准则 …… 453
第一节　国家利益、集体利益与个人利益 …… 453
一、国家利益 …… 453
二、集体利益 …… 454
三、个人利益 …… 454
四、国家利益、集体利益与个人利益之间的关系 …… 455

第二节　利益与动力的关系 …… 457
一、关于动力来自物质利益的假设 …… 457
二、从动力来自物质利益的假设出发考察社会主义经济运行问题 …… 458
三、动力来自物质利益的假设的局限性 …… 459
四、从更广泛的角度考察利益与动力之间的关系 …… 460
五、动力递减问题 …… 461
六、动力并非全部来自利益的假设 …… 462

第三节　行为准则的探讨 …… 464
一、行为准则的含义 …… 464
二、行为准则的规范性质 …… 466
三、社会规范问题的提出 …… 467
四、个人经济行为评价标准 …… 468
五、个人经济行为评价标准的检验 …… 468

第十五章　收入分配和收入调节 ·················· 471

第一节　给定经济体制前提下个人收入的差距 ·········· 471
一、个人收入的来源和性质 ······················ 471
二、个人劳动收入的差距 ······················ 472
三、个人资产收入的差距 ······················ 474
四、个人的福利性收入的差距 ···················· 475

第二节　给定经济体制前提下对个人收入的调节 ········ 476
一、收入调节的含义 ························ 476
二、国家、集体和社会团体收入调节的比较 ·············· 478
三、收入调节的必要性 ······················ 479
四、收入调节的限度 ························ 480
五、国家调节个人收入的其他方式 ·················· 481

第三节　关于非按劳分配收入的进一步考察 ············ 484
一、非按劳分配收入的性质 ······················ 484
二、对非正常的个人资产收入的调节 ················ 486
三、正常的与非正常的个人资产收入之间的界限 ·········· 488
四、个人劳动收入中非按劳分配因素带来的部分追加收入 ··· 490

第十六章　经济学中的伦理原则 ······················ 493

第一节　收入分配的合理性问题 ···················· 493
一、按劳分配中的平等权利和不平等权利 ·············· 493
二、现实经济中收入分配合理性问题的探讨 ············ 494
三、非正常的个人资产收入数额限度的确定 ············ 497

第二节　社会安定、平等、效率 ···················· 498
一、收入分配合理性问题的引申 ···················· 498
二、平等与平均主义的原则区别 ···················· 500

三、用历史的观点来理解社会主义社会中"平等与效率的
　　关系" ················ 501
四、关于"社会不安定不一定来自社会不平等"的假设 ······ 502
五、关于"经济效率不一定来自收入分配差距"的假设 ······ 504
第三节　社会主义经济中是非善恶的评价标准 ············ 505
一、经济学的规范研究 ······················ 505
二、社会主义经济中的是非善恶问题 ·············· 506
三、以"劳动者的最大利益"作为尺度 ············· 507
四、经济效率与经济中的"是非善恶" ············· 509

第六篇　发展目标与发展战略

第十七章　社会主义社会经济发展目标综合体系 ········ 515
第一节　社会经济发展目标的综合性 ··············· 515
一、经济发展目标 ························ 515
二、社会发展目标 ························ 517
三、经济发展目标和社会发展目标的统一 ············ 519
四、经济发展目标和社会发展目标实现过程中的矛盾 ······ 520
第二节　社会经济发展目标的层次 ················ 521
一、社会经济发展目标的不同层次 ··············· 521
二、目标层次与目标综合性之间的关系 ············· 522
三、目标层次与目标的现实性 ·················· 523
第三节　社会经济发展的阶段性和未来社会经济
　　　　远景的设想 ······················ 524
一、社会经济发展的第一阶段 ·················· 524
二、社会经济发展的第二阶段 ·················· 525
三、进入发达阶段以后 ······················ 526
四、未来的社会经济远景的设想 ················· 528

五、社会成员的认识的变化和社会经济的变化……………… 529
第十八章　目标的动态相对平衡性和发展战略的选择…… 532
　第一节　目标的动态相对平衡性…………………………… 532
　　一、社会经济发展战略的含义……………………………… 532
　　二、发展战略研究中的平衡方法…………………………… 532
　　三、动态相对平衡概念……………………………………… 533
　　四、不平衡的界限…………………………………………… 535
　　五、经济变动的社会承受力的探讨………………………… 535
　第二节　"供给略大于需求"的经济与"需求略大于
　　　　　供给"的经济的比较……………………………… 540
　　一、供求动态相对平衡的两种表现………………………… 540
　　二、"供给略大于需求"的经济的主要特征………………… 540
　　三、"需求略大于供给"的经济的主要特征………………… 541
　　四、"需求略大于供给"的经济的现实性…………………… 542
　　五、学会在"需求略大于供给"的环境中发展社会主义经济… 545
　第三节　封闭的二元经济结构与开放的二元经济
　　　　　结构的比较………………………………………… 547
　　一、二元经济结构的含义…………………………………… 547
　　二、封闭的二元经济结构的主要特征……………………… 547
　　三、开放的二元经济结构的主要特征……………………… 548
　　四、开放的二元经济结构的发展措施……………………… 549
　第四节　基本内向型经济与基本外向型经济的比较……… 554
　　一、基本内向型开放经济…………………………………… 554
　　二、基本外向型开放经济…………………………………… 555
　　三、基本内向型开放经济与基本外向型开放经济
　　　　之间的选择……………………………………………… 555

四、以基本内向型为主的开放经济的设想 …………………… 556

　　五、某些地区和某些部门的基本外向型开放经济的设想 …… 557

　　六、经济特区的发展战略 …………………………………… 558

第五节　早熟消费与滞后消费的比较 ……………………………… 560

　　一、消费与生产的同步问题 ………………………………… 560

　　二、消费的滞后 ……………………………………………… 560

　　三、消费的早熟 ……………………………………………… 561

　　四、消费滞后与消费早熟的利弊 …………………………… 562

　　五、消费的适度滞后的探讨 ………………………………… 563

　　六、对消费的引导和对消费支出增长率的控制 …………… 563

第六节　经济增长与投资的合理性 ………………………………… 567

　　一、经济增长与投资的关系 ………………………………… 567

　　二、投资的合理性 …………………………………………… 569

　　三、经济增长过程中的就业问题 …………………………… 572

　　四、长期货币回笼渠道和经济的持续稳定增长 …………… 577

　　五、从经济增长的角度看农业在国民经济中的作用 ……… 580

第七节　外汇平衡与社会总需求—社会总供给

　　　　　平衡的关系 ………………………………………… 583

　　一、外汇平衡与社会总需求—社会总供给平衡之间的矛盾 … 583

　　二、从增加供给着手来解决这一矛盾 ……………………… 587

　　三、"出口带动增长"问题的探讨 …………………………… 593

　　四、合理外汇储备的调整 …………………………………… 597

第十九章　衡量社会主义社会经济发展目标实现程度的

　　　　　标志 ………………………………………………… 599

第一节　人在社会主义社会中的地位 ……………………………… 599

　　一、社会主义经济研究的最高层次：对人的研究 ………… 599

二、人不是为了生产,生产是为了人 ⋯⋯⋯⋯⋯⋯ 599
　　三、人是社会生活的主人 ⋯⋯⋯⋯⋯⋯⋯⋯⋯⋯ 600
　　四、宏观生产目的和微观生产目的的一致性 ⋯⋯ 600
　　五、人支配物还是物支配人 ⋯⋯⋯⋯⋯⋯⋯⋯⋯ 601
　第二节　对社会主义民主、法制、精神文明建设的
　　　　　意义的进一步认识 ⋯⋯⋯⋯⋯⋯⋯⋯⋯⋯ 602
　　一、人民群众参加民主管理的深刻意义 ⋯⋯⋯⋯ 602
　　二、社会主义民主的制度化、法律化 ⋯⋯⋯⋯⋯ 602
　　三、社会主义新型社会关系和新价值观念的确立 ⋯ 603
　第三节　对人的关心和培养的检验 ⋯⋯⋯⋯⋯⋯⋯ 604
　　一、生活质量概念 ⋯⋯⋯⋯⋯⋯⋯⋯⋯⋯⋯⋯ 604
　　二、提高生活质量的物质条件 ⋯⋯⋯⋯⋯⋯⋯⋯ 605
　　三、对生活质量状况的衡量的不同研究途径 ⋯⋯ 606
　　四、社会主义的生活质量指标体系的探讨 ⋯⋯⋯ 607
　　五、名义的生活质量和实际的生活质量 ⋯⋯⋯⋯ 607
　第四节　社会的评价标准 ⋯⋯⋯⋯⋯⋯⋯⋯⋯⋯⋯ 608
　　一、从关心人和培养人的角度来考察社会的评价标准 ⋯ 608
　　二、社会评价标准体系 ⋯⋯⋯⋯⋯⋯⋯⋯⋯⋯⋯ 609
　　三、对社会主义制度的优越性的进一步认识 ⋯⋯ 611
第二十章　经济学的使命——代结束语 ⋯⋯⋯⋯⋯⋯ 613
　第一节　经济学是社会启蒙的科学和社会设计的科学
　　　　　⋯⋯⋯⋯⋯⋯⋯⋯⋯⋯⋯⋯⋯⋯⋯⋯⋯⋯ 613
　　一、经济学和政治经济学 ⋯⋯⋯⋯⋯⋯⋯⋯⋯⋯ 613
　　二、经济学研究的三个层次 ⋯⋯⋯⋯⋯⋯⋯⋯⋯ 614
　　三、经济学是社会启蒙的科学 ⋯⋯⋯⋯⋯⋯⋯⋯ 614
　　四、经济学是社会设计的科学 ⋯⋯⋯⋯⋯⋯⋯⋯ 615
　　五、经济理论和经济政策的关系 ⋯⋯⋯⋯⋯⋯⋯ 615

第二节　经济学的方法 …………………………………… 616
　一、经济学方法与经济理论的关系 …………………………… 616
　二、根据所研究的课题采取不同的方法 …………………… 616
　三、经济学研究的精密化和非精密化 ……………………… 617
第三节　经济学的生命在于创新 …………………………… 619
　一、把马克思主义的普遍真理同我国的具体实际结合起来 … 619
　二、马克思主义经济理论将依靠集体的智慧不断丰富
　　　和发展 ……………………………………………………… 620
　三、经济学的争鸣和繁荣 …………………………………… 621
　四、经济学工作者的社会责任感 …………………………… 622

后记 …………………………………………………………… 624

本书的体系、结构与基本论点

一、体系和结构

本书是供政治经济学的初学者学习的社会主义政治经济学教材。它以"给定的社会主义经济体制条件下的经济运行"作为考察的重点,并以"给定经济体制和该种经济体制下的经济运行"、"社会主义经济和社会发展目标"、"人在社会主义社会中的地位"作为研究的三个层次。

本书共分二十章。其中,第一、二、二十章是独立的,其余各章,即从第三章到第十九章,分属于六篇。

第一章,导论。内容有社会主义制度的建立、社会主义制度的基本特征、社会主义的物质技术基础和社会生产目的、社会主义社会中的经济规律、社会主义建设过程中的经验和教训等。要知道,社会主义经济模式不只是一种,各国可以根据本国实际情况建设自己的经济模式,本书所探讨的是有中国特色的社会主义经济模式的理论与实际问题。

第二章,社会主义经济运行分析的前提。本书既以社会主义经济运行的分析为重点,因此必须给定若干前提,以便进行分析。在这一章中,将对所给定的经济分析的前提加以说明。例如,以下所讨论的社会主义经济是公有制基础上的有计划的商品经济，所讨论的企业是有法人地位的企业，所讨论的个人是具有消费者和投资者两重身份的个人，所讨论的政府与企业之间的关系是按照政企职责分开原则而建立的政府管理经济的关系，等等。

从第三章到第十章，分为三篇，即国民经济运行、企业经济活动、个人经济行为。它们分别从国民经济、企业、个人三个决策层次对社会主义经济中各个变量之间的关系进行分析。为了使广大具有高中毕业文化程度的政治经济学初学者能掌握有关社会主义经济运行的知识，这里不采取数量分析方法，而仅限于文字的叙述和简明的示意性图解，并作了高度的抽象概括。

从以上三篇的分析中不难看出，在社会主义经济的这三个决策层次之间存在着两类协调或不协调的关系。一是经济运行过程中宏观经济与微观经济之间协调与否。二是经济运行过程中个人行为与公共规范之间协调与否。本书第十一章到第十六章，即第四篇和第五篇，将分别对这两类协调或不协调的关系进行分析。第四篇的重点是分析市场机制和政府调节在宏观经济与微观经济协调中的作用，第五篇的重点是分析国家利益、集体利益、个人利益之间的关系。

本书的一个重要特点是以给定的经济体制作为社会主义经济运行分析的前提，并且不把这种运行理想化。本书将明确指出，在给定的经济体制的前提下，社会主义经济运行中的失衡不仅具有可能性，而且具有现实性。社会主义制度的优越性并不在于经济运行中是否出现失衡现象，而在于社会主义经济有可能维持正常的运行，并在不断克服失衡的过程中走向预定的发展目标。

本书第六篇,即第十七章到第十九章,对社会主义社会的发展目标以及为实现这一目标而需要采取的发展战略进行分析。本书认为,对人的关心和培养是社会主义的生产目的,只有先分析社会主义经济运行,进而分析社会主义社会的发展目标和分析人在社会主义社会中的地位,才能真正阐明社会主义经济的运动规律。

本书的最后一章,即第二十章,以经济学的使命作为标题。在这一章中将说明经济学是社会启蒙和社会设计的科学。作为社会启蒙的科学,它将告诉人们如何评价一个社会、一种体制、一项政策,使人们明确经济学中的是非,估量经济活动中的得失。作为社会设计的科学,它将告诉人们如何制定发展目标以及如何实现发展目标。关于社会主义政治经济学的研究方法,也将在这一章中加以阐释。作者认为,不在本书的第一章而在它的最后一章讨论社会主义政治经济学的对象和方法,将有助于初学者加深对政治经济学的对象和方法的理解,有助于他们对社会主义经济中的理论与实际问题的认识。

二、基本论点

(一)国民收入是劳动者在物质生产领域内创造的,它在物质生产领域内进行初次分配。国民收入再分配建立在国民收入初次分配的基础之上。非物质生产领域内的部门、单位和个人,通过国民收入再分配而取得收入。因此,不能认为"社会上一切货币收入之和构成国民收入"。

(二)剩余是劳动者在物质生产过程中创造出来的。生产中消耗的生产资料的价值转移到新产品之中,这部分价值在生产中不发生任何价值量的变化。也就是说,生产资料在价值转移过程中不增殖价值。因此,不能认为各种生产要素共同创造价值。

(三)生产成本是生产单位商品的耗费的总和,它包括活劳动消耗和物化劳动消耗。利润是剩余的转化形式,它不包括在生产成本之内。因此,"边际收益等于边际成本"的原则不能成立。

(四)经济中存在着一种使供给和需求自行调整并趋向于平衡的力量,这就是市场机制的作用,即第一次调节。但市场调节有局限性。为了保证社会主义经济的正常运行和促进社会经济发展目标的实现,政府的调节是必不可少的。政府调节是第二次调节。然而,不能认为政府的调节可以代替市场机制的作用,也不能认为只是由于政府经济力量不足,才需要以市场机制的作用作为补充。

(五)社会主义经济首先是商品经济,然后才是有计划发展的商品经济。计划价格应当以相应市场上自然形成的价格(包括自由市场价格、不充分竞争条件下的市场价格、极端不充分竞争条件下的市场价格)作为依据。计划价格在必要的场合可以同市场上自然形成的价格不一致,这是政府的价格调节手段的运用。但在运用税收、信贷等调节手段能够达到同样目的的情况下,应当尽量不用或少用价格调节手段。

(六)社会主义经济建立在公有制基础之上,但传统的公有制需要改革,以便实现企业的真正自负盈亏。在社会主义经济发展过程中,必然会在突破传统的公有制形式之后出现多种新型的公有制企业。应当根据部门、地区的具体情况,按照企业本身的规模和技术水平,寻求适当的经营形式。在某些条件下,即使是全民所有制企业,也可以采取股份形式、企业集团(公司财团)形式,以及实行控股制,这样会更有利于资源的合理配置。

(七)社会主义经济体制必将不断趋于完善。在企业自主经营、自负盈亏的条件下,我国较理想的经济体制目标模式是充分体现了市场调节作用而又运用政府调节来弥补市场调节局限性的二元机制的经济体制。它有这样四个要素,缺一不可:1.一套比较完善的市场机制;2.一个有高度效率的政府;3.一批有"企业家精神"的人;4.一种符合社会主义伦理原则的经济行为规范。

(八)平衡是一种分析方法,是分析的出发点;平衡本身不是目标。社会主义经济总是在围绕着平衡点而摆动的一定范围内运行的。"需求略大于供给"或"供给略大于需求"都属于基本平衡之列。在我国的现实条件下,"需求略大于供给"更具有现实性。我们应当学会如何适应这种客观实际,并在这种实际情况下进行社会主义建设。

(九)对人的关心和培养是社会主义生产目的。人不是为了生产,生产是为了人。在社会主义制度下,人在社会中的地位通过劳动者的实际的物质和精神生活状况表现出来,通过劳动者受到社会尊重、关心和培养的状况表现出来。因此,可以用劳动者受到社会尊重、关心和培养的程度作为社会评价标准。从这样的高度来理解社会主义制度,可以加深对社会主义制度优越性的认识。

(十)经济学要研究如何增加物质财富,尤其是要研究如何利用所创造出来的财富来满足人们的物质和文化生活需要。只要明确了经济学的这一研究内容,那么无论称之为经济学还是政治经济学,全都一样。换言之,经济学和政治经济学作为一般理论而言,它们的研究内容是一致的。

(十一)马克思主义经济学说只有向前发展才富于生命力。以经院式的态度来对待经典作家的语录,把经典著作中的个别公式和结论奉为永远不变甚至不容修改的教条,这不是维护马克思主义,而是对马克思主义的曲解。

(十二)本书作为供社会主义政治经济学初学者学习的入门读物,它主要提供了一个新的理论框架、一种新的思路,而在某些理论的表述上作了必要的简化,在某些公式的推导上作了高度的概括。本书不是供经济管理人员在实际工作中备用的手册,所以也就不必处处求其细致、精密。每一本书都有自己的使命,不要指望本书能具体回答社会主义经济管理中各种统计方面的或政策方面的问题。

第一章 导论

第一节 社会主义制度的建立

一、社会主义制度是人类历史上崭新的社会制度

以生产资料公有制为基础的社会主义制度,是人类历史上迄今为止最进步的社会制度。

社会主义制度之所以是崭新的,是因为在这以前存在过的奴隶制社会、封建社会、资本主义社会都是以生产资料私有制为基础的社会制度,而社会主义制度则以生产资料公有制为基础。社会主义的公有制也与原始社会的公有制不同,后者是由极端低下的生产力水平决定的,社会主义的公有制则是社会化大生产的产物。

社会主义制度代替资本主义制度,是人类历史发展的必然结果。资本主义社会的基本矛盾是生产社会化与生产资料的资本主义私人占有之间的矛盾,这个矛盾在阶级关系上表现为无产阶级和资产阶级的对立,在社会生产上表现为个别企业中的生产有组织性和整个社会的生产无政府状态之间的对立。在资本主义制度下,由于资本家竭力追求剩余价值,使资本积累不断增长,生产规模日益扩大,各个部门、各个企业之间的联系越来

越密切,从而生产社会化与生产资料的资本主义私人占有之间的矛盾日益尖锐。这样,在客观上就产生了改变资本主义私有制,代之以社会主义公有制的要求。资本主义社会生产发展的结果,既为社会主义制度的建立准备了必要的物质基础,即社会化的大生产,也为此准备了推翻资本主义制度、建立社会主义制度的阶级力量,即无产阶级。无产阶级作为新的生产力的代表,负有消灭旧的生产关系建立新的生产关系、解放生产力的历史使命。因此,社会主义制度代替资本主义制度,是不以人的意志为转移的客观过程。

但这种崭新的社会主义公有制关系不可能在资本主义社会内部自发地产生。要知道,在历史上,封建制度代替奴隶制度,资本主义制度代替封建制度,都是以一种剥削制度代替另一种剥削制度,它们的生产关系都是私有制的关系,所以新的生产关系可以在原有社会制度的内部产生,代表新的生产关系的剥削阶级在推翻旧的统治以后,就可以使这种新的生产关系占据支配地位。社会主义生产关系与此不同,它同生产资料的资本主义私人占有是根本对立的,它不可能随着生产力的发展而自发地实现。社会主义生产资料公有制是对资本主义生产资料私有制的否定,它的建立触动整个资产阶级的利益,资产阶级不可能容许它在资本主义社会内部产生。因此,社会主义公有制的产生必然以无产阶级取代资产阶级的统治作为前提。这就是社会主义生产关系产生的特点。

二、从资本主义到社会主义的过渡时期的必要性

无产阶级夺取政权以后,到社会主义生产关系的建立,需要

有一个过渡时期。社会主义生产关系产生的特点,说明了从资本主义到社会主义的过渡时期的必要性。

就生产关系方面而言,从资本主义到社会主义的过渡时期内的主要任务是建立社会主义的全民所有制和对生产资料私有制实行社会主义改造。

社会主义的全民所有制(即社会主义国家所有制),是无产阶级在取得政权以后通过没收大资本的方式建立的。大资本是资本主义经济的主要部分,它控制着国家的经济命脉。没收大资本,意味着把国家的经济命脉直接掌握在无产阶级手中。

对于大资本以外的中小资本,采取的是赎买方式。赎买是指无产阶级向中小资本家支付一定的赎金,使后者得到一定的利益,使这些资本主义企业逐步改造为社会主义全民所有制企业。

在我国,根据政治和经济的实际情况,把解放以前的资本区分为官僚资本(即大资本)和民族资本(即中小资本)。当时官僚资本约占全国近代产业资本的80%。新中国成立后,没收官僚资本,使之成为全民所有制经济,这就消灭了我国资本主义经济的主要部分。对民族资本,则采取逐步赎买的方式。具体地说,在我国,是通过国家资本主义形式来改造民族资本的。国家资本主义的初级形式,在工业方面是加工、订货、统购、包销;在商业方面是经销、代销、代购。国家资本主义的高级形式是公私合营,它包括个别企业的公私合营和全行业公私合营两个阶段。国家资本主义的初级形式的特点是从流通领域入手,通过企业外部的联系,对民族资本进行改造。国家资本主义的高级形式的特点是使社会主义经济成分深入到民族资本企业的内部,使企业生产关系发生质的变化。全行业公私合营以后,国家对民族资本企业的固定资产经过核价,定为私股,按照5%的股息率支付年息,企业的生产资料则由国家统一调配和使用。到1966年,原定的支付年息期限已到,国家不再支付年息,公私合营企业就成为完全社会主义性质的企业。

在从资本主义向社会主义过渡的时期内,还有必要对个体的农业和手工业实行社会主义改造。这种改造是通过合作化的道路进行的。合作化的结果使个体农业和个体手工业成为社会主义集体所有制经济。

到1956年年底,我国参加农业生产合作社的农户达到农户总数的96.3%,其中参加高级农业生产合作社的农户达到农户总数的87.6%。到1956年年底,92%的手工业者已组织起来,其产值约占全部手工业产值的93%。至此,我国基本上实现了农业和手工业合作化。

从资本主义到社会主义的过渡时期以无产阶级取得政权为开始,而以对各种非社会主义成分的社会主义改造的基本完成为终结。在我国,这一过渡时期以1949年中华人民共和国的建立为开始,而以1956年年底对民族资本的社会主义改造、个体农业和个体手工业的社会主义改造的实现为终结。从这时起,我国在全国范围内确立了社会主义制度,我国社会也进入了新的发展阶段——社会主义阶段。

第二节 社会主义制度的基本特征

一、社会主义公有制

生产资料归社会所有,劳动者成为社会生产资料的主人,在社会化大生产的基础上实现劳动者和生产资料的结合,这就是社会主义公有制的实质。社会主义制度的基本特征,正在于社会主义公有制成为这一社会制度的基础。

劳动者对生产资料的共同占有消除了人剥削人的经济根源。社会主义制度与一切以生产资料私有制为基础的、人剥削人的社会制度的根本区别,正在于此。

由于社会主义公有制是在社会化大生产的基础上实现劳动者和生产资料的结合的,它适应着现代社会生产力的发展,因此,社会主义公有制也使得社会主义制度根本不同于生产力水平极低情况下的原始公社制度。

一般地说,社会主义公有制有两种传统形式,即社会主义全民所有制和社会主义劳动群众集体所有制。

社会主义全民所有制,是由社会主义国家代表全体劳动人民占有生产资料的一种公有制形式。属于社会主义国家所有的生产资料,是全体劳动人民共有的财产。

社会主义全民所有制和资本主义国家所有制是根本不同的。国家的阶级性的截然不同,决定了两种制度下国家所有制的性质的原则区别。资本主义国家所有制是"总资本家"的所有制,是资本主义私有制的变种。

社会主义劳动群众集体所有制是在无产阶级政党领导之下劳动群众自愿组织起来的集体经济组织。它的生产资料归各个集体经济单位所有。

社会主义集体所有制和资本主义合作社所有制在性质上也是不同的。在资本主义制度下,国家政权掌握在资产阶级手中,在社会上占统治地位的所有制是资本主义私有制,这不但使合作社从属于资本主义经济,而且使它们易于被少数人控制。

从社会主义全民所有制同资本主义国家所有制、社会主义集体所有制同资本主义合作社所有制的区别可以清楚地看到:国家政权的性质决定了国家所有制的性质,而国民经济中占统治地位的所有制的性质又决定了合作社经济的性质。因此,对不同社会中的国营经济或合作社经济,不能仅仅根据表面形式来加以判断,而必须从本质上进行分析。

二、按劳分配

按劳分配是指:在个人消费品的分配中,以劳动为尺度,按照劳动者向社会提供的劳动量进行分配,多劳多得,少劳少得,不劳不得。

在社会主义社会中,个人消费品的分配之所以实行按劳分配原则,既取决于生产资料的社会主义公有制,也取决于社会主义社会的生产力发展水平。生产资料所有制的性质决定着分配的性质,社会生产力发展水平决定着社会可供分配的产品的数量,从而决定着分配的形式。

按劳分配使社会主义制度区别于其他社会制度:在以生产资料私有制为基础的社会中,生产资料被剥削阶级所掌握,生产的产品归剥削阶级所有;在产品的分配方面,表现为剥削阶级无偿地占有剩余产品,劳动者受到剥削。在历史上曾经存在过的原始社会中,尽管当时的生产资料也是公有的,但由于社会生产力水平极低,产品的数量十分有限,因此在产品的分配上,只可能采取原始社会的平均分配方式来进行。

正因为如此,所以个人消费品的按劳分配也是社会主义制度的基本特征。①

第三节 社会主义的物质技术基础和社会主义生产目的

一、社会主义的物质技术基础

社会主义社会是适应社会化大生产的要求而建立起来的,它的物质技术基础是现代化的工业、农业和科学技术。

从理论上说,社会主义社会脱胎自资本主义社会,资本主义社会的物质技术基础是机器大工业,因此社会主义社会应当具有比资本主义社会更加强大的物质技术基础。但实际情况并不一定这样。这是因为:在不同的国家,社会主义革命成熟的条件在时间上有先有后,社会主义革命有可能首先冲破帝国主义链条中的薄弱环节,在社会生产力发展水平较低的国家中取得胜利。十月革命前的俄国和新中国成立前的中国,就是明显的例证。社会主义革命胜利的国家,由于本身的社会生产力发展水平较低,所以不可能一开始就具有强大的物质技术基础,而只有在革命胜利以后再着手建立发展自己的物质技术基础,并使之逐渐接近、赶上并最终超过资本主义社会的物质技术基础。

社会主义国家是完全有条件建立和发展自己的强大的物质技术基础的。社会主义生产关系为生产力的发展开辟了广阔的道路。社会主义公有制的建立意味着人剥削人的制度的消灭,

---

① 在本书第十五章和第十六章,将对按劳分配问题展开论述。

劳动者成为生产的主人,产品的分配中消灭了通过剥削而无偿占有他人劳动成果的现象,这就极大地调动了劳动者的积极性,使生产力得以迅速发展。同时,社会主义公有制的建立也为社会主义制度下有效地利用各种经济资源创造了条件,使劳动者同生产资料能够合理地结合起来,使社会产品的数量不断增多。

二、社会主义阶段的根本任务是发展生产力

在从资本主义到社会主义的过渡时期内,主要任务是在全国范围内建立社会主义公有制。而在全国范围内建立了社会主义公有制,使社会进入新的发展阶段即社会主义阶段以后,面临的根本任务就是发展生产力,建立和发展社会主义的强大的物质技术基础。

强大的物质技术基础是创造高度劳动生产率的重要保证。新的社会制度之所以能够替代旧的社会制度,并能使这种替代的结果巩固下来,归根到底是由于新的社会制度能够创造出更高的社会劳动生产率。社会劳动生产率是社会上的劳动者的生产效果,它通常用单位时间内的生产量多少或生产价值大小来计算。就全社会而言,投入一定的劳动,如果生产量越多或生产的价值越大,表明社会劳动生产率越高。而社会劳动生产率的水平则又取决于多种因素,其中包括:生产者的平均熟练程度,生产者的劳动积极性,科学技术的发展水平,科学技术在生产中的应用程度,生产资料的规模和效能,生产组织状况,自然条件,等等。在上述因素中,最重要的是科学技术的发展水平,因为科学技术的发展将会变革生产资料,从而也会影响生产者的平均熟练程度、生产资料的规模和效能、生产组织状况,甚至还会变

更自然条件的作用。一些资本主义国家今天的社会劳动生产率较高,首先是由于它们的科学技术较先进和生产力处于较高水平的缘故。原来科学技术落后、生产力水平低下的国家在社会主义革命后,物质技术基础较弱,从而不可能立即具有现代资本主义国家那样高的社会劳动生产率。这就清楚地说明:社会主义国家在建立了社会主义公有制,进入社会主义阶段之后,只有把发展生产力作为根本任务,才能建立和发展自己的强大的物质技术基础,在社会劳动生产率方面接近、赶上并最终超过资本主义国家,才能不断巩固和发展社会主义制度,最终战胜资本主义制度。

在我国,1956年党的第八次代表大会指出,由于对农业、手工业、资本主义工商业的社会主义改造的基本完成,今后的主要任务是大力发展社会生产力,实现国家工业化,逐步满足人民的日益增长的物质和文化需要。但此后的二十多年时间内,并没有把发展生产力作为工作的重点。直到1978年年底,党的十一届三中全会才决定把全国工作的重点转移到社会主义现代化建设方面来,以加速建立和发展社会主义的物质技术基础。社会主义现代化建设包括互相依存、互相促进的四个现代化,即工业现代化、农业现代化、国防现代化、科学技术现代化。工业和农业的现代化是指利用现代的科学技术和先进生产手段来装备工业和农业,用先进的科学方法和技术手段来管理工业和农业,以及建设一支有文化技术的、能适应先进生产和组织方法的工农业生产者的队伍。国防现代化是指建设一支用现代化的武器设备、后勤设施、运输和通讯手段、侦察手段、指挥手段装备起来的国防力量。科学技术现代化是指掌握当代最新的科学理论,掌握当代先进的科学技术成果，在一些主要科学领域内有重大的突破，并且拥有现代化的科学设施、实验基地，拥有庞大的科学技术队伍和世界第一流的科学家。

在四个现代化中，科学技术现代化是关键。科学技术是生产力，科学技术在生产中的应用直接推动着工业、农业以及整个国民经济的发展。工业、农业、科学技术现代化是国防现代化的基础，而国防现代化又是社会主义现代化建设事业得以顺利进行的保证。可以坚信，四个现代化的实现必将使社会主义中国拥有自己的强大的物质技术基础，并在此基础上创造出高度的社会劳动生产率，使中国以崭新的面貌出现于世界。

三、社会主义生产目的

资本主义生产目的是不断获取剩余价值。这是资本主义生产发展的动力。社会主义与此不同。社会主义生产目的是不断满足人民的物质和文化生活需要。

社会主义生产过程不再是剩余价值的生产过程。剩余价值同剩余劳动、剩余产品并不是一个概念。剩余价值概念是同资本主义生产过程联系在一起的，而剩余劳动、剩余产品概念则同一般生产过程相联系。这就是说，在任何社会的生产过程中，劳动都可以分为直接用以满足劳动者个人需要的必要劳动和超过这一数量界限的剩余劳动，所生产出来的产品都可以相应地分为直接用以满足劳动者个人需要的必要产品和超过这一数量界限的剩余产品。没有剩余劳动、剩余产品，社会将无法进一步发展。因此，社会主义公有制条件下虽然不再存在剩余价值的生产，但社会主义生产过程中的劳动仍然区分为必要劳动和剩余劳动两部分,这一生产过程所生产出来的产品仍然区分为必要产品和剩余产品(简称剩余)两部分。社会主义社会中的剩余产品是用于社会主义社会进一步发展和满足社会的公共需要的产品。

但我们不能简单地认为剩余产品的生产就是社会主义生产目的。社会主义生产目的是不断满足人民的物质和文化生活需要。剩余产品的生产或增加社会的剩余产品的数量,应当被看成是不断满足人民物质和文化生活需要的必要手段。

与此同时,还必须注意到这样一个事实,即在社会主义条件下,增加剩余产品这一实现社会主义生产目的的必要手段是同社会主义生产目的本身统一的。既然社会主义生产目的在于不断满足人民的物质和文化生活需要,因此,在社会主义条件下就不容许采取损害人民的利益的方式来进行剩余产品的生产。具体地说,像在资本主义社会中存在的那种使劳动者身心受到摧残,使其他国家的人民受到剥削的增加剩余产品的方法,不容许出现于社会主义社会之中,否则就不符合社会主义生产的性质。①

第四节 社会主义社会中的经济规律

一、关于社会经济运动的规律:生产关系一定要适应生产力性质的规律

生产关系一定要适应生产力性质的规律是关于人类社会经

---

① 本书第十九章将对社会主义生产目的的问题展开论述。

济运动的普遍规律,这一规律在社会主义社会中起着作用。

生产关系一定要适应生产力性质的规律反映着生产关系和生产力的矛盾运动的内在规律性。这种内在规律性表现为:生产力决定生产关系,一定的生产关系对一定的生产力有着依存关系;但生产关系并不是消极地取决于生产力,而是对生产力的发展发生反作用,即在生产关系适应生产力性质和水平时,它促进生产力的发展,在不适应生产力性质和水平时,就阻碍生产力的发展。

生产关系一定要适应生产力性质的规律作为一个普遍的规律,在任何社会制度下都发生同样的作用。在社会主义社会中,只要生产关系由适应生产力性质变为不适应生产力性质,生产关系同样会从生产力发展的推动者变为生产力发展的阻碍者。在这种情况下,如果遵循生产关系一定要适应生产力性质的规律,及时调整生产关系,使之与生产力的性质相适应,那么调整以后与生产力性质相适应的生产关系必将成为生产力发展的推动者。

在从资本主义向社会主义的过渡时期内,取得了政权的无产阶级正是遵循生产关系一定要适应生产力性质的规律的要求,对旧的生产关系进行社会主义改造,建立了与社会化大生产相适应的社会主义公有制,以促进生产力的发展。而在全国范围内建立了社会主义公有制以后,无产阶级也必须遵循这一规律,在新的社会主义生产关系之下发展生产力,并且在发展生产力的同时调整生产关系中的某些与生产力发展不相适应的部分,以促使生产力的不断发展。如果违背了这一规律的要求,或者在生产关系不适应生产力性质的时候不对生产关系进行变革和调整,或者不管生产力的状况,片面地以为生产关系公有化程度越高越好,从而不断改变生产关系,不注意发展生产力,都会给社会主义经济造成严重的损害。

二、关于商品生产和交换的规律:价值规律

价值规律是商品经济运动的基本规律。在存在着商品生产和商品交换的场合,价值规律必然存在并发生作用。

社会主义经济是商品经济,社会分工广泛地存在着,每个生产者的产品是作为交换价值而被生产出来,这些产品通过交换而变为社会的一般劳动的产品。在相互交换中,生产者不仅要计算生产中的活劳动消耗与物化劳动消耗,而且要遵循价值规律,按照由社会必要劳动所决定的价值进行等价交换。这就是价值规律在社会主义社会中发生作用的一般条件,也就是社会主义商品经济与其他社会的商品经济的共同点。

但社会主义商品经济的存在还有自己的特殊条件。社会主义公有制企业接受国家或劳动者集体的委托而使用生产资料,进行生产和经营,并向国家或劳动者集体承担相应的责任。这表明,在社会主义公有制经济中,所有权和经营权是适当地分开的。企业作为商品生产者和经营者,必须实行独立的经济核算,按照价值规律的要求,使自己用于商品生产方面的劳动保持在社会必要劳动的界限之内。因此,从历史上看,社会分工和交换的存在是商品经济存在和价值规律发生作用的一般条件;而在社会主义社会中,商品经济存在和价值规律发生作用的特殊条件,则是公有制企业的所有权与经营权的适当分离,是这些企业有自身的经济利益。

在社会主义社会中,价值规律作为商品生产和交换的规律,它的作用主要表现于两个方面:一方面,它对社会主义的生产和流通起着调节作用;另一方面,它促使企业节约劳动时间,提高技术和经营管理水平。

就价值规律对社会主义的生产和流通的调节作用而言,如果生产者投入某种商品生产上的劳动总量超过社会需要投入的必要劳动量,超过部分的劳动量将得不到社会的承认,这对生产者显然是不利的,反之则有利于生产者。因此,价值规律使得生产资料和劳动力在各个生产者之间不断地进行调节,使社会上的商品供求保持适应。价值规律起着刺激或抑制商品的生产的作用。

就价值规律对社会主义企业经营的调节作用而言,如果商品按价值出售,那么个别劳动时间低于社会必要劳动的企业将得到额外收入,个别劳动时间高于社会必要劳动的企业将减少收入,所以价值规律起作用的结果将迫使每一个企业考虑如何降低自己的劳动消耗,使个别劳动时间降低到社会必要时间以下。为此,企业就要改进生产技术,改善经营管理,提高劳动生产率。

应当注意到,价值规律是商品经济的规律,它是在商品经济的范围内起作用的。社会主义商品经济的范围与资本主义商品经济的范围不同,后者是无所不包的,不仅一切劳动产品成为商品,甚至劳动力也成为商品,而在社会主义社会中,商品经济的范围已受到限制。劳动者成为生产资料的主人,他们同国家和企业之间的关系不是劳动力作为商品的买卖关系。社会主义社会中的土地、矿山、银行、铁路等一切国有的企业和资源也都不是商品。这样,价值规律发生作用的范围也就受到了相应的限制。

三、关于经济按比例发展的规律:社会再生产规律

社会生产过程是一个连续的过程,而要使社会生产持续地顺利进行,必须使经济按比例发展。因此,关于经济按比例发展的规律,即社会再生产规律,是一个存在于所有社会中的普遍规律。在社会主义社会中,社会再生产规律同样起着作用。

社会再生产规律的要点是:在社会再生产过程中,经济中的主要比例关系必须协调,这种协调是社会再生产得以顺利进行的条件,如果主要比例关系遭到破坏,经济的发展就会出现这样或那样的问题,直到经济停止发展或经济大幅度下降。

经济中的主要比例关系可以概括如下:

(一) 投资与消费之间的比例关系

国民收入中,一部分用作消费,另一部分用作投资。为了保证经济的顺利发展,既要增加投资,又不能只注意增加投资而不顾消费,否则就会引起投资与消费之间的比例失调,从而阻碍经济的发展。

(二) 生产资料生产和消费品生产之间的比例关系

社会总产品是由用作投资的产品和用作消费的产品两部分组成的。前者就是生产资料,后者就是消费品。尽管某些产品既可以用于投资,也可以用于消费,但从最终用途来看,二者的划分是清楚的。因此有必要安排好生产资料生产和消费品生产之间的比例,否则也会阻碍经济的发展。

(三) 社会生产和货币供应之间的比例关系

在社会主义商品经济的条件下,商品流通和货币流通同时

存在。货币流通既从属于商品流通,也对商品流通发生反作用。因此,与商品流通保持协调的货币流通,将促进商品流通的顺利进行;反之,商品流通将受到阻碍。由于商品流通以社会生产为基础,所以商品流通和货币流通之间的关系可以用社会生产和货币供应之间的关系来表示。只有社会生产和货币供应相适应,经济的顺利发展才有保证。

（四）社会生产和人口增长之间的比例关系

从社会再生产的角度来考察,人口的增长有两方面的意义。一方面,人口增长意味着生产者的增加;另一方面,人口增长意味着消费者的增加。无论是生产者的增加还是消费者的增加,都应当与社会生产保持一定的比例,否则生产资料的生产与生产者人数之间就不可能适应,消费品的生产与消费者人数之间也不可能适应,这样都会阻碍经济的发展。

以上四个比例关系是经济中的主要比例关系。在任何社会的经济发展中都必须使这些主要比例关系保持协调,社会主义社会并不例外。

第五节　社会主义的有计划的商品经济

一、社会主义经济的计划性和商品性的统一

社会主义经济之所以是商品经济,正如前面已经指出的,是由于社会分工、交换的存在,以及由于公有制企业所有权与经营权的适当分离,企业有自身的经济利益。但社会主义商

品经济是在公有制基础上有计划发展的商品经济。为了适应社会化大生产和经济按比例发展的要求,社会主义国家有可能也有必要把稀缺资源有计划地分配到社会生产的各个部门、各个地区,使社会的生产同社会的需要相适应。社会主义商品经济的这一特点使自己不同于建立在私有制基础上的、生产无政府状态的商品经济。当然,即使如此,仍应当注意到:在社会主义条件下,价值规律在商品生产者后面依然以一种自发的、不以人的意志为转移的力量发生作用。社会主义经济的计划性和商品性是统一的,而不是对立的。社会主义计划部门必须根据和运用价值规律来发展商品生产和流通。计划价格应当以市场上自然形成的价格作为依据。① 社会主义经济首先是商品经济,离开了这一基本的性质,社会主义经济的计划性也就难以有效地实现。

二、指令性计划

社会主义的经济计划有两种基本的形式,一是指令性计划,另一是指导性计划。

指令性计划是指由国家编制和下达的、带有强制性的、指令性质的计划。这种计划一经制定,企业必须严格执行,国家则对完成指令性计划所需要的动力、原材料、设备、运输条件、销售等给予保证。

关于指令性计划,曾经存在一些不正确的理解。

例如,指令性计划曾经被理解为社会主义经济计划的唯一

---

① 本书第六章和第十二章,将对计划与市场的关系问题展开论述。

形式,似乎社会主义经济计划等同于指令性计划,没有指令性计划就不能成为计划经济。这种看法是不正确的,因为社会主义经济计划的要点是按社会化生产的需要分配经济资源。为了做到这一点,不管采取什么计划形式,都是社会主义经济计划的实现。

又如,指令性计划曾经被理解为社会主义经济计划的主要形式,指导性计划则被理解为一种次要的形式。这种看法也不正确。社会主义经济计划的这两种基本形式在经济中所占的地位究竟如何,要根据每一个国家的特定时期的实际情况来确定。指令性计划可以是某一特定时期的主要形式,但不是任何时期的主要形式。甚至可以说,从长时期看,指令性计划不是不可以取消的。

再如,指令性计划曾经被理解为直接依靠行政手段来实施的计划形式,在实行指令性计划时似乎不必依据价值规律的作用。这种看法的错误在于不了解社会主义经济就是商品经济。如前所述,在商品经济条件下,企业作为商品生产者和经营者需要考虑自己的成本、价格和盈利状况,因此,要让企业接受指令性计划来安排生产,那就不能不在某种程度上照顾到企业自身的利益。不遵循价值规律的要求,单纯直接依靠行政手段来实施指令性计划,其结果或者使计划的要求难以实现,或者使企业的利益得不到照顾,最终都会使经济无法按比例发展,达不到按社会化生产的需要分配经济资源的目的。

三、指导性计划

指导性计划是国家编制和下达的用来指导企业生产经营活

动的计划,计划指标不带有强制性,对企业没有约束力,只供企业参考。为了使国家编制和下达的指标得以实现,国家运用经济调节手段对企业的生产经营活动施加影响,使企业感觉到按照国家计划的要求去做,对自己是有利的。

指导性计划和指令性计划是计划的两种基本形式,二者相比既有共同点,也有区别。

二者的共同点在于:

它们服从于同一个目的,即按照社会化生产的要求来分配各种经济资源,以保证社会主义经济按比例发展;同时,它们都是在社会主义商品经济的条件下实现的,所以都必须遵循价值规律,即都必须根据商品经济的等价交换原则来实行。

二者的区别在于:

第一,指令性计划是必须严格执行的计划,而指导性计划则是没有约束力的、由企业根据自身的利益来实现的计划。对国民经济而言,实行指导性计划比实行指令性计划要求有更高的经济管理水平。

第二,为了促使指令性计划的实现,国家在动力、原材料、设备、运输条件和销售等方面给企业以保证;而为了促使指导性计划的实现,国家利用经济调节手段来影响企业的生产和经营,至于企业所需要的动力、原材料、设备、运输条件和销售等,国家可以给以一定的协助,但主要由企业自行解决。对企业而言,在指导性计划下进行活动比在指令性计划下进行活动要求有更高的经营水平。

从以上这两点区别可以看出,指导性计划不仅本身具有相当大的灵活性,而且实行指导性计划进行生产和经营的企业也被赋予相当大的灵活性,这些企业可以根据自己的利益和条件,适应社会的需要,安排自己的活动。

社会主义经济计划的模式并不是只有一种。每一个社会主义国家在经济计划的形式方面,都可以从本国不同时期的实际情况出发,确定指令性计划和指导性计划实施的范围,即确定哪些产品的生产和经营实行指令性计划,哪些产品的生产和经营实行指导性计划。统一的、固定不变的经济计划模式是不存在的。

四、市场调节

社会主义社会中的一切生产和经营活动并不一定都要纳入国家计划的轨道。在实行指令性计划和指导性计划以外,还有一部分产品(不限于小商品)的生产和经营可以完全由市场供求关系的变化以及由市场上自然形成的价格来进行调节。至于市场调节究竟达到多大的范围,属于市场调节范围之内的究竟有哪些产品,社会主义国家也可以根据本国的实际情况来加以确定,这里同样没有固定不变的格式。

在社会主义社会中,由于人们的需要千差万别而又处在不断变化之中,一部分产品的生产和流通采取市场调节的方式,既可以满足人们的多种多样的需要,也可以促使企业面向市场、面向消费者而改进生产和经营。计划管理范围之外的市场调节的存在,可以使社会主义经济变得更有活力。

五、我国的计划体制

从我国当前的实际情况出发,我国的计划体制大体上说来

将是这样的:

一方面,要有步骤地缩小指令性计划的范围。对关系国计民生的重要产品中需要由国家调拨分配的部分,对关系全局的重大经济活动,仍应实行指令性计划;

另一方面,要有步骤地扩大指导性计划和市场调节的范围。对大量产品和经济活动,根据不同的情况,分别实行指导性计划或完全由市场调节。

这是统一性同灵活性相结合的计划体制,它是适应于我国当前的实际情况,并有利于发展生产力的。我国当前之所以有必要对若干关系国计民生的重要产品的一部分(指需要由国家调拨分配的部分)实行指令性计划,一方面由于这部分产品(如燃料、电力、有色金属、木材、水泥、基本化工原料、重要机电设备等)在国民经济中的重要性,另一方面也由于这部分产品至今仍然供不应求,实行指令性计划能保证社会主义经济建设的顺利进行。我国当前之所以有必要对一些关系全局的重大经济活动实行指令性计划,是由于这些经济活动对我国社会主义经济的顺利运行、对国民经济的按比例发展起着十分重要的作用。

与此同时,我国当前之所以有必要有步骤地缩小指令性计划的范围,扩大指导性计划和市场调节的范围,对大量产品和经济活动分别实行指导性计划或由市场调节,则是由于指令性计划与指导性计划和市场调节相比,缺乏灵活性,不能适应发展商品经济的要求。

随着社会生产力的进步、社会主义商品经济的发展,在我国取消指令性计划而以指导性计划作为计划的唯一形式,并不是不可设想的前景。当然,现阶段我们还缺乏实行这种计划体制的客观条件。

第六节　社会主义建设过程中的经验和教训

一、社会主义制度的建立只是为社会主义制度优越性的发挥创造前提

社会主义制度下,生产力的迅速发展、劳动生产率的较大幅度提高、劳动者的物质和文化生活需要日益得到满足等等,究竟能否由可能成为现实,并不仅仅取决于社会主义制度的建立。社会主义制度的上述优越性是不可能自发地发挥出来的,社会主义制度的建立只是为这种优越性的发挥创造了前提。

要发挥社会主义制度的优越性,至少需要有两个重要的条件。第一,要有正确的社会主义经济建设的指导思想,并根据这样一种指导思想制定出正确的社会主义经济建设的方针、政策;第二,要有适合生产力发展要求的社会主义经济体制。如果社会主义经济建设的指导思想是错误的,由此所制定的社会主义经济建设的方针、政策必然脱离国家的实际情况,如果所建立的经济体制不适合生产力发展的要求,那么即使实现了生产资料的公有制,生产力的发展仍然会受到阻碍,劳动生产率不可能有较大幅度的提高,而劳动者的物质和文化生活需要也不可能日益得到满足。

二、社会主义经济建设的指导思想

在我国,社会主义建设过程中的教训是深刻的。二十世纪五十年代后期起,我国社会主义建设中出现的各种挫折和错误,与"左"的经济建设指导思想有密切的关系。

对生产关系一定要适合生产力性质的规律的违背,是五十年代后期起经济建设指导思想"左"倾的表现之一。当时,不问我国生产力的实际情况,不管生产关系与生产力之间是否适应,片面地以为生产关系公有化程度越高越好,从而不断变革生产关系,并以此指导经济工作,结果使经济遭到重大损失。

五十年代后期起经济建设指导思想"左"倾的另一表现,是对经济按比例发展规律的违背。当时,不考虑经济中必须注意的一些主要比例关系,不顾国民经济可能负担的程度,脱离实际情况,片面地追求高积累、高速度,片面地扩大基本建设的规模,以致国民经济各个部门之间的比例严重失调,每一个部门内部的比例严重失调。这不仅造成了长期产业结构、产品结构的极端不合理,而且也给城乡人民的生活造成很大困难。

五十年代后期起对价值规律的违背也是经济建设指导思想"左"倾的一种表现。当时,或者认为社会主义经济中可以取消商品生产和商品交换,至少可以使商品生产和流通的范围大大缩小,或者认为社会主义经济中只需要强调行政干预,而置价值规律于不顾,结果阻碍了经济的发展,降低了经济效益,使社会主义经济受到了很大损害。

党的十一届三中全会纠正了长期存在于经济建设中的"左"倾指导思想的错误,强调在经济工作中要尊重客观经济规律,认识和运用客观经济规律,从而使我国经济建设中出现了新中国成立以来少有的好形势。而在十二届三中全会通过的《中共中央关于经济体制改革的决定》中,明确地指出要在坚持社会主义制度的前提下,改革生产关系和上层建筑中不适应生产力发展的一系列相互联系的环节和方面。《决定》中还写道:"社会主义的根本任务就是要发展社会生产力,就是要使社会财富越来越多地涌现出来,不断地满足人民日益增长的物质和文化需要。社会主义要消灭贫穷,不能把贫穷当作社会主义。必须下定决心,以最大的毅力,集中力量进行经济建设,实现工业、农业、国防和科学技术的现代化,这是历史的必然和人民的愿望。"在这样一种社会主义经济建设指导思想之下,随着改革的进行和社会生产力的发展,社会主义制度的优越性必将越来越明显地表现出来。

三、社会主义经济体制

经济体制是生产关系的具体形式。它通常包括这样一些方面:一是所有制形式,二是国民经济管理形式,三是生产组织形式,四是分配形式。就这四个主要方面而言,我国在社会主义经济体制的建设中有着不少经验和教训。

在所有制方面,过去长时间内把社会主义经济看成是纯而又纯的公有制经济。不仅如此,在公有制经济中,在工业领域内实际上唯一地发展全民所有制经济,在农业领域内则要求集体所有制经济尽快地向全民所有制经济过渡。

在国民经济管理方面,过去长时期内把社会主义国家组织和领导经济建设理解为政府机构直接经营管理企业,干预企业日常的经济工作,结果,企业既缺乏活力,国民经济各个主要比例关系也不可能协调。

在生产组织和经营方面,过去长时期内否定企业作为商品生产者和经营者的地位,否认企业应当拥有生产经营的自主权,抹杀企业的自身利益,使企业既没有自我发展的积极性,也没有这种可能性。

在分配方面,过去长时期内把实行平均主义当作社会主义制度的优越性,分配形式中体现了平均主义原则,结果,企业吃国家的"大锅饭",职工吃企业的"大锅饭",严重阻碍了社会生产力的发展。

由此可见,过去长期存在于我国的经济体制是不适应生产力的性质和发展水平的。随着生产力的发展,这种经济体制的缺陷和弊端暴露得越来越明显。改革原有的经济体制,成为我国社会主义经济建设的迫切任务。

《中共中央关于经济体制改革的决定》根据马克思主义原理,提出了有中国特色的社会主义经济体制的基本蓝图。根据这一决定:

在所有制方面,全民所有制经济是我国社会主义经济的主导力量;集体经济是社会主义经济的重要组成部分,许多领域的生产建设事业可以放手依靠集体来兴办;个体经济应当大力发展,这种个体经济是和社会主义公有制相联系的,它对于发展社会生产、方便人民生活、扩大劳动就业具有不可代替的作用,是社会主义经济必要的有益的补充。同时,要在自愿互利的基础上广泛发展全民、集体、个体经济相互之间灵活多样的合作经营和经济联合,有些小型全民所有制企业还可以租给或包给集体或劳动者个人经营。

在国民经济管理方面,必须正确认识社会主义国家机关管理经济的职能,坚持实行政企职责分开,避免由于高度集中可能带来的弊端;应当改变过去那种偏重于用行政手段来管理经济的办法,要重视价格、税收、信贷、利息等经济调节手段的运用。

在生产组织和经营方面,要把全民所有制企业的所有权和经营权适当分开,使企业真正成为相对独立的社会主义商品生产者和经营者,这样,企业将具有充分的活力,而有中国特色的社会主义首先就应该是企业有充分活力的社会主义。

在分配方面,要坚决克服平均主义,更好地贯彻执行按劳分配的原则。

可以相信,一旦端正了社会主义经济建设的指导思想,建立了符合我国国情的、有利于生产力发展的经济体制,社会主义制度的优越性必将充分发挥出来,社会主义经济建设一定能够取得更大的成绩。

四、对外开放

社会主义商品经济本质上是一种开放的经济。这里所说的开放,既包括对内的开放(打破封闭、割据的状况),也包括对外的开放(打破闭关、锁国的状况)。

毫无疑问,社会主义经济建设应当坚持独立自主、自力更生、艰苦奋斗、勤俭建国的方针。但过去长时期内在"左"倾思想的影响下,把独立自主曲解为闭关自守,把自力更生曲解为自给自足,这就阻碍了对外经济关系的发展,阻碍了同国外的经济技术交流,使我国在技术方面同世界先进水平之间的差距扩大了。十一届三中全会以后,我国总结了社会主义建设过程中有关对外经济关系的经验和教训,实行对内搞活经济、对外开放的政策,使我国同世界各国的经济联系日益发展。

十一届三中全会以来的实践表明,社会主义国家必须利用世界市场来加速自己经济的发展。只有通过广泛的国际经济技术交流,有分析有选择地从国外引进先进科学技术和经济管理经验,才能缩小本国同世界技术水平之间的差距。

对外开放和经济体制改革是相互促进的。从闭关自守到对外开放,这本身就是一项有重大意义的改革。国际经济技术交流的开展使经济体制的改革更加具有迫切性,而随着经济体制改革的进行,尤其是在所有制形式方面、国民经济管理方面、生产组织和经营方式方面的改革的实现,对外开放也将取得越来越大的进展。例如,在对外贸易方面,在政企职责分开,实行进出口代理制、出口品生产企业和进口品用户自负盈亏之后,对外贸易的经济效益将会显著增加,我国产品在国际市场上的竞争能力也会有较大幅度的提高。在利用外资方面,除利用国外提供的贷款而外,还可以举办中外合资经营企业、合作经营企业和外商独资企业。其中,中外合资经营企业和合作经营企业是社会主义条件下的国家资本主义经济,它们在我国国家监督和政策法令允许的范围内生产和经营,从而有利于我国的社会主义建设。

我国经济特区的建立和发展,对于经济体制改革和扩大对外经济技术交流有着重要的意义。特区经济是在社会主义经济领导下多种经济成分并存,并以中外合资经营企业、中外合作经营企业以及外商独资经营企业为主的经济综合体。特区仅仅是经济上的特区,而不是政治上的特区,因为在特区内执行的是我国的法律和政策,那里的政治制度与全国是相同的。经济特区在经济方面实行一些特殊的政策,主要是给予投资者以优惠,以便更好地吸收外资,引进技术,扩大贸易,获得信息,培养人才。同时,在特区内所进行的有关经济体制改革的某些试验,在取得成功的经验后可以向内地推广,或供内地的经济体制改革参考。①

五、社会主义物质文明建设和精神文明建设

在党的十二大报告中,从我国和国际社会主义发展的历史经验出发,对社会主义物质文明、精神文明以及两种文明之间的关系进行了理论的阐释。报告中指出:"改造自然界的物质成果就是物质文明,它表现为人们物质生产的进步和物质生活的改善。在改造客观世界的同时,人们的主观世界也得到改造,社会的精神生产和精神生活得到发展,这方面的成果就是精神文明,它表现为教育、科学、文化知识的发达和人们思想、政治、道德水平的提高。"

在社会主义建设中强调精神文明的建设,是十分必要的。社会主义制度的基本特征是生产资料公有和按劳分配,但这不足以完全概括社会主义的特征。社会主义还必须有一个特征,就是以共产主义思想为核心的社会主义精神文明。没有这种精神文明,就不可能建设社会主义。要知道,物质文明固然是决定性的,物质文明不发达就谈不上建设高度的精神文明,但不能认为物质文明发展了,精神文明也会自然而然地发展。如果精神

---

① 本书第十八章将对经济特区和对外开放问题展开论述。

文明建设的任务被忽视，人们的注意力仅限于追求物质利益，那么现代化建设就不能保证社会主义的方向，社会主义社会就会失去理想和目标。

六、社会主义民主和社会主义建设

在党的十二大报告中，强调了高度的社会主义民主在社会主义建设中的作用。报告指出："社会主义的物质文明和精神文明建设，都要靠继续发展社会主义民主来保证和支持。建设高度的社会主义民主，是我们的根本目标和根本任务之一。"对高度社会主义民主的强调，是国际和国内社会主义建设中的一个十分重要的经验教训总结。

社会主义民主和社会主义法制密切地联系在一起。社会主义法律既是社会主义民主的保障，又促进着社会主义民主的建设。法律确认民主，使民主不容被破坏。如果社会主义法律不健全，无法可依，或有法不依，那么社会主义民主就是一句空话，国家和人民的利益就要受到损害。

在总结社会主义建设过程中的经验和教训时，还必须对社会主义时期的阶级斗争有科学的认识。十一届六中全会通过的《关于建国以来党的若干历史问题的决议》指出："在剥削阶级作为阶级消灭以后，阶级斗争已经不是主要矛盾。由于国内的因素和国际的影响，阶级斗争还将在一定范围内长期存在，在某种条件下还有可能激化。"这一结论是科学的。实践证明，从资本主义到社会主义的过渡时期结束后，提出和实行"以阶级斗争为纲"的方针，完全违背了我国社会的实际情况，给国家和人民的利益造成了严重的损失。社会主义民主之所以遭到破坏，社会主义法制之所以被践踏,与"以阶级斗争为纲"的"左"倾思想的支配是不可分的。因此,为了保证社会主义物质文明和精神文明建设的顺利进行,为了把我国建设成为一个有高度文明、高度民主的社会主义强国,必须彻底抛弃"以阶级斗争为纲"的方针,并不断清除在阶级斗争问题上"左"倾思想的影响。

第二章 社会主义经济运行分析的前提

第一节 计划和市场

一、计划管理范围

指令性计划并非计划的唯一形式;指导性计划也是实行计划经济的重要形式;实行指令性计划的,是关系国计民生的重要产品中需要由国家调拨分配的部分,以及关系全局的重大经济活动;大量的一般性经济活动实行指导性计划,主要通过经济调节手段和经济法规促使其实现;对于处于指令性计划和指导性计划的管理范围以外的商品,即市场调节的商品,国家既不对这些商品的生产和流通规定生产计划指标,也不规定其价格,而是容许它们完全由生产单位根据市场情况和市场上自然形成的价格,自由生产和流通。市场调节的商品不限于小商品。

二、价格

假定在所要考察的社会主义经济中,通过价格体系和价格管理体制的改革,价格体系已经基本合理,价格管理体制已经基本上适应于市场的变化和生产力发展的要求。

具体而言,在价格体系方面,不同商品之间的比例不合理,特别是矿产品、原材料和能源价格偏低的状况已经基本不存在,主要农副产品销售价格低于国家收购价格的不合理状况已经基本上得到纠正。此外,通过价格体系的改革,假定同类产品的质量差价已经基本上拉平,能够做到优质优价,劣质低价,对于生产优质产品的企业形成一种鼓励,而对于生产劣质产品的企业形成一种惩罚。

在社会主义经济中,价格分为两类:

一是计划价格,包括由国家对某些主要生产资料和消费品规定统一的价格,以及由国家对某些生产资料和消费品规定一定浮动幅度的价格,这种浮动价格又可称为协议价格,它比国家统一规定的价格要灵活一些;

二是计划外价格,即完全听任市场供求关系而自行升降的价格,国家并不为它规定一定的浮动幅度,更不统一规定它的水平。它又称为非限制价格。

在国家统一规定价格时,需要以市场的供求状况为依据,并可以根据市场供求关系的变化而进行调整。

三、计划管理方法

计划管理的重点是国民收入的形成和分配,是对社会总需求和社会总供给的管理。价值平衡和实物平衡是统一的,实物平衡包括总量意义上的平衡和结构意义上的实物平衡。但无论是哪一种意义上的实物平衡,都不能离开价值平衡而孤立地考察。不管某个实物指标多么重要,它在整个经济中的比重不可能很大,从而影响不了全局。而价值指标则不同,价值指标是实物指标的综合反映。在价值平衡的同时,必然有总量意义上的实物平衡。如果这时并未实现结构意义上的实物平衡,那就可以采取调整措施,分别予以解决。如果价值不平衡,无论采取什么方法调整实物平衡,也无法实现有效的计划管理。[①]

近期、中期、长期的计划管理的重点是不同的。近期管理的中心任务是保证经济的稳定,为此,管理的重点是调节社会总需求和管理国际收支。中期管理的中心任务是实现经济的持续增长,为此,管理的重点是调整产业结构、技术结构和地区经济结构,扩大生产能力,增产短缺产品,逐步改变落后地区的面貌。长期管理的中心任务是促进社会经济的协调发展,为此,管理的重点是协调个人之间和地区之间的收入分配,以及提高社会的生活质量。

四、商品市场和资金市场

关于社会主义商品市场和资金市场,可以作以下的假定:

第一,假定市场机制是完善的,客观上存在着全国统一的消费品市场和资金市场,即消费品可以在全国范围内流通,资金也可以在全国范围内融通(即允许银行跨地区、跨行业发放贷款,允许企业相互融通资金)。在全国范围内的消费品流通和资金融通,只受到经济条件的制约,而不受人为的地域分割的限制。如果说某些消费品实际上还没有实现全国范围的流通的话,那么这仅仅是由于经济方面的原因,而并非由于人为地禁止或限制消费品的跨地域的流通。同样的道理,如果说资金实际上还

[①] 本书第四章和第五章,将对价值平衡和实物平衡问题展开论述。

没有实现全国范围的融通的话,那么这也仅仅是由于经济方面的原因,而并非由于人为地禁止或限制资金的跨地域的融通。

第二,在市场机制完善和生产资料成为商品的条件下,存在着全国统一的生产资料市场。在生产资料市场上,凡是按指导性计划生产和流通的生产资料(更不必说市场调节部分的生产资料),都以买卖见面的形式进行交换。至于成交时的价格,则可以因不同的情况而有所区别。例如,可以按国家规定的有一定幅度浮动的价格成交,可以由买卖双方自行作价成交。即使是按指令性计划生产和流通的生产资料,除了要按国家统一规定的价格成交,并且在数量上要符合国家的计划而外,也不采取按行政系统层层分配、层层调拨的方式。买卖双方的见面仍是必要的。这样才能使生产资料市场成为名副其实的市场。

五、劳务市场

在社会主义经济中,劳动力不是商品,从而不存在劳动力的买卖关系。但这并不意味着在社会主义经济中不存在劳务市场。劳务市场是劳动力供求双方彼此平等商洽和达成协议的场所,是劳动力合理流动的中转环节。[①]

在劳务市场上,劳动力供求双方都在进行选择:劳动者个人选择工作条件和报酬;企业选择劳动力的质量。这样就不至于挫伤劳动者和企业的积极性,不至于阻碍生产的发展。在劳动者个人之间也存在着劳务的相互交换。这种交换基于自愿的原则,它可以是直接的,即不必通过任何中介,也可以通过某种中

[①] 社会主义劳务市场就是"劳动力非商品化条件下的劳动力市场"。为叙述上的方便,本书采用"劳务市场"这一概念。

介而成为间接的交换。

应当承认,社会主义现阶段存在于我国的劳务市场是一个不完全的劳务市场,这主要表现于劳动力的流动仍然受到一定程度的限制,以及劳动力供求双方在议定劳动报酬时也要受到一定程度的限制等。在进行社会主义经济运行的分析时,可以从劳务市场不完全性的假定出发,而在讨论资源配置合理化趋势问题时,可以结合人力资源配置与经济体制进一步完善之间的关系问题,对这个假定重新评价,并提出新的看法。①

六、科学技术成果的有偿转让:技术市场

这种有偿转让就是通常所说的技术市场上的科技成果交换或科技成果的商品化。本书不准备专门论述这一课题,而只就与此有关的一般问题作些假定。

我们知道,目前在科学技术研究中存在着不少不合理现象,如研究机构重复设置,科学研究工作重复进行,不同研究机构之间相互封锁,若干有重大意义的科学技术研究项目无人进行,科学技术研究成果的推广应用十分迟缓,甚至只讲研究,不讲应用,或研究的成果被长期搁置不用,科研人员的合理流动受到限制,等等。这些不合理现象的存在,使得本来力量有限的科学技术研究工作更显得不适应现代化建设的要求。但考虑到这些情况在社会主义经济建设过程中是会发生变化的,为了便于对社会主义经济进行分析,可以假定:通过改革,科学技术研究单位在科学技术研究工作中不再受行政机构的牵制和干涉,科学技

---

① 参看第十三章。

术研究单位在研究工作中有了一定的自主权，能根据自己的力量和社会的需要，承担课题，开展协作，并参加与其他生产单位联合组成的科研-生产联合体，使自己的研究工作为社会需要服务；可以假定：通过改革，科学技术研究单位中的科学技术人员，在不影响本职工作的前提下，能利用业余时间为其他生产单位提供服务，按合同取得报酬；可以假定：通过改革，科学技术研究单位（包括科学技术推广单位、高等学校和企业）能接受其他生产单位的委托，进行专项科学技术研究，有偿地提供科学技术咨询服务，并且根据合同，分享由科学技术成果推广应用所得到的收入；还可以假定：通过改革，科学技术研究成果的转让一般不受限制，在科学技术成果商品化的条件下，只要供求双方同意，就按照合同的规定进行有偿转让。

正是根据这样一些假定，可以认为：自主经营、自负盈亏的企业将有可能根据本身的需要，有选择地采用可供转让的科技成果，以提高产品质量，降低成本，制造新产品。企业的转产除了要受到所筹集到的资金的限制、已有固定资产规模的限制、本企业劳动力状况的限制而外，一般说来，不存在有偿利用商品化了的科技成果的限制。

第二节 多种所有制和经营形式

一、全民、集体、个体经济的地位

对全民所有制经济的主导地位，不能单纯理解为全民所有制经济的经营范围一定有多广，它的产值的比重必须占多大。

少数大型全民所有制企业掌握了国民经济命脉部门,这就体现了全民所有制经济的主导地位。

有些小型国营企业可以实行国家所有,集体经营,照章纳税,自负盈亏;

有些小型国营企业可以把国家的固定资产按现值计价,连同流动资金,转让给集体经济,而由集体经济分期偿还,在还清之后即转变为集体所有制企业;

有些小型国营企业还可以采取招标的方式,租赁给集体或个人经营,由承租者向国家按期交纳租金;

转让或出租小型国营企业的结果不会动摇全民所有制经济在社会主义经济中的主导地位;

有些国营企业可以吸收职工或个人投资入股,以补充企业的资金;由于入股者是分散的,而且人数众多,每人持有的股金数额有限,这样也不会使全民所有制企业改变其基本的性质;

在社会主义经济中存在着个体经济,它是社会主义经济的必要的和有益的补充,它的经济活动是同社会主义经济联系在一起,并受国家有关部门的管理。假定个体经济中可以存在雇工现象;假定个体经济在某些场合可以以合伙企业或小型独资企业的形式出现。即使如此,个体经济在社会主义经济中所占的比重也是很小的,它的存在不影响社会主义公有制的绝对统治地位。

在这里需要注意一个问题,这就是:假定全民所有制企业、集体企业、个体经营者处于同一行业中,如果全民所有制企业经营不善或服务质量较差而受到集体企业、个体经营者的排挤,那么这是正常现象。全民所有制企业只能以此作为改善经营、提高服务质量的压力,而不能认为这是损害了全民所有制经济的主导地位。只要集体企业、个体经营者遵守国家的政策法令,就不能限制它们在这一行业中的生产和经营活动。

二、资源开发的所有制和经营形式

为便于对经济运行进行分析,有必要专就我国开发资源的所有制和经营形式作若干假定。

现阶段我国经济发展过程中资源供求之间的矛盾是突出的。在对社会主义经济运行作分析时,强调资源供给的有限性并非不符合实际。

在资源开发的所有制和经营形式方面,可以作以下四个假定。

第一,通过经济体制的改革,联产承包责任制已在农村(包括集体经济和国营经济)广泛地存在并巩固下来;土地可以转包,并向耕作能手集中,宜林山地也以承包形式由农民或国营林场职工经营,承包期相当长,因此在所要分析的经济运行过程中可以不考虑承包到期的问题;

第二,通过经济体制的改革,并根据有关的政策规定,某些矿产资源(如小矿、大矿的尾矿和在大矿周围划定的地方),可以由农村集体经济或个人开采,从而有些分散的矿产资源可以得到利用,所开采的矿产品可以进入市场,但采矿者必须遵守国家关于保护矿产资源和禁止滥采的规定,接受必要的管理;

第三,通过经济体制的改革,并根据有关的政策规定,农民集体经营和个人经营的农、林、牧、渔、矿产品可以自行销售,或者由有关的经营、加工和消费单位直接与生产者签订合同,议价

购买;

第四,通过经济体制的改革,并根据有关的政策规定,在保护资源和更合理地利用资源的条件下,从事资源开发的农民集体经济和个人承包者可以得到国家在信贷、税收方面的优惠,并且从事资源开发的农民集体经济和个人承包者在纳税后,可以自行支配税后的收入。

三、新型的经济联合体

通过经济改革,在我国社会主义经济中可以出现各种经济联合的新形式,它们打破原有的社会主义社会中的所有制和经营形式的各种界限,既可以在同一部门或同一地域内组织经济联合体,也可以在不同部门或不同地域之间组织经济联合体,还可以组织不同所有制之间的经济联合体。这就是对现存公有制的一种改革。

在经济联合体的具体参加者之中,可以有全民所有制企业,可以有集体所有制企业,也可以有个人。经济联合体可以采取集资入股的做法。经济联合体一经组成,它将以一种新型的社会主义合作经济或股份经济的形式出现。它集聚分散的资金,实现生产资料、人力、技术等生产要素的重新组合,适应市场的变化,建立新的经营规模,积累共有的资产。

经济联合体的具体形式可以是多样化的。它们可能是松散的联合,也可能是联合而成的新企业。但不管以什么样的形式出现,新型的经济联合体都是一种合作经济或股份经济组织,是公有制的新形式,它们有利于创造更大的生产力。

第三节 企业地位

一、企业的法人地位

企业是社会主义社会生产组织和经济活动的基本单位。企业从事商品生产,企业的产品满足一定的社会需要。社会主义经济体系由大大小小的企业联合组成。国民经济力量不仅仅取决于它所拥有的企业数量,更重要的是取决于每个企业的活力大小。

企业被赋予法人地位。法人是指根据法律成立并能以自己的名义行使权利和承担义务的组织。企业作为法人,具有以下条件,即有独立的权力和组织机构,有独立的可以支配的财产,能独立承担民事案件和纠纷。

即使是全民所有制企业,也不再是附属于国家行政机构的相对独立的经济实体,企业自主经营,自负盈亏,企业为了取得自身的利益,可以自行安排生产和经营活动。

企业是商品生产者和经营者,而不是多功能的社会基层组织。"企业是社会的缩影"、"企业是小社会"等不正常的现象,假定已经基本上不存在。换言之,企业就是企业。

二、企业破产问题

与上述有关企业法人地位的假定密切相关的是关于企业破产问题的假定。

如果自主经营的企业经营不善,它将亏损,负债;如果它失去偿还债务的能力,那么它就应当宣告破产,变卖财产,清偿债务。为此,可以作下述假定,即过去那种使全民所有制企业盈利全部上缴、国家统收统支、统负盈亏,从而企业无法承担破产责任的情况,一般已经不再存在。企业的法人地位使得企业要以自己经营管理的财产承担民事责任。就这一点而言,全民所有制企业和集体所有制企业并没有什么区别。这对企业改善经营管理、改进技术、提高质量、降低成本起着强大的推动作用。

宣告破产的企业中的职工,可以流动到其他企业去或自谋职业,而在没有重新就业之前,则作为破产企业的待业人员,由社会的一定机构给以救济,维持基本生活。

三、企业与国家之间的关系

国家同企业(包括全民所有制企业)之间的关系不再是行政隶属关系,国家不直接组织企业的生产经营。国家管理经济的职能被规定为:

制定经济和社会发展的战略、计划、方针和政策;

制定资源开发、技术改造和智力开发的方案;

协调地区、部门、企业之间的发展计划和经济关系;

部署重点工程特别是能源、交通和原材料工业的建设;

汇集和传布经济信息,掌握和运用经济调节手段;

制定并监督执行经济法规;

按规定的范围任免干部;

管理对外经济技术交流和合作;等等。

根据上述假定,国家根据全民所有制企业生产资料的实际占有情况和行业的盈利情况,进行有计划的税收调节,反映社会利益的要求。企业留利中用于生产发展基金、职工集体福利基金和奖励基金的部分,保证了企业的经营积极性和职工的生产积极性的进一步发挥。

根据上述假定,那些名为公司、实际上是政企合一的机构将不再存在。政企分开之后,行政性的公司或者改组为负责必要的行政管理的主管局处,或者改组为真正的企业性的公司,它们将具有法人地位,实行独立核算,自负盈亏。

四、企业内部关系

在企业内部,经济效益同职工收入直接挂钩,使劳动者的物质利益同本人的劳动成果、同企业生产的发展密切地结合起来,企业职工关心生产,关心企业的经济效益,他们能充分发挥主动性和积极性;

为了调节企业职工的奖金收入,国家可以采取税收调节方式,如规定奖金的发放应有一定的标准,如果超过这一标准,将向企业征收累进的奖金调节税;

在企业内部,将建立多种形式的经济责任制;经济责任制明确地规定较低层对上一层承担的责任和义务,从而使上一层的管理能够有效地实行,并使较低层对上一层所承担的义务得以履行;

在企业内部,所实行的是适应现代企业生产要求的厂长(经理)负责制:厂长(经理)作为企业的总负责人,对企业的生产、经营、管理实行统一指挥,他拥有决策权。企业党委的主要任务是积极支持厂长(经理)行使统一指挥生产、经营、管理的职权,保证、监督党和国家方针政策的贯彻执行;加强企业中党的思想建设和组织建设,做好职工思想政治工作;加强对企业中工会和青年团的组织领导;健全职工代表大会制度,发挥职工主人翁地位和民主管理的权利。但企业党委不干预企业的生产经营活动。

五、企业与企业之间的关系

企业之间的竞争成为社会主义商品经济中的必然现象。企业按照社会化大生产的要求和商品流通的规律,合理组织生产资料和生活资料的生产和流通,以发扬先进,鞭策落后,推动创新。即使是全民所有制企业,如果在商品经济的竞争环境中处于劣势,也同样会面临关闭、停产的结局,这时,它们或者必须改组,或者必须参加与其他企业的联合,或者必须转产。

六、社会主义企业活力的性质

要使企业具有活力,必须使企业能自主经营,自负盈亏,并且使企业之间在市场上处于竞争的地位。这一点,无论对资本主义企业还是对社会主义企业都一样。但是,资本主义企业的活力建立在资本主义的生产资料私有制的基础上。追逐剩余价值是资本主义生产目的,也是促使资本主义企业不断革新技术、改善经营管理、降低成本、提高产品质量的动力。资本主义企业的盲目扩大生产能力和企业间的激烈竞争,将导致资本主义基本矛盾的尖锐化,使整个社会经济陷于无政府状态。在社会主义制度下,企业争取盈利不是坏事,它的盈利不仅有利于企业本身,而且有利于国家。如果企业不顾国家利益而盲目追求本单位利益,国家能通过各种手段加以纠正。企业的厂长、经理既代表企业、职工的利益,又维护国家的利益。

第四节　经济立法、经济监督和经济信息系统

一、纯经济分析的适用性和局限性

在经济分析中,纯经济分析是指单纯就经济因素进行分析,而把各种非经济因素对经济的作用置于一边,即或者假定非经济因素的作用为既定,或者认为非经济因素的作用可以被省略不计,或者认为分析应当分为两个不同层次,先分析经济因素的作用,再分析经济因素与非经济因素的综合作用。

从分析方法来看,纯经济分析是有局限性的。这是因为,经济分析的对象是社会的经济活动,而社会的经济活动是复杂的,多种因素在这里发生作用,如果单纯就经济进行分析,往往难以得出正确的、符合实际情况的结论。特别是,在涉及个人的经济行为或整个社会经济的演变趋势时,纯经济分析的局限性就更为突出。

但纯经济分析作为一种分析方法,仍有其适用性。在复杂的社会经济活动中,为了分析的方便,可以从最简单的形式着手分析,这里可以用单纯的经济因素的分析来代替一开始就采取多种因素的综合分析。这种简单的分析虽然不能说明社会经济活动的全过程和其中错综复杂的关系,但可以成为分析的起点或初始阶段。此外,在假定非经济因素的作用为既定或假定不存在非经济因素的作用的情况下,经济因素分析的结果即使不能得出一般性的结论,却至少可以得出特定条件下的结论。从

这个意义上说,在分析现阶段我国社会主义经济运行时,不应简单地认为纯经济分析是毫无用处的,甚至是反科学的。关键在于我们是否以纯经济分析为满足,以及是否把纯经济分析所得出的结论当作一般性的结论。

前面,作为社会主义经济分析的前提,我们已经就计划和市场、多种所有制和经营形式、企业地位等方面作了一些假定,在作这些假定时,实际上已考虑到理论的分析与现实状况会有某种程度的差距。这些假定都提到,通过经济体制的改革,经济领域内将会出现我们所假定存在的情况,然后我们将以此为前提,展开有关经济运行的分析。在这里,我们不仅把非经济因素对上述改革过程的干扰排除在外,而且更为重要的是,我们所假定的经济环境是社会主义经济中各种机制(包括政府调节机制和市场调节机制)得以正常发挥作用的经济环境。这些假定可能也与现实状况有所差距,因为在一个脱胎于半殖民地半封建社会的旧中国,而且封建的、小生产的因素至今仍在多方面影响社会经济活动的经济环境中,无论是政府调节机制还是市场调节机制,都会受到非经济因素的干扰,从而不一定正常地发挥作用。我们承认这一现实,但分析依旧有必要从这样一些假定开始,这就是纯经济分析的适用性和局限性的表现。

即使以经济改革本身来说,我们应当了解城市经济体制改革具有不同于农村经济体制改革的特点。当然,我国农村改革的成功经验为以城市为重点的整个经济体制的改革提供了极为有利的条件,所以城市的经济体制改革需要借鉴农村改革的成功经验。但我们注意到,在分析城市经济改革和假定实现城市经济改革以后的经济运行时,都不能忽视纯经济分析的局限性。

比如说,农村的改革主要在集体所有制经济中进行,通过改革使社会增加产品,使农民个人增加收入。所以农村改革中的重点是实行联产承包,让生产者本人获得经营自主权,以提高收入。而城市改革与此不同,它主要在全民所有制经济中进行,全民所有制企业的职工不是直接经营者,他们的收入将通过企业收入和国家收入的增加而增加。因此城市改革的重点是放在增加企业活力上,放在调整国家与企业之间的关系上。只有企业成为相对独立的商品生产者和经营者,并使企业及其职工的收入与企业经济效益挂钩,职工才能增加个人收入。与此同时,农村改革中个人收入风险由农民承担,而城市居民多数不可能成为直接经营者,他们的收入在一定时期内要由国家和企业来承担风险,这样,一旦经济改革涉及增加个人收入风险程度时,城市居民不像农民那样有承受能力,他们在思想上的波动要比农民大得多。加之,由于城市是政治、经济、文化中心,与农村改革相比,城市改革的整体性强,难度高,非经济因素的作用要大得多。这表明,一方面,把农村改革实行的具体措施简单地搬用于城市改革是不可能使城市改革取得重大成效的;另一方面,在作出上述有关企业与国家之间的关系、企业内部关系、企业之间的关系的假定时,我们不得不对城市经济改革本身和改革后的经济环境作较大的简化。这种简化既是必要的,但也表明了与实际情况的差距。尽管如此,有关社会主义经济运行的分析依然需要由此开始。

二、经济立法

要知道,在社会经济活动中,经济法律、法规和管理条例是否完备,从政府部门到企业,再到个人,能否从经济法律、法规和管理条例中了解到自己应当做什么,能够做什么,不应当做什么,不能够做什么,这对于经济的正常运行是十分重要的。只有明确了这些,政府和企业才能有明确的职责分工,对企业和个人才能提出建立严格的责任制的要求。但实际上目前还做不到这些。经济立法的不完备势必对社会经济活动发生影响。

为了便于进行社会主义经济运行的分析,不妨在这里作出这样的假定,即假定先不考虑经济立法不完备的问题,把由于经济立法不完备而可能对经济运行发生的影响撇开不谈。这也就是说,可以先假定经济立法已经完备了,并且所有的行政部门、企业和个人都是在经济立法完备的条件下进行活动的,他们的经济活动都受到经济法律、法规、管理条例的制约,客观经济中不存在无法可依或有法不依的情形,也不容许某些部门、企业或个人以经济立法不完备为借口而从事非正常的经济活动。

三、经济监督

关于经济监督的假定与关于经济立法的假定在性质上是相同的。政府制定的有关法律、政策、规定能否被各级行政机构、企业和个人所遵守,有没有一套有效的经济监督机构来检查、监督各级行政机构、企业和个人贯彻与遵守法律、政策、规定的情况,这两点对于社会主义经济的运行而言也具有重要意义。比如说,该纳税的不按时缴纳税款,但却未被发现,或发现后不被处理;该执行指令性计划生产指标的没有按计划完成,但也未被发现,或发现后不被处理等情况,在现实生活中并不是不存在的,但可以假定这些情况一经发现,就会得到应有的处理。又如,党政干部是不准经商的,如果说有人违反这一规定,却又听之任之或不了了之,那么,尽管这是可能发生的事情,但我们可以假定在有效经济监督之下,这种情况一经发现,也会得到处理。

总之,在进行社会主义经济运行分析时,需要作出经济监督机构十分有效,一切经济活动都置于这些机构的检查、监督之下,从而法律、政策、规定等都能够被遵守的假定。这同样是为了社会主义经济运行分析的必要。至少在理论分析中可以作出这样的假定。

简言之,在这里所作的一个重要假定,就是假定存在着一个有高度效率的政府、一个有高度效率的经济监督部门。这一假定是与前面所作的存在着统一的商品市场和资金市场的假定相互配合的。要知道,无论是市场的不统一还是政府的低效率,都将成为社会主义经济正常运行的障碍。如果市场既不统一,政府效率又低,那么对社会主义经济正常运行的障碍之大,就可想而知了。

四、经济信息系统

社会主义经济运行过程中,无论是政府调节还是市场调节,都需要有健全的经济信息系统才能使调节机制充分发挥作用。如果经济信息系统不健全,那么有关商品的供给和需求、劳动力和其他资源的供给和需求、技术的进步和应用、消费者和职工的意愿和要求、价格的现状和变动趋势等信息,既不可能被商品生产者和经营者及时获取,也不可能被政府调节部门及时掌握,这样,社会主义的经济运行将在不同程度上受到影响。

实际生活中的情况正是如此。我国现阶段的经济信息系统是不健全的,各方面的经济信息还不可能及时地传递到政府调节部门以及商品生产者和经营者那里,而且即使他们能掌握到一些经济信息,那也是不够完整和系统的。我们应当承认这个事实。但在进行社会主义经济运行的分析时,我们不妨也采取这样两个步骤的分析方法,即首先假定社会主义经济中存在着一个健全的经济信息系统,假定政府调节部门和商品生产者、经营者能够及时得到自己所需要的有用的信息,然后再在此前提下进行分析,再把经济信息系统的不健全性考虑进去,对政府调节部门和商品生产者、经营者在无法及时地、充分地获得有关经济信息的条件下的经济活动作进一步探讨。虽然第二步的分析可能更适合现阶段我国经济运行的实际情况,但第一步分析将成为第二步分析的出发点,并能为第二步分析提供若干基本的分析的依据,这一点是毋庸置疑的。

事实上,在任何经济中都不可能出现如理论分析时所假定的那种经济立法十分完善、经济监督十分有效、经济信息系统十分健全的情况,正如在任何经济中不可能只有单一因素发生作用,而其他因素不起作用一样。但理论分析时的假定仍属必要,因为只有在简化了的条件之下才能把某些最基本的关系分析清楚。

五、新旧经济体制交替时期的"过渡性症状"

以上在谈到有关我国社会主义经济运行的假定时,都以经济体制改革后我国社会经济生活中将会出现的情况作为分析的前提。这样也就涉及另一个问题,即新的经济体制的建立和完善是一个较长的过程,在新旧经济体制交替的时期内,经济中将会出现这样或那样的新情况,其中有些情况甚至是比较严重的,它们通常被称为新旧经济体制交替时期的"过渡性症状"。

要知道,原有的经济体制在我国已经实行多年,而新旧经济体制的更替必须有步骤地进行。在这个新旧经济体制交替时期内,有可能使一部分经济活动按原有体制管理,另一部分经济活动则按新体制管理,甚至还有可能出现原有体制和新体制都不发生作用的情况,这就会使经济生活产生某些混乱。例如,有些地区、部门、企业或个人利用体制方面的漏洞,规章制度不健全,纪律检查不严等情况截留税金;违背政策从事投机倒卖活动;违背物价管理的规定任意涨价或变相涨价,从而损害消费者利益;随意扩大基本建设规模,重复建设,盲目建设,造成投资失控;随意增发工资、奖金、福利开支,造成消费基金增长过快;从事套汇、走私、行贿受贿等非法活动。这一切都会使原材料供应更加紧张,使产业结构、产品结构的不合理性加大,使货币流通量过多,使外汇减少,物价上涨。它们都可以被笼统地称作"过渡性症状"。

那么,在进行社会主义经济运行的分析时,应当如何对待这种"过渡性症状"呢?是把它们放在一边,不予分析,还是把它们考虑在内呢?

在这个问题上,同样需要从两方面来进行分析。

一方面,由于所要讨论的是公有制基础上的有计划的商品经济,是具有法人地位的企业等,这些都是假定十二届三中全会通过的《中共中央关于经济体制改革的决定》中有关我国经济体制改革的方针政策被贯彻执行后的经济体制和企业地位的情况,因此很自然地不需要再把新旧经济体制交替时期所出现的或可能出现的问题列入考察的范围,否则在逻辑上将是自相矛盾的。这就是说,在进行社会主义经济运行的分析时,是把新经济体制的建立作为立论的前提,从而不需要涉及"过渡性症状"之类的问题。

另一方面,既然这是一本论述我国社会主义经济的著作,那么正如有必要进一步探讨非经济因素的作用,分析经济立法不完备或经济信息系统不健全可能给现阶段我国社会主义经济运行造成的影响一样,我们同样不应当排除对有关新旧经济体制交替时期可能产生的"过渡性症状"的分析。这是因为,这里所说的"过渡性症状",除了那些违法活动而外,主要是指新旧经济体制交替时期将会出现的"总需求大于总供给"和"结构意义上的实物不平衡"等问题。它们的出现不是偶然的,这不仅与历史遗留下来的各种经济问题有关,而且也涉及原有经济体制的长期存在对企业经济活动和人们的心理所造成的深刻影响。特别是由于一些上级主管部门仍习惯于沿用传统的行政手段对企业发号施令,企业领导层还不善于按扩大自主权以后的新的经营管理方式来经营企业,等等,所以上述总需求与总供给之间不相适应的现象仍有可能加剧。这些就是新旧经济体制交替时期可能遇到的带有全局性的问题。在分析社会主义经济运行时不能忽略这些问题的存在,即不能以假定新经济体制建立以后的情况的分析为限。

应当如何对待这些问题,并且在分析中如何处理它们呢?根据本书的逻辑体系,将采取如下的方式:

一方面,为了同以上所给定的社会主义经济分析的前提保持一致，在分析经济运行时，可以不把新旧经济体制交替时期的"过渡性症状"考虑在内，也就是假定新旧经济体制交替时期的"过渡性症状"已经不再存在。我们就以此作为分析的前提。

但另一方面，我们可以在上述基础上，在讨论与现实经济状况有密切联系的宏-微观经济协调、资源配置、收入分配、经济与社会发展战略等问题时，把包括"过渡性症状"在内的情况作为历史遗留下来的经济问题列入讨论的范围。本书第十一、十三、十五章，尤其是第十八章中的某些部分将对此进行探讨。我们的总的看法是：对于新旧经济体制交替时期出现的"过渡性症状"，既不能掉以轻心，而应当采取冷静的态度，也不能为此过分担心。问题主要不在于新经济体制本身和经济体制改革的实行，而在于这一交替时期内的宏观经济管理的不够完善，在于各种对经济体制改革进行的经济的和非经济的干扰。改善宏观经济管理绝不意味着放弃经济体制的改革或返回原有经济体制去。改善宏观经济管理的目的，是消除经济发展中的障碍，保证改革顺利进行，促进新经济体制的建立和巩固。

为此，在新旧经济体制交替时期，有必要加强经济立法和经济监督，完善各项规章制度，使各种经济活动有法可依，同时要加强审计、物价检查、工商行政管理工作，使经济活动得以正常进行。这表明，在经济改革过程中，甚至在某些改革实现之后，行政手段仍是有用的，各部门和企业单位仍然必须遵守财经纪律。在新旧经济体制交替时期，对国民经济中重要的比例关系的宏观经济管理不能放松。例如，为了避免重复建设、盲目建设而引起的资源浪费，为了使有限的资金用于当前国民经济中最需要的部门，对于财政支出和信贷支出的方向和数量界限必须实行有效的管理。这样做的目的并不是一般地实行紧缩政策，而只是紧缩不利于协调国民经济的投资。同样的道理，对于工资和奖金的发放也不是采取紧缩的做法，而是要根据劳动生产率的增长情况，根据企业经济效益的增长情况，采取调节的做法，以避免消费的增长与生产的增长的不协调。假定做到了这些，那么新旧经济体制交替时期的经济运行就会趋于正常，新经济体制的建立和巩固也就有了保证。

第一篇
国民经济运行

第一章

日本銀行とは

第三章 国民收入的形成和分解

第一节 国民收入的形成

一、生产活动

生产活动是指提供物质产品和生产性劳务的活动。向社会提供物质产品和生产性劳务的部门,可以分为:(1)工业,(2)农业(包括林、牧、渔业),(3)建筑业,(4)运输业(包括邮电业),(5)商业(包括公共饮食业和物资回收业),(6)生产劳务部门。以上六个部门统称为生产部门或物质生产部门。

关于具体的物质生产部门同非物质生产部门的划分,在社会主义政治经济学研究中,仍然是有争议的。本书不准备就这一专门问题进行较深入的讨论,而只限于说明这样两点:第一,一国的社会总产品是由该国提供物质产品和生产性劳务的部门和单位所生产的,它等于该国一定时期内生产出来的物质产品和生产性劳务的总和;第二,区分一种经济活动究竟是否增加社会总产品,要考察它是否向社会提供了物质产品,或者是否向社会提供了生产性劳务。用于生产性劳务的支出是计入生产单位的成本的,这是生产性劳务同非生产性劳务的一个重要区别。①

本书所采取的这种做法并不妨碍对社会主义经济运行的理论分析。这是因为,如果我们把生产劳务部门的范围定得较广,那么非生产部门的范围就定得较窄,或者,如果我们把生产劳务部门的范围定得较窄,那么非生产部门就定得较广,这无非是影响社会总产品的价值的大小,而不至于影响这样一个实质性问题,即生产劳务部门提供的生产性劳务是列入社会总产品的,而非生产劳务部门提供的非生产性劳务不列入社会总产品。

二、最终产品和中间产品

最终产品是指最终供消费和使用的产品。中间产品是指并非最终供消费和使用,而是有待于加工或继续加工才能被人们消费和使用的产品。区分最终产品和中间产品,在研究社会主义经济运行时有重要意义。

可以举一个例子。假定一个国家的农业每年提供10亿元价值的小麦。假定这10亿元价值的小麦全部出售给面粉工业作为原料,面粉工业每年提供20亿元价值的面粉。假定这20亿元价值的面粉全部出售给食品加工业作为原料,食品加工业用它们制成面包、面条、糕点等食品,其价值为40亿元,出售给居民,供他们消费。这样,按农业、面粉工业、食品加工业所提供

---

① 我们至少可以把工业、农业、建筑业、运输业、商业以外的下述各项经济活动列入生产活动,它们是:仓库保管,修理,市政工程,广告服务,电影制片,电视录制,广播录制,技术与管理的咨询和服务,技术和管理人员的培训,金融咨询和服务,保险咨询和服务,投资咨询和服务,与生产有关的旅馆服务,与生产有关的科学实验,与生产有关的法律咨询和服务,与生产有关的劳动保护和医疗服务,个人劳务性质的生产技术性服务,等等。我们也至少可以把行政管理列入非生产活动。

的物质产品的总和,共计为70亿元。但用这种方法来计算社会所提供的物质产品和生产性劳务是不科学的,因为在这里,小麦和面粉只是中间产品,只有食品加工业提供的40亿元的面包、面条、糕点等食品,才是最终产品,所以社会提供的物质产品和生产性劳务应是40亿元,并非70亿元。假定按70亿元计算,那么其中有30亿元的重复计算。

按照科学的定义,一定时期内社会提供的物质产品和生产性劳务应是一定时期内社会的最终产品的总和,它可以按现行价格计算,也可以按不变价格计算。那种不把中间产品价值排除在外,而把提供物质产品和生产性劳务的各个部门和单位的产值汇总而计算出来的数值,由于含有重复计算的部分,因此是夸大了的数值。假定按照这种重复计算的方式来计算社会提供的物质产品和生产性劳务,那么一国的生产单位分得越细(如一家大企业的各个车间分别变为各个独立的小企业),中间产品的交换次数越多,社会提供的物质产品和生产性劳务就越多;反之,在生产上有协作关系的各个独立的小企业合并为一个大企业后,中间产品交换的次数减少了,社会提供的物质产品和生产性劳务也就会减少。可见,这种计算方式显然说明不了一国物质产品和生产性劳务的实际数量。

从所生产的具体产品来看,我们不可能确定某些产品是否为最终产品。以布为例,如果被居民买去使用,那么它们是消费品,也就是最终产品;如果被企业买去,作为制作服装的原料或制作布娃娃的原料,那么它们是中间产品。面粉、食糖、牛奶也是如此。被居民用作消费,它们是最终产品;被企业买去作为制作糕点的原料,那么它们就是中间产品。可见,最终产品和中间产品是按最终用途来区分的。

三、按最终产品价值计算的社会总产值

社会总产值是一国在一定时期内生产出来的、按最终产品价值计算的物质产品和生产性劳务的总和。简单地说,社会总产值就是社会最终价值,中间产品的价值是被排除在外的。本书所使用的这一概念与通常使用的"工农业总产值"、"社会总产值"、"国民生产总值"概念不同。

1. 通常使用的"工农业总产值"反映一定时期内一国生产出来的工农业产品的全部价值,即等于工业和农业两个部门全部产品的产量乘上价格之和,其中含有重复计算的部分。

2. 通常使用的"社会总产值"在计算方法上与"工农业总产值"相同,它反映一定时期内一国生产出来的工业、农业、建筑业、运输业(包括邮电业)、商业(包括饮食业)五个部门的产品的全部价值,即等于这五个部门全部产品的产量乘上价格之和,其中同样含有重复计算的部分。

3. "国民生产总值"是当前世界上很多国家用来反映国民经济发展的一种综合指标,在计算方法上,它不同于"工农业总产值",因为它把中间产品的价值排除在外,而只计算最终产品的价值。但它所包括的部门很广,即不仅包括生产部门,而且还包括非生产部门在内。

本书所采用的社会总产值,从计算方法上说,是按最终产品的价值计算的;从所包括的部门范围来说,则包括上述六个生产部门(工业、农业、建筑业、运输业、商业、生产劳务部门),而把非生产部门排除在外。①

---

① 照理说,生活劳务部门也是应当列入的,但这里涉及如何计算产值问题,所以暂不列入。

四、国民收入

如上所述,社会总产值应按社会的最终产品价值计算。社会的最终产品价值中包括新创造出来的价值和固定资产消耗的价值,其中扣除了固定资产消耗(折旧值)之后,就是社会净产值。社会净产值,即新创造的价值,等于国民收入。因此,国民收入是社会的最终产品价值中新创造出来的一部分。

在国民收入计算时不存在重复计算的部分;国民收入可以按现行价格计算,也可以按不变价格计算。

一国国民收入的数量取决于以下三个基本的因素:

第一,投入物质产品和生产性劳务生产的劳动量。在其他条件不变的条件下,投入这方面的劳动量越多,国民收入数量就越大。

第二,提供物质产品和生产性劳务的部门和单位的劳动生产率。单位时间内所提供的物质产品和生产性劳务的数量越多,表明劳动生产率越高,从而国民收入的数量也越大。

第三,投入物质产品和生产性劳务的生产的生产资料消耗数量。生产某一种物质产品或生产性劳务所消耗的生产资料数量越少,使用同量的生产资料就可以生产更多的社会总产值和国民收入;同时,生产某一种物质产品或生产性劳务所消耗的生产资料数量越少,社会总产值中所包含的固定资产消耗数量就越少,从而国民收入在社会总产值中的比重也就相应地提高。

在决定国民收入数量的这三个基本的因素中,第二个因素,即劳动生产率,尤其重要。可以说,提高劳动生产率是促使国民收入增长的最重要的途径。

五、国民收入形成过程

为了较清楚地说明社会主义经济中的国民收入的形成过程,可以把这一过程图示如下:

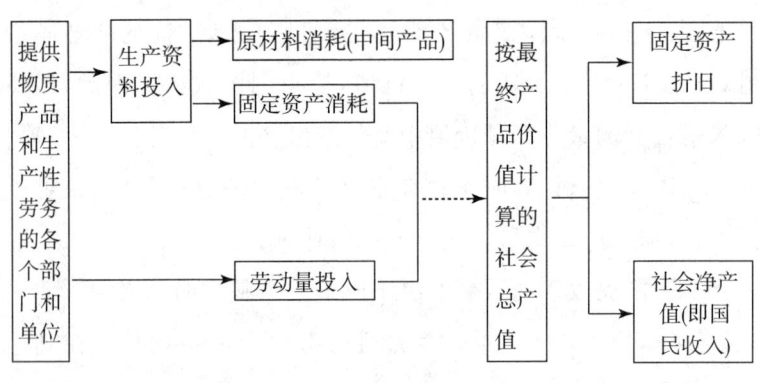

图 3.1

图 3.1 中的虚线表示生产过程。这里一个重要的问题是:国民收入是提供物质产品和生产性劳务的各个部门和单位的劳动者在生产过程中新创造出来的;这一新创造出来的价值大于投入的劳动量。根据本书的观点,国民收入不仅是从分配方面考察的结果,而更重要的是从生产方面考察的结果。

图 3.1 把提供物质产品和生产性劳务的各个部门和单位当作一个整体来看待。下面,把这些部门和单位分解为各个单个的企业,这样,就可以看出中间产品、最终产品、国民收入之间的关系。见图 3.2(图中虚线表示生产过程)。

在图 3.2 中,企业与企业之间相互提供中间产品(例如这个企业的产品是另一个企业生产中所使用的原材料),所有企业的中间产品(原材料消耗)都不计入它们生产的最终产品价值。企业投入的劳动量和生产资料投入中的固定资产消耗,通

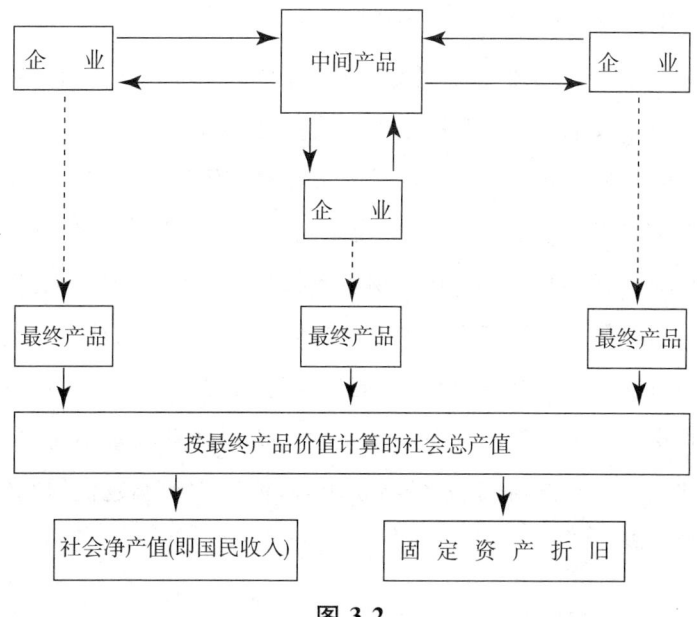

图 3.2

过生产过程而形成了最终产品价值。社会总产值是所有企业的最终产品价值的总和。

第二节 国民收入的分解

一、社会总供给

社会总供给是指一国一定时期内物质生产部门向社会提供的、供最终消费和使用的物质产品和生产性劳务的总和。根据上述有关社会总产值和社会净产值的定义,可以了解到,社会总供给一词有宽窄两种含义:广义的社会总供给同社会总产值相适应;狭义的社会总供给同社会净产值相适应。二者的共同点在于它们都不包括重复计算的部分,即都把中间产品排除在外,都按供最终消费和使用的物质产品和生产性劳务来计算。二者的区别在于:广义的社会总供给包含固定资产消耗(折旧),狭义的社会总供给则不包含固定资产消耗(折旧)。

前面在说到国民收入数量的决定时已经指出了决定国民收入数量的三个基本的因素,即投入物质产品和生产性劳务生产的劳动量、劳动生产率、投入物质产品和生产性劳务生产的生产资料消耗数量。这三个基本的因素无论对于狭义的社会总供给还是对于广义的社会总供给,同样是适用的。假定投入物质产品和生产性劳务生产的劳动量与生产资料消耗数量不变,那么劳动生产率越高,社会总供给就越多,劳动生产率越低,社会总供给就越少。

二、社会总需求

社会的最终产品是指供最终消费和使用的物质产品和生产性劳务的总和。这里所说的"供最终消费和使用",实际上包含了两个方面的用途:一是最终用于人们的消费,二是最终用于再生产。相应地,就一定时期所生产出来的产品而言,它们也分为两类:一类是最终供人们消费的消费品,另一类是最终供再生产使用的生产资料,又可称为投资品。

那么,什么是社会总需求呢?社会总需求是指在一定的支付能力条件下社会上对生产出来供最终消费和使用的物质产品和生产性劳务的需求的总和,也就是社会上对于消费方面的需求和对于再生产方面的需求的总和,或者简单地说,就是社会的消费需求和投资需求的总和。

再生产分为简单再生产和扩大再生产。相应地,投资也分为重置投资和新增投资。重置投资指用于补偿生产中已消耗的固定资产的投资，它是简单再生产情况下的投资。新增投资指用于新增加的固定资产的投资，它是扩大再生产的必要条件。新增投资又称净投资，它同重置投资合在一起，称为总投资。

从这个意义上说，社会总需求一词也有宽窄两种含义。广义的社会总需求同狭义的社会总需求的共同点在于：二者都指在一定的支付能力条件下社会对生产出来供最终消费和使用的物质产品和生产性劳务的需求的总和，都包括社会的消费需求和投资需求。二者的区别在于：广义的社会总需求中的投资需求，是指总投资而言，即既包括重置投资的需求，又包括新增投资的需求；狭义的社会总需求中的投资需求，则指净投资而言，即只包括新增投资需求，不包括重置投资需求。

广义的社会总需求与广义的社会总供给有可比性；狭义的社会总需求与狭义的社会总供给有可比性。

在这里，我们可以把上述有关社会总需求和社会总供给的解释用目前人们经常使用的社会总需求和社会总供给概念作一番比较。人们经常这样理解：

社会总需求等于社会的购买力，它包括城乡居民个人的、企事业单位和行政部门的购买力的总和；社会总供给等于社会提供的可供购买的商品总量，它包括各个不同生产部门生产出来可供购买的商品的总和。社会总需求大于社会总供给，意味着社会的购买力大于商品供应量；社会总需求小于社会总供给，意味着社会的购买力小于商品供应量。应当指出，这种理解并没有什么问题，但是不够完整，因为在理解社会总需求时，使用的是价值形式上的社会总需求,理解社会总供给时,使用的是实物形式上的社会总供给。因此,如果要采取目前人们经常使用的说法,应当采取这样的表述:从价值形式上看,社会总需求等于一定社会购买力条件下社会要购买的商品的价值,社会总供给等于社会提供的可供购买的商品的价值;从实物形式上看,社会总需求等于社会要购买的商品总量,社会总供给等于社会提供的可供购买的商品总量。这样一种表述就可以与下面关于国民收入的价值构成的表述统一。

三、国民收入的价值构成

在明确了什么是社会总供给和社会总需求之后,就可以对国民收入的价值构成进行分析。

（一）从供给的角度来理解

既然狭义的社会总供给是与社会净产值相适应的,而社会净产值就是国民收入,因此,从流量来分析:

狭义的社会总供给

　　　　＝消费品的供给＋投资品(指净投资品)的供给

　　　　＝消费品和投资品供给中新创造出来的价值

　　　　＝从事生产活动的劳动者收入＋剩余　　　(3.1)

这里所说的剩余,就是新创造的价值中扣去从事生产活动的劳动者收入之后余下的部分,也就是剩余产品。换言之,从生产和分配相统一的角度来理解,

狭义的社会总供给＝从事生产活动的劳动者收入＋剩余

　　　　＝社会净产值

　　　　＝国民收入　　　　　　　　　　　　　　(3.2)

（二）从需求的角度来理解

同狭义的社会总供给有可比性的，是狭义的社会总需求。如上所述，狭义的社会总需求是指在一定的支付能力条件下社会的消费需求和投资需求（指净投资需求）之和。由于有支付能力的消费需求等于消费支出，有支付能力的净投资需求等于净投资支出，因此，狭义的社会总需求等于消费支出与净投资支出之和（这里暂不考虑消费与净投资以外的收入余额问题）。这样，

狭义的社会总需求
　　　　＝对消费品的需求＋对投资品（指净投资品）的需求
　　　　＝用于消费的支出＋用于投资的支出
　　　　＝消费＋投资　　　　　　　　　　　　　　（3.3）

由于一定时期内的消费支出与净投资支出，来自一定时期内从事生产活动的劳动者收入和剩余，也就是来自一定时期内的社会净产值，因此，从生产和分配相统一的角度来理解：

狭义的社会总需求＝从事生产活动的劳动者收入＋剩余
　　　　＝社会净产值
　　　　＝国民收入　　　　　　　　　　　　　　　（3.4）

可见，假定仅仅从收入流量分析，假定不考虑消费与净投资以外的收入余额，狭义的社会总需求与狭义的社会总供给是相等的。

第三节 国民收入的价值运动：
封闭条件下的情况

一、封闭型经济的含义

封闭型经济是指一种不与国外发生经济上的联系的经济。这是纯理论的假设，因为在实际生活中，不与国外发生经济上的联系的经济是非常罕见的。特别是在现代经济条件下，几乎不存在不与国外发生经济上的联系的经济。每一个现代国家，包括社会主义国家，都在不同程度上与国外有贸易往来、资金流动、技术交流、人力移动等关系，现代各国之间只有对外经济联系的程度上的差别。因此在实际生活中，人们通常把对外经济联系少的国家的经济称作封闭型经济，或者把由于意识形态上的各种原因而拒绝同国外发生较多经济联系的国家的经济称作封闭型经济。显然，这是实际生活中对封闭型经济的一种看法，而不是我们在这里所要作出的假设。

在这里，为了便于对社会主义经济运行进行分析，我们先假定所要考察的社会主义经济是封闭型经济，即假定它不与国外发生经济上的联系，然后再假定所要考察的社会主义经济是开放型经济，即假定它是同国外有经济上联系的经济。

二、简单再生产条件下社会总需求与社会总供给的价值平衡

关于社会主义简单再生产条件下国民收入的价值运动，可

以从两个方面进行分析:一是考察社会总需求与社会总供给之间的价值平衡问题;二是考察国民收入的初次分配与再分配的过程。这两个方面是相互联系的。

先考察封闭型简单再生产条件下社会总需求与社会总供给的价值平衡问题。

(一)简单再生产持续进行的条件

前面已经指出,简单再生产是在再生产规模不变的基础上进行的,在这种情况下,社会对投资品的需求仅限于重置投资的需求,即仅限于要求有补偿生产中已经消耗的固定资产投资,而不要求新增投资。

前面还指出,国民收入就是社会净产值,它是与狭义的社会总供给相适应的。但由于这里所分析的是简单再生产的过程,它只限于要求重置投资,不要求新增投资,而重置投资却又不包括在狭义的社会总需求之内,因此,与社会净产值(即狭义的社会总供给)相适应的狭义的社会总需求中,只有消费需求,而没有投资需求(即净投资需求为零)。

这样,简单再生产条件下,从价值运动的角度来分析,社会总需求究竟能否与社会总供给保持平衡,关键在于有支付能力的消费需求能否得到满足,或者,反过来说,关键在于社会总供给中的消费品供给能否适应社会的消费需求。

这种关系可以如图 3.3 所示。

图 3.3 中有两条虚线,它们分别表示衔接关系。

虚线①上的两端衔接是既定的,因为我们在这里所要考察的是能够维持简单再生产规模的国民收入的价值运动情况,因此,只要企业是按规定提取折旧,并且所提存的折旧专款专用,

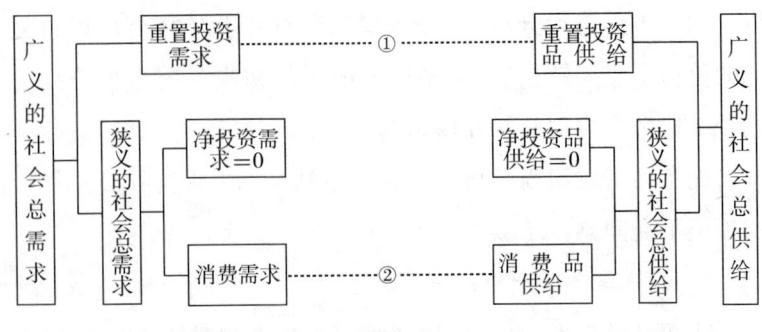

图 3.3

即只用于重置投资,而不挪作他用,那么我们就可以设定重置投资需求与用于重置投资的投资品供给在价值形式上是保持平衡的,可以把这看成是分析国民收入运动过程中社会总需求是否与社会总供给保持平衡的前提。

需要说明的是,在这里仅仅是就价值形式的平衡而言的。如果从实物结构方面来考察,那么重置投资需求与用于重置投资的投资品供给之间平衡的假定就不一定能够成立。但在本章,我们可以暂且不考虑实物结构方面的重置投资需求与用于重置投资的投资品供给的衔接与否。在这里还需要说明一点:即使从价值形式的平衡来说,由于折旧是逐年按比例提存的,重置投资则是在一定时期之后一次进行的,或在一段时间内分批进行的,因此从每一个年度来考察,重置投资需求与用于重置投资的投资品供给不一定相等。但我们也可以按固定资产更新周期来进行分析,即在一个固定资产更新周期之中,价值形式上的重置投资需求与用于重置投资的投资品供给之间可以保持平衡。

这样,问题主要在于图 3.3 中的虚线②,即消费需求与消费品供给的衔接与否。在社会主义简单再生产条件下,可以假定经济中只存在着企业和居民户,企业生产消费品,它们是消费品供给者,居民户则是消费者,即企业所生产的消费品的购买者;假定居民户用以购买消费品的收入来自企业,企业因居民户提供了劳动和其他服务而给以报酬。这样,企业与居民户之间的经济关系,即消费品供给者同消费者之间的关系可以如图 3.4a 所示:

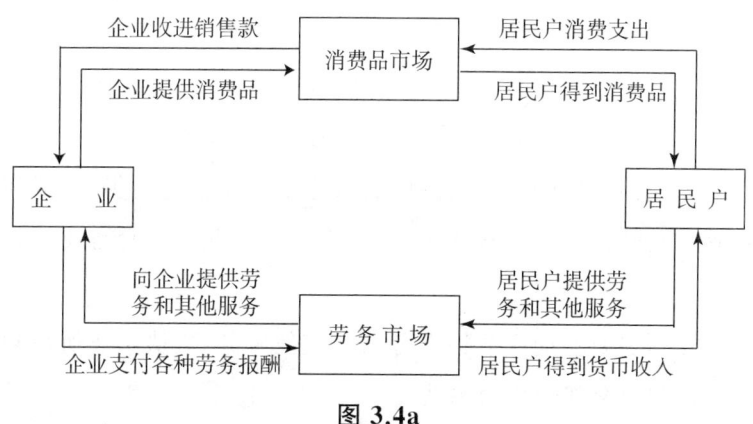

图 3.4a

关于劳务市场,根据第二章中所作的假定,可以认为它是劳务交换的场所。交换的双方中,一是需要别人提供劳务的需求者,二是本身提供劳务的供给者。双方根据一定的条件和一定的报酬支付标准进行交换。双方之间,可以有中介人,也可以不需要中介人。诸如职业介绍所、人才交流中心、劳动服务公司等,就是劳务市场的具体形式。在社会主义经济中,企业与居民也可以不通过劳务市场而直接发生经济联系。

从图 3.4a 可以看到,要使简单再生产继续不断地进行,那么从需求的角度来看,有必要使居民从企业得到的货币收入全都转化为消费支出;从供给的角度来看,有必要使企业利用居民户提供的劳动和其他服务所生产出来的消费品在市场上全部出售,并相应地收进货款。这样,简单再生产条件下的社会总需求和社会总供给便可以保持价值平衡,简单再生产也就得以继续进行下去。

(二) 可能导致社会总需求与社会总供给无法衔接的五种情况

假定上述过程中有下述情况之一,社会总需求与社会总供给便无法衔接,从而简单再生产也无法得到保证。这些情况是:

1. 居民户从企业得到的货币收入中,有一部分被保留于手中,或转化为储蓄,从而未能全部转化为消费支出;

2. 企业所生产出来的消费品未能全部在市场上售出,从而企业未能得到它预计要得到的、为从事简单再生产所需要的收入;

3. 居民户在向企业提供劳动和其他服务后,从企业所得到的收入即使全部转化为消费支出,也无法使企业所生产出来的消费品全部在市场上售出;

4. 企业所生产出来的消费品即使全部在市场上售出,但企业仍然未能得到它预计要得到的、为从事简单再生产所需要的收入;

5. 企业不再需要居民户向自己提供与过去同等数量的劳动和其他服务,企业付给居民户的货币数量也少于过去,从而居民所得到的减少了的收入不能使企业所生产出来的消费品全部在市场上售出。

在上述五种情况中,第三种情况和第四种情况都与消费品价格的变动有关。为了便于进行分析,我们可以假定简单再生产过程中消费品价格不变,从而不对这两种情况进行分析。上述第五种情况之所以会出现,或者是由于技术进步或管理改善,从而劳动生产率提高了,或者是由于企业付给居民户的劳动报酬、服务报酬的标准降低了,但企业所出售的消费品价格却不变。为了便于进行分析,我们也可以假定简单再生产过程中劳动生产率不变或劳动报酬、服务报酬的标准不变,从而不对这种情况进行分析。这样,需要研究的主要是上述五种情况中的第一种情况和第二种情况。

实际上第一种情况和第二种情况是联系在一起的。假定劳动生产率不变、消费品价格不变、劳动报酬和服务报酬的标准也不变,那么企业所生产出来的消费品未能全部在市场上售出,这正是由于居民户的收入中有一部分未被用于对消费品的购买。这样也就造成了消费品供给与消费需求的脱节,使简单再生产过程受阻(见图 3.4b)。

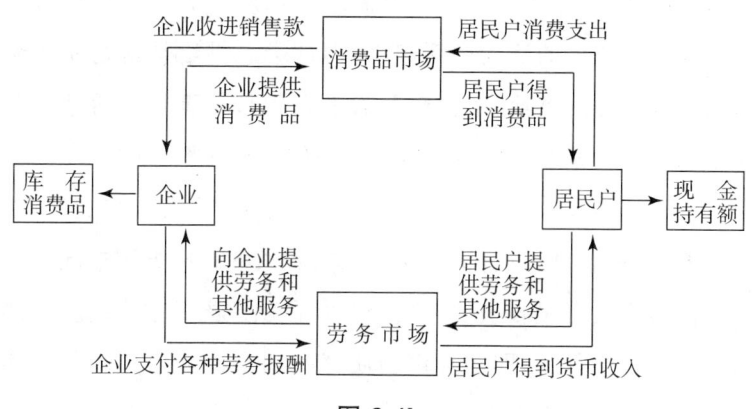

图 **3.4b**

图 3.4b 与图 3.4a 的区别在于:居民户并未把所得到的货币收入全部用于消费支出,而是把一部分保留在手中,作为现金持有额。在居民得到的收入总量为既定的条件下,居民户手中的现金持有额越大,消费支出就越小,企业提供的消费品中未销售

的部分越大，企业库存消费品数量也就越大。要改变这种状态，必须设法使居民户未被用于消费的收入转化为消费支出。如果不采取这种方式，而以企业减少消费品的供给量或企业减少支付给居民户的收入量作为可供替代的方式，那么即使消费品供给与消费需求之间可以重新建立价值平衡，但那已经不是在原有生产规模基础上的价值平衡，而是在生产规模缩小的基础上的价值平衡了。这是不符合我们在前面提出的要求的，因为我们所要考察的是简单再生产条件下社会总需求与社会总供给的价值平衡问题。

三、简单再生产条件下国民收入的初次分配

我们把国民收入规定为从事生产活动的劳动者新创造的价值，并且把社会总供给与社会总需求同物质产品和生产性劳务生产部门和单位的活动联系起来，即社会总供给是指物质产品和生产性劳务的供给，而社会总需求则指与从事生产活动的劳动者的收入以及他们创造的剩余相适应的消费需求和投资需求。至于社会上那些并未从事生产活动的人的收入和支出，暂不在考察范围之内。这里先说明国民收入的初次分配情况。

社会主义国民收入的初次分配是在创造国民收入的生产部门和单位中进行的，即在提供物质产品和生产性劳务的部门和单位中进行的。根据前面给定的前提，社会主义社会中的企业只向国家缴税金，而税后余下的则是企业的保留利润，它们将用于企业的生产发展基金、职工集体福利基金、奖金，这样，社会主义国民收入的初次分配将如图 3.5 所示：

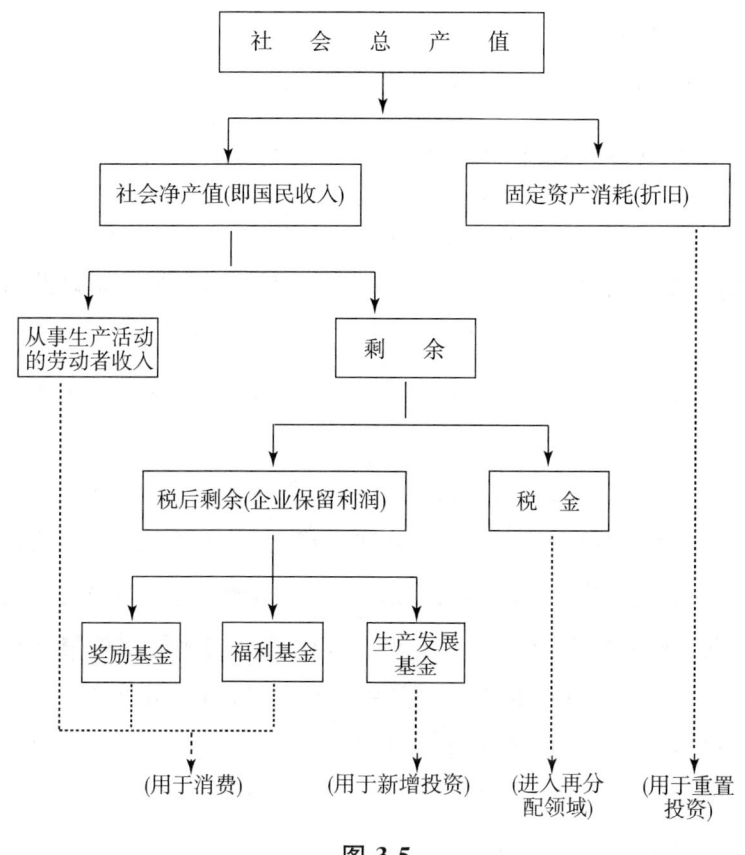

图 3.5

在社会主义简单再生产条件下,不仅企业保留利润中的生产发展基金等于零,而且在上缴给国家的税金中,也不存在用于生产发展的部分。对简单再生产的维持,一是依靠固定资产消耗的补偿(重置投资),二是依靠从事生产活动的劳动者的收入、奖励基金、福利基金所转化的消费支出。前面在谈到简单再生产条件下社会总需求和社会总供给之间的价值平衡时已经指出,在假定重置投资需求与社会对重置投资所需要的投资品供给相等的前提下,要实现上述价值平衡,就必须使消费需求与社会对消费品的供给相等。

下面再说明国民收入的再分配情况。

四、简单再生产条件下国民收入的再分配

社会主义国民收入的再分配是在国民收入初次分配基础上，在全社会范围内进行的分配。如果不考虑价格因素以及由于价格变动而引起的国民收入再分配，那么国民收入再分配主要通过国家财政收支、非生产性劳务收支、银行信贷三个渠道进行。

（一）通过国家财政收支进行的国民收入再分配

国家不仅向提供物质产品和生产性劳务的部门和单位征税，向通过初次分配获得收入的个人征税，而且还向通过再分配而获得收入的单位和个人征税。这些税金构成国家的财政收入。为了应付社会的意外事变和自然灾害，国家可以从收入中保留一定数额的储备，作为社会的后备基金，其余部分则通过财政支出，分配给有关部门、单位和个人，以供投资或消费（包括个人消费和公共消费）所需。

（二）通过非生产性劳务收支进行的国民收入再分配

国民经济中，工业、农业、建筑业、运输业、商业、生产劳务部门这六个部门以外的部门，统称为非生产劳务部门。它们提供非生产性劳务，包括公共服务。

非生产性劳务收支与一切提供非生产性劳务的部门和单位的活动有关。通过初次分配获得收入的人和通过再分配获得收入的人，向提供非生产性劳务的部门和单位支付费用，后者则用所得到的收入付给工作人员以报酬（此外，某些提供非生产性劳

务的部门和单位还需缴纳税金)。

(三)通过银行信贷进行的国民收入再分配

银行信贷在再分配国民收入中的作用表现为:它吸收社会闲置的资金,贷给需要资金的单位和个人,这就是一种国民收入的再分配。此外,尽管信贷的基本特征在于偿还性,但由于吸收和贷出资金需要付出和收入利息,这样通过利息的收支也对一部分国民收入进行了再分配。

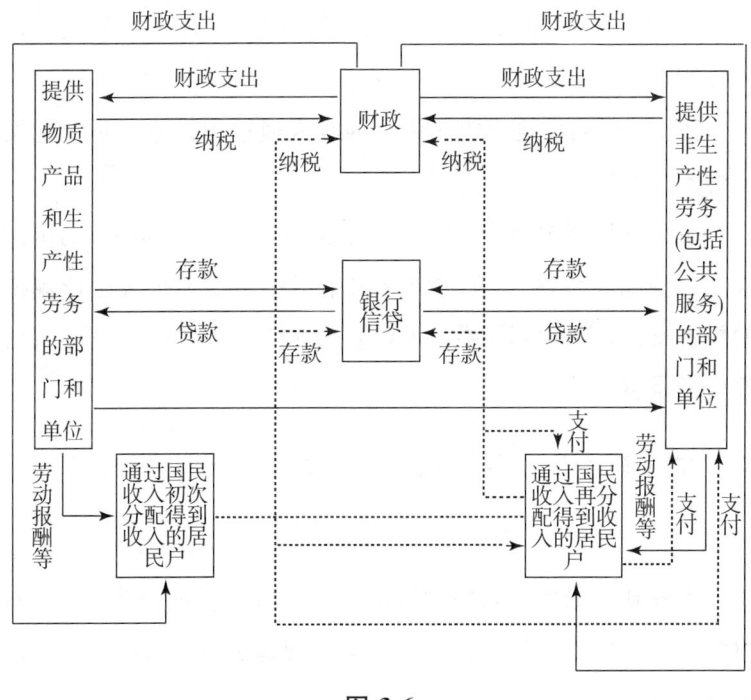

图 3.6

图 3.6 说明社会主义国民收入通过财政、非生产性劳务(包括公共服务)、银行信贷三个主要渠道而进行的再分配。

图 3.6 中,把社会主义社会中的部门和单位分为两类:一类是提供物质产品和生产性劳务的部门和单位,另一类是提供非

生产性劳务（包括公共服务）的部门和单位。相应地，把社会主义社会中的劳动者（居民户）也分为两类：一类是提供物质产品和生产性劳务的部门和单位中的劳动者，即通过国民收入初次分配而得到收入的居民户；另一类是提供非生产性劳务（包括公共服务）的部门和单位中的劳动者，即通过国民收入再分配而得到收入的居民户。

图 3.6 省略了这样一些再分配关系，如价格变动、价格补贴、公债和还本付息、银行对居民户的贷款、居民户之间相互馈赠等所形成的再分配关系。

图 3.6 中的虚线表明居民户的收入通过国民收入再分配渠道的不同去向。

由于这里所要考察的是社会主义简单再生产条件下的国民收入再分配关系，所以在财政支出中不包括用于扩大生产规模的投资支出，在银行贷款中也不包括用于扩大生产规模的新增投资的贷款。

五、扩大再生产条件下社会总需求与社会总供给的价值平衡

现在让我们转入封闭型经济中扩大再生产条件下国民收入价值运动的分析。先考察社会总需求与社会总供给之间的价值平衡问题。

从价值运动的角度来看，与简单再生产相同的是：在扩大再生产条件下，除了重置投资需求应与用于重置投资的投资品供给相等而外，消费需求也应与消费品供给相等。由于扩大再生产是在简单再生产基础上进行的，因此可以假定简单再生产条

件下必须实现的这两个要求(即重置投资需求应等于重置投资品供给,消费需求应等于消费品供给)已经得到满足。

从价值运动的角度来看,与简单再生产不同的是:在扩大再生产条件下,社会总需求中的净投资需求不是零,而是一个正值,社会总供给中用于净投资的投资品供给也不是零,而是一个正值。为了保持社会总需求与社会总供给的价值平衡,上述这两个正值应当相等。下面,让我们进而探讨如何才能使这两个正值相等。

假定在扩大再生产过程中,投资品的价格不变,付给居民户的劳动报酬、服务报酬也不变,那么在重置投资需求等于重置投资品供给以及消费需求等于消费品供给的情况下,社会总需求中的净投资需求要等于用于净投资的投资品供给,那么从需求的角度来看,必须使剩余不全部转化为消费支出,而应使其中一部分转化为净投资支出,从供给的角度来看,必须使社会新创造的价值中有一部分是相当于净投资所需要的投资品的价值。

在社会主义扩大再生产过程中,提供物质产品和生产性劳务的部门和单位为了扩大生产规模,除了可以利用自己的保留利润作为生产发展基金而外,还可以从资金市场得到资金。而投入资金市场的资金,除了来自企业而外,也可能来自居民户。根据这样的前提,我们可以把前面所列出的经济中企业与居民户之间的关系,即消费品供给者同消费者之间的关系扩展如下页图 3.7 所示:

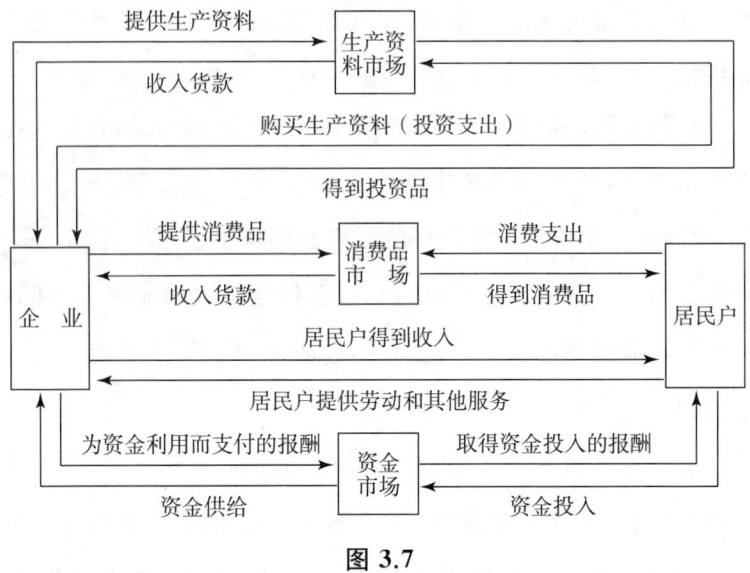

图 3.7

图 3.7 中省略了企业把自己的资金投入资金市场以及因资金投入而取得报酬这样的关系。这是因为,在这里可以假定投入资金市场的资金唯一地来自居民户的收入,即居民户的收入中除了用于消费支出而外,其余的可以投入资金市场,再转化为企业的投资。

图 3.7 中还省略了居民户作为个人直接生产经营者向商品市场提供商品以及购买生产资料这样一些事实。关于这个问题,留在第十章再讨论。

根据图 3.7 所示,可以了解到,要使社会总需求中的净投资需求同社会总供给中的用于净投资的投资品供给相等,在消费需求同消费品供给相等的条件下,应当使居民户用于消费支出之外的收入能通过资金市场转化为企业的净投资;企业利用自己的保留利润(税后剩余)中的生产发展基金,连同资金市场所供给的资金,使生产资料市场上用于净投资的投资品全都售出。假定资金市场的进出通道不畅,或者生产资料市场中用于净投资的投资品供求不相等,那么社会总需求也就不可能同社会总供给之间保持价值上的平衡。

六、扩大再生产条件下国民收入的初次分配和再分配

就国民收入的初次分配而言,扩大再生产与简单再生产的区别在于企业保留利润中的生产发展基金不是零,而是一个正值。假定企业保留利润(即企业的税后剩余)是一个常数,那么生产发展基金从零变为正值后,奖励基金和福利基金就会相应地减少,从而由奖励基金和福利基金所转化的用于消费的支出也会相应地减少。

就国民收入的再分配而言,假定仍然不考虑价格因素,那么在扩大再生产条件下,通过财政渠道而进行的再分配中,将包括用于扩大生产规模的投资支出,通过银行信贷渠道而进行的再分配中,也将包括用于扩大生产规模的新增投资的贷款。

扩大再生产条件下国民收入通过初次分配和再分配而形成的国民收入最终分配情况如图 3.8 所示。

在图 3.8 中,财政中的一部分成为社会储备。这是指社会主义经济中为应付意外事变和自然灾害而保留的储备,即通常所说的"社会后备基金"。可以把它直接看成是国民收入的扣除或社会总产值的扣除,而不必计入由国民收入最终分解而成的消费和净投资之中。

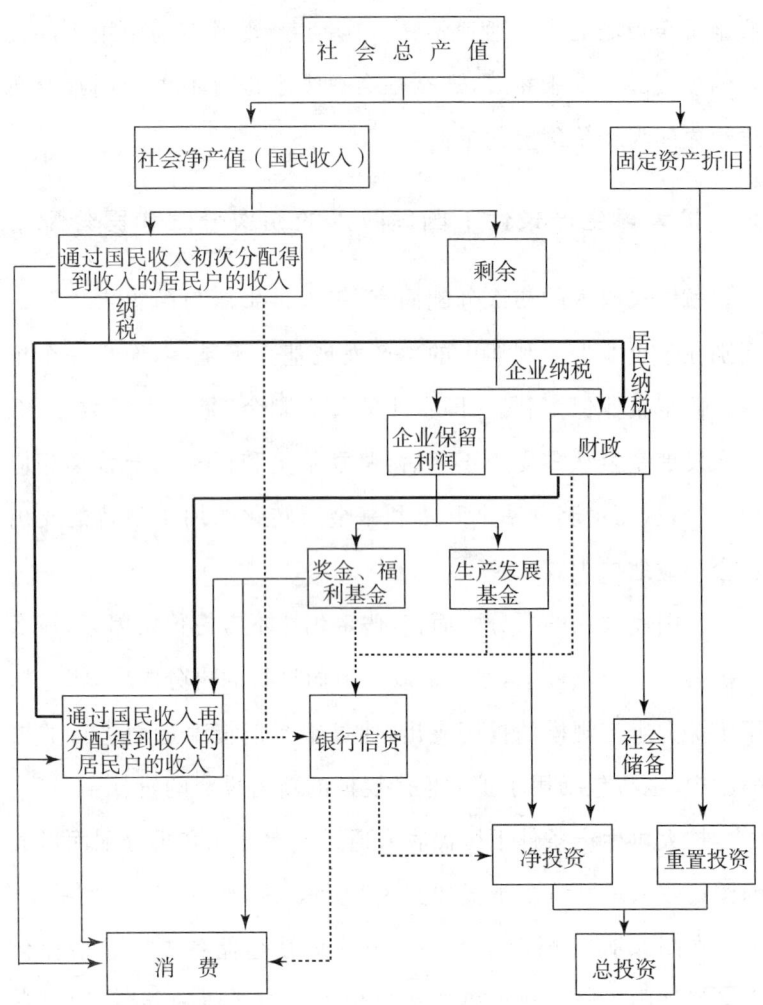

(图中的虚线表明收入通过银行信贷而转化为投资或消费,图中的粗线表明财政与居民户之间的收支关系)

图 3.8

第四节 国民收入的价值运动：
开放条件下的情况

一、开放型经济的含义

与封闭型经济一样，对开放型经济也可以作纯理论的假设，即假定一国只要与国外发生了经济上的联系，它的经济就是开放型经济。但正如前面已经指出的，这与实际生活中的看法不同，因为在实际生活中，人们通常把对外经济联系多的国家的经济称作开放型经济，以区别于对外经济联系少的国家的经济——封闭型经济。

在这里，为了便于对社会主义经济运行进行分析，所作的纯理论假设是：开放型经济是与国外有经济上的联系的经济，而不问经济联系程度如何，也不问对外经济有联系的部分在整个国民经济中所占比重有多大。

开放型经济的对外经济联系可能是多方面的，包括同国外的贸易、资金流动、技术交流、人力流动等。考虑到技术交流在较多的场合下同贸易往来或资金流动结合在一起，并且考虑到在现代经济生活中的人力流动是一种短期的人力移动，它主要以劳务进口和出口的形式出现，劳务进出口的收入将表现为非贸易的国际收支项目，从而可以先把它同资金流动结合在一起分析。这样，在对开放型经济进行考察时，可以只分析贸易往来和资金流动两方面的对外经济联系。

二、开放条件下社会总需求与社会总供给的价值平衡

封闭条件下关于社会总需求与社会总供给之间的价值平衡的分析是开放条件下进行这一分析的基础。在现代开放型经济中,简单再生产实际上是不存在的,因此这里只分析扩大再生产过程中的情况。同时,假定重置投资的需求与重置投资品的供给是相等的,所以只需分析国民收入的价值运动。

(一)从社会总需求的角度分析出口

从社会总需求的构成来看,

总需求=消费需求+投资需求(指净投资需求)

=消费支出+投资支出

如果这时有出口,表明客观上存在着国外市场对本国消费品或生产资料(即投资品)的需求。这样,总需求之中,除了有本国对国内生产的消费品或生产资料(即投资品)的需求而外,还应当加上国外对国内生产的消费品和生产资料的需求。于是:

总需求=消费需求+投资需求+来自国外的对消费品和

生产资料的需求(追加的需求)

=消费支出+投资支出+出口 (3.5)

(二)从社会总供给的角度分析进口

从社会总供给的构成来看,

总供给=消费品供给+投资品供给

如果这时有进口,表明客观上存在着来自国外的对消费品或投资品的供给。这样,总供给之中,应当把国内和国外对消费品和投资品的供给全部包括在内。于是,

总供给=消费品供给+投资品供给+进口 (3.6)

引入对外贸易后,总需求与总供给的平衡公式是：

总需求＝总供给

即， 消费支出＋投资支出＋出口
　　　　＝消费品供给＋投资品供给＋进口

移项：消费支出＋投资支出＋(出口－进口)
　　　　＝消费品供给＋投资品供给　　　　　(3.7)

根据社会总供给的含义,可以把上述公式的右端换一种表述方式,这样：

消费支出＋投资支出＋(出口－进口)
　　＝消费品和投资品生产中新创造的价值
　　＝从事生产活动的劳动者收入＋剩余　　(3.8)

出口大于进口,即对外贸易出超(顺差),表明来自国外的需求大于本国对国外商品的需求；反之,出口小于进口,即对外贸易入超(逆差),表明来自国外的需求小于本国对国外商品的需求。

(三)从社会总需求的角度分析净资金流入

如果这时有净资金流入,表明客观上存在着本国有追加投资的需求。资金流入的性质同增加国内投资相似,结果将会增加需求(这里也暂不考虑消费和净投资以外的净资金流入的余额问题)。因此,

总需求＝消费需求＋投资需求＋净资金流入引起的对消
　　　　费品和投资品的需求(追加的需求)
　　　＝消费支出＋投资支出＋净资金流入　　(3.9)

(四)从资金流出的移项看社会总供给公式的变化

净资金流入等于资金流入减去资金流出。现将资金流出从公式的左端移到公式的右端,而在公式(3.9)的左端只保留资金

流入,这样,有公式(3.10)和(3.11):

$$总供给 = 从事生产活动的劳动者收入 + 剩余 + 资金流出 \qquad (3.10)$$

引入资金国际流动后,总需求与总供给的平衡公式是:

$$消费支出 + 投资支出 + 资金流入 = 从事生产活动的劳动者收入 + 剩余 + 资金流出 \qquad (3.11)$$

移项:消费支出 + 投资支出 = 从事生产活动的劳动者收入 + 剩余 + (资金流出 − 资金流入) (3.12)

资金流出流入的差额表明消费品和投资品供给的增或减,也就是消费支出和投资支出的减或增。

(五)开放条件下维持社会总需求与社会总供给之间价值平衡的条件

由此可见,在开放型经济中,要使社会总需求与社会总供给之间维持价值平衡,那就有必要做到:

$$消费 + 投资 + (出口 − 进口) = 从事生产活动的劳动者收入 + 剩余 + (资金流出 − 资金流入) \qquad (3.13)$$

即, 消费 + 投资 + 净出口 = 从事生产活动的劳动者收入 + 剩余 + 净资金流出 (3.14)

如果消费与投资之和已经等于从事生产活动的劳动者收入与剩余之和,那么开放型经济中社会总需求与社会总供给之间维持价值平衡的条件是:

出口 − 进口 = 资金流出 − 资金流入

即, 净出口 = 净资金流出 (3.15)

如果消费与投资之和大于或小于从事生产活动的劳动者收入与剩余之和,那么要使开放型经济中的社会总需求与社会总供给之间维持价值平衡,就需要根据具体情况,或者增减出口,或者增减进口,或者增减资金流入,或者增减资金流出,以抵销总需求与总供给之间的差额。

下面,可以把公式(3.14)所表示的开放条件下社会总需求与社会总供给之间的关系图示如下:

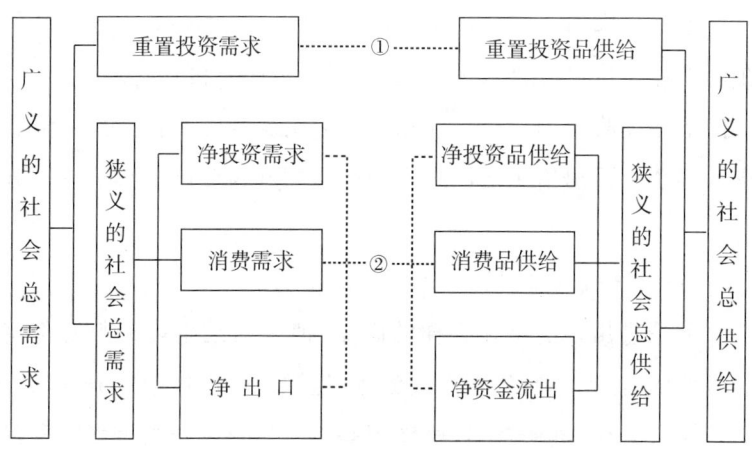

图 3.9

图 3.9 的虚线表示需求与供给之间的衔接。正如图 3.3 的说明一样,虚线①意味着重置投资需求与重置投资品供给应当相等,这一点可以被看成是既定的,因为这是考察的出发点,即我们准备在生产规模不变的基础上进一步考察扩大再生产条件下的社会总需求与社会总供给之间的关系。虚线②则比较特殊,这是因为,由于以净出口表示的来自国外的需求既包括对消费品的需求,也包括对净投资品的需求,从而既可以同消费品的供给相适应,又可以同净投资品的供给相适应;同样的道理,净

资金流出表示消费和投资的需求的扣除，如果没有净资金流出，则一方面可以满足消费需求，另一方面可以满足净投资需求，从这个意义上说，同国外的经济联系既可能使社会总需求与社会总供给难以保持平衡，又可能有助于社会总需求与社会总供给之间的价值平衡的实现。

三、开放条件下国民收入的初次分配和再分配

根据前面所给定的前提，开放型经济与封闭型经济的区别在于增加了进口、出口、资金流入、资金流出。因此，要了解开放条件下国民收入的初次分配和再分配情况，必须对进出口、资金流入和资金流出给予国民收入初次分配和再分配的影响进行分析。

（一）进出口对国民收入分配的影响

无论进出口的是什么样的商品（消费品或生产资料），都将通过税收、津贴、价格、生产性劳务（运输、保管、供应业务等）、非生产性劳务（公共服务、行政管理等）、进出口信贷渠道影响国民收入的分配。进出口价值占社会总产值或国民收入的比例越高，进出口对于国民收入分配的影响越大。

但是，上述这种种影响主要表现于居民户（包括从事生产活动的劳动者、在非生产性劳务部门中工作的劳动者）的收入数量的变动以及剩余数量变动，而不会改变国民收入分配的性质。这就是说，不管进出口价值有多大或它们在国民经济中所占比重有多大，国民收入的初次分配仍然在创造国民收入的，即提供物质产品和生产性劳务的部门和单位中进行，国民收入的再分配仍然建立在国民收入初次分配的基础之上，而那些在非生产

性劳务部门中工作的劳动者仍然要通过国民收入再分配取得自己的收入。

(二) 资金流入流出对国民收入分配的影响

与上述情况相似,资金流入流出主要影响居民户的收入数量的变动和剩余数量的变动,而不会改变国民收入分配的性质。

但资金流入和流出对国民收入分配的影响有一个特点,这就是:收入的资金不仅会回流到国外,而且会有投资收入,投资收入可能继续在国内转化为新的投资,也可能回流;流出资金不仅会回流到国内,而且资金流出也会有投资收入,投资收入可能在国外转化为新的投资,也可能回流。

流入资金和流出资金的回流与否以及投资收入是否就地转化为新的投资,一方面会影响国内消费品和投资品的供给和需求,从而影响社会总需求与社会总供给之间的价值平衡;另一方面会影响提供物质产品和生产性劳务的部门和单位的剩余以及在这些部门和单位中工作的劳动者的收入以及这些部门和单位创造的剩余,再进而影响通过国民收入再分配而得到收入的居民户的收入。资金流入流出的数额越大,以及资金流入流出所引起的投资收入的流入流出的数额越大,资金流入流出对国民收入分配的影响也越大。

四、开放条件下影响社会总需求和社会总供给的其他项目

(一) 侨汇收入和支出

这里所说的侨汇收入是指居民户得到的国外汇来的收入,侨汇支出是指居民户向国外的汇出。现将它们对国民经济的影

响分析如下：

1. 居民户得到的国外汇来的收入,被用于购买商品和劳务,这些购买将使国内的总需求增大。

2. 居民户向国外的汇出(假定容许他们汇出的话),归根到底或者来自从事生产活动的劳动者的收入及其再分配部分,或者来自剩余中被用于初次分配和再分配的部分。但这些货币既然汇到了国外,它们也就不可能在国内转化为需求,所以它们可以被看成是国内总需求的扣除。从侨汇支出作为侨汇收入的负项来看,把侨汇支出作为总需求的扣除也是有根据的。

3. 这样,可以把居民户得到的国外汇来的收入与居民户向国外汇出的收入的差额,称为净侨汇收入,列入社会总需求与社会总供给平衡公式的总需求一端,它可以是正值、负值或零。如果净侨汇收入是正值,其数额越大,总需求也越大。

4. 为了分析的方便,也可以把侨汇收入与资金流入合并,把侨汇支出与资金流出合并。但需要指出的是:二者的性质有区别,因为侨汇收入或支出不像资金流入流出那样存在着资金回流、投资收入及其回流等问题。

(二) 出入国境者的支出

这是指国外入境的人员在国内的货币支出(它们成为国内有关行业的收入),以及出国人员携带的货币在国外的支出。现将它们对国民经济的影响分析如下：

1. 入境人员在国内的货币支出,是指他们在国内购买商品和劳务的支出,这些购买将使国内的总需求增大。

2. 出国人员携带出境的货币,归根到底,或者来自从事生产活动的劳动者收入及其再分配部分,或者来自剩余中被用于初次分配和再分配的部分。但这些货币既然被用于国外,它们也就不可能在国内转化为需求,所以它们可以被看成是国内总需求的扣除。从出国人员在国外的支出作为入境人员在国内支出的负项来看,把出国人员在国外的支出作为总需求的扣除也是有根据的。

3. 这样,可以把入境人员在国内的货币支出与出国人员在国外的货币支出的差额,称为入境者净支出,列入社会总需求与社会总供给平衡公式的总需求一端,它可以是正值、负值或零。如果入境者净支出是正值,其数额越大,总需求也越大。

4. 为了分析的方便,也可以把入境者支出与资金流入合并,把出境者支出与资金流出合并。同样需要指出的是:二者的性质有区别,因为出入国境者的支出不像资金流入流出那样存在着资金回流、投资收入及其回流等问题。

(三)劳务进口和劳务出口

以上在考察开放经济条件下国民收入的价值运动时,只考察了对外贸易和国际资金流动两个方面,而没有把劳务进出口收支同资金流动合并在一起分析。下面,让我们把劳务的进口和出口单列出来进行考察。在这里,劳务进口是指国外的工人和技术管理人员来国内工作,由本国向他们支付报酬。劳务出口是指本国的工人和技术管理人员去国外工作,由国外向他们支付报酬。现将它们对国民经济的影响分析如下:

1. 劳务进口时,国外来到国内工作的工人和技术管理人员得到的劳动报酬中,一部分流到国外,一部分在国内用于购买商品和劳务。其中,流到国外的部分与侨汇支出相似;在国内用于购买商品和劳务的部分,与国内劳动者的劳动报酬用于消费的支出相似。为了分析的方便,可以把它们分别同以上两项合并。

2. 劳务出口时,出国工作的工人和技术管理人员在国外得到的劳动报酬中,一部分流回国内,一部分在国外用于购买商品和劳务。其中,在国外用于购买商品和劳务的部分可以不计入社会总需求与社会总供给的平衡公式内,因为他们的收入(即劳动报酬)是由国外支付的。这就是说,从收入流量来分析,这对国内总需求和总供给没有影响(从国内消费品存量角度来看,这仍然会有某种影响,但在这里可以不去分析它)。其中,流回国内的部分与侨汇收入相似。为了分析的方便,可以把流回国内的部分同侨汇收入合并。

3. 对劳务进口和劳务出口所引起的收入变动,除了可以分别采取与侨汇收入、侨汇支出、入境者支出等项合并的方式来处理而外,也可以在社会总需求与社会总供给的平衡公式中按下述方式处理,这就是:

假定只计算国外的工人、技术管理人员在国内所得到的劳动报酬中流到国外的部分,只计算本国的工人、技术管理人员在国外所得到的劳动报酬中流回国内的部分。那么,

本国工人、技术管理人员在国外得到并汇回的劳动报酬,可以列入社会总需求一端;而把国外的工人、技术管理人员在国内所得到的劳动报酬中流到国外的部分作为前者的负项,列入社会总供给一端。

或者,把二者的差额称为净劳务出口收入,列入社会总需求一端,它可以是正值、负值或零。

如果净劳务出口收入是正值,其数额越大,总需求也越大。

(四) 馈赠性质的经济援助

在对社会主义开放型经济进行分析时，还需要考虑馈赠性质的经济援助问题。这里所说的馈赠性质的经济援助，区别于一般对外贸易往来和资金流入流出。对外贸易往来是商品买卖关系；流入流出的资金不仅可以被收回，而且会得到投资收入。而对外的馈赠则是无偿的，是国民收入中的剩余的扣除。来自国外的无偿的经济援助则是国民收入中剩余的附加。正值的净对外馈赠（无偿对外经济援助大于来自国外的无偿经济援助的差额），表现为国民收入中的剩余的扣除额。

正值的净对外馈赠可以同经济中为应付意外事变和自然灾害而保留的社会储备一起，作为国民收入或社会总产值的扣除，可以单列，而不必计入国民收入最终分解而成的消费与投资中的任何一项内。

第四章 国民经济中的价值平衡和实物平衡

第一节 价值平衡和实物平衡的统一

一、总量的价值平衡的局限性

上一章考察的是总量上的价值平衡,即整个社会的需求和供给之间的价值平衡。即使对社会总需求和社会总供给进行分解,那么无论是消费需求和消费品供给、投资需求和投资品供给,还是进出口和资金流入流出,也都是总量概念,它们同样表示整个社会的消费、投资、进出口、资金流入流出之间的价值平衡。

总量的价值平衡分析是必要的,它能够告诉人们社会总产值和国民收入的价值运动的过程和结果,并使人们能根据这些结果来及时了解经济的概貌和基本动向。但仅有总量的价值平衡的分析是不够的。不仅总量的价值平衡的分析必须同总量的实物平衡的分析结合起来,即不仅社会总需求和社会总供给的价值必须体现在一定的实物的需求和供给之上,而且平衡还有其结构的含义。这样就有必要进而探讨国民经济中的实物平衡概念,包括消费、投资、进出口、资金流入流出的实物形式的供求平衡。

二、实物平衡的概念

在社会主义国民经济中，实物平衡是指各类主要商品在需求和供给方面的平衡。这里所说的各类主要商品是指用于消费、重置投资、净投资的一些主要商品而言。如果是在开放经济条件下，那么在需求一方，还有必要把与净出口有关的实物形式的需求计算在内，而在供给一方，则有必要把与净资金流出有关的实物形式的供给计算在内。

从实物形式来看，实物平衡可分为总量意义上的实物平衡和结构意义上的实物平衡。总量意义上的实物平衡，只具有纯理论上的含义，这里的实物并不是指某种具体的物质产品或生产性劳务而言，而是泛指物质产品和生产性劳务的总体。购买者对它们有需求（即实物形式的需求），生产者提供它们（即实物形式的供给）；如果购买者对作为总体的物质产品和生产性劳务的需求同生产者对作为总体的物质产品和生产性劳务的供给相等，那就实现了国民经济中总量意义上的实物平衡。就总体而言，无论是供大于求还是供小于求，都表明总量意义上的实物平衡未能实现。

结构意义上的实物平衡是从结构上对实物形式的物质产品和生产性劳务进行分析的结果。结构意义上的实物平衡，是指具体的物质产品和生产性劳务而言。如果对各类主要商品（包括物质产品和生产性劳务）的需求与各类主要商品（包括物质产品和生产性劳务）的供给相等，那就实现了国民经济中的结构意义上的实物平衡。如果对各类主要商品的需求大于各类主要商品的供给，表明实物形式的需求过多，那么这将同价值形式的需求过多所造成的后果一样,会使国民经济中出现供给紧张状况;反之,如果对各类主要商品的需求小于各类主要商品的供给,表明实物形式的需求不足,那么这也将同价值形式的需求不足所造成的后果一样,会使国民经济中出现供给过剩状况。

关于结构意义上的实物平衡问题,将在下一章中论述。

三、封闭型简单再生产过程中两种平衡实现的条件

在封闭条件下的简单再生产过程中,要使价值平衡得以实现,那么正如前面已经指出的,应当使重置投资需求与重置投资品的供给相等,使消费需求与消费品供给相等,并使净投资需求和净投资品的供给都等于零。这同样是总量意义上的实物平衡的条件,只不过价值平衡是从价值的方面来考察,而实物平衡则从实物形式来考察。

(一)重置投资需求与重置投资品供给两种平衡的实现

根据给定的经济体制前提,一切企业都应对建筑物和机器设备等固定资产提取折旧,建立折旧基金的管理责任制,按规定范围使用,其用途包括建筑物和机器设备的重建等;同时,企业不得任意改变国家统一规定的固定资产分类折旧年限,不得多提折旧或少提折旧,也不得自行扩大折旧基金使用范围或挪用折旧基金。这样,国民经济中对重置投资的需求是可以被预测的,而对折旧基金的使用、即固定资产的更新也可以列入计划。折旧基金的专款专用和固定资产更新的按计划执行,使我们在分析简单再生产过程中的价值平衡和实物平衡时,可以作出这样的假定,即在封闭型简单再生产过程中,重置投资需求与重置投资品的供给,从总量的价值平衡和实物平衡统一的角度来看,

有可能同时实现平衡。

因此,在分析中可以假定:从总量的角度来看,当重置投资需求和重置投资品供给在价值上平衡时,在实物形式上也是平衡的。

(二)消费需求与消费品供给两种平衡的实现

于是价值平衡与实物平衡的协调与否的问题集中到消费需求和消费品供给方面。同上一章在讨论这个问题时一样,为了便于进行分析,可以假定简单再生产过程中消费品价格不变,劳动生产率不变,劳动报酬和服务报酬的标准不变。这样,消费品在被企业生产出来之后(即消费品供给)究竟能否全部在市场上售出(即消费品供给能否等于消费需求),关键在于居民户的收入是否全部转化为消费支出。如果居民户的收入未能全部转化为消费支出,那就意味着消费需求不足或消费品供给过剩,从而价值平衡和实物平衡都未能达到。如果居民户的收入全部转化为消费支出,那么无论在价值形式上还是实物形式上,都可以达到社会总需求和社会总供给的平衡。

(三)居民追加消费支出时的情况

如果居民用以购买消费品的收入来自自己向企业提供的劳务和其他服务的报酬,那么在封闭型简单再生产条件下,只可能发生以下两种情况:

1. 居民的收入全部转化为消费支出,使企业生产的消费品全部售出,于是简单再生产条件下的价值平衡、实物平衡同时得以实现(见上一章的图3.4a)。

2. 居民的收入未能全部转化为消费支出,企业生产的消费品未能全部售出,于是封闭型简单再生产条件下的价值平衡和实物平衡未能同时实现(见上一章的图 3.4 b)。

但实际上还可能发生这样一种新的情况,即居民户追加了消费支出。这时,简单再生产条件下的价值平衡和实物平衡究竟会发生什么样的变化,取决于追加的消费支出来自何处。这里存在着三种可能性:

1. 一种可能是追加的消费支出来自居民提供的劳务和其他服务的报酬标准上升了。但根据上一章关于报酬不变的假定,这一点已被排除。

2. 另一种可能是追加消费支出来自居民提供了较多的劳务和其他服务。但由于这里分析的是简单再生产,所以这一点也可排除。何况,即使居民提供了较多的劳务和其他服务,但企业也会因此而增加消费品供给,增加的消费支出与增加的消费品供给是对应的。

3. 还有一种可能是:居民的消费支出并非来自企业所支付的报酬。比如说,它来自居民过去积存的货币,来自外界的收入(如侨汇收入)。关于前一点,已不属于收入流量分析的范围,而是财富存量分析的范围。这就是说,居民积存的财富是可以转化为追加的消费支出的。① 关于后一点,也已经不属封闭型经济的分析范围。在开放条件下,这是纯粹的追加的收入,从而也是追加的消费支出。只有从全世界的收入流量角度来考察,才能分析这笔收入的来源和流转情况,在分析一国的收入均衡时,不可能再作进一步的解释。但无论如何,可以认为在这两种

---

① 从纯理论的角度来看,居民在过去积存货币时,当初也会有相应数量的商品作为未被出售的消费品而被积存,所以在总量上说,供求是可以相称的。当然,在实际生活中,并不一定有积存的消费品可以被出售,这是一个纯理论分析与实际情况分析可能不一致的问题。

情况下,价值平衡和实物平衡都无法实现。如果转入开放型经济分析,那么可以用增加消费品进口(增加消费品供给)来维持价值平衡和实物平衡①(见图 4.1):

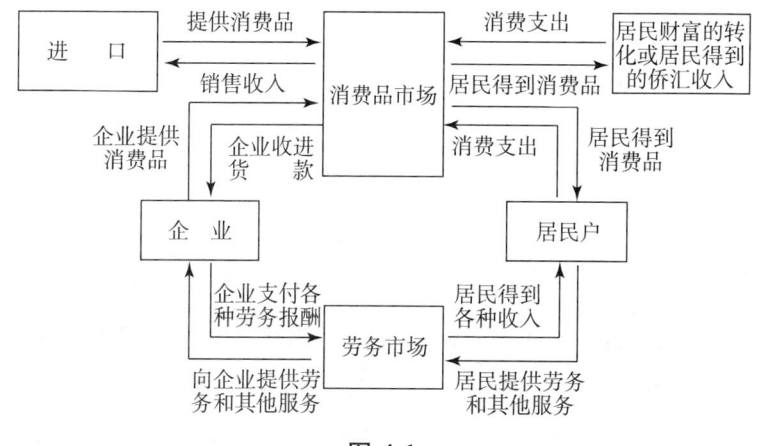

图 4.1

四、封闭型扩大再生产过程中两种平衡实现的条件

简单再生产条件下有关价值平衡和实物平衡之间的关系的分析,是扩大再生产条件下同一问题分析的基础。从总量的角度来看,在封闭条件下的扩大再生产过程中,要使价值平衡和实物平衡得以实现,除了使重置投资需求与重置投资品供给相等,以及消费需求与消费品需求相等之外,还必须使净投资需求和净投资品的供给均为正值,并且相等。关于重置投资的供求和消费的供求状况,前面在进行简单再生产的分析时已经论述过了。这里需要探讨的,是与净投资有关的价值平衡和实物平衡

---

① 侨汇收入体现着外汇的收入,因此用进口消费品来满足居民因得到侨汇收入而增加了的需求时,不发生外汇方面的问题。但用进口消费品来满足居民财富转化而增加了的需求时,外汇平衡问题将会产生。关于外汇平衡同社会总需求—社会总供给平衡之间的关系,留在第十八章再来讨论。

问题。

(一) 净投资与两种平衡的实现

正如上一章已经提到的,假定在扩大再生产过程中,投资品的价格不变,生产投资品的劳动生产率不变,付给居民户的劳动报酬、服务报酬不变,那么在重置投资需求等于重置投资品供给以及消费需求等于消费品供给的情况下,使净投资需求等于净投资品供给的条件是:从需求方面看,剩余中的一部分应转化为净投资支出;从供给方面看,社会净产值中有一部分是相当于净投资所需要的投资品的价值。这就是说,只要社会净产值中不完全是消费品,而有一部分是可以被用于净投资的投资品,同时,只要剩余不完全被用作消费支出,而有一部分被用于净投资,并且这部分被用于净投资的剩余的大小能够把社会净产值中所包含的净投资品全都买进,国民经济中的价值平衡和实物平衡就可以同时实现。反之,如果这个条件未被满足,即剩余中所转化为净投资的部分与社会净产值中相当于净投资品的部分在价值上不相等,那么不仅价值平衡无法实现,而且实物平衡也无法实现。这时,或者会出现净投资需求不足或净投资品供给过剩,或者会出现净投资品供给不足或净投资需求过多。

假定重置投资需求和重置投资品供给的相等是既定的,并且是不受排挤的,而消费需求和消费品供给或净投资需求和净投资品供给则有伸缩的余地,从而有可能被排挤,那么一旦出现上述这种净投资品供给与净投资需求的不相等,就可能造成净投资排挤消费或消费排挤净投资的情况。无论是净投资排挤了消费,还是消费排挤了净投资,都意味着国民经济中价值平衡和实物平衡未能同时实现。

从总量的角度来看,在封闭条件下的扩大再生产过程中,国民经济中价值平衡和实物平衡的同时实现,或两种平衡在同样的程度上未能实现,是由国民收入运动的内在因素的作用决定的。剩余中用于净投资的部分与社会净产值中的净投资品相适应的程度,就是这种内在因素之一。

(二)企业从剩余以外的来源取得货币作为追加净投资时的情况

企业用于扩大再生产的净投资的支出来自国民收入中的剩余,其中有通过财政渠道而作为净投资的那一部分剩余,也有表现为企业保留利润中的生产发展基金的那一部分剩余。如果企业的净投资支出与社会净产值中所提供的净投资品相适应,那么扩大再生产过程中的价值平衡和实物平衡就可以同时实现,否则两种平衡就不能实现。

现在要考察的是:假定企业追加净投资,而且用于净投资的货币并非来自国民收入中的剩余,那么又会出现什么情况?

这里可能有三种情况:

第一种情况:企业把本来应用于重置投资的部分(它们来自折旧基金)移作净投资。在这种情况下,净投资固然增加,但重置投资却减少了,于是扩大再生产并不能顺利进行。当然,如果由于重置投资品价格下降,从而不需要那么多的货币就可以实现重置投资,这时净投资是可以增加的。从这个意义上说,在技术进步条件下,重置投资中也含有净投资的性质。但由于我们在前面已经假定价格不变和技术不变,因此可以把这种情况排除在外。

第二种情况:通过银行信贷而把居民户通过国民收入初次

分配和再分配得到的一部分收入转化为企业的净投资。在这种情况下,只要银行贷款与银行存款收入的增加是一致的,那么从总量的角度来考察,社会总需求与社会总供给之间的平衡并不发生变化。关键在于企业利用所得到的银行贷款而增加的供给在结构上是否与企业为此而增加的需求相适应。但这是一个产品结构方面的协调问题,不在本章考察范围之列。

第三种情况:企业从国民收入以外的来源得到了用于净投资的货币。在开放条件下,它可能是由于资金的流入。关于这一点,下面再来分析。在封闭条件下,它可能是由于企业通过集资方式,把居民过去积存的货币转化为自己的净投资。这也不属于收入流量分析的范围,而属于财富存量分析的范围。但如果发生了这种情况,企业的净投资支出将增加,即社会总需求将增加,而社会的净投资品供给却没有相应地增加。这样,扩大再生产过程中的价值平衡、实物平衡也就无法实现。

五、净出口、净资金流出与两种平衡的实现

(一)净出口与两种平衡的实现

根据上一章的分析,如果存在着对外贸易,出口表明存在着国外市场对本国消费品或投资品的需求,进口表明本国对国外的消费品或投资品有需求,正值的净出口表明社会总需求的增加。假定出口小于进口,即净出口为负值,那就表明社会总需求的减少。

要知道,无论进口还是出口,都体现于具体的商品(消费品和投资品)的输入输出上,总量意义上的进口与出口的价值形式和实物形式是统一的。只要商品价格没有变化,那么一定量的

进口品或出口品所代表的价值也就没有变化。这将不会造成价值平衡和实物平衡实现程度的不一致,而只会引起下述两种结果中的一种:或者,消费、投资、净出口之和恰好与社会总供给相等,从而使价值平衡和实物平衡同时实现;或者,消费、投资、净出口之和大于或小于社会总供给,从而使价值平衡和实物平衡在同样的程度上未被实现。

在考察对外贸易与两种平衡的关系时,不能只从总量上分析,而必须把进出口商品的结构考察在内。从结构的角度看,由于进口和出口商品的结构不同,社会总需求与社会总供给之间不一定适应。关于这个问题,留在下一章中分析。这里所要探讨的则是这样两个问题:

第一,当居民户用过去积存的货币购买进口的消费品时,或者,当他们把积存的货币转化为企业的投资,而由企业用这些货币购买进口的投资品时,由于居民户手中积存的货币不是收入流量的一部分,而是居民户的财富存量的一部分(积存货币的使用是财富存量的转化形式),国民收入的价值平衡和实物平衡就不可能维持。这时的进口是追加的或额外的进口。

第二,当居民户把过去积存的货币通过资金市场而转化为某种形式的资金流出,并伴随着资金流出而有出口时,由于居民户手中积存的货币不是收入流量的一部分,而是居民户的财富存量的一部分(积存货币转化为资金流出,也是财富存量的转化形式),国民收入的价值平衡和实物平衡就不可能维持。这时由资金流出而伴随的出口,也是追加的或额外的出口。

(二)净资金流出与两种平衡的实现

根据上一章的分析,如果存在着资金的国际流动,并且假定流入的资金的性质与增加国内投资的性质一样,流出的资金是提供消费品和投资品的部门和单位的劳动者收入和剩余的扣除,那么正值的净资金流出表明国内消费和投资的需求的减少。如果净资金流出是负值,即资金流出小于资金流入,那就表明对国内的消费品和投资品的需求的增加。既然资金流入和流出表明社会总需求的价值的变化,那么这种变化会在实物形式的变化上得到反映:价值平衡与否同实物平衡与否,仍然是一致的。

如果把资金流入与流出同进口与出口合并在一起考察,问题会更清楚一些。这是因为,在把资金流入与进口一并考察时,资金流入意味着总需求的增加(即消费需求的增加和投资需求的增加),进口意味着总供给的增加(即消费品供给的增加和投资品供给的增加),价值形式和实物形式的平衡关系的变动是相适应的。而在把资金流出与出口一并考察时,资金流出意味着总需求的减少(即消费需求的减少和投资需求的减少),出口意味着总需求的增加或总供给的减少(即消费品供给的减少和投资品供给的减少),价值形式和实物形式的平衡关系的变动也是相适应的。

如果单独考察资金流入与资金流出,那么在这里可能出现这样两个问题:

第一,假定只有资金流入,那么这将增加国内的总需求。但如果这时没有相应的进口或相应的资金流出,那么增加了的国内总需求无论在价值形式上还是在实物形式上都会与原来的国内总供给不相称。这样,总需求就会大于总供给。如果说资金的流入最终仍会使国内总供给增加,但那将是以后的事情,而不是同一时间内的事情。

第二，假定只有资金流出，那么这将减少国内的总需求。但如果这时没有相应的出口或相应的资金流入，那么减少了的国内总需求无论在价值形式上还是在实物形式上都会与原来的国内总供给不相称。这样，总需求就会小于总供给。如果说资金的流出最终仍会使国内总供给减少，但那将是以后的事情，而不是同一时间内的事情。

需要说明的是：在这里排除了居民户把过去积存的货币转化为资金流出的情形，而只考察收入流量范围内的资金流出问题。

六、侨汇收入和支出、出入国境者的支出、劳务进出口与两种平衡的实现

由于这里考察的是一个国家的经济运行，而不必涉及世界范围内的收入均衡，所以有可能再对一国的侨汇收入和支出、出入国境者的支出、劳务进出口与两种平衡的实现之间的关系进行分析。

（一）侨汇收入和支出与两种平衡的实现

上一章已经说明，在开放条件下社会总需求和社会总供给的平衡公式中，侨汇收入意味着总需求增加，侨汇支出意味着总需求减少，二者同资金流入和资金流出有相似之处。这就是说，在只有侨汇收入而没有相应的侨汇支出和相应的进口时，因侨汇收入而增加了的国内总需求将与原来的国内总供给不相称。这时，总需求会大于总供给。同样的道理，在只有侨汇支出而没有相应的侨汇收入和相应的出口时，因侨汇支出而减少了的国内总需求也将与原来的国内总供给不相称。这时，总需求会小

于总供给。这都会影响两种平衡的实现。

（二）出入国境者的支出与两种平衡的实现

情况与侨汇收入和支出相似，即正如上一章已说明的，入境者在国内的货币支出，增加了国内的总需求，从而使得增加了的国内总需求与原来的国内总供给不相称；出境者携带出国境的货币，减少了国内的总需求，从而使得减少了的国内总需求与原来的国内总供给不相称。于是总需求同总供给之间的两种平衡的实现受到了影响。

（三）劳务进出口与两种平衡的实现

在这里，劳务进口与劳务出口的情况有所不同，现分别予以考察。

1. 先考察劳务出口的情况。上一章曾经提到，出国工作的工人和技术管理人员在国外得到的劳务报酬中，一部分在国外用于购买商品和劳务，这对收入流量意义上的国内总需求与总供给的平衡没有直接影响；另一部分流回国内，可以把它们看成与侨汇收入一样，即它们将使国内总需求增加，但国内总供给并不因此而增加。在这种情况下，两种平衡的实现会受到影响。

2. 再考察劳务进口的情况。国外来到国内工作的工人和技术管理人员得到劳务报酬，相应地，他们也提供了物质产品和生产性劳务，即他们使得国内的总供给有所增加。如果他们用这些收入在国内购买商品和劳务，那么与国内劳动者的劳动报酬用于消费的支出相似，这并不会使国内总需求与国内总供给之间的平衡关系发生变化，因为需求的增加是与供给的增加相称的。如果他们把收入的一部分汇出国外，那么这与侨汇支出一样,即它们将使国内总需求减少,但国内总供给并不因此减少。这种情形也会影响两种平衡的实现。

七、总量意义上价值平衡与实物平衡的统一

总之,从总量的角度来考察,价值平衡和实物平衡是一个问题的两个方面。可以这样认为:由于提供物质产品和生产性劳务的生产活动创造国民收入(就价值形式而言),而所提供的物质产品和生产性劳务本身就构成社会净产品(就实物形式而言),所以价值平衡与实物平衡,就总量意义而言,总是统一的。在任何情况下,如果社会总需求和社会总供给之间实现了价值平衡,那么同时也就实现了实物平衡;反之,如果社会总需求和社会总供给之间未能实现价值平衡,那么不管价值平衡未被实现的程度如何,实物平衡也必然未能实现。

可以举一个例子来说明:如果供给不变,投资需求、消费需求增加了,从价值形式上看,总需求大于总供给。从实物形式来考察,也必定是总需求大于总供给,因为对投资品或消费品的实物的需求增加后,国民经济中的物质产品和生产性劳务的供给却没有相应增加。用通俗的话来讲,就是说:"钱虽然多了,但东西没有那么多,如果价格不变,有钱也买不到东西。"

可见,从总量的角度来考察,不存在社会总需求和社会总供给之间实现了价值平衡,而实物平衡却未被实现的情况,或反过来说,不存在社会总需求和社会总供给之间实现了实物平衡,而价值平衡却未被实现的情况。

第二节　价值平衡、实物平衡的自行调整

一、价值平衡、实物平衡自行调整的含义

从总量的角度来考察，价值平衡、实物平衡的自行调整是指：如果社会总需求与社会总供给（或消费需求和消费品供给、投资需求和投资品供给）之间未能实现价值平衡、实物平衡，那么经济本身会有一种力量促使价值平衡、实物平衡趋于实现。

具体地说，价值平衡、实物平衡未被实现，可能表现于社会总需求大于社会总供给（或消费需求大于消费品供给，或投资需求大于投资品供给，或这两种情况同时发生），也可能表现于社会总需求小于社会总供给（或消费需求小于消费品供给，或投资需求小于投资品供给，或这两种情况同时发生）。如果出现了需求与供给之间的不相等，那么经济本身有一种力量会促使二者趋于相等，这就是总量意义上的价值平衡、实物平衡的自行调整。

二、价值平衡、实物平衡自行调整的机制

经济本身所具有的这种促使需求和供给从不相等趋向于相等的力量，就是市场机制的作用。在社会主义商品经济的环境中，在企业成为自主经营、自负盈亏的社会主义商品生产者和经营者的条件下，市场机制可以发挥这种促使价值平衡、实物平衡自行调整的作用。

下面就封闭型经济中的情况加以论述。

封闭型扩大再生产中的社会总需求与社会总供给之间价值平衡、实物平衡未被实现，不外这样两种情况：

1. 消费＋投资＜从事生产活动的劳动者收入＋剩余
2. 消费＋投资＞从事生产活动的劳动者收入＋剩余

第一种情况意味着总需求小于总供给。从价值形式上看，这表明从事生产活动的劳动者收入与剩余之和（国民收入）中本来应当转化为消费支出的并未全部转化为消费支出，本来应当转化为净投资支出的并未全部转化为净投资支出，因此，需求是不足的。从实物形式上看，这表明社会总供给中将有一些消费品或净投资品未能售出，因此，供给是过剩的。但一旦发生了需求不足或供给过剩的情况，过剩的消费品或净投资品的价格会有下降的趋势，这将引导企业和居民户把劳动者收入和剩余之中尚未转化为消费支出或净投资支出的部分用于消费或净投资，从而使过剩的消费品和净投资品减少，使社会总需求从小于社会总供给的状态趋向于同社会总供给相等的状态。

第二种情况意味着总需求大于总供给。从价值形式上看，这可能是由于社会有可能在从事生产活动的劳动者收入和剩余之和以外得到了可以用于消费和净投资支出的收入，从而使总需求大于总供给，即出现了需求的过多。从实物形式上看，这可能是由于社会所生产出来的消费品和投资品不能满足消费支出和投资支出的要求，从而使总供给小于总需求，即出现了供给的不足。但一旦发生了需求过多或供给不足的情况，不足的消费品或投资品的价格会有上升的趋势，这将使来自从事生产活动的劳动者收入和剩余之和以外的收入不再转化为消费支出和净投资支出,从而使消费需求和净投资需求下降,使社会总需求从大于社会总供给的状态趋向于同社会总供给相等的状态。

可见,只要市场机制发挥作用,消费品和投资品的价格随市场供求的变化而变化,那么社会总需求和社会总供给之间的价值平衡和实物平衡会有一种自行调整的趋势。实际上,不仅封闭型经济中存在两种平衡的自行调整,开放型经济中也同样存在这种自行调整,即通过市场上价格的变化和供求关系的变化,社会总需求和社会总供给平衡公式中的有关项目(如进出口、资金流入流出等)也有自行与供求关系的变化相适应的变动趋势。

在这里必须强调:我们要充分认识经济中存在的促使社会总需求和社会总供给趋于平衡的市场机制的作用。当然,正如下面紧接着会谈到的,这种自行调整具有局限性。但研究社会主义经济运行的出发点应当是:在市场机制能够起作用的场合,要让它充分发挥作用;而在市场机制作用受到限制、不能促使社会总需求和社会总供给自行趋于相等的场合,政府调节作用将是必不可少的。我们不能把研究社会主义经济运行的出发点颠倒过来。这就是说,研究社会主义经济运行的出发点不应当是:一切都要由政府调节,只有在政府力所不及的场合,才容许市场调节存在并让它发挥作用。关于这一思想,在本书第四篇中还将进一步阐述。

三、价值平衡、实物平衡自行调整的局限性

社会主义经济中的实际情况要比纯理论分析时所假设的情况复杂得多。在这里,我们暂且不去分析产品结构方面的问题(这是第五章要讨论的课题),不去分析企业是否完全按照价格

的升降而自行调整自己的进货量和销货量(这是第七章要讨论的课题),不去分析个人的需求是否随价格的变动而自行调整(这是第九章要讨论的课题),也不去分析市场机制的自行调整是否有利于资源的合理配置(这是第十三章要讨论的课题),而只限于讨论国民收入运动本身所造成的价值平衡、实物平衡自行调整的局限性,而且仅限于从总量的角度来讨论这种局限性。

总量意义上的价值平衡、实物平衡自行调整的局限性表现于以下五方面:

(一)自行调整所需要的时间过长

在市场机制的作用下,从总需求(包括消费需求和投资需求)同总供给(包括消费品供给和投资品供给)的不适应,到不足的或过剩的商品(包括消费品和投资品)价格的升降,再到企业按照变动后的价格来调整自己的供给、需求和个人按照变动后的价格来调整自己的需求,再到总需求同总供给相适应,将是一个很长的过程;即使通过市场机制而使价值平衡、实物平衡最终得以实现,但在这一很长的过程中,总需求和总供给的不适应可能给国民经济造成了一些问题,以致等不到价值平衡、实物平衡自行调整后的实现,国民经济已经蒙受了较大的损失。

(二)自行调整的后果是不确定的

在市场机制的作用下,即使总需求同总供给的不适应引起了不足的或过剩的商品价格的升降,但由于商品价格之间是相互联系的,一些商品价格的升降会在商品价格之间引起连锁反应,这样,变动后的商品价格究竟会在何种程度上使商品的供给和需求进行调整,从而使总需求会在何种程度上同总供给相适应,是不确定的。特别是把价格变动及其效应的产生当作一个连续的过程来看,这种不确定性将更加显著。

(三)自行调整在限制性市场上要受到限制

根据给定的经济体制前提,价格分为两类:一是限制性市场上的价格,即由国家对某些消费品和投资品规定统一价格或有一定浮动幅度的协议价格;二是非限制性市场上的价格,即完全听任市场供求关系而自行升降、国家不统一规定其水平或浮动幅度的自由价格。这就为通过市场机制对价值平衡、实物平衡的自行调整造成了限制。这是因为,如果不足的或过剩的商品是限制性市场上的商品,那么它们就不可能通过市场机制的作用,随着需求和供给的变化而自行升降其价格,从而也就不能像实行自由价格的商品那样通过价格的升降来协调需求和供给之间的关系。

(四)自行调整要受到经济信息方面的限制

市场机制充分发挥作用是以存在着健全的经济信息系统为前提,即假定与社会主义商品生产和经营有关的各方都能够及时得到自己所需要的有用的信息。但在实际生活中,经济信息系统并不十分健全,与社会商品生产和经营有关的各方并不能及时得到自己所需要的有用的信息,从价格的升降到供求的调整都只可能在信息不完整的情况下进行。加之,即使理论上假定经济信息系统是健全的,也要注意到经济信息的传递和不同的商品生产者对市场提供的经济信息的利用有着明显的差异,因此,价值平衡、实物平衡的自行调整仍不能不受到限制。

(五)自行调整要受到资源有限供给的限制

在现实经济中不可能存在资源无限供给的情况。只要社会的供给受到资源条件的约束,那么市场机制对价值平衡、实物平衡的自行调整也就会受到限制。

在开放型经济中,自行调整的局限性要更大一些,因为在这种情况下,必须考虑另一个局限性:

(六)开放型经济中两种平衡的自行调整还要受到对外经济联系的主观和客观条件的限制

这里所说的对外经济联系的主观条件主要是指本国的外汇储备、国际贷款的偿还能力、商品出口的国际竞争能力、劳务出口的国际竞争能力、对入境者(旅游者)的接待能力等。对外经济联系的客观条件主要是指国际商品和劳务市场的容量、国际信贷的条件、其他国家的外汇储备和信贷偿还能力等。由于这些主观客观条件的限制,商品进口和出口、资金流入和流出、劳务进口和出口等都要受到约束,从而价值平衡、实物平衡的自行调整将受到限制。

由此可见市场机制起作用情况下价值平衡、实物平衡自行调整的困难所在。市场机制并不能起到纯理论分析时所设想的那种作用。

为了进一步说明价值平衡、实物平衡未被实现的原因,让我们进而探讨社会主义财政、信贷同两种平衡之间的关系。

第三节 财政、信贷和两种平衡之间的关系

一、财政在价值平衡实现过程中的作用

(一)财政收入和财政支出

上一章已经说明,可以把社会主义经济中为应付意外事变

和自然灾害而保留的社会储备和无偿的净对外经济援助作为国民收入的扣除额而被单列。这样,从国民收入再分配关系可以了解到,

1. 财政收入的来源(仅限于流量分析)是:

(1) 剩余的一部分;

(2) 通过国民收入初次分配得到收入的居民户的收入的一部分;

(3) 通过国民收入再分配得到收入的居民户的收入的一部分。

2. 财政支出的去向(仅限于流量分析)是:

(1) 通过国民收入再分配渠道而构成消费(包括个人消费和公共消费)的一部分;

(2) 通过国民收入再分配渠道而构成投资的一部分(不包括重置投资,专指净投资)。

如果财政收入大于财政支出,就有财政盈余;反之,就有财政赤字。财政支出与财政收入之间的差额,称为净财政支出,它可以是零、正值或负值。

(二) 引入财政收支后的社会总需求与社会总供给的平衡公式

在未把通过财政而进行的国民收入再分配考虑在内时,封闭型扩大再生产条件下社会总需求与社会总供给之间的价值平衡、实物平衡的公式是:

消费+投资=从事生产活动的劳动者收入+剩余　　(4.1)

引入财政收支后,公式(4.1)变为:

消费+投资+财政支出=从事生产活动的劳动者收入

$$+剩余+财政收入 \quad\quad (4.2)$$

由于我们把财政收支看成是国民收入再分配的结果,因此,从总量上说,公式(4.1)与公式(4.2)的含义相同。这是因为,财政收入归根到底来自国民收入初次分配的结果,即来自从事生产活动的劳动者收入与剩余之和。财政支出不是用于消费(包括个人消费和公共消费),就是用于投资。

我们可以用图 4.2a、图 4.2b 来表示财政同社会总需求、社会总供给的关系,并说明这里并无重复计算。

图 4.2a 的方框表示国民收入。它分解为从事生产活动的劳动者收入和剩余两部分。图 4.2b 表示从事生产活动的劳动者收入和剩余各有一部分进入财政。两个方框大小相等。引入财政于方框中,不改变方框的大小。

图 4.2a 和图 4.2b 是从社会总供给的角度来考察。下面,图 4.3a、图 4.3b 从社会总需求的角度来考察:

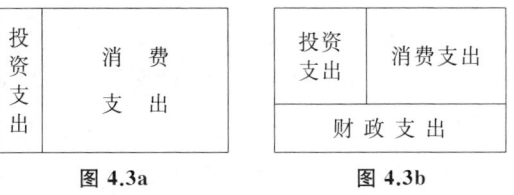

图 4.3a 是未把财政支出考虑在内时的社会总需求的分解。图 4.3b 中的财政支出可以分解为财政中用于投资的支出和财政中用于消费的支出。同样的道理,两个方框大小是相等的。

(三) 净财政支出

把公式(4.2)中的财政收入移项,得出:

消费+投资+(财政支出－财政收入)=从事生产活动的劳动者收入+剩余

(4.3)

即:消费+投资+净财政支出=从事生产活动的劳动者收入+剩余 (4.4)

从公式(4.4)可知,

1. 如果净财政支出等于零,即财政收支相等,那么财政对于总量意义上的价值平衡、实物平衡的实现是没有直接影响的。

2. 如果净财政支出是正值(即财政支出大于财政收入,有财政赤字),那么它的影响会在公式(4.4)中反映出来。假定在净财政支出等于零时社会总需求与社会总供给是相等的,正值的净财政支出的出现必然使社会总需求大于社会总供给。假定在净财政支出等于零时社会总需求已经大于社会总供给,正值的净财政支出的出现必然使社会总需求超出社会总供给的差额扩大。只有在净财政支出等于零而且社会总需求小于社会总供给的条件下,正值的净财政支出的出现才会使社会总需求有接近社会总供给的趋向。

3. 如果净财政支出是负值(即财政支出小于财政收入,有财政盈余),那么它的影响也会在公式(4.4)中反映出来。假定在净财政支出等于零时社会总需求与社会总供给是相等的,负值的净财政支出的出现必然使社会总需求小于社会总供给。假定在净财政支出等于零时社会总需求已经小于社会总供给,负值的净财政支出的出现必然使社会总供给超出社会总需求的差额扩大。只有在净财政支出等于零而且社会总需求大于社会总供给的条件下,负值的净财政支出的出现才会使社会总需求有接近社会总供给的趋向。

二、信贷在价值平衡实现过程中的作用

（一）信贷收入和信贷支出

从国民收入再分配关系可以了解到,

1. 信贷收入的来源（仅限于流量分析）是：

（1）剩余的一部分；

（2）通过国民收入初次分配得到收入的居民户的收入的一部分；

（3）通过国民收入再分配得到收入的居民户的收入的一部分。

2. 信贷支出的去向（仅限于流量分析）是：

（1）净投资的一部分；

（2）消费（包括个人消费和公共消费）的一部分。

如果信贷收入大于信贷支出,就有信贷存差（顺差）；反之,就有信贷借差（逆差）。信贷收入与信贷支出之间的差额,可以统称为净信贷余额,它可以是零、正值或负值。

（二）引入信贷收支后的社会总需求与社会总供给的平衡公式

在未把通过信贷而进行的国民收入再分配考虑在内时,封闭型扩大再生产条件下社会总需求与社会总供给之间的价值平衡、实物平衡的公式是：

消费＋投资＝从事生产活动的劳动者收入＋剩余　　（4.5）

引入信贷收支后,公式(4.5)变为:

消费+投资+信贷支出

=从事生产活动的劳动者收入+剩余+信贷收入

(4.6)

由于我们把信贷收支看成是国民收入再分配的结果,因此,公式(4.5)与公式(4.6)中的含义相同。这是因为,信贷收入归根到底来自国民收入初次分配的结果,即来自从事生产活动的劳动者收入与剩余之和;信贷支出不是用于消费(包括个人消费和公共消费),就是用于投资。

如果我们把图 4.2b 和 4.3b 上的财政收入和财政支出换成信贷收入和信贷支出,那么就可以更清楚地了解这一点。

(三) 净信贷余额

把公式(4.6)中的信贷支出移项,得出:

消费+投资=从事生产活动的劳动者收入+剩余+(信贷收入-信贷支出) (4.7)

即:消费+投资=从事生产活动的劳动者收入+剩余+净信贷余额 (4.8)

从公式(4.8)可知,

1. 如果净信贷余额等于零,即信贷收支相等,那么信贷对于总量意义上的价值平衡、实物平衡的实现是没有直接影响的。

2. 如果净信贷余额是正值(即信贷收入大于信贷支出,有信贷存差),那么它们的影响会在公式(4.8)中反映出来。假定在净信贷余额等于零时社会总需求与社会总供给是相等的,正值的净信贷余额的出现必然使社会总需求小于社会总供给。假定在净信贷余额等于零时社会总需求已经小于社会总供给,正值的净信贷余额的出现必然使社会总供给超出社会总需求的差额扩大。只有在净信贷余额等于零而且社会总需求大于社会总供给的条件下,正值的净信贷余额的出现才会使社会总供给有接近社会总需求的趋向。

如果净信贷余额是负值(即信贷收入小于信贷支出,有信贷借差),那么它的影响也会在公式(4.8)中反映出来。假定在净信贷余额等于零时社会总需求与社会总供给是相等的,负值的净信贷余额的出现必然使社会总需求大于社会总供给。假定在净信贷余额等于零时社会总需求已经大于社会总供给了,负值的净信贷余额的出现必然使社会总需求超出社会总供给的差额扩大。只有在净信贷余额等于零而且社会总需求小于社会总供给的条件下,负值的净信贷余额的出现才会使社会总供给有接近社会总需求的趋向。

三、财政、信贷与总量的实物平衡

(一) 财政收支和信贷收支的同时引入

在把财政收支和信贷收支同时引入社会总需求与社会总供给的平衡公式时,假定净财政支出和净信贷余额都不是零,那么从总量的角度来考察,实物平衡将会发生什么样的变化呢?

为了便于分析,让我们先把上面的公式(4.3)和(4.7)归总到一起,得出(4.9):

消费+投资+(财政支出－财政收入)＝从事生产活动的劳动者收入+剩余+(信贷收入－信贷支出) (4.9)

即:消费+投资+净财政支出＝从事生产活动的劳动者收入+剩余+净信贷余额 (4.10)

因此,从总量上说,尽管净财政支出和净信贷余额都不是零,而是正值或负值,但只要净财政支出等于净信贷余额,那么社会总需求和社会总供给之间的价值平衡状况不会因财政和信贷被引入而发生变化。这就是说,财政和信贷被引入之后,只要二者在价值上相互抵消,那么财政和信贷之被引入是不会对价值平衡发生直接影响的。

假定净财政支出和净信贷余额不相等,那可以有以下两种情况:

第一种情况:净财政支出与净信贷余额之差恰好抵消引入财政与信贷前社会总需求与社会总供给之差。

如果在财政和信贷被引入之前,公式的左端(即社会总需求)与公式的右端(即社会总供给)是不相等的,而财政和信贷被引入后,净财政支出与净信贷余额之差恰好能与社会总需求与社会总供给之差抵消,这样,在公式的左端加上净财政支出恰好等于在公式的右端加上净信贷余额,价值平衡也就实现了。在这种情况下,为了达到实物平衡,就要求净财政支出所代表的消费需求和投资需求的增加,与净信贷余额所代表的消费需求和投资需求的减少相抵后,恰好能使社会总需求与社会总供给相等。

例如,正值的净财政支出意味着财政支出大于财政收入,意味着财政赤字的存在。这些财政赤字的存在,表明政府已经把超过财政收入的金额投入消费和投资领域,从而对消费品和投资品提出了更大的需求。而一定数量的正值的净信贷余额,意味着信贷收入超出信贷支出的一定数量金额的存在,即一定数量的信贷存差的存在。这些信贷存差的存在,表明银行已经把从事生产活动的劳动者收入和剩余之中本来可以用于消费和投资的一定数量金额集中到银行了,从而在某种程度上减少了消费需求和投资需求,这样仍能使本来不相等的公式两端相等,而不会对社会总需求与社会总供给之间的实物平衡发生直接影响。

又如,负值的净财政支出意味着财政支出小于财政收入,意味着财政有盈余。这些财政盈余的存在,表明政府已经把超过财政支出的金额集中于自己手中,从而使得本来可以用于消费和投资的金额减少了。而一定数量的负值的净信贷余额意味着信贷支出超出信贷收入的一定数量金额的存在,即一定数量的信贷借差的存在。这些信贷借差的存在,表明银行已经把超过信贷收入的一定数量金额投入消费和投资领域,从而使消费需求和投资需求有某种程度的增加,这样就仍能使本来不相等的公式两端相等,而不会对社会总需求与社会总供给之间的实物平衡发生直接影响。

第二种情况:净财政支出与净信贷余额之差不足以抵消引入财政与信贷前社会总需求与社会总供给之差,甚至还有可能扩大这种差额。

如果在财政和信贷被引入之前,公式的左端(即社会总需求)与公式的右端(即社会总供给)是不相等的,而财政和信贷被引入后,净财政支出与净信贷余额之差并不足以抵消社会总需求与社会总供给之差,甚至还有可能扩大社会总需求与社会总供给之差。这种情况又可以分为两个类型:

1. 由于财政支出大于财政收入或信贷支出大于信贷收入,从而加剧了社会总需求的过度或社会总供给的不足;

2. 由于财政支出小于财政收入或信贷支出小于信贷收入,从而加剧了社会总供给的过剩或社会总需求的不足。

但无论属于哪一类型,价值平衡和实物平衡都是不可能得到实现的。

就实物平衡方面而言,在财政支出大于财政收入或信贷支出大于信贷收入之时,消费需求和投资需求都将增大。但由于增大了的消费需求和投资需求不能与消费品供给和投资品供给相适应,结果势必形成消费品供给和投资品供给的紧张,从而会冲击原有的消费品和投资品之间的供求关系,引起价格的上涨。反之,在财政支出小于财政收入或信贷支出小于信贷收入之时,表明政府或银行把一部分本来可以用于消费和投资领域的金额保留在自己手中,因此减少了消费需求和投资需求。但由于减少了的消费需求和投资需求不能与消费品供给和投资品供给相适应,结果势必形成消费品和投资品的积压,价格下降,并进而影响了提供消费品和投资品的部门和单位的生产和经营。

(二) 开放经济中财政、信贷与两种平衡的实现

以上所阐述的财政和信贷在两种平衡实现过程中的作用,不仅适用于封闭型经济,也适用于开放型经济。在包括净出口和净资金流出在内的社会总需求和社会总供给平衡公式中,引入财政和信贷之后,净财政支出与净信贷余额之差,同样可以抵消、缩小或扩大引入财政和信贷前社会总需求与社会总供给之差。这就是说,如果因净出口是正值或负值,或因净资金流出是正值或负值,从而造成社会总需求与社会总供给不相等时,净财政支出的正值或负值,或净信贷余额的正值或负值,可以使社会总需求与社会总供给之差抵消、缩小或扩大。

（三）完整的社会总需求—社会总供给平衡公式中的五个差额

在开放型经济条件下,在完整的社会总需求与社会总供给平衡公式中,一共有五个影响社会总需求与社会总供给平衡的基本的差额。① 它们(仅限于流量分析)是:

1. 消费、投资之和与从事生产活动的劳动者收入、剩余之和的差额;

2. 出口与进口的差额,即净出口;

3. 资金流出与资金流入的差额,即净资金流出;

4. 财政支出与财政收入的差额,即净财政支出;

5. 信贷收入与信贷支出的差额,即净信贷余额。

它们之中的任何一项,只要不是零,就会对社会总需求与社会总供给的平衡发生影响,并且可以起到抵消、缩小、扩大其他几项差额所造成的影响两种平衡关系的作用。

四、财政、信贷收支差额的累积性效应

以上所述仍是财政、信贷被引入后在社会总需求与社会总供给之间的关系中所引起的最初阶段的变化。在把社会再生产作为一个连续的过程来看待时,财政支出过大或信贷支出过大,以及财政支出过少或信贷支出过少所给予社会总需求与社会总供给之间的关系的连续变化,在非限制性市场上,依旧可以被看成是价值平衡、实物平衡的自行调整的过程。下面对这种连续变化进行分析。

---

① 这里列举的是五个基本的差额,不包括前面还提到过的侨汇收入与侨汇支出的差额、出入国境者支出的差额、劳务进出口的差额等。

(一) 一次性的财政、信贷收支差额

假定财政支出过大(或信贷支出过大),或财政支出过少(或信贷支出过少)的情况的出现是一次性的,那么上一节中关于价值平衡、实物平衡自行调整的机制的分析,在这里仍然适用。这就是说,假定因财政支出过大或信贷支出过大而形成消费需求和投资需求的过多,在实物形式上,则形成消费品供给和投资品供给的不足,于是引起价格上涨。但只要市场机制发挥作用,价格的上涨将刺激消费品和投资品生产的部门和单位增加所短缺的产品的供给,经济也将趋向于价值平衡和实物平衡。反之,假定因财政支出过少或信贷支出过少而形成消费需求和投资需求的不足,在实物形式上,则形成消费品供给和投资品供给的过剩,于是引起价格下降。但只要市场机制发挥作用,价格的下降将导致对消费品和投资品的需求的增加,经济也将趋向于价值平衡和实物平衡。这就是在市场机制发挥作用条件下的价值平衡、实物平衡的自行调整。当然,实际生活中,这种自行调整是有种种局限性的。上一节已经论述了这些局限性,这里就不再重复。

(二) 连续性的财政、信贷收支差额

假定上述财政支出过大(或信贷支出过大),或财政支出过少(或信贷支出过少)的情况的出现是连续性的,那么问题将复杂得多。为什么它们会连续出现呢?这可能是同下述两种情况中的一种情况有关:

1. 虽然市场机制在发挥其作用时受到制约较小,但由于国民收入运动过程以外的非经济因素的作用,使得财政支出大于(或小于)财政收入,或信贷支出大于(或小于)信贷收入的收支格局持续下去。

2.市场机制本来是可以发挥作用的，但由于这种作用受到种种限制，以致无法使价值平衡、实物平衡实现，或无法使之在预定的时间内实现，并且假定国民收入运动过程以外的因素不起作用，而只是由于第一次财政支出过大（或信贷支出过大），或财政支出过少（或信贷支出过少）的出现而带来的累积性效应，才使得财政支出大于（或小于）财政收入，或信贷支出大于（或小于）信贷收入的收支格局持续下去。

在这两种情况之中，对第一种情况可以暂不考虑，因为可以假定在正常的国民经济运动中，国民收入运动过程以外的非经济因素不起作用。这样，有必要在这里探讨的是第二种情况。下面对此进行分析。

(三)财政或信贷支出过大的累积性效应

在出现第一次财政支出过大（或信贷支出过大）的收支格局之后，价格将上涨。假定价格上涨并不能在预定时间内把对消费品和投资品的需求缩小到预定的程度，或不能在预定的时间内把消费品和投资品的供给增大到预定的程度，那么价格上涨会对后续的国民收入运动过程发生下述影响：

1.价格上涨引起实际工资收入水平的下降，而为了不使居民户的生活受到不利影响，于是转而采取直接增加货币工资或给居民户以某种津贴等措施。对企业来说，生产成本将上升；对政府来说，不仅财政支出可能增加，而且会因企业生产成本的上升而减少来自企业的收入，即财政收入将减少；如果不是这样，那么在实际工资收入水平下降后，银行的存款会减少，这也会使信贷的借差增大；

2. 价格上涨使得一些企业生产成本增大,假定其他条件不变,它们对信贷的需要可能随之增大,这样也就有可能使银行的信贷支出增加;

3. 价格上涨使得各种劳务费用增加,使得政府部门的各种经常支出增加,为了使政府部门的各种经常支出保持在实际上不变的水平上,财政支出将增加;

4. 价格上涨使得前一时期已经着手投资但至今尚未形成生产能力的项目不能按原定的投资支出完成,为此,或者需要增加财政支出,或者需要增加信贷支出,等等。

这说明,在一定的条件下,一次财政支出过大(或信贷支出过大),就有可能产生累积性效应,使得财政支出(或信贷支出)的过大连续不断地进行。可以把上述过程图示如下:

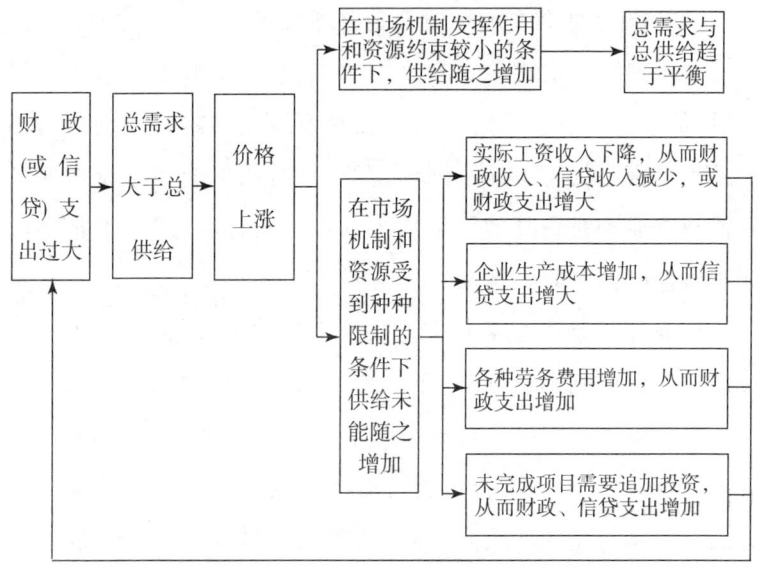

图 4.4

（四）财政或信贷支出过少的累积性效应

在出现第一次财政支出过少（或信贷支出过少）的收支格局之后，价格将下降。假定价格下降并不能在预定的时间内把对消费品和投资品的需求扩大到预定的程度，或不能在预定的时间内把消费品和投资品的供给减少到预定的程度，那么价格下降会对后续的国民收入运动过程发生下述影响：

1. 价格下降使居民户的实际工资收入水平上升，如果居民户基本上没有改变自己的消费习惯和消费心理，那么居民户所增加的实际工资收入将有一部分甚至全部转化为银行的存款，从而银行的信贷收入将增加；如果政府给予居民户的某些津贴是以居民户的实际工资收入多少为依据的，那么在这种情况下，政府给予居民户的津贴将减少，从而财政支出也会减少；

2. 价格下降使得一些企业生产成本下降，假定其他条件不变，它们对信贷的需要可能随之减少，这样也就有可能使银行的信贷支出减少，等等；

3. 价格下降使得各种劳务费用随之下降，如果政府部门的各种经常支出要保持实际上不变的水平，那么在这种情况下，财政支出将减少；

4. 价格下降使得投资项目的款额有所积余，这样一来，投资单位对信贷的需求将减少，从而信贷支出也将减少。

这说明，在一定的条件下，一次财政支出过少（或信贷支出过少），就有可能产生累积性效应，使得财政支出（或信贷支出）过少的收支格局会持续下去。可以把上述过程图示如图 4.5。

当然，这里所谈到的财政支出过大（或信贷支出过大）的累积性效应，以及财政支出过少（或信贷支出过少）的累积性效应，都是在市场机制的作用受到限制，以及存在着资源供给和消费

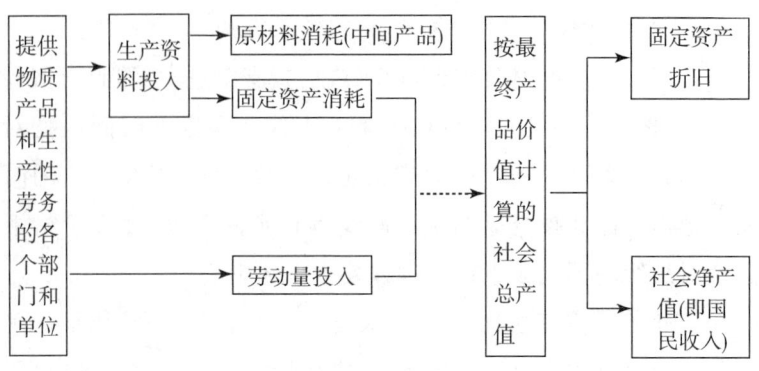

图 4.5

行为等限制,并假定国民收入运动过程以外的非经济因素不起作用的条件下产生的。即使如此,仍然可以得出这样的看法:在社会主义经济运行中,由于财政、信贷的作用,价值平衡、实物平衡也不一定得到实现。

第四节 社会主义经济中总量失衡问题的提出

一、失衡与总量失衡

(一) 失衡

失衡是指社会总需求与社会总供给之间的不相等达到了影响社会主义经济正常运行的程度。不能把社会总需求与社会总供给之间任何程度的不相等都称为失衡。①

---

① 社会总需求与社会总供给的不相等应有一个限度。在这个限度之内,即使社会总需求与社会总供给不相等,但经济仍可以被认为是处于正常状态。失衡则是经济的一种不正常状态,在这种状态之下,社会总需求大于或小于社会总供给已经达到了影响经济正常运行的程度。对于这个问题的较详细的分析,见第十一章和第十八章。

(二) 总量失衡

失衡分为两类：一是总量失衡，二是结构性失衡。总量失衡是从社会总需求与社会总供给的角度来进行考察的结果，它不涉及需求和供给的构成状况。关于结构性失衡，将在下一章论述。

二、财政信贷调整前的失衡与调整后的失衡

这里所说的调整，专指财政信贷调整。相应地，这里所说的调整前，是指引入财政和信贷之前的情况，即指净财政支出和净信贷余额都是零的情况。如果这时的平衡公式左端等于平衡公式右端，表明调整前已经实现价值平衡、实物平衡，那么财政信贷调整是不必要的。如果引入财政和信贷之后，使平衡公式的左端等于平衡公式的右端，那么表明财政信贷调整起到了使价值平衡、实物平衡实现的作用。如果引入财政和信贷之后，平衡公式两端仍不相等，甚至不相等的程度加剧了，这表明财政信贷调整并未起到使价值平衡、实物平衡实现的作用。

因此，对一国的国民经济来说，调整后比调整前更加重要。调整前的情况是调整的出发点，也是调整的对象。调整后的情况是调整的结果，也是调整有效与否的标志。

失衡、总量失衡（以及下一章要考察的结构性失衡），都有调整前与调整后之分。由于财政、信贷并非仅仅被引入一次，它们是被连续引入的，所以调整前的失衡与调整后的失衡难以被严格地区分开。任何一个时点上的失衡，相对于前一个时点而言，都是调整后的失衡，但相对于后一个时点而言，又都是调整前的失衡。

三、社会主义经济中出现总量失衡的可能性

（一）社会总需求与社会总供给的平衡是极其罕见的

在开放条件下，完整的社会总需求与社会总供给的平衡公式是：

社会总需求＝社会总供给

即：

消费＋投资＋(出口－进口)＋(财政支出－财政收入)
＝从事生产活动的劳动者收入＋剩余＋(资金流出－
资金流入)＋(信贷收入－信贷支出)　　　　　(4.11)

即：

消费＋投资＋净出口＋净财政支出＝从事生产活动的
劳动者收入＋剩余＋净资金流出＋净信贷余额　(4.12)

从公式(4.12)了解到，从价值形式上看，净出口、净资金流出、净财政支出、净信贷余额全都等于零的情况几乎不存在；消费、投资、净出口、净财政支出之和恰好与从事生产活动的劳动者收入、剩余、净资金流出、净信贷余额之和相等的情况也极其罕见。从实物形式上看，社会提供的物质产品和生产性劳务并不经常符合消费、投资、净出口的需要，财政收入、信贷收入、资金流出所代表的消费和投资需求的减少并不经常与财政支出、信贷支出、资金流入所代表的消费和投资需求的增加相符。这样，在经常情况下，社会总需求与社会总供给是不平衡的，其中就包括了总量失衡存在的可能性。

（二）财政信贷调整未能消除总量失衡的原因

根据前面所给的定义，我们把调整主要理解为财政信贷调

整。由于社会主义经济中,财政收支和信贷收支的存在是客观事实,而且财政收支恰好相等(即既无盈余,也无赤字)或信贷收支恰好相等(即既无存差,也无借差)的现象不是经常的,所以事实上对社会总需求和社会总供给的财政信贷调整也是经常的。财政信贷调整的经常存在提供了这样一种可能性,这就是:即使调整前的社会总需求和社会总供给之间的不相等是经常的,并且在引入财政和信贷之后社会总需求与社会总供给也不一定总能恰好相等,但财政和信贷之被引入毕竟有可能使社会总需求与社会总供给之间的不相等不致达到影响社会主义经济正常运行的严重程度。财政信贷调整之所以具有这种可能性,原因在于财政和信贷是社会主义国家可以运用的经济调节手段。在本书第二章有关社会主义经济分析的前提的叙述中,我们已经把社会主义国家运用财政、信贷等经济调节手段作为国家管理经济的职能之一而予以确定,因此这里关于财政信贷调整可以缓和社会总需求与社会总供给之间不相等的严重性的提法,是与进行社会主义经济分析时所给定的前提一致的。

但不能不注意到,在社会主义经济中,即使引入财政和信贷,总量失衡的可能性依然存在。假定引入财政信贷之前,社会总需求与社会总供给之间原来是平衡的,而在引入财政和信贷之后,情况反而发生了变化,以致出现了社会总需求与社会总供给之间的不平衡,并且严重到足以影响社会主义经济正常运行的程度;或者,假定引入财政信贷之前,社会总需求与社会总供给之间原来是不平衡的,引入财政信贷之后,不但未能起到缓和社会总需求与社会总供给之间不平衡的作用,反而使情况恶化了,那么这里存在着四种可能性:

1. 也许是由于国家未能认识到运用财政、信贷手段来调整需求与供给的必要性和意义,未能自觉地运用财政、信贷来调整社会总需求与社会总供给之间的关系,或对此不够重视。

2. 也许是由于国家对财政、信贷手段的运用经验不足,或工作失误,或措施不当。

3. 也许是由于经济中存在着若干非经济因素的干扰,以致财政信贷调整受到制约,未能起到它应有的作用。

4. 也许是由于国民收入运动过程中财政收支差额和信贷收支差额的累积性效应的作用,以致财政和信贷之被引入未能改变社会总需求和社会总供给之间的不相等,甚至使社会总需求和社会总供给之间的关系恶化了。这就是前面已经探讨过的问题,这里不再重复。

于是可以得出结论:在社会主义经济中,就引入财政信贷前的情况而言,总量失衡有出现的可能性;而在引入财政和信贷之后,一方面有缓和社会总需求和社会总供给之间的不相等的可能性,另一方面也有使得这种不相等继续存在甚至加剧的可能性。关键在于国家是否重视财政、信贷的运用,是否善于运用财政、信贷,非经济因素的干扰能否被排除,以及如何对待财政、信贷收支差额的累积性效应。这些将在第四篇和第六篇的有关章节中再进行分析。

四、对社会主义经济中总量失衡的认识

怎样认识社会主义经济中总量失衡的可能性的存在呢?对于这个问题,可以作如下的理解:

首先,社会主义经济中存在着总量失衡的可能性,这并不意

味着社会主义制度的优越性的不存在。社会主义制度优越与否,并不表现在经济中是否有可能出现总量失衡,而在于能否实现以对人的关心和培养为内容的社会主义生产目的,能否在出现总量失衡后消除这种失衡,以保证社会主义经济的正常运行,保证社会主义生产目的的实现。

其次,有关社会主义经济中总量失衡可能性的分析并不等于总量失衡现实性的分析。总量失衡由可能成为现实,取决于一定的条件,因此有必要对这些条件进行分析。

最后,总量失衡只是社会主义经济中可能出现的失衡中的一种。要了解社会主义经济中的失衡问题,有必要进而探讨结构性失衡的原因,特别是有必要进而探讨结构性失衡与总量失衡二者同时发生的可能性。这将是下一章所要研究的课题。

第五章 国民经济中的部门结构和部门间的经济联系

第一节 封闭条件下的部门结构

一、从结构的角度看价值平衡和实物平衡

(一) 结构分析的必要性

结构分析方法分为两类,一类是社会、制度结构分析方法,一类是数量结构分析方法。这里所说的结构分析方法是指数量结构分析方法,它又称总量分解方法。数量结构分析是对国民经济中的总量按部门、按地区、按产品进行分解,考察各个组成部分之间的比例关系。部门结构与产品结构可以联系在一起考察。本章不考察地区结构问题。

如果不对经济中的部门结构、产品结构进行分析,实物平衡以及同它密切结合在一起的价值平衡仍然是抽象的而不是具体的。

(二) 纵向结构和横向结构

部门结构、产品结构都有纵向和横向两方面的含义。

纵向结构是指生产序列的结构。在分析中,应把最终产品与中间产品结合起来考察,需求与供给可以从产品生产序列的

意义上分解为各个不同生产阶段上的需求与供给,前后各个生产阶段的需求与供给也应当相互衔接,这样才能最终实现需求与供给之间的平衡。

横向结构是指最终产品所分解成的各种部分(消费、投资、出口等)在商品类别上应当供求适应。地区结构也是一种横向结构,它涉及需求与供给有一个空间的分布和组合的问题。假定把每一个地区作为一个单元来看待,最终产品在满足本单元内部供给与需求之后的净需求与净供给,应当在本地区之外去同其他地区相应的净供给与净需求衔接,这样也才能最终实现需求与供给之间的平衡。但正如前面已指出的,本章不考察地区间的最终产品的调入调出问题。

二、部门的划分

根据第三章关于国民收入形成的论述,经济中的部门可以分为两大类:一类是提供物质产品和生产性劳务的部门,即创造国民收入的部门;另一类是不提供物质产品和生产性劳务的部门,即通过国民收入再分配而取得收入的部门。

在上述第一类部门中,根据第三章所述,又可以分为六个部门,即工业、农业、建筑业、运输业、商业、生产劳务部门。

上述第二类部门是非物质生产部门,行政管理部门或其他提供非生产劳务的部门都包括在内。可以把它们统称为非生产劳务部门。

这样,在对社会总需求与社会总供给进行部门结构分析时,实际上有七个部门,即:(1)工业,(2)农业,(3)建筑业,(4)运输业,(5)商业,(6)生产劳务部门,(7)非生产劳务部门。从需求和供给的结构来看,这七个部门都有本部门的需求和供给。但根据第三章中有关社会总产值的定义,以社会净产值表示的狭义的社会总供给,是由前六个部门的供给之和所组成的,而且这里所说的供给都是指最终产品而言。同样的道理,社会总需求(无论是广义的还是狭义的),也是由前六个部门创造的国民收入之和所组成的。第七个部门即非生产劳务部门的需求,则来自国民收入的再分配;至于这一部门的供给,由于它们是非生产性劳务的供给,所以不计入社会总供给之中。

三、总需求和总供给的按部门分解

(一) 社会总需求与社会总供给平衡公式的另一种表述

假定不把第七个部门,即非生产劳务部门的需求和供给考虑在内,而单就前六个部门的需求和供给而言,那么无论就价值平衡还是实物平衡来看,都可以按照第三章中已经表述的社会总需求与社会总供给平衡公式来重新表述。这就是:

社会总需求＝社会总供给

即:

消费支出＋投资支出＝社会提供的物质产品和生产性劳务之和 (5.1)

由于消费支出和投资支出来源于国民收入,即来源于新创造的价值,因此,公式(5.1)可以换一种表述方式,即:

物质生产部门劳动者收入＋物质生产部门的剩余＝社会提供的物质产品和生产性劳务之和 (5.2)

按部门分解后,公式(5.2)变为:

工、农、建、运、商业、生产劳务部门的劳动者收入＋工、农、

建、运、商业、生产劳务部门的剩余＝工、农、建、运、商业、生产劳务部门供给之和　　　　　　　　　　(5.3)

(二) 非生产劳务部门的需求

由于非生产劳务部门的收入是通过再分配而得到的收入,因此,在把非生产劳务部门的需求考虑在内时,社会总需求的表述如下:

社会总需求＝(工、农、建、运、商业、生产劳务部门的劳动者收入－其中通过国民收入再分配而流入非生产劳务部门的收入)＋(工、农、建、运、商业、生产劳务部门的剩余－其中通过国民收入再分配而流入非生产劳务部门的收入)＋非生产劳务部门通过国民收入再分配而得到的收入　　(5.4)

(三) 非生产劳务部门的供给

由于非生产劳务部门提供的是非生产性劳务,它们并不计入社会提供的物质产品和生产性劳务之中。但考虑到非生产劳务部门在提供非生产性劳务时,需要消耗或占用其他部门提供的一部分物质产品和生产性劳务,并取得自己的非生产性劳务收入。非生产劳务部门所取得的收入,实际上是转移了所占用的物质产品和生产性劳务的价值。这样,在把非生产劳务部门的供给考虑在内,社会总供给的表述如下:

社会总供给＝(工、农、建、运、商业、生产劳务部门供给之和)－(非生产劳务部门在提供非生产性劳务时占用的物质产品和生产性劳务)＋(非生产劳务部门的非生产性劳务收入)

　　　　　＝(工、农、建、运、商业、生产劳务部门供给之和)－(非生产劳务部门在提供非生产性劳务时占用的物质产品和生产性劳务)＋(非生产劳务部门在提供非生产性劳务时转移了所占用的物质产品和生产性劳务的价值)　　　　　　　　　　　　　　　　　　　　　(5.5)

(四)引入非生产劳务部门的需求和供给后的社会总需求和社会总供给平衡公式

引入非生产劳务部门的需求和供给后,社会总需求与社会总供给平衡公式将是:

公式(5.4)的右端＝公式(5.5)的右端　　　　(5.6)

公式(5.6)表明,引入非生产劳务部门的需求和供给,社会总需求和社会总供给在数量上既不会增加,也不会减少(见图5.1)。

在图5.1中,社会总需求与社会总供给之间的等号具有双重意义。一是总量的意义,关于这一点,前面已经谈到。二是结构的意义,即工、农、建、运、商业、生产劳务部门所提供的具体的物质产品和生产性劳务,与社会的消费需求和投资需求中对具体的物质产品和生产性劳务相适应。

四、关于三次产业的划分

以上,我们是按照生产活动和非生产活动把经济中的部门分为工业、农业、建筑业、运输业、商业、生产劳务部门和非生产劳务部门这样七个部门的。前六个部门属于生产领域,从事生产活动。第七个部门属于非生产领域,提供非生产性的劳务。当前在国际经济学界,流行着的是三次产业的划分方式。尽管对三次产业的划分标准并不一致,但总的说来,三次产业的划分与劳动对

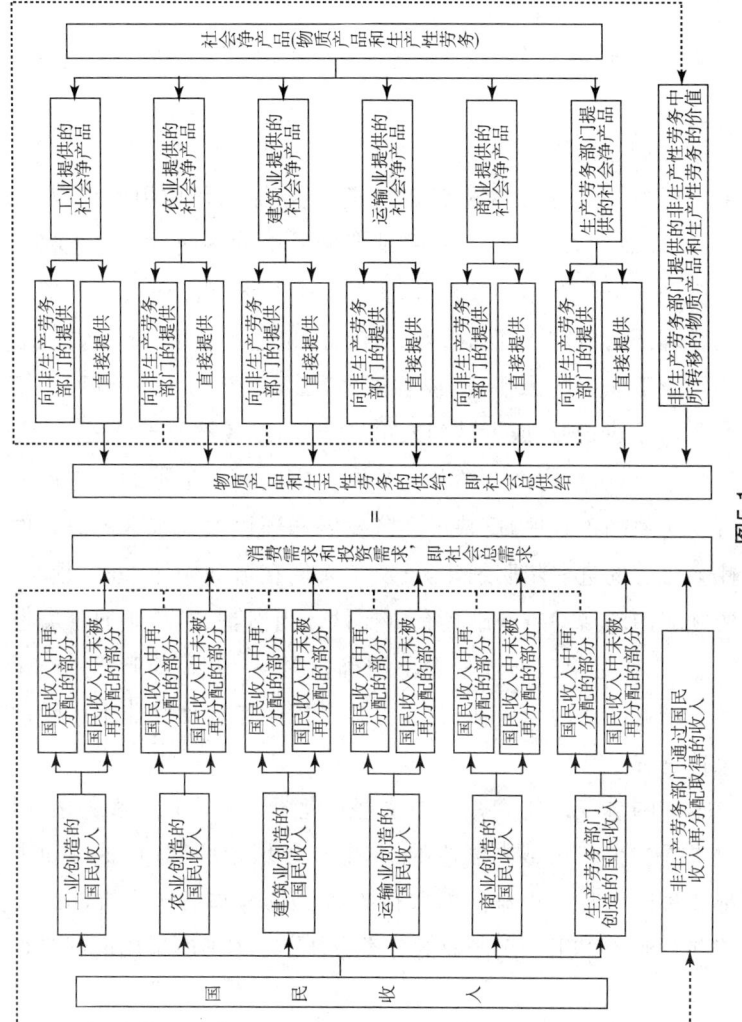

图5.1

象的加工顺序有关。这就是：

第一产业是指利用自然资源进行加工的产业，主要指农业（包括林业、畜牧业、渔业等）。

第二产业是指对初级产品进行加工的产业，主要指工业中的制造业。

第三产业是指一切提供劳务的部门，其中既包括生产领域中的部门（如技术设计、地质普查等），还包括流通领域中的部门（如运输业、商业），以及分配领域和消费领域中的部门（如金融保险、生活服务、房地产、文化、教育、卫生、科学研究、福利、旅游等）。行政管理部门（包括国防、公安、司法等）也包括在第三产业之内。

至于工业中的采矿业，或者被列入第一产业，或者被列入第二产业。而建筑业，或者被列入第二产业，或者被列入第三产业。

应当承认，三次产业的分类是有一定的科学依据的。它反映了劳动对象加工顺序，反映了经济发展和国民收入水平提高条件下社会分工的进一步明细化，反映了人们在流通领域、分配领域、消费领域内的活动越来越具有重要性。当然，三次产业的分类也有缺点，主要是第三产业概念不明确，它把一切不属于第一产业和第二产业的部门全包括进去，也就是把生产活动和非生产活动全包括进去了。

本书的重点是研究社会主义经济运行，根据第三章所述，国民收入是在生产领域内创造的，非生产领域中的部门、单位和个人都通过国民收入再分配而取得收入，因此，本书在分析部门间经济联系时不采用三次产业的分类方法。① 本书所采用的部门划

---

① 本书在分析部门间经济联系时不采用三次产业的分类方法，是为了更好地说明社会中生产领域内的活动与非生产领域内的活动的区别，但本书承认三次产业分类方法在社会主义经济研究中仍是有用的。下面，在第十二章讨论货币供应量增长率时，将把第三产业的活动考虑在内，探讨第三产业的发展与货币供应量增长之间的关系。第六篇谈到就业问题时，也考虑到第三产业的发展与新增加的就业者的去向。

分方法与三次产业划分方法(假定采矿业被列入第一产业,建筑业被列入第三产业)之间的关系如下图:

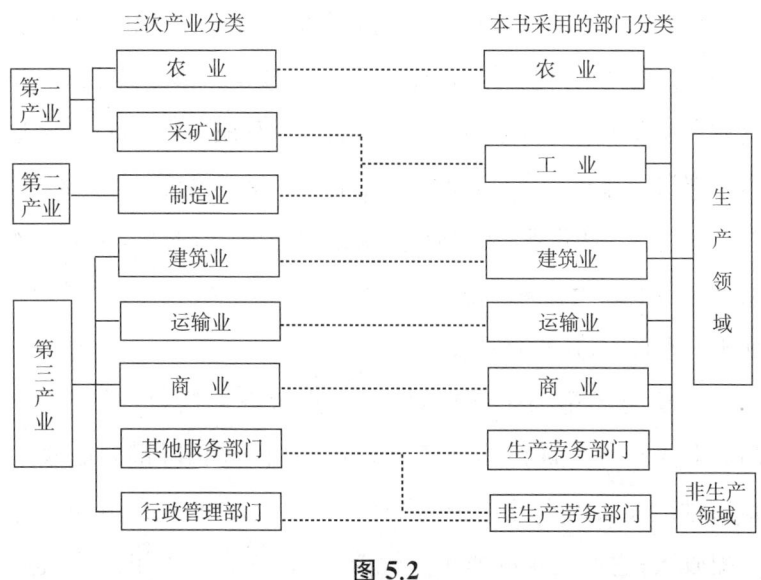

图 5.2

第二节 开放条件下的部门结构

一、开放部门与非开放部门

"开放部门"是指同国外有经济上的联系的部门,"非开放部门"则指同国外没有经济上的联系的部门。

前面谈到了国民经济中部门的划分。很难在这七个部门之外再把"开放部门"作为另外的部门而与这七个部门并列。这是因为,就物质产品和生产性劳务的提供来说,工业、农业、建筑业、运输业、商业、生产劳务部门中都可能有一部分物质产品或生产性劳务是用以满足国外的需求的,并且这六个部门中的任何一个部门也都有可能存在着对国外的物质产品或生产性劳务的需求。如果把从国外流入的资金看成是流入提供物质产品和生产性劳务的部门的资金,把从国内流出的资金看成是本来应当流入提供物质产品和生产性劳务的部门的资金的一种减少或扣除,那么这六个部门全都与资金的流入与流出有关。这就是说,"开放部门"与工业、农业、建筑业、运输业、商业、生产劳务部门这六个提供物质产品和生产性劳务的部门之间的关系是交叉的、渗透的关系,而不是平行的、并列的关系。

至于上述第七个部门,即非生产劳务部门,情况是特殊的。非生产劳务部门本身不创造国民收入,它所得到的收入是通过国民收入再分配而得到的,其中包括了来自国外的再分配收入;它所提供的非生产性劳务,是它为此占用的物质产品和生产性劳务的价值的转移,其中包括了来自国外的物质产品和生产性劳务的供给。因此,处于开放条件下,即使非生产劳务部门与国外有联系,但这并不改变这一部门的性质,也不改变这一部门同国内各个提供物质产品和生产性劳务的部门之间的收入再分配关系。

尽管如此,在进行社会主义经济运行的分析时,仍然可以把"开放部门"作为一个单独的部门来看待,而与"开放部门"相对立的,则是经济中的"非开放部门"。"非开放部门"不是指某个具体的提供物质产品和生产性劳务的部门,而是泛指经济中未同国外有直接联系(包括出口、进口、资金流入、资金流出)的部门。

把经济分为"开放部门"和"非开放部门"的分析方法，是经济结构分析方法中的一种。下面，对于开放条件下社会总需求与社会总供给的分解，就是运用这种分析方法的一个例证。

二、开放条件下总需求和总供给的按部门分解

（一）进出口按部门分解

要知道，只要出口的是物质产品和生产性劳务，那么它们总是来自上述六个提供物质产品和生产性劳务的部门中的某一个部门；从社会总需求的角度来看，这意味着需求的增加，即增加了来自国外的需求。只要出口的是非生产性劳务，那么它们总是来自第七个部门，即非生产劳务部门。

进口的情况也是这样，不管进口的是什么样的物质产品和生产性劳务，实际上都等于补充了国内某一部门提供的同类的物质产品和生产性劳务；从社会总供给的角度来看，这意味着供给的增加。因此，由出口所表示的来自国外的需求，也可以转换为本国物质产品和生产性劳务提供部门向国内提供的物质产品和生产性劳务的减少，从而可以再分解为六个部门中的每一个部门向国内提供的物质产品和生产性劳务的减少。同样的道理，由进口所表示的物质产品和生产性劳务的供给的增加，也可以分解为相当于国内六个部门中的每一个部门向国内提供的物质产品和生产性劳务的增加。尽管进口的物质产品和生产性劳务并非本国某一个部门提供的，但从向国内增加物质产品和生产性劳务的供给这一点来看，则可以把它们看成是相当于国内

某一个部门提供的。

(二) 资金流入流出按部门分解

只要有资金流入,不管它最初是以什么形式流入的,但最终必定进入对上述六个部门提供的物质产品和生产性劳务的需求的范围之内,并且意味着对于这六个部门中的某一个部门或某些部门提供的物质产品和生产性劳务需求的增加;也就是说,资金流入意味着社会总需求的增加。

只要有资金流出,不管它最初是以什么形式流出的,但最终必定意味着这六个部门的收入的扣除,也就是意味着其中某一个部门的收入的扣除,从而意味着社会总需求的减少。

(三) 开放条件下社会总需求和社会总供给按部门分解的图示

这样,对于开放条件下的总需求和总供给,也可以按工业、农业、建筑业、运输业、商业、生产劳务部门这样六个部门来分解。可以把这种关系图示如下页(见图5.3)。

图5.3上有两个等号。上面一个等号表明,要使社会总需求与社会总供给相等,那么必须使工业、农业、建筑业、运输业、商业、生产劳务部门创造的国民收入中在国内转化为消费需求和投资需求的部分,相等于这六个部门投入国内市场的消费品与投资品供给,也就是相等于这六个部门提供的投入国内市场的物质产品和生产性劳务(即这六个部门提供的物质产品和生产性劳务中用以满足国内消费需求和投资需求的部分)。

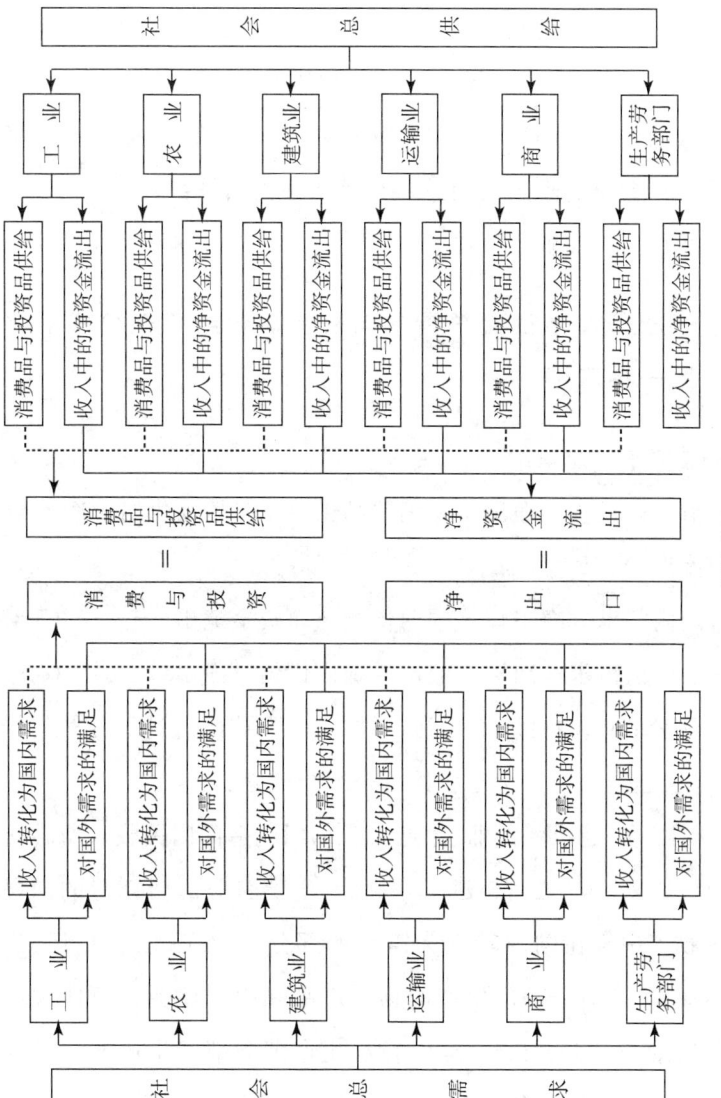

图 5.3

下面一个等号表明,在开放条件下,要使社会总需求与社会总供给相等,还必须使工业、农业、建筑业、运输业、商业、生产劳务部门创造的国民收入中未在国内转化为消费需求和投资需求的部分,相等于这六个部门提供的物质产品和生产性劳务中未被投入国内市场的部分。简单地说,下面一个等号表明,开放条件下的社会总需求与社会总供给的条件仍然是:

净出口＝净资金流出

三、开放条件下社会总需求与社会总供给平衡公式的另一种表述

总需求＝总供给

即:消费＋投资＋净出口＝消费品供给＋投资品供给＋净资金流出 (5.7)

即:国内需求＋净出口＝国内供给＋净资金流出 (5.8)

移项:国内需求－净资金流出＝国内供给－净出口 (5.9)

从公式(5.9)可以了解到,开放条件下按部门进行分解的结果,社会总需求与社会总供给的平衡公式是:

(工、农、建、运、商业、生产劳务部门创造的国民收入所转化的需求)－(工、农、建、运、商业、生产劳务部门创造的国民收入中未在国内转化为需求的部分)＝(工、农、建、运、商业、生产劳务部门生产的物质产品和生产性劳务所体现的供给)－(工、农、建、运、商业、生产劳务部门生产的物质产品和生产性劳务未在国内体现为供给的部分) (5.10)

如果工、农、建、运、商业、生产劳务部门创造的国民收入所

转化的需求同工、农、建、运、商业、生产劳务部门生产的物质产品和生产性劳务所体现的供给恰好相等,那么开放条件下,社会总需求与社会总供给得以平衡的条件是:

工、农、建、运、商业、生产劳务部门创造的国民收入中未在国内转化为需求的部分＝工、农、建、运、商业、生产劳务部门生产的物质产品和生产性劳务未在国内体现为供给的部分 (5.11)

其含义仍是"净出口应与资金净流出相等"。

第三节　部门间的经济联系

一、投入、产出、消耗系数

投入是指在生产过程中对生产资料和人力的消耗。

产出是指生产过程的成果,它体现为物质产品和生产性劳务的供给。

单位产出的投入被称为消耗系数。一定量的产出与一定量的投入之间的比例,在一定的生产技术水平和管理水平的条件下,具有相对稳定性,即消耗系数具有相对稳定性。

二、直接消耗、间接消耗

单位产品生产过程中对生产资料和人力的消耗可以分为直接消耗和间接消耗,而间接消耗又可以分为第一次间接消耗、第二次间接消耗、第三次间接消耗,等等。

可以举钢的生产对电力的消耗为例。钢的生产过程中要消耗电力,这是直接消耗。炼钢时消耗了煤,在煤的生产过程中也消耗了电力,这就是钢对电力的间接消耗。在这里可以把它称作第一次间接消耗。煤生产过程要消耗坑木,而坑木的生产过程也消耗了电力,这就是钢对电力的第二次间接消耗。这种间接消耗过程将无数次地进行,从而间接消耗实际上是无数次的。

把直接消耗同无数次间接消耗汇总到一起,就可以近似地得出单位产品生产过程中对某一产品的全部消耗,或称作完全消耗。

相应地,消耗系数分为两类。一是直接消耗系数,它表明单位产品生产过程中对某一产品的直接消耗量。二是完全消耗系数,它表明单位产品生产过程中对某一产品的直接和间接消耗量的总和。

三、最终产品的部门结构

(一)最终产品的用途

第三章已经指出,在计算社会总产值时应当把中间产品排除在外,只计算最终产品的价值。因此,在利用完全消耗系数确定某一部门产品生产过程中对某一种产品的直接和间接消耗量总和时,这里所说的某一部门产品也是指最终产品而言。这就是说,对于研究部门间的经济联系具有重要意义的,是研究生产某一部门的最终产品需要直接和间接消耗其他部门提供多少产品。各个部门之间相互提供产品,以供对方生产出一定数量的最终产品,而所有各个部门的最终产品之和,就是按社会最终产品计算的社会总产值。

根据第三章中关于消费和投资的分析可以知道,按社会最终产品计算的社会总产值由用于消费(包括个人消费和公共消费)和用于投资(包括重置投资和净投资)两大部分所构成。而用于投资的部分,则由新增加的固定资产和新增加的库存投资品所构成。用于消费的部分,除包括供个人消费和公共消费的消费品而外,还包括新增加的库存消费品。如果再考虑到开放条件下的情况,那么还应当加上净出口品。这样,最终产品共包括以下四个部分：

1. 供个人消费和公共消费的消费品；
2. 新增加的库存消费品、投资品；
3. 新增加的固定资产；
4. 净出口品。

前面已经把工业、农业、建筑业、运输业、商业、生产劳务部门作为提供社会最终产品的六个部门。现在按照最终产品的这四个组成部分来分解,那么这六个部门中的每一个部门的最终产品都可以相应地分为这样四个部分。

(二) 部门间的投入产出关系

各个部门之间存在着一定的生产技术联系,即相互提供中间产品,以供生产出最终产品。

下面,可以用投入产出表来说明部门间的上述经济联系(见表 5.1)。

表 5.1

投入＼产出	中间产品							最终产品					中间产品和最终产品合计
	工业	农业	建筑业	运输业	商业	生产劳务部门	合计	消费	新增固定资产	新增库存品	净出口	合计	
生产活动 工业													A_1
农业													A_2
建筑业													A_3
运输业													A_4
商业													A_5
生产劳务部门													A_6
合计												D	A_7
固定资产折旧							B						
新创造价值 劳动者收入													
剩余													
新创造价值合计							C						
中间产品最终产品合计	A_1	A_2	A_3	A_4	A_5	A_6	A_7						

这个表按双线的纵横交错为界,分为四个部分。左上方为第一部分,右上方为第二部分,左下方为第三部分,右下方为第四部分。

第一部分(左上方)反映提供物质产品和生产性劳务的六个部门之间的生产技术联系,即相互提供产品以供生产最终产品的关系。横行表示产出,纵列表示投入。不同生产技术水平决定着每一部门的产出需要本部门和其他部门投入多少。

第二部分(右上方)反映提供物质产品和生产性劳务的六个部门的最终产品的使用,即究竟有多少最终产品用于消费,用于投资,用于新增库存,用于净出口等。所有各个部门的最终产品之和就是按最终产品计算的社会总产值。最终产品与中间产品的合计数虽然有时也被称作"社会总产值",但正如第三章中已指出的,这种计算并不科学,因为它包含了大量重复计算。

第三部分(左下方)反映提供物质产品和生产性劳务的六个部门的最终产品的构成。把中间产品排除在外,每一个部门的最终产品都包括固定资产消耗的补偿和新创造的价值,而新创造的价值中又包括从事生产活动的劳动者收入和剩余。这实际上就是国民收入初次分配关系的反映。

第四部分(右下方)反映的是国民收入再分配关系。从横行来看,在投入产出表的这一部分,可以了解到从事生产活动的劳动者是怎样使用自己的收入,并最终有多少用于消费或投资,还可以了解到剩余是如何通过再分配渠道分配的,其中最终有多少用于消费或投资等。

从价值形式来看,在这个反映部门间经济联系的投入产出表中,使用下列英文字母有助于对国民收入形成、分配的理解。

表中,$A_1,A_2,A_3,A_4,A_5,A_6,A_7$ 这些数字表明,无论是从中间产品、最终产品的使用还是从中间产品、最终产品的形成来看,各个部门的中间产品和最终产品的合计数是同一个数值(横行的 A_1 等于纵列的 A_1,等等)。这是对同一个问题的两个不同角度的分析。

表中的 B,C,D 三个数字之间的关系是:

B+C=D

这表明,六个部门的固定资产折旧合计数与六个部门的新创造价值合计数之和,等于六个部门的最终产品合计数。这同样是对同一个问题的两个不同角度的分析。

四、部门间的实物平衡

上面所列的投入产出表是按价值形式来计算的。按价值形式的计算和分析,是最重要的。但从价值平衡和实物平衡统一的角度来看,仅有价值形式的部门间的经济联系的分析还不够,还需要有实物形式的部门间的经济联系的分析,即需要有实物形式的投入产出表。由于国民经济中的产品种类繁多,所以通常只能以主要产品的生产和使用情况作为考察的对象。

在工业、农业、建筑业、运输业、商业、生产劳务部门这六个部门中,每一个部门都有几种或几十种产品被认为是主要产品。这些产品分别按不同的实物单位计量(如钢材按吨计量,电力按度计量,生猪按头计量,铁路运输按吨公里计量等等)。这些产品之间存在着一定的生产技术关系。如果把粮食、电力、煤、化肥、柴油等列为主要产品的话,那么生产一定数量的粮食,所需要消耗的粮食、电力、煤、化肥、柴油等的数量,在一定生产技术水平和管理水平条件下,也是相对稳定的。因此,前面所提到的消耗系数的相对稳定性对于研究部门间的实物平衡同样具有重要意义。

每一种主要产品的总产量等于它的中间产品产量和最终产品产量之和,每一种主要产品的生产过程中,不仅需要有其他主要产品的投入,有时也需要本产品的自身的投入。

下面,可以用实物形式的投入产出表(主要产品投入产出表)来说明产品间的上述经济联系(见表 5.2)。

第五章 国民经济中的部门结构和部门间的经济联系

表 5.2

投入\产出		中间产品						最终产品					中间产品与最终产品合计总产量
		产品1	产品2	……	产品n	小计	其他生产消耗	合计	消费	新增固定资产	新增库存品	净出口	合计
主要产品	产品1													
	产品2													
	……													
	产品n													
固定资产折旧														
新创造价值	劳动者收入													
	剩余													
职工人数														

从横行来看,每一种主要产品的总产量等于它的中间产品和最终产品产量之和。

从纵列来看,每一种主要产品的生产过程中,需要有本产品和其他产品的投入,但由于各种产品投入的单位不同,因此不能按纵列相加。

表的下端分别表示每一种主要产品生产过程中所使用的职工人数,以及新创造的价值(包括劳动者的收入和剩余)。这对于了解各种主要产品生产的劳动生产率和剩余率(剩余占新创造的价值的比例)是有意义的。

通过部门间实物平衡的分析,可以了解到,在一定的生产技术水平和管理水平的条件下,只要利用消耗系数所反映的各个主要产品之间的投入产出联系是正确的,就能确定一种产品的产量变动对其他产品的影响,从而确定一种产品的产量变动对于社会最终产品所带来的影响。

五、部门内部的经济联系

前面,在对社会总需求和社会总供给进行部门分析时,把提供物质产品和生产性劳务的部门分为工业、农业、建筑业、运输业、商业、生产劳务部门这样六个部门。这六个部门中的每一个部门都可以细分,如工业可以分为机械、化工、冶金等"次部门",而每一个次部门又可以按照产品类别再细分为若干"再次部门",等等。这样,在每一个部门或每一个细分以后的部门之中,都存在着内部的经济联系。部门内部的经济联系与部门外部的经济联系在性质上并没有重大的区别,因为它们同样是以消耗系数为依据的。

每一个部门、"次部门"或"再次部门"都可以把自己的产品的去向区分为:

1. 本部门的中间产品(以电力工业为例,电力工业自身的生产用电,为本部门的中间产品);

2. 外部门的中间产品(电力工业向其他部门提供的生产用电力,为外部门的中间产品);

3. 最终产品(包括电力工业向消费者提供的电力和输往国外的电力)。

每一个部门、"次部门"或"再次部门"产品的生产过程中的投入则可以区分为:

1. 本部门产品的投入,

2. 外部门产品的投入。

说明上述内部经济联系的部门投入产出表(见表 5.3),其基本形式与前面列出的投入产出表(表 5.2)相似。

第五章 国民经济中的部门结构和部门间的经济联系

表 5.3

产出\投入		本部门中间产品			部门外需求								中间产品与最终产品合计
					外部门中间产品			最终产品					
		1 2…n	合计		1 2…k	合计	消费	新增固定资产	新增库存品	净出口	合计		
本部门产品	1 2 … n												
	合计												
外部门提供的产品	1 2 … n												
	合计												
固定资产折旧													
新创造价值	劳动者收入												
	剩余												
职工人数													

从部门投入产出表可以理解到,要实现社会总需求和社会总供给之间的平衡,不仅部门之间的产品在供求方面应当相互适应,甚至每一个部门、"次部门"或"再次部门"内部的各种产品之间也应当相互适应。这是因为,每一个部门、"次部门"或"再次部门"的产品,不仅有最终的需求(即社会对最终产品的需求,如用于消费、投资或出口)和其他部门作为中间产品的需求(即其他部门需要本部门产品作为原材料等),而且有本部门自身的需求(即本部门需要自己的产品作为中间产品);同时,每一个部门、"次部门"或"再次部门"的产品生产过程中,既需要外部门提供的产品作为中间产品,也需要本部门自身提供的产品作为中间产品。只要其中某一个环节与另一个环节不相适应,就会对其他环节发生影响。

六、包括中间产品在内的"社会总需求"和"社会总供给"的平衡

根据以上所述,社会总产值是按社会最终产品的产值计算的,因此社会总供给以及与之相应的社会总需求,在计算时都把中间产品排除在外。现在要进一步说明的是,假定把中间产品包括在内,那么社会总需求和社会总供给的平衡公式又将如何表述呢?

首先应当指出,把中间产品包括在内的社会总需求和社会总供给并非本书所使用的社会总需求和社会总供给概念,所以我们给它们加上引号,以示区别。① 于是有下列公式:

"社会总供给"=社会最终产品供给+社会中间产品供给

(5.12)

"社会总需求"=对社会最终产品的需求+对社会中间产品的需求 (5.13)

由于中间产品是生产最终产品所必需的,而且中间产品的供求是在各个企业之间进行,因此,对社会中间产品的需求与社会中间产品供给之间的平衡,同对社会最终产品的需求与社会最终产品供给之间的平衡一样,都是"社会总需求"与"社会总供给"之间平衡的条件。

那么,一旦出现了下列两种情况之一,又会有什么样的结果

---

① 为了科学地计算社会总产值,本书采用的是按最终产品价值计算社会总产值的方法。但我们并不认为把中间产品价值包括在内的"社会总产值"概念是毫无意义的。第七章在讨论市场商品可供量时,有必要把中间产品和最终产品一并计算在内。尤其是在第十二章分析货币供应量增长率时,我们认为这种带引号的"社会总产值"是有用的指标。在那里,将对这个问题展开论述。

呢？

第一种情况：

> 对社会中间产品的需求＞社会中间产品供给

第二种情况：

> 对社会中间产品的需求＜社会中间产品供给

假定出现了第一种情况，那就形成社会中间产品的供给不足，而社会中间产品供给不足，将会影响社会最终产品的产量；或者为了弥补社会中间产品供给不足，有可能挤占社会最终产品的供给，即把一部分本来供最终使用的产品移作中间产品使用，也会使社会最终产品供给减少。这样都会影响"社会总需求"与"社会总供给"的平衡。

假定出现了第二种情况，那就形成社会中间产品供给的过多，而社会中间产品供给过多，则会使一部分本来作为中间产品使用的产品转为最终产品，从而使社会最终产品供给增加。这样也会影响"社会总需求"与"社会总供给"的平衡。

由此可以得出如下的论点：尽管社会最终产品的供给与需求之间的平衡是我们在考察社会主义经济运行时所要分析的中心问题，但对于社会中间产品的供给与需求之间的平衡，也不可忽视，否则社会最终产品的供给与需求之间的平衡将受到影响。

假定对社会中间产品的需求与社会中间产品供给相等，那么这时的"社会总需求"与"社会总供给"平衡公式同上面仅仅计算最终产品价值的社会总需求与社会总供给平衡公式没有区别。请看下式：

> 对社会最终产品的需求＋对社会中间产品的需求＝社会最终产品供给＋社会中间产品供给　　　　　　　　　(5.14)

移项：

对社会最终产品的需求＝社会最终产品供给＋(社会中间产品供给－对社会中间产品的需求) (5.15)

对社会最终产品的需求＝社会最终产品供给＋0 (5.16)

这就是本章已经提到的公式(5.1)：

消费支出＋投资支出＝社会提供的物质产品＋生产性劳务

七、部门结构和就业

(一)技术不变条件下的原有部门结构变动和就业变动

表5.2和表5.3中都有"职工人数"一栏。但这里的"职工人数"涉及的只是物质产品和生产性劳务生产过程中的就业状况。如果从全社会的就业状况来考察，那么还必须把非物质生产领域内的就业包括在内。这就是说：全社会的总就业量等于物质生产领域(工业、农业、建筑业、运输业、商业、生产劳务部门)的就业人数与非物质生产领域(非生产劳务部门)的就业人数之和。

由于各种产品的投入与产出之比不一样，每一种产品的产出所需要的劳动投入量不一样，因此，即使在技术不变的情况下，部门结构的变动也会影响就业状况，即不仅影响就业结构的变动，而且影响就业水平的变动。

就业水平的变动就是指总就业量的变动。技术不变条件下，原有部门结构的变动对总就业量的变动的影响表现于以下两方面：

1. 由于每一个部门(包括"次部门"、"再次部门")生产中活劳动消耗和物化劳动消耗的比例不一样，如果产品价值构成中活劳动消耗所占比例相对较多的部门发展较慢,物化劳动消耗所占比例相对较多的部门发展较快,那么在其他情况不变的条件下,社会总就业量将减少。

2. 由于不同的部门或不同的产品生产对劳动者的文化技术水平和工种的要求不一样,而在现代生产技术条件下,不同文化技术水平和工种的劳动力往往不可能互相替代,因此在部门结构变动时,一些部门所多余的劳动力不能立即填补另一些需要劳动力的部门中的职位空缺。这种情况下的就业问题属于结构性的就业问题。①

(二)技术进步条件下的原有部门结构变动和就业变动

在技术进步条件下,原有部门结构的变动对总就业量上述两方面的影响可能更加显著。这是因为:

1. 如果技术进步的结果使社会上一些部门(包括"次部门"、"再次部门")的产品价值构成中活劳动消耗减少,使社会平均劳动生产率水平提高,那么在其他条件不变的条件下,社会总就业量将减少。

2. 在技术进步条件下,不同文化技术水平和工种的劳动力之间的互相替代性必定减弱,这样,结构性的就业问题会进一步突出。

(三)新部门的产生和发展对就业的影响

部门结构变动既包括原有部门结构的变动,也包括新部门(包括"次部门"、"再次部门")的产生。原有部门结构变动对就业的影响已如上述。现考察新部门的产生和发展对就业的影

---

① 本书第十八章第六节,将对就业问题展开论述。

响：

1. 如果新部门的产生不影响原有的部门结构,那么新部门的产生肯定会增加社会总就业量。

2. 如果新部门的产生影响原有的部门结构,并使原有部门中的就业量减少,那么新部门的产生究竟能否使社会总就业量增加,取决于新部门中新增加就业人数是否大于原有部门中减少的就业人数。①

第四节 社会主义部门结构的协调

一、讨论的出发点

上一节谈到了社会主义经济中的部门间的经济联系和部门内部的经济联系。根据这样一些经济联系,可以进而对社会主义经济中部门之间的比例关系进行探讨,以便了解什么样的部门之间的比例关系是符合社会主义经济中社会总需求与社会总供给平衡的要求的,什么样的部门之间的比例关系则不符合这一要求。

本书第四章第四节中曾经指出,在社会主义经济中,社会总需求和社会总供给的不相等是经常性的,只要这种不相等不致影响社会主义经济的正常运行,那就不能认为社会主义经济中发生了失衡。但这是就实际生活中的情形而言。在这里,从纯理论的角度出发,可以先把社会总需求与社会总供给的相等

---

① 参看本书第十八章第六节。

与否作为研究社会主义部门结构协调与否的讨论的出发点。

二、两大部类概念及其与部门结构分析的统一

在本书第一章谈到社会主义社会中的经济规律时,曾这样写道:社会再生产规律,即经济按比例发展的规律,是存在于所有各个社会中的普遍规律,它在社会主义社会中同样起作用。经济中的主要比例关系之一,是生产资料生产和消费品生产之间的比例关系,尽管某些产品既可以用于投资,也可以用于消费,但从最终用途来看,二者的划分是清楚的,[①]所以,如何安排好生产资料生产和消费品生产,对于社会总需求与社会总供给之间的平衡具有重要的意义。

由生产资料和消费品组成的社会总产品的生产分为两大部类:一类是生产资料生产,所有提供生产资料的部门统称为第一部类;另一类是消费品生产,所有提供消费品的部门统称为第二部类。

(一)简单再生产条件下两大部类的关系

在简单再生产条件下,两大部类之间的关系如下:

$$I(v+m) = IIc \tag{5.17}$$

或者, $\quad I(c+v+m) = Ic + IIc \tag{5.18}$

或者, $\quad II(c+v+m) = I(v+m) + II(v+m) \tag{5.19}$

公式中,I 表示第一部类,II 表示第二部类。公式中的 c 表

---

① 以煤炭为例。当煤炭被煤矿工人从地下采掘出来时,这时并不能判明这些煤炭是消费品还是生产资料。当煤炭被企业售出时,也还不能作出这种判断。只有到煤炭被最终使用时,才能判明它究竟作为消费品还是作为生产资料。煤炭被消费单位作为燃料使用,它是消费品;煤炭被生产单位作为燃料、原料使用,它是生产资料。

示生产资料转移价值,v 表示劳动者收入,m 表示剩余,(v+m)是国民收入,即新创造价值。

这三个等式所要说明的实际上是同一个原理,即第一部类(生产资料生产)的产品在补偿本部类所消耗的生产资料之后所余下的部分(新创造的产品),通过两大部类之间的交换,要满足第二部类(消费品生产)补偿本部类消耗的生产资料的需要。

(二)扩大再生产条件下两大部类的关系

在扩大再生产条件下,两大部类之间关系的关键仍然是产品价值和实物的补偿问题。上述三个等式相应地应改为三个不等式:

$$I(v+m) > IIc \tag{5.20}$$

或者,

$$I(c+v+m) > Ic + IIc \tag{5.21}$$

或者,

$$II(c+v+m) > I(v+\frac{m}{x}) + II(v+\frac{m}{x}) \tag{5.22}$$

第一个不等式(5.20)和第二个不等式(5.21)的意思是:第一部类的产品除了应满足用以补偿本部类和第二部类所消耗的生产资料的需要而外,还应当有追加的生产资料,才能使扩大再生产得以进行。

第三个不等式(5.22)的意思是:为了进行扩大再生产,不仅需要有追加的生产资料,还需要有追加的消费品,因此第二部类的产品除了应满足用以补偿本部类和第一部类所消耗的消费品而外,还应当再生产出一个消费品余额。现以 $\frac{m}{x}$ 表示 m 中用于消费的部分($x>1, m>\frac{m}{x}$),这样就产生了上述第三个不等式。

为了更好地说明扩大再生产条件下两个部类之间的平衡关

系,现将这三个不等式分别改为三个等式。

仍以 $\frac{m}{x}$ 表示 m 中用于消费的部分。以 Δc 表示追加的生产资料。以 Δv 表示追加的消费品。这样,三个等式是:

$$I(v+\Delta v+\frac{m}{x})=II(c+\Delta c) \tag{5.23}$$

$$I(c+v+m)=I(c+\Delta c)+II(c+\Delta c) \tag{5.24}$$

$$II(c+v+m)=I(v+\Delta v+\frac{m}{x})+II(v+\Delta v+\frac{m}{x}) \tag{5.25}$$

概括地说,这些等式表明:要符合扩大再生产条件下两个部类的生产保持平衡的要求,第一部类所生产的生产资料,应当等于两个部类所消耗的生产资料,再加上扩大再生产所需要的追加的生产资料;第二部类所生产的消费品,应当等于两个部类所消耗的消费品,加上扩大再生产所需要的追加的消费品,再加上剩余中被用于消费的部分。

(三)最终产品按两大部类的区分

有关两个部类之间在简单再生产和扩大再生产条件下的平衡关系的论述,与本书上一节中对于部门间经济联系的分析是一致的。在这里,一个重要的问题是必须区分中间产品和最终产品。

中间产品全部属于第一部类,因为这些中间产品是以劳动对象形式投入再生产的。至于最终产品,则应当根据其用途来确定哪些是第一部类的产品,哪些是第二部类的产品。

投入产出表中,最终产品之下分为四项:

1. 最终产品中用于消费的部分是第二部类产品。

2. 最终产品中用于投资的部分,包括新增生产性固定资产

(如厂房、机器设备等)和新增非生产性固定资产(如住宅等)。前者是第一部类产品,后者是第二部类产品。

3.最终产品中的新增库存品,要根据其性质和未来用途来确定部类的归属。

4.最终产品中的净出口品,要根据同一部门非出口品的用途来确定部类的归属。这是指:如果不出口将被用于满足国内消费需求的产品,属于第二部类的产品;另一部分产品,如果不出口将被用于满足投资的需求,那么它们将再根据具体用途而确定其究竟归属于第一部类的产品还是第二部类的产品。

通过这种分解,我们就可以把两大部类的概念应用于部门结构分析之中了。请看表5.4(表5.4的上半部是按第一部类和第二部类重新组合的;表5.4的下半部就是表5.1的下半部):

表 5.4

投入\产出		第 一 部 类								第 二 部 类				中间产品与最终产品合计
		中间产品					最终产品			中间产品与最终产品合计	最终产品				
		工业	农业	建筑业	运输业	商业	生产劳务部门	合计	新增固定资产	新增库存品	净出口	合计		消费	新增固定资产	新增库存品	净出口	合计	
生产活动	工 业																		
	农 业																		
	建 筑 业																		
	运 输 业																		
	商 业																		
	生产劳动部门																		
	合 计																		
固定资产折旧																			

续表

新创造价值	劳动者收入								
	剩　余								
	新创造价值合计								
中间产品与最终产品合计									

从表上，不仅可以知道全社会的第一部类产品与第二部类产品分别在全社会的两个部类产品（包括中间产品与最终产品）中所占比重的大小，而且可以知道工业、农业、建筑业、运输业、商业、生产劳务等每一个部门的第一部类产品与第二部类产品分别在该部门两个部类产品（包括中间产品与最终产品）中所占的比重的大小。这些比重的确定将有助于对两个部类之间的平衡关系的分析。

从表上还可得知，从纵列来看，中间产品与固定资产折旧之和就是转移的生产资料价值，也就是前面所谈到的产品价值构成中的 c。

表上的劳动者收入就是新创造价值中的必要劳动部分，即产品价值构成中的 v。

表上的剩余，则是产品价值构成中的 m。

根据这个表，可以知道第一部类产品价值构成中的 c, v, m，也可以知道第二部类产品价值构成中的 c, v, m。这样，两个部类产品之间的平衡关系的分析是可以同部门间经济联系的分析统一的。

（四）每一部门的两部类产品在该部门全部产品中比重的确定

根据部门间的经济联系的分析，可以了解到工业、农业、建筑业、运输业、商业、生产劳务部门中每一个部门的第一部类产品(包括中间产品和最终产品,最终产品又包括新增固定资产、新增库存品、净出口)与第二部类产品(只包括最终产品,即包括消费品、新增固定资产、新增库存品、净出口)分别在该部门全部产品(包括中间产品与最终产品)中所占比重的大小。这些比重的确定有助于对两大部类之间的平衡关系进行分析。

(五)技术进步条件下两个部类增长的关系

以上从两个部类划分的角度说明了社会简单再生产和社会扩大再生产中,两个部类的产品通过相互交换,必须在价值上和实物上得到补偿才能使再生产顺利进行。但公式(5.17—5.25)本身并不表明生产资料生产一定要以比消费品生产更快的速度增长。公式的前提是技术不变,从而它们所表明的是两个部类的补偿关系和两个部类的平行发展关系。可以认为,在技术不变条件下,第一部类不一定要求优先增长,而且从人类社会经济发展的历史来看,第一部类也并非在任何时期都实现了优先增长。

现在引入技术进步因素。技术进步可以分为节约物化劳动的技术进步和节约活劳动的技术进步(关于技术创新的类型,将在第七章中论述),节约物化劳动的技术进步是指:采用新技术之后,燃料、原材料、动力得以节约;采用新技术之后,新机器设备有较高的质量,较经久耐用,或有较高的效率,从而单位产品中所包含的机器设备转移的价值较少,等等。节约活劳动的技术进步是指:以机器设备代替人力,采用使劳动生产率提高的新技术、新工艺,等等。

从技术进步类型的划分可以了解到:在节约物化劳动的技

术进步条件下,要求第二部类的生产快于第一部类的生产;在节约活劳动的技术进步条件下,要求实现第一部类的优先增长,这是因为:随着活劳动消耗的相对减少和物化劳动消耗的相对增大,在其他条件不变的情况下,对生产资料的需求的增加也将大于对消费品的需求的增加,从而要求生产资料生产有优先的增长。

如果技术进步既有节约物化劳动的成分,又有节约活劳动的成分,那么是否要求生产资料生产优先增长,这取决于物化劳动节约的程度与活劳动节约程度的对比关系。

由此看来,生产资料生产的优先增长并不具有普遍性。在经济中,具有普遍性的是社会经济的按比例发展,包括两个部门的按比例发展、各个部门的按比例发展。

(六)农、轻、重的分类方法

在物质生产部门中,一种传统的分类方法是把物质生产部门划分为农业、轻工业、重工业三个部分。这种分类方法与上述两大部类的分类方法有一定的关系。这就是:重工业生产的产品大部分作为生产资料,因此基本上属于第一部类;轻工业和农业的产品大部分作为消费品,因此基本上属于第二部类。这样,农、轻、重之间的关系,就可以基本上体现两大部类之间的关系,只要农、轻、重的关系协调了,两大部类之间的关系也可以基本协调。

但农、轻、重的分类方法存在着较大的局限性。这主要反映于以下两点:

第一,随着技术的进步,重工业将会有越来越大的比重生产耐用消费品(如小汽车、电冰箱、洗衣机等),轻工业也会有越来越大的比重生产原材料（如工业用陶瓷、工业用纸、工业用布等）。

再说，属于重工业中的电力工业、石油工业，也将会有越来越多的产量是用于生活方面的。因此，对于轻工业与重工业，就不宜再按传统的方式把前者归属于第二部类，而把后者归属于第一部类。何况，像电子工业这样的部门，将越来越难以把它确定为重工业还是轻工业。

第二，随着技术的进步和国民收入水平的提高，农业提供的产品也越来越不容易按传统方式归属于第二部类。这是因为，在农产品商品化程度增加和农产品加工业发展的条件下，城市人口（甚至包括农村人口）直接消费农产品的数量在农产品总量中所占的比重是不断减少的。比如说，人们吃的面粉，是面粉厂生产出来的，农业则提供小麦作为工厂的原料（即小麦成为中间产品）；人们吃的大米，是碾米厂生产出来的，农业提供了稻谷作为工厂的原料（即稻谷作为中间产品），等等。所以，农业越来越倾向于提供工业（包括食品工业）用的原料，不经过工业加工（不包括屠宰、冷冻、腌制、保鲜等加工）而由农业直接向人们提供的消费品在农业总产量中所占的比重是下降的。

因此，即使我们仍然采用传统的农、轻、重分类方法，但上述这些局限性却是不可忽视的。

（七）军工产品的性质

根据上述观点，军工生产既不应单列为工业等七个部门以外的另一个部门，也不应单列为两个部类之外的另一个部类。军工生产可以按产品的性质而分列入不同的部门或不同的部类的产品中去。

对于军工生产的性质可以作如下的分析:

1. 军工产品是供军队使用的,军队按本书所采取的部门分类,属于非生产劳务部门(不包括军队从事的生产活动)。军队购买军工产品的费用来自财政,因此,这种购买与政府用于消费的支出在性质上是相似的,它是一种公共消费。

但只要生产军工产品的企业与国家之间的关系并非行政隶属关系,只要这些企业是自主经营、自负盈亏的商品生产者,那么它与一般企业并没有实质的差别。生产军工产品的企业同样是创造国民收入的单位。军工产品的价值列入按最终产品计算的社会总产值之内。军工产品的生产是社会总供给的一部分。在这里,军工产品的特点表现于:它是有严格限制性的市场上的商品,它的生产者和购买者都受到严格的限制。

据此可以认为军工生产的供求关系如下:

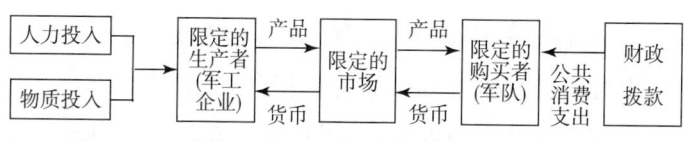

图 5.4

因此,军工产品也可以被称为"限定商品",即由"限定的生产者"提供,在"限定的市场"上转让,由"限定的购买者"购入的特种商品。

2. 如果一部分军工产品是用以生产军工产品所必需的生产资料(机器设备等),那么无论是国家拨款购买它们还是军工企业直接购买它们,这部分购买与投资支出在性质上相似的。

3. 军工产品可以进出口。在社会总需求和社会总供给平衡公式中,出口的军工产品价值计入社会总需求一方,进口的军工产品价值计入社会总供给一方。

根据以上 1、2、3 点，可以认为：引入军工生产，社会总需求等于消费、投资、出口之和的公式不变；社会总供给等于消费、投资、进口之和的公式也不变。

此外，如果军工企业除生产军工产品之外，还生产民用产品，或者，如果某些军工产品最终作为民用产品而出售，那么对于社会总需求与社会总供给的平衡公式并没有影响。

当然，对于军工产品，还可以采取另一种处理方式，这就是：在社会总需求和社会总供给两方都把军工产品的需求和供给剔除。这样虽然减少了社会总产值，但也不会影响社会总需求与社会总供给的平衡公式。[①]

三、为保持社会总需求与社会总供给的平衡所要求的部门结构调整

（一）部门结构的既成性

两个部类的分析同部门结构分析的关系已如上述。现在，有必要弄清楚的两个问题是：为了使社会总需求与社会总供给处于平衡的状态，从部门结构方面来看，应当具有什么样的条件？如何才能满足这样的条件？

前面在谈到两个部类之间的平衡关系时所列出的各个等式中，有两个等式是最基本的。一是简单再生产条件下的等式：$I(v+m) = IIc$；二是扩大再生产条件下的等式：$I(v+\Delta v+\frac{m}{x})$

[①] 应当指出，这种处理方式实际上是相当复杂的。这是因为，如果把军工产品的供求排除在社会总供给和社会总需求之外，就需要相应把财政中的有关支出剔除，而军工企业的人力和生产资料消耗也要被剔除，在军工企业中从业的人员的工资收入等同样要剔除不计。因此，在分析社会主义经济运行时，不如把军工企业与一般企业同等对待。

$=II(c+\Delta c)$。在考察部门结构时,也应当注意到这两个等式,即各个提供物质产品和生产性劳务的部门的产品在按两个部类的产品重新划分时,重新划分的结果应当满足前一个等式(简单再生产条件下)和后一个等式(扩大再生产条件下)的要求。

但我们知道,在社会主义经济中,部门结构或各部门产品在社会总产品中的比例并不能脱离现实状况而建立,它们是一个既成事实。甚至可以说,从社会主义经济产生的那一天起,各部门产品在社会总产品中的比例就很可能是不符合上述两个等式的要求的。但这些比例是既成的,只可能在社会主义经济继续运行的过程中来调整它们,改变它们,而不可能废弃这些既成的比例,另行设计一套理想的最初比例关系。

因此,重要的问题在于如何在既成的部门结构基础上使部门结构符合于社会总需求与社会总供给平衡的要求。这才是现实的态度。

(二) 部门结构调整的依据

在消耗系数不变的条件下,社会总需求与社会总供给之间不相等,将具体反映于某一个或某几个部门的产品的供不应求或供大于求方面,或者反映于由某些部门的产品所组成的第一部类产品同由某些部门的产品所组成的第二部类产品之间的不协调方面。这样,就可以根据缺口(供不应求)或过剩(供大于求)之所在,按照部门间的经济联系来调整有关的部门的生产,使缺口得到弥补或使过剩得以消除。

如果扩大再生产条件下两个部类的产品不协调,公式(5.23)、(5.24)、(5.25)的要求未被满足,那么可以调整的有:

1. 产品价值构成中的 c(即中间产品和固定资产折旧之

和)。

这就是,在 $I(v+\Delta v+\frac{m}{x})>II(c+\Delta c)$ 的情况下,可以采用提高 IIc 的办法来进行调整;在 $I(v+\Delta v+\frac{m}{x})<II(c+\Delta c)$ 的情况下,可以采用减少 IIc 的办法来进行调整。那么,采取增减 Ic 的方式能否起作用呢?要知道,在 $I(c+v+m)=I(c+\Delta c)+II(c+\Delta c)$ 这一等式(5.24)中,公式左端的 Ic 与公式右端的 Ic 是相等的。在其他条件不变的情况下,Ic 的增减使公式两端的数值不变,所以增减 Ic 不能像增减 IIc 那样起到平衡公式两端的作用。

2. 产品价值构成中的 v(劳动者收入)。

这就是,在 $I(v+\Delta v+\frac{m}{x})$ 大于或小于 $II(c+\Delta c)$ 的情况下,可以用减少 Iv 或增加 Iv 的办法使公式两端平衡。至于 IIv 的增减,则起不到这一作用,因为在 $II(c+v+m)=I(v+\Delta v+\frac{m}{x})+II(v+\Delta v+\frac{m}{x})$ 这一等式(5.25)中,在其他条件不变的情况下,IIv 的增减使公式两端的数值不变。

3. 产品价值构成中的 m(即剩余)。

在这里,可以用提高或减少 Im 或 IIm 的方法来进行调整。因为在公式(5.24)和公式(5.25)中,调整 Im 和 IIm,有可能影响公式的右端的数值,从而影响公式两端的平衡关系。

4. $\frac{m}{x}$(剩余中用于消费的部分)、Δv(追加的消费品)、Δc(追加的生产资料)。

为了平衡扩大再生产过程中两个部类之间的关系,从公式(5.23)可知,能够起作用的是:$I(\frac{m}{x})$、$I(\Delta v)$和$II(\Delta c)$。在其他条件不变而$I(v+\Delta v+\frac{m}{x})$与$II(c+\Delta c)$不等的情况下,对$I(\frac{m}{x})$、$I(\Delta v)$、$II(\Delta c)$的调整有助于使公式两端相等。

当然,所有这些调整都是仅从理论方面来考察的,而并不意味着在实际生活中这些调整一定具有可行性。

尤其值得注意的是,可以调整的任何一项都不是单独存在和孤立地起作用的。如果对c进行调整,那就会影响m和Δc,而m的变化又将引起$\frac{m}{x}$的变动。同样的道理,如果对v进行调整,也会影响m和Δv,m的变动也将使$\frac{m}{x}$发生变动。

再说,m的变动与c、v的变动不可分割。假定c和v不变,m的变动就没有前提。Δc、Δv、$\frac{m}{x}$的变动也是如此,它们都是在一定的前提下(如c、v、m有所增减)才发生变动的。这就说明理论上调整的可能性不等于现实中调整的可行性。

四、对最优部门结构的理解

那么,能不能在社会主义经济中确定各个部门之间的最优比例呢?或者说,在社会主义经济中,工业、农业、建筑业、运输业、商业、生产劳务部门这些提供物质产品和生产性劳务的部门之间,究竟保持什么样的比例才是最优的呢?

对于这个问题,应当从以下五方面来理解。

1. 正如前面已经指出的，社会主义经济中的部门结构是一个既成事实，因此，现实的态度是承认这一事实，并根据所要实现的社会总需求与社会总供给之间平衡的要求，对既成的部门结构进行调整，使调整以后符合于要求。如果从这个角度来理解，那么经过调整以后达到了这一要求的部门结构，便是现实中最优的部门结构。

2. 由于社会总需求与社会总供给可以在不同的水平上达到平衡，因此低水平的社会总需求与社会总供给的平衡同高水平的社会总需求与社会总供给的平衡，具有不同的含义。为此，必须在先确定经济和社会发展的目标的前提下，才能判断社会总需求与社会总供给究竟在何种水平上平衡才是所要求实现的，从而可以把最有利于实现这一水平上的社会总需求与社会总供给之间的平衡的部门结构，称为现实中的最优部门结构。

3. 正如第四章中已经指出的，社会总供给、社会总需求以及二者之间的关系要受到资源条件的限制和消费行为的限制，因此，只有根据资源和消费行为的条件而确定的社会总需求与社会总供给之间的平衡关系，才能确定最优部门结构。由此所建立的最优部门结构，才是现实中的最优部门结构。

4. 部门结构应当同地区经济结构结合起来考虑。虽然在本章中不涉及地区经济结构问题，但我们应当认识到，任何一个部门的发展都不能脱离具体的地区，社会劳动的部门分工与社会劳动的地域分工是统一的，而在考虑社会劳动地域分工时，就需要发挥每一个地区的优势。在安排中间产品和最终产品的调入调出问题时，既要促使本地区内部经济的协调发展，又要使得全国范围内的各地区经济保持协调。如果不注意地区经济结构和地区经济的发展，单纯从部门本身的角度来分析部门之间的最优比例关系，那么一方面会影响生产力的合理布局，不能充分发挥出各个地区的潜力，造成一些地区资源的闲置和另一些地区资源的紧张，另一方面则导致地区之间经济发展程度上的差距扩大，不利于经济和社会发展目标的实现。

5. 部门结构问题从某种意义上说是一个技术结构问题。这里所说的技术结构是指国民经济中不同的技术之间的比例关系。例如技术可以分为自动化、机械化、手工劳动等技术层次，或分为尖端技术、先进技术、中等技术、初级技术、原始技术层次。不同技术之间的比例关系，可以用它们的产值各自在社会总产值中所占的比重来表示，或用它们的固定资产价值在全社会固定资产总值中的比重来表示，或用使用各种技术装备的劳动者人数在全社会劳动者人数中的比重来表示，等等。每一个部门都可能存在不同的技术结构，同一个技术层次在许多部门中都存在，但在不同的部门中所占的比重不一样。因此，如果忽视了技术结构而单纯地讨论部门的最优结构，这既不可能反映国民经济发展的实际水平，也不能反映国民经济中技术发展的方向。这就是说，部门结构与技术结构应当被统一考虑，调整部门结构也应当同调整技术结构结合起来，同部门之间的技术转移结合起来。

由此可见，社会主义经济中的部门之间最优比例或最优部门结构，在单纯讨论国民经济运行的范围内是不可能确定的。这个问题只有在明确经济和社会的发展目标、明确地区经济结构和部门经济结构之间的关系、明确技术发展的方向等前提下才能进行有意义的研究，这就是说，已知什么样的社会总产值水平、什么样的既成部门结构事实、什么样的经济增长速度、什么样的消费水平(或人民生活水平)及其增长率是要求实现的目标,那么就可以把最有利于实现这种水平上的社会总需求与社会总供给之间的相等以及供求结构的相等当作识别部门之间比例是否最优的标准。也就是说,部门结构的最优与否不能脱离经济和社会发展目标而孤立地确定,正如部门结构的最优与否不能脱离部门结构的既成事实、不能脱离生产技术和资源供给的现实状况而孤立地确定一样。

五、社会主义部门结构协调的基本原则

(一) 基本原则

在经济和社会发展目标、资源条件的限制、消费行为的限制为既定的前提下,为了使社会总需求与社会总供给保持平衡,在协调经济中的部门结构时应当遵循以下四个基本原则:

1. 为了符合扩大再生产的要求,第一部类所生产的生产资料,应当等于两个部类所消耗的生产资料同各自为扩大再生产所需要追加的生产资料之和;第二部类所生产的消费品,应当等于两个部类所消耗的消费品同各自为扩大再生产所需要追加的消费品,以及剩余中被用于消费的部分所需要的消费品之和。

2. 所有各个生产部门向本部门和其他部门提供的中间产品之和,应当等于所有这些部门接受本部门和其他部门供给的中间产品之和。所有各个生产部门提供的中间产品与最终产品之和,也应当等于所有这些部门接受的中间产品供给,加上固定资产折旧,再加上新创造的价值之和。

3. 每一个生产部门(包括"次部门"、"再次部门")内部各种

产品的产量应当相互适应。每一个生产部门(包括"次部门"、"再次部门")所提供的产品应当既满足本部门内部的需求,又满足部门外的需求。

4. 随着技术的进步和人们收入的增长,以及随之而来的人们需求结构或消费结构的变化,使得经济中的每一个部门内部将会出现新的"次部门"、新的"再次部门",而原有的"次部门"、"再次部门"中,有些则会逐渐退居于不重要的地位,以致接近于消失。但总的说来,每一个部门内部,"次部门"、"再次部门"的数目是会不断增加的。这些情况与部门结构的协调不仅不冲突,而且从动态的角度来看,唯有通过一些新的"次部门"、"再次部门"的出现和一些旧的"次部门"、"再次部门"的消失,才能使部门结构在新的水平上趋于协调。也就是说,对于部门结构的协调,应当从动态的角度来理解,而不能把某一时点所达到的或接近的部门结构协调看成是不容变更的。

(二) 上述基本原则的启示

从上述基本原则可以了解到:

1. 为了在社会主义经济运行中保持部门结构的协调,从两个部类的关系来看,一个部类的生产增长不能脱离另一个部类的生产而孤立地增长;从各个部门之间的关系来看,任何一个部门的生产也都不能脱离其他部门的生产而孤立地增长。

2. 为了使社会主义经济正常地运行,每一个部类、每一个部门的内部比例关系保持适应是十分重要的。部类之间、部门之间的比例协调同部类内部、部门内部的比例协调有着密切的关系。

3. 从一般经济理论的角度来考察,可以得出这样的结论,即国民经济的按比例发展是社会主义经济正常运行所必须遵守的原则。至于两大部类生产各自的增长速度如何确定,工业、农业、建筑业、运输业、商业、生产劳务部门以及非生产劳务部门各自增长的速度如何确定,每一个部门内部各个部分各自增长的速度如何确定,都要以一定时期的经济和社会发展目标和当时的资源条件为根据,在这方面没有固定不变的格式。

4. 各个部门的协调发展与经济中某一个或少数几个部门的较快发展是可以统一的。在这里需要明确的是:经济中是否存在"主导部门"?假定主导部门是指这样的部门,即不仅本身能较快发展,而且又能带动其他部门的发展的部门,那么这样的部门是存在的,可以把它或它们称为"主导部门"。经济中确实存在着在经济发展中所起作用不相同的各个部门(或"次部门"、"再次部门"),它们之间确实有主要次要之分。投入产出表(表5.1)上有关部门间经济联系的分析,可以说明这一点。但正如前面已经指出的,任何一个部门,即使它是"主导部门",它的发展也不可能是孤立的。这种"主导部门"的发展仍然必须同其他部门(包括向它投入产品的部门和接受它的产品投入的部门)的协调。这一点同样是投入产出表所揭示的。

5. 如果承认经济中存在着起着重要作用的部门并称之为"主导部门"的话,那么从上面关于部门、"次部门"、"再次部门"的相对地位可以变动的观点来看,"主导部门"绝不是永远不变的。随着技术的进步,随着一定量的产出与一定量的投入之间比例的变化,以及随着人们收入水平的提高和需求结构、消费结构的改变,在某种条件下可以被看成是"主导部门"的部门、"次部门"、"再次部门",在另一种条件下也许就不能再被看成是"主导部门"。不同的部门在不同的经济技术条件下的重要性不一样,因此不能认为永远只能有某一个部门起着主导作用,而其他部门则注定是永久性的非主导部门。

第五节 社会主义经济中结构性失衡问题的提出

一、结构性失衡的含义

在社会主义经济中,如果部门结构的不协调,也就是如果若干主要产品(或关键性产品)产量的比例不适当而影响到经济的正常运行,那么这种现象就被称为结构性失衡。

结构性失衡与总量失衡相同之处在于:二者都是经济中的需求与供给的失衡,都以社会主义经济不能正常地运行作为标志。

结构性失衡与总量失衡的不同之处在于:总量失衡是就社会总需求与社会总供给之间的关系来进行分析的,结构性失衡则是就部门结构关系,也就是就若干主要产品(或关键性产品)的供求关系来进行分析的。在部门结构不协调的情况下,社会总需求与社会总供给之间可能平衡,也可能不平衡,而且即使社会总需求与社会总供给不平衡,那么不平衡既有可能达到影响社会主义经济正常运行的程度,也有可能尚未达到影响社会主义经济正常运行的程度。

二、部门结构关系的自行调整及其局限性

(一) 部门结构关系的自行调整

在社会总需求与社会总供给之间发生供大于求或供不应求时,市场机制有一种促使供求趋向于平衡的作用。在部门结构不协调、主要产品(或关键性产品)供求未能适应时,市场机制同样具有促使部门结构趋向于协调、促使主要产品(或关键性产品)的供求趋向于平衡的作用。这种情况被称为部门结构关系的自行调整。比如说,某一部门产品的供给小于社会对该部门产品的需求,这将形成部门产品供求之间的不协调,但该部门产品价格会因供给不足而上升,价格的上升则会增加该部门产品的供给,使部门产品供求之间的不协调趋于缓和。因此,市场机制在调整经济中的部门结构方面的作用,是客观存在的。

(二) 部门结构关系自行调整的局限性

部门结构的自行调整同样存在着局限性。在总量分析时,曾经把影响需求和供给自行调整的企业因素(指企业是否完全按照价格升降而自行调整自己的进货量和销货量)和个人因素(指个人的需求是否随价格的变动而自行调整)放在一边,暂不予以分析,而仅限于讨论国民收入运动本身所造成的价值平衡、实物平衡自行调整的局限性。现在,在进行部门结构分析时,也需要采取类似的方法。就国民收入运动本身来看,部门结构自行调整的局限性主要表现于以下五个方面:

1. 从某个部门的产品供不应求或供大于求,到价格变动以及由此引起的供求调整,再到部门结构趋于协调,同样是一个很长的过程,在这一过程中,可能等不到部门结构自行趋于协调,

经济生活已经蒙受了较大损失。

2. 由于各种产品的供求及其价格的变动是彼此影响的,并且是一个连续的过程,在这种复杂的环境中,部门结构究竟会在何种程度上自行趋于协调,是不确定的。

3. 根据第二章中所给定的经济体制前提,限制性市场上的商品并不随着需求和供给的变化而自行升降其价格,从而部门结构的自行调整将受到限制。

4. 在经济信息不健全,从而与商品供求有关的各方不能及时得到有用的信息时,通过市场调节机制的作用来实现部门结构的自行调整的局限性是比较明显的。而且,即使存在着健全的经济信息系统,但由于不同的商品生产者在利用经济信息方面存在着明显的差异,这也会使部门结构的自行调整受到限制。

5. 由于资源条件的约束,市场机制对部门结构的自行调整也存在着局限性。

上述五方面局限性的存在(在开放经济条件下,还要加上进出口可能受到的限制),使得社会主义经济中的结构性失衡不是不可能发生的。

三、财政、信贷与部门结构的调整

（一）财政、信贷对部门间经济联系的影响

把财政与信贷引入社会主义部门间经济联系的分析时,可以了解到,财政与信贷主要从三个方面影响部门间的经济联系以及主要产品的供给和需求。

1. 财政支出和信贷支出所表示的社会总需求的增加不是笼统的需求的增加,而必然体现于对某些具体产品的需求的增加上。因此，财政支出和信贷支出不管通过何种形式，都将进入一定的提供物质产品和生产性劳务的部门，成为增加该部门的产品供给的一种刺激。相对而言，另一些部门由于财政支出和信贷支出中进入的数额较少，对该部门的产品供给的刺激也较少。这样，通过部门间产品供给量的变化，原来的部门结构就会改变。

2. 财政收入和信贷收入可以被看成是从事生产活动的劳动者收入和剩余之和通过国民收入再分配渠道的一种扣除或流出。但这种扣除或流出也不是笼统的，它们必然来自某个或某些具体的提供物质产品和生产性劳务的部门，而且各部门劳动者收入和剩余中转化为财政收入和信贷收入的绝对数及其在本部门总收入中的相对份额是不相等的。这也会对各个部门的产品供给和生产规模发生不同的影响，从而会改变原来的部门结构。

3. 如果财政收入与财政支出不相等而形成了正值或负值的净财政支出，或者，如果信贷收入与信贷支出不相等而形成了正值或负值的净信贷余额，加之，净财政支出与净信贷余额不能相抵，或者是前者大于后者，或者是后者大于前者，那么在这种情况下，财政与信贷将在影响社会总需求与社会总供给之间平衡关系的同时，进而引起主要产品（或关键性产品）的价格、供给和需求的变化，再进而影响部门结构。

以上三个方面的影响都可以被理解为财政与信贷对部门结构的调整作用。不管财政与信贷对部门结构的这种调整是自觉的还是不自觉的，财政与信贷实际上都起着调整部门结构的作用。

（二）财政、信贷并不一定保证部门结构趋于协调

假定财政、信贷部门对财政、信贷在部门结构方面的调整是不自觉的，即并非有意识地进行调整的，那么很难认为这种调整会使原来不协调的部门结构因此变得协调，或者会使原来处于协调状态的部门结构因此而继续保持协调。

假定财政、信贷部门对财政、信贷在部门结构方面的调整是自觉的，即有意识地进行这种调整的，那么既不能排除这种调整具有促进或继续维持部门结构协调的可能性，也不能排除这种调整达不到预定目的的可能性。这是因为，正如第四章在进行总量分析时已经指出的，无论是正值的还是负值的财政、信贷收支差额都有累积性效应。在市场机制的作用受到限制，以及资源和消费行为受到限制的条件下，如果第一次财政支出大于或小于财政收入（或信贷支出大于或小于信贷收入）的结果所造成的价格变动未能在预定时间内把一定的主要产品（或关键性产品）的供给、需求变动到预定的程度，那么价格变动对后续的国民收入运动和部门间经济联系的影响就会表现为原来的财政收支或信贷收支格局的持续。一旦出现了这种情况，不仅表明引入财政、信贷之后经济中仍然有可能存在着结构性失衡，而且表明不能把财政、信贷看成是调整部门结构（甚至包括调整社会总需求与社会总供给之间的关系）的唯一手段。下面，在第四篇中将会较详细地讨论财政、信贷调整的局限性以及运用多种调节手段来消除社会主义经济失衡（包括结构性失衡）的问题。

四、对社会主义经济中结构性失衡的认识

正如总量失衡有财政、信贷调整前与财政、信贷调整后之分一样,结构性失衡也有这种区分。由于社会主义经济中财政收支恰好相等或信贷收支恰好相等的现象不是经常的,所以事实上对部门结构的财政、信贷调整也是经常性的。

在引入财政与信贷以前,结构性失衡之所以有可能发生,这是因为社会主义经济的初始阶段的部门结构是既成事实,这样的部门结构很可能存在着这种或那种不协调,而在经济运行过程中,由于不同产品的需求和供给的经常变动,而市场机制的调节作用又具有各种各样的局限性,所以部门之间的比例关系有可能不协调到影响经济正常运行的程度。那么,引入财政和信贷以后的情形又如何呢!

不能不注意到,在社会主义经济中,结构性失衡的可能性依然存在。这或者是由于国家对运用财政、信贷手段以调整部门之间比例关系的必要性和意义认识不足,或者是由于国家在调整部门之间比例关系时对财政、信贷手段的运用方式不当,或者是由于经济中存在着若干非经济因素的干扰,以致财政、信贷对部门之间比例关系的调整受到了制约,未能起到它应有的作用。此外,从国民收入运动本身去探讨,引入财政、信贷之后结构性失衡可能发生的原因是:财政、信贷调整有其累积性效应,只要第一次调整时未能在预定时间内达到消除某一种或某几种主要产品供求不平衡的预定目标,那么原来财政收支或信贷收支不平衡的格局将会持续下去。这将使得结构性失衡即使在财政、信贷调整之后仍有可能发生。

对于社会主义经济中结构性失衡的认识与对于社会主义经济中总量失衡的认识是一样的。这就是:结构性失衡的可能性并不意味着社会主义制度的优越性的不存在。社会主义制度优越与否在于能够不断地消除可能发生的结构性失衡,促进部门结构协调,以利于社会主义经济的正常运行,保证社会主义生产目的的实现。

正如社会主义经济中的总量失衡有可能转化为现实的问题一样,社会主义经济中的结构性失衡也有可能转化为现实的问题。那么,这两种失衡究竟会在什么样的条件下由可能变为现实呢?对于这个问题,必须从国民经济运行的分析转入企业经济活动和个人经济行为的分析。

第二篇

企业经济活动

第六章 企业的成本和收益

第一节 企业的成本

一、企业成本的定义

(一) 定义

企业的成本是指企业所提供的物质产品和生产性劳务的成本,即企业为提供物质产品和生产性劳务而在生产经营过程中所支付的一切费用。

在社会主义经济中,商品的价值由生产资料转移价值(c)、必要劳动价值(v)和剩余(m)这三部分构成。如果以 w 表示产品的价值,那么,

$$w = c + v + m$$

商品的成本就是 c+v。劳动者在生产过程中创造出来的剩余(m),是不包括在成本之内的,它以企业利润的形式表现出来,其中一部分通过纳税而进入国民收入再分配的渠道。

(二) 企业成本的组成

企业成本包括以下六个部分:

1. 生产资料转移价值中的固定资产折旧部分。
2. 生产资料转移价值中的原材料、燃料、动力、辅助材料的

费用。

3. 工资及其附加部分。

4. 购买劳务的支出。这是指企业在生产和销售过程中向外购买劳务的支出,如邮电费、旅差费,等等。

5. 净利息支出。这是指企业在生产和销售过程中所支付的利息减去利息收入后的净额。

6. 净租金支出。这是指企业在生产和销售过程中所支付的租金减去租金收入后的净额。

其中,第一、二项是 c 的组成部分,第三项构成 v。至于第四项,可以把它列入 c 的组成部分中。这是因为,所购买的劳务参加了产品价值的形成过程,它的性质同第二项的转移价值相似。至于第五项(净利息支出)和第六项(净租金支出),从理论上说,不应当把它们列入 c,而应把它们当作 m 的一部分,也就是当作 m 的一种扣除。但在实际考察企业经济活动时,仍可以把它们同 c、v 合计在一起,统称为成本。

二、成本中的固定部分和非固定部分

如果把企业在生产和销售过程中所支付的一切费用都看成是企业为产出而进行的投入,那么企业的成本又可以称为企业的投入,正如企业提供的物质产品和生产性劳务可以被称作企业的产出一样。

从投入的性质来看,企业的投入可以分为两部分:一部分是不随产出量的变动而变动的投入,另一部分是随产出量的变动而变动的投入。相应地,从这个角度来看,企业的成本也可以分为两部分,一是成本中的固定部分,即不随产出量的变动而变动的部分,另一是成本中的非固定部分,即随产出量的变动而变动的部分。

(一) 成本中的固定部分

它包括企业的厂房和机器设备等。后者是企业进行生产所必需的物质资料,有一定的折旧值和维修费,而为了维修和管理这些物质资料,又需要对一定数量的职工支付工资。不管企业的产出量是多少,在一定的产出量的限度之内,一定数量的成本中的固定部分是必不可少的,而且其数量是固定不变的。甚至在产出量为零时,仍然需要这部分的投入。

当然,成本中的固定部分并不是在任何条件下都固定不变的。这只是说,在一定的产出量的限度之内,一定数量的成本中的固定部分保持不变;如果产出量超出一定限度,成本中的固定部分就需要增加,否则产出量也就无法增加。比如说,当产出量在一定数量之内时,企业不必增加厂房,如果产出量超出这个限度,企业就必须增加厂房,从而企业的固定资产将增加,企业的固定资产折旧(它属于成本中的固定部分)也将增加。

(二) 成本中的非固定部分

企业在进行生产时所消耗的原材料、燃料、动力、辅助材料,以及生产工人的工资(假定企业支付给生产工人的工资完全随产出量的多少而变动),是成本中的非固定部分。如果企业的产出量为零,那么这部分投入也为零。

三、平均成本

(一) 定义

企业产品的平均成本是指平均每个单位产品的成本。平均成本等于总成本（即企业为提供物质产品和生产性劳务而在生产经营过程中所支付的一切费用的总和）与产出量之比。

$$\text{平均成本} = \frac{\text{总成本}}{\text{产出量}}$$

从产品价值形成的角度来看，总成本由生产资料转移价值（c）和必要劳动价值（v）构成，因此，平均成本也包括 c 和 v 这样两个部分。

从企业的投入的性质来看，总成本由成本中的固定部分和非固定部分构成，因此，平均成本也包括成本中的固定部分和非固定部分这样两个部分。

(二) 平均成本变动的规律性

由于成本中的固定部分不随产出量的变动而变动，成本中的非固定部分则随产出量的变动而变动，这样就可以了解到平均成本变动的规律性：

当产出量为零时，成本中的固定部分依然存在，所以总成本不可能是零，平均成本也不可能是零。当产出量从零开始、逐渐增加时，成本中的固定部分在一定限度之内是一个常数，这样，平均成本将因产出量的逐渐增加而递减。而在产出量超过一定限度之后，如果产出量再增加，平均成本就会递增。

四、边际成本

(一) 定义

边际成本是指每增加一个单位的产出量所需要支付的追加的成本，所以边际成本又可以称为新增成本。边际成本等于总成本的增量与产出量的增量之比。

$$边际成本 = \frac{总成本增量}{产出量增量}$$

从产品价值形成的角度来看，总成本由生产资料转移价值(c)和必要劳动价值(v)构成，因此，边际成本也包括 c 的增量和 v 的增量这样两个部分。

（二）边际成本变动的规律性

从企业的投入的性质来看，总成本由成本中的固定部分和非固定部分构成，因此，边际成本也包括成本中的固定部分的增量和非固定部分的增量这样两个部分。由于成本中的固定部分在一定限度内固定不变，所以在一定限度内，边际成本中的固定部分的增量是零，边际成本实际上只包括成本中的非固定部分的增量。

边际成本变动的规律性与平均成本变动的规律性相似，即随着产出量的增加，边际成本也是先下降，然后上升。

如果边际成本小于平均成本，那么平均成本必定随着产出量的增加而递减，因为边际成本把平均成本拉下来了。如果边际成本大于平均成本，那么平均成本必定随着产出量的增加而递增，因为边际成本把平均成本拉上去了。如果边际成本等于平均成本，那么边际成本既不能把平均成本拉下来，又不能把平均成本拉上去。这时的平均成本处于由递减到递增的转折点，即最低点。

五、企业的投入

从企业的投入的性质来看，可以把企业的投入区分为企业自产部分的投入和企业外购部分的投入两项。

企业自产部分的投入是指：企业自身提供的物质产品和生产性劳务作为本企业生产和销售过程中的消耗。但企业自身提供的物质产品和生产性劳务不是企业生产的商品，而是企业的中间产品。

企业外购部分的投入是指：企业为了进行生产，需要向外部购买原材料、燃料、动力、辅助材料。此外，企业还要支付工资，要提取固定资产折旧，以补偿固定资产的消耗。

如果把企业作为一个生产单位来看，在计算成本（即计算投入）时，只计算外购部分的投入、所提取的固定资产折旧、所支付的工资和其他货币支出，而在计算产出时，只计算企业生产出来的商品，这样才能使投入与产出相称。

下面的企业投入产出表可以反映上述关系。

表 6.1

		企业中间产品	企业生产的商品				企业中间产品和商品合计
		1 2 … n	外销	企业新增固定资产	企业新增固定品	企业用于生活等方面	合计	
企业自产部分的投入	1 2 ⋮ n							
企业外购部分（原材料、燃料、动力、辅助材料等）的投入	1 2 ⋮ n							
固定资产折旧								
企业支付的工资								
企业其他货币支出								
企业创造的剩余								
企业中间产品和商品合计								

六、企业的内部经济与不经济

（一）规模经济

企业成本的变动与企业规模的变动有一定的联系。这是一个规模经济问题。规模经济是指因生产规模的变动而引起的生产单位成本的变动（从而也引起生产单位收益①的变动）。

规模经济包括内部经济与不经济、外部经济与不经济。在本节中考察内部经济与不经济，在本章第四节再考察外部经济与不经济。

（二）企业的内部经济

内部经济是指：一个生产单位在规模扩大时从自身内部所引起的生产成本的降低，从而引起收益的增加。

企业的内部经济表现于：

1. 企业规模扩大后，分工可以更加精细，可以减少管理人员在企业工作人员总数中的比例，从而可以提高劳动生产率，降低生产成本。

2. 企业规模扩大后，有可能购买大型的生产设备，并充分地利用这些设备，从而可以提高劳动生产率，降低生产成本。

3. 企业规模扩大后，有可能充分利用副产品，或增加产品种类，增加产值，从而可以使单位产品的成本降低，增加企业的收益。

4. 企业规模扩大后，有可能享受到采购与推销方面的便利，减少单位产品的购销费用，从而降低单位产品的成本。

---

① 下一节将对收益及其与成本的关系进行阐释。

（三）企业的内部不经济

内部不经济是指：一个生产单位在规模扩大时从自身内部所引起的生产成本的上升，从而引起收益的减少。

企业的内部不经济表现于：

1. 企业规模扩大后，有可能造成管理不便，管理效率降低，于是整个企业的利益受到损害。

2. 企业规模扩大后，企业内部的通讯联系费用将增加，生产成本将上升。

3. 企业规模扩大后，有可能增设购销机构，从而将提高单位产品的成本。

4. 企业规模扩大后，由于人员增加，有可能增加人与人之间隔阂和摩擦，从而也会降低效率。

（四）企业内部经济与不经济的并存

企业规模变动时，企业内部经济与内部不经济这两种情况是同时发生的。如果企业因规模变动而引起的内部经济大于内部不经济，那么这表明企业规模的变动是合理的，因为这种变动所引起的是单位产品成本的下降。反之，如果企业因规模变动而引起的内部不经济大于内部经济，那么这表明企业规模的变动是不合理的，因为这种变动所引起的是单位产品成本的上升。

（五）企业的适度规模

由此所得出的一个结论是：对一个企业来说，规模的适度具有重要意义。企业可以自行设法调整规模，以减少内部不经济，增加内部经济。从理论上说，规模的变动应当以平均成本达到最低点为界限。如果企业的规模小于适度规模，则表明规模的继续扩大仍然有可能使平均成本下降，因此继续扩大规模仍然可以得到内部经济所带来的好处。如果企业的规模大于适度规模,则表明企业的规模已经不利于企业了,这时唯有缩小企业规模,才能使平均成本下降。那么,企业如何确定自己的规模呢?根据前面已经提到的边际成本与平均成本之间的关系可知,如果企业规模小于适度规模,那么企业规模可以扩大,这一规模扩大的过程将持续到边际成本等于平均成本之时为止,也就是持续到平均成本达到最低点之时为止。在这一点达到以前,企业一直可以得到内部经济带来的好处。

第二节 企业的收益

一、企业收益的定义

(一) 定义

企业的收益是指企业因提供物质产品和生产性劳务而得到的收入,即企业的物质产品和生产性劳务的卖价。如果企业除了出售物质产品和生产性劳务所得到的收入以外没有其他的收入,那么企业的收益就等于企业的收入。因此,

企业收入=企业收益+企业其他收入

从产品价值形成的角度来看,如果产品价值与价格是一致的,那么,企业出售物质产品和生产性劳务所得到的收入(即企业收益)将是企业在生产过程中所生产出来的物质产品和生产性劳务的价值的体现,即企业收益等于企业产品的价值,等于$c+v+m$。

(二) 企业投入与产出概念

企业生产的产品的成本是 c+v，企业的成本又可以称为企业的投入。企业的收益等于 c+v+m，它是企业提供的物质产品和生产性劳务的卖价，即企业的产出。

由于企业的产出是 c+v+m，企业的投入是 c+v，产出与投入之间的差额就是企业新创造出来的剩余(m)。换言之，企业收益与企业成本之间的差额，也就是企业新创造出来的剩余(m)。

二、企业利润

从本质上说，资本主义制度下的利润是剩余价值的转化形式，体现了资产阶级无偿占有工人的剩余劳动的剥削关系，而在社会主义制度下，利润是劳动者为社会创造的、归社会所有的价值形式，它虽然也是剩余的一种转化，但所体现的却是劳动者内部的互助合作关系，体现的是劳动者的长远利益与目前利益之间的关系。

社会主义制度下的产品价值构成是 c+v+m，其中，c+v 转化为成本，m 转化为利润。所以，企业利润也就是企业产出与投入之间的差额的转化形式，即企业收益与企业成本之间的差额的转化形式。企业利润作为企业收益与企业成本之间的差额的转化形式，它又可以称为企业的净收益。即：

企业收益－企业成本＝企业净收益＝企业利润

前面所列出的企业投入产出表 6.1，清楚地反映了这种关系。表上的横行表示企业的产出，它的价值形式就是企业的产品的卖价，即企业收益。表上的纵列表示企业的投入(包括原材料、燃料、动力、辅助材料的投入，固定资产折旧，企业支付的工资以及企业其他货币支出）和企业创造的剩余，后者的转化形式就是企业利润（即企业净收益）。

三、平均收益和边际收益

（一）平均收益

平均收益是指企业提供的平均每个单位的物质产品和生产性劳务所得到的收入，即平均每个单位的物质产品和生产性劳务的卖价。

$$平均收益=\frac{总收益}{产出量}=\frac{总卖价}{产出量}$$

（二）边际收益

边际收益是指企业每增加一个单位的产出量所增加的收入，即最后提供的那个单位的物质产品和生产性劳务的卖价。边际收益又可以称为新增收益，它等于总收益的增量（总卖价的增量）与产出量的增量之比。

$$边际收益=\frac{总收益增量}{产出量增量}=\frac{总卖价增量}{产出量增量}$$

（三）企业利润同平均收益、边际收益之间的关系

在价格不变的情况下，不论产量如何增加，平均每个单位的产品都按同一个价格出售，这样，单位产品的卖价不仅等于平均收益，而且等于边际收益。

在价格变动的条件下，情况与此不同。供给的增加使得平均收益和边际收益都递减，但单位产品的卖价等于平均收益，不等于边际收益。边际收益随产量增加而下降的幅度大于平均收益随产量增加而下降的幅度。

那么,企业利润(即企业净收益)与平均收益、边际收益之间的关系又如何呢?

如上所述,企业利润是企业收益与企业成本之间的差额。不管这里所说的是价格不变还是价格递减条件下的情况,企业利润都取决于边际收益同边际成本之间的差额。如果边际收益小于边际成本,即新增加的那个单位产品的卖价小于新增加的那个产品的成本,这表明新增加的这个产品是得不偿失的,因为它的成本已经超过了它的卖价。

四、边际收益和边际成本

无论价格是不变的还是递减的,能不能认为对企业自身最为有利的情况是使得边际收益等于边际成本,从而企业应根据边际收益等于边际成本的原则来决定产量? 看来,这个问题有进一步阐述的必要。

要知道,企业收益与企业成本的差额构成企业利润。如果边际收益等于边际成本,企业的利润是不存在的。在价格不变的条件下,这个问题暴露得更加清楚。这是因为,这时的平均收益等于边际收益,在边际收益等于边际成本时,平均收益也就等于边际成本。这样,一旦企业根据边际收益等于边际成本的原则来决定产量,那么平均每个单位产品的卖价都只包括 $c+v$,m 显然是不存在的。这不符合社会主义企业应当成为取得利润以满足全社会的需要这一原则。必须注意到,这一点与西方经济学中关于在边际收益等于边际成本时决定产量的表述不同。原因在于:西方经济学把"正常利润"包括在成本范畴之内。所以只要边际收益等于边际成本,就意味着企业已经取得了"正常利润"。而根据本章第一节给定的企业成本的定义,成本中不包括利润,因此不能认为企业应根据边际收益等于边际成本的原则来决定企业的产量。

五、目标利润和目标收益

(一)目标利润

目标利润是指作为企业要争取达到的目标的利润,它是企业成本之上的一个附加额。不管它如何确定,只要企业确定了自己的目标利润,并把它同成本结合在一起,那就可以成为企业决定自己的产量的原则。

(二)目标收益

把成本和目标利润考虑在内的商品卖价可以称为目标收益,也就是目标的商品卖价。

$$总目标收益 = 总成本 + 总目标利润$$

$$平均目标收益 = \frac{总目标收益}{产出量}$$

$$边际目标收益 = \frac{总目标收益增量}{产出量增量}$$

(三)企业经营中的"边际收益等于边际目标收益"原则

从上述公式可以了解到,目标收益除了包括 c+v 而外,还包括了目标利润。有了目标收益概念,也就可以对企业决定产量的原则重新进行表述。这个原则就是"边际收益等于边际目标收益"。如果边际收益不仅大于边际成本,而且还大于边际目标收益,那么企业继续增产是有利的。即使边际收益大于边际成本,但只要它仍小于边际目标收益,那么这表明产量已经过多,企业已经得不偿失了。不但价格不变的情况下是如此,价格递减的情况下也如此。在价格递减的情况下,产品的卖价随着产量的增加而不断减少。尽管如此,企业仍然要根据"边际收益等于边际目标收益"的原则来决定产量。理由仍如上述,即企业仍然需要让新增加的单位产品的卖价同它的目标商品卖价相等,前者大于后者,表明可继续增产以获利,前者小于后者,则表明产量已经过多,增加产量对企业是不利的。只有边际收益等于边际目标收益时的产量,才是对企业最为有利的产量。

六、目标利润率和实际利润率

(一)目标利润的确定

因产品性质的不同而可能存在以下三种确定目标利润的方式。

1. 以部门(或"次部门"和"再次部门")的历史的或上期的实际平均利润率为依据;

2. 以国内同类企业的历史的或上期的实际利润率为依据;

3. 以本企业的历史的或上期的实际利润率为依据。

也可能以其中某一种方式为主,参照其他两种方式,并结合本企业的具体情况来确定。

(二)利润率:目标利润率和实际利润率

1. 实际利润是企业实际得到的利润,它可能大于、等于或小于目标利润,它是企业生产经营活动成果的价值反映。

前面已经指出,企业的利润是企业所创造出来的剩余的转化形式。企业上缴给国家的税金是企业的利润的一部分。纳税后保留在企业手中的利润,称为企业保留利润或净利润,它将分解为企业的生产发展基金、奖励基金、福利基金。

2. 由于企业的规模大小不一,所以不能直接用利润的绝对数来衡量企业生产经营活动的成果,而应该用利润率来进行衡量。与目标利润相应的是目标利润率,与实际利润相应的是实际利润率。实际利润率是衡量企业生产经营活动的成果的一项综合指标。

3. 利润率是利润(无论是目标利润还是实际利润)与企业在获得这些利润的生产经营活动中所占用的资金之比。按这种方式计算的利润率,称资金利润率。从理论上说,

$$资金利润率 = \frac{利润}{占用的资金} \times 100\%$$

在实际计算时,

$$资金利润率 = \frac{年利润额}{年固定资产平均总值 + 定额流动资金年平均余额} \times 100\%$$

公式中的年固定资产平均总值和定额流动资金年平均余额分别是这样计算出来的:

$$年固定资产平均总值 = \frac{1 至 12 月月初、月末固定资产价值之和}{24}$$

定额流动资金年平均余额

$$= \frac{1 至 12 月月初、月末定额流动资金余额之和}{24}$$

4. 从理论上说,资金利润率是最有综合意义的利润率指标。这是因为,资金利润率除了能反映企业生产经营活动的成果而外,还能反映企业所占用的资金的利用率,从而基本上排除了企业之间因资金占有多少不等而对生产经营成果造成的不同

的影响。

七、利润率的其他形式

在实际工作中,由于存在着从其他一些不同的角度反映企业生产经营活动成果的需要,所以还可以采取其他的计算利润率的方法。

1. 产值利润率。产值利润率是企业一定时期内所实现的利润与企业的产值之比,它反映每百元产值所得到的利润额。

$$产值利润率 = \frac{年利润额}{年产值} \times 100\%$$

2. 成本利润率。成本利润率是企业一定时期内所实现的利润与企业的成本之比,它反映每百元成本支出所得到的利润额。

$$成本利润率 = \frac{年利润额}{年成本支出} \times 100\%$$

3. 工资利润率。工资利润率是企业一定时期内所实现的利润与企业的工资支出之比,它反映每百元工资支出(即活劳动消耗)所得到的利润额。

$$工资利润率 = \frac{年利润额}{年工资支出} \times 100\%$$

4. 无论是资金利润率还是产值利润率、成本利润率、工资利润率,计算公式中的分子是相同的,它们的区别在于分母的不同。关于公式中的分子,可以按目标利润或实际利润分别计算,从而有各种不同的目标利润率和实际利润率。也可以按纳税前的利润和纳税后的利润分别计算,从而有各种不同的税前利润率和税后利润率(净利润率)。对企业来说,税后利润率(净利润率)要比税前利润率更为重要。

第三节 企业经营中的价格问题

一、价格的构成

在社会主义经济中,商品的价值由生产资料转移价值(c)、必要劳动价值(v)和剩余(m)这三部分构成。商品的价格作为价值的转移形式,相应地由成本和利润两个部分构成。严格说来,成本是(c+v)的转化形式,利润是 m 的转化形式。但由于价格同价值在数量上不一定是一致的,所以成本同生产资料转移价值与必要劳动价值之和(c+v)在数量上不一定一致,利润与剩余(m)在数量上也不一定一致。

前面在谈到企业收益与企业成本时已经提到,企业产品的卖价不应当只等于企业成本,而应当在成本之上有一个相当于剩余(m)的附加额。企业在决定产量时所依据的成本之上的附加额被称为目标利润,企业在生产经营活动中所得到的成本之上的附加额就是利润(其中包括企业缴纳的税金和税后利润,即企业保留利润或净利润)。企业产品的卖价正是由此构成的。现在需要进一步弄清楚的问题是:企业自己制定的卖价能否被社会所接受,即企业能否按自己制定的卖价来销售自己的产品?

对这个问题的总的回答是:任何商品的销售价格都不可能由生产该种商品的企业单方面决定,而要由供求双方通过市场来决定,社会主义商品经济中的情况也不例外。至于社会主义经济中的价格究竟是如何决定的，这将因市场情况的不同而有所区别。

二、非限制性市场与企业价格的决定

首先要论述的是价值规律充分发挥作用时的价格决定情况。在社会主义经济中，价值规律充分发挥作用的情况总的说来是一种纯理论的假设，但这并不排除某些完全由市场调节的商品的生产经营是在价值规律充分发挥作用的条件下进行的。在这些场合，市场就是非限制性市场，价格就是非限制性的市场价格，即自由价格。

自由价格取决于市场上供求两种力量的对比。如果供大于求，价格下降；如果供不应求，价格上升。商品价格随着供求关系的变化而不断变化。任何一个生产这类商品的企业都不可能控制市场上的供给量；任何一个购买这类商品的企业或居民也不可能控制市场上的需求量，从而市场上由供求关系所决定的价格不是任何企业或居民所能控制的。

假定个别企业由于采取先进的技术和管理而使自己的成本低于其他企业，那么，该企业的利润率就会高于其他企业。然而这只能是一种短期现象。这是因为，在价值规律充分发挥作用的条件下，市场竞争是不受限制的，生产资源在部门之间和企业之间的流动也是不受限制的，一个企业能够获得较多利润的事实将对其他企业发生吸引力，促使它们也采用先进的技术和管理，结果，原来利润率较高的企业也就不再享有这方面的优势了。

三、限制性市场与企业价格的决定

在社会主义经济中,价值规律虽然发挥作用,但在许多场合,价值规律并不能充分地发挥作用。这就是说,社会主义经济中,市场竞争虽然是存在的,但在许多场合,市场竞争却受到这样或那样的限制。既然如此,价格又是如何决定的呢?下面,分两种不同的情况来论述。

(一) 第一种情况:价格由企业自己决定

假定价格由企业自己决定,并且在商品生产和销售方面,竞争是不充分的。甚至可能出现这样一种极端的情况,即某种商品只由一家企业提供,不容许由其他企业提供,或其他企业在经济上没有力量提供。这样就形成了对该种商品的生产经营的独占。由于价格由企业自己决定,所以企业为了增加自己的利润,可以把价格定在自己认为合适的水平上。但即使在这种极端的情况下,企业仍然需要考虑到以下两种可能性。一种可能性是:代用品之间的竞争始终存在,随着价格的上升,来自其他行业的代用品的竞争将越来越激烈,甚至会使它所提供的物质产品和生产性劳务在市场上被代用品完全代替。另一种可能性是:顾客是有价格意识的,价格的上升会迫使顾客重新考虑自己的购买量,所以企业不得不在高价少销和低价多销之间进行选择。企业希望得到的是尽可能多的利润,假定高价少销所得到的利润少于低价多销所得到的利润,那么,企业宁肯低价多销,而不愿高价少销。这两种可能性的存在表明,在形成独占从而价格由企业自行决定的条件下,企业仍然不可能任意提高自己提供的商品的价格。

(二) 第二种情况:价格不由企业自己决定

假定价格不由企业自己决定,而由政府的物价管理部门所决定,企业则必须按照物价管理部门决定的价格来销售自己的商品。根据前面所给定的经济体制的前提可以了解到,这里所说的由物价管理部门决定的价格就是计划价格。

计划价格的存在意味着价值规律未能充分发挥自己的作用,但这并不意味着物价管理部门在决定价格时可以不考虑价值规律的作用或不运用价值规律的作用。物价管理部门不仅应当考虑到生产该种商品的企业用于生产该种商品的各种费用,考虑到企业的盈利问题,而且也应当考虑到该种商品的供求关系。

四、计划价格偏低和偏高的后果

(一) 计划价格偏低的后果

假定物价管理部门所决定的计划价格是偏低的,它将引起如下的结果:

1. 生产该种商品的企业将认为这种情况对自己是不利的,它可能减少这种商品的供给量,或转而生产其他商品,于是该种商品的供给量不足。

2. 假定生产该种商品的企业不可能减少这种商品的供给量,但由于生产该种商品的盈利少甚至亏本,于是企业无法利用自己的保留利润来发展生产,改进技术,增加奖励基金和福利基金,企业将缺乏活力。

3. 假定企业处于亏本状态,而社会上又不可能没有该种商品,于是政府不得不以补贴的方式来维持该种商品的生产。

4.假定企业感到价格偏低而减少了该种商品的供给量,于是该种商品可能因供给量不足而形成了黑市价格。在社会主义经济中,由物价管理部门决定价格的商品出现黑市价格和黑市交易当然是不合法的。为了取缔这种黑市交易,政府必须投入一定的力量,包括增加政府支出。何况,在计划价格偏低而商品供给又不足的条件下,要想彻底消灭黑市价格和黑市交易,并不是一件容易的事情。

(二)计划价格偏高的后果

假定物价管理部门所决定的计划价格是偏高的,它将引起如下的结果:

1.对企业来说,生产该种商品被认为是有利的,于是社会上该种商品的供给量将增加,以致有可能超过了社会对该种商品的需求。这时,假定物价管理部门继续维持所决定的偏高的价格,过多的供给将找不到出路。

2.假定政府为了维持所决定的偏高的价格,对过多的供给实行政府的收购,那么政府的支出将不断增大;假定政府不愿承担维持偏高价格的费用,那么,这种偏高的价格就无法继续维持下去。

3.偏高价格的实行与维持,从较长时期来看,不利于生产该种商品的企业改善经营,改进技术。这类企业实际上处于依赖政府保护的状态之中。一旦偏高的价格难以继续维持,这类企业将不易适应于改变了的市场环境。

由此可见,即使是计划价格也不能由物价管理部门任意决定。

五、计划价格与市场上自然形成的价格之间的关系

(一) 概述

根据前面所述,已知:

1. 在价值规律充分发挥作用时,个别企业无论是作为卖方还是买方,都不可能决定价格。价格取决于市场上供求力量的对比。由此所形成的市场价格,可以称为非限制性的市场价格或自由价格。

2. 在价值规律未能充分发挥作用时,如果价格由企业自己决定,那么企业仍然必须考虑到市场上存在着不充分的竞争。这时的市场是限制性市场,所形成的市场价格是限制性的市场价格。尽管如此,它依然是通过不充分的市场竞争而形成的。哪怕是出现了一家企业独占某种商品的生产经营这种极端的情况,这家企业也必须把市场竞争(由于有代用品的竞争)和商品的可能销售量(由于顾客有价格意识)考虑在内。因此,"边际收益等于边际目标收益"的原则对企业产量的决定是有用的。在该种产量条件下顾客可以接受的价格,就是企业所决定的价格。这种价格仍然属于限制性市场价格之列。它将高于在价值规律充分发挥作用情况下形成的自由价格。

现在要着重研究的是:在价值规律未能充分发挥作用的情况下,物价管理部门制定价格(即计划价格)的依据何在?或者说,假定把物价管理部门有意识地安排的计划价格偏高或偏低的情况暂且撇在一边而不予讨论,那么怎样才能使计划价格既不偏高,也不偏低?为了说明这个问题,有必要从前面已经提到的目标收益概念谈起。

(二) 企业的"边际收益等于边际目标收益"原则与计划价格的适度

目标收益就是企业作为目标的商品卖价,它等于成本与目标利润之和。企业在任何情况下,都根据"边际收益等于边际目标收益"的原则来决定产量。但考虑到市场条件的不同,关于计划价格与市场价格的关系要分以下三种情况来论述:

第一种情况:市场竞争是充分的。

假定市场竞争是充分的,个别企业的产量对该种商品的市场供给量的影响微不足道,那么,这时的市场价格将接近于由供求关系自行决定的自由价格。计划价格只有在与自由价格大体上一致的情况下,才是既不偏低,也不偏高的。否则,企业的边际收益就会因计划价格的偏低或偏高而下降或上升,从而企业的产量也会随着边际收益的变化(即随着边际收益与边际目标收益之间的差额的变化)而减少或增加。上述计划价格偏低或偏高所引起的各种后果也将出现。

第二种情况:市场竞争是不充分的。

假定市场竞争是不充分的,个别企业的产量对该种商品的市场供给量的影响较大,那么,这时的市场价格就是通过不充分的竞争而形成的限制性市场价格。在这种情况下,计划价格只有在与由不充分的竞争所形成的限制性市场价格大体上一致的情况下,才是既不偏低,也不偏高的。根据上述对限制性市场的分析已知,限制性市场中的企业仍根据"边际收益等于边际目标收益"的原则来决定产量,并把该种产量条件下顾客可以接受的价格作为市场价格。如果物价管理部门不根据限制性市场价格来决定商品的计划价格,而使之偏高或偏低,这也将影响企业的边际收益,影响企业的边际收益与边际目标收益之间的差额,从而影响企业的产量。上述计划价格偏低或偏高所引起的各种后果也将出现。

第三种情况:市场竞争是极端不充分的。

假定市场竞争的不充分性达到了极点,以致一家企业的产量达到了决定该种商品的整个市场供给量的地步,那么这也正如前面已经指出的,这家企业仍要考虑到边际收益与边际目标收益之间的关系,并按照"边际收益等于边际目标收益"的原则来决定自己的产量。在该种产量条件下顾客可以接受的价格,就是企业决定的价格。实际上,它仍然是通过限制性市场条件而形成的。计划价格也只有在与这种限制性市场价格大体上一致的情况下,才既不偏低,也不偏高。否则,计划价格偏低或偏高所引起的各种后果同样会出现于这种被认为是极端的情况下。

(三)市场上自然形成的各种价格是计划价格制定的出发点

以上三种情况说明,在社会主义经济中,物价管理部门所制定的计划价格应该与相应市场(非限制性市场、限制性市场,甚至是限制性市场中的极端情况)上所形成的价格相应。不同商品的计划价格只有与该种商品的市场上自然形成的价格(无论是自由市场价格还是限制性市场价格)大体上一致,才是既不偏低,也不偏高。离开了市场上自然形成的价格,计划价格也就失去了基本的依据。

但需要指出,市场上自然形成的各种价格作为计划价格制定的基本依据,应当被理解为它是计划价格制定的出发点,而不能被理解为计划价格在任何情况下都必须同市场上自然形成的价格大体上一致。这是因为:为了达到政府调节经济的目的,政府在认为有必要的场合,可以有意识地使计划价格高于或低于它引以为依据的市场上自然形成的价格。这与计划价格的制定必须以市场价格为基本依据这一点,是并不矛盾的。

第四节 企业之间在成本和收益方面的相互影响

一、企业之间在成本方面的相互影响

(一) 从成本的分解看企业之间的相互影响

如前所述,企业成本被分解为生产资料转移价值中的固定资产折旧,生产资料转移价值中的原材料、燃料、动力、辅助材料的费用,工资及其附加部分,企业外购的劳务支出等。成本的每一组成部分,都反映了企业之间直接或间接的经济联系。

1. 在企业成本的各个组成部分中,除了工资及其附加部分、企业支付的利息和现金而外,企业从外界购入的生产资料和劳务,都是其他企业的商品。而企业提供的生产资料和劳务又构成其他企业的成本。这样,企业在成本方面的相互影响是十分清楚的。

2. 某些企业成本中的工资及其附加部分,从两个方面影响其他企业。一方面,某些企业的工资支付标准如果高于社会平均工资支付标准,将会在其他企业中引起工资攀比,即其他企业的工资支付标准将仿照此例,有上升的趋势。这被称为"工资的

示范效应"。① 另一方面，工资支付标准与生活必需品价格水平联系在一起，工资支付标准的基本依据是生活必需品的价格水平，而生活必需品则由企业所提供；如果某些企业的工资增长，这将会引起生活必需品需求量的增加，影响生活必需品价格水平，而生活必需品价格发生变动，又会影响一般企业的工资支付标准，从而再影响一般企业的成本。

3. 企业的利息和租金支付数额不仅与企业本身的生产经营状况有关，而且也受到利息率水平和租金率水平变动的影响。利息率水平和租金率水平在一定程度上是受资金供求和资源供求的影响的，由此可以了解到企业在利息和租金支付方面的相互影响。

(二) 企业之间在成本方面的相互影响是一个连续的过程

一个企业的成本的上升或下降都会引起其他企业的成本的上升或下降，而最终又会导致本企业的成本的上升或下降。这种相互推动的成本变动是一个连续的过程。

在这里需要区分两种不同的市场：

1. 在非限制性市场上。如果非限制性市场上的商品价格变动引起了成本的变动，那么这将使得所有需要购买这类商品的企业在成本方面普遍受到影响，而所受影响的大小主要取决于企业用于变动价格的商品的支出在企业总成本中所占的比例。

2. 在限制性市场上。如果限制性市场上的商品价格变动引起了成本的变动，虽然也会使得所有需要购买这类商品的企

---

① 本书第十三章第四节，将对工资攀比问题展开论述。

业在成本方面普遍受到影响,但每一个企业所受影响的大小除了取决于企业用于变动价格的商品的支出在企业总成本中所占的比例而外,还取决于变动价格的商品的产量与价格之间的关系。要知道,在非限制性市场上,任何一个企业对某种商品的需求量或供给量不会影响该种商品的总需求量或总供给量,从而不会影响该种商品的价格。也就是说,客观上只存在商品价格变动对每个企业的需求和供给的影响,而不存在每个企业的需求和供给的变动对商品价格的影响。限制性市场上的情况与此不同。这是因为,某些企业所提供的或所购买的某种商品在该种商品的总供给量或总需求量中占有一定的比例,以致可以影响到该种商品的总供给量或总需求量,因此,该种商品价格变动后,这些企业可能根据一定供求量条件下市场可能提供或购买的商品量以及市场可以接受的价格来重新调整自己的供给和需求,进而影响到市场的总供给量或总需求量,并再次影响价格,影响一般企业的成本。

(三)企业之间在成本方面相互影响程度的递减

在企业提供的商品的价格互为成本的条件下,如果没有其他因素的介入,企业成本变动这一连续的相互影响将逐渐减弱。通过一轮又一轮的影响之后,这种影响最终将接近于零。

二、企业之间在收益方面的相互影响

企业的收益就是企业提供的商品的卖价,即企业成本与企业利润之和。关于企业在成本方面的相互影响,已如上述,这里要讨论的是企业在利润方面的相互影响。

(一)企业目标利润率的决定本身体现了企业间的相互影响

因产品性质的不同,企业的目标利润可能有三种确定方式。不管企业以何种方式决定自己的目标利润率,企业都受到其他企业的实际利润率的影响:

1. 当企业按部门(或"次部门"和"再次部门")的历史的或上期的实际平均利润率来决定自己的目标利润率时,同一部门(或"次部门"和"再次部门")的所有的企业的盈利状况就联系在一起。

2. 当企业按国内同类企业的历史的或上期的实际利润率来决定自己的目标利润率时,国内同类企业的盈利状况被联系在一起。

3. 当企业以本企业的历史的或上期的实际利润率为依据,确定自己的目标利润率时,由于本企业的实际利润率是本企业生产经营活动的结果,因此它不是孤立地形成的。任何一个企业的实际利润率的形成都与市场上供给与需求的变动状况有关,与其他企业在市场上的竞争有关,从而也与其他企业的盈利状况有关。

在企业确定自己的目标利润率时,也可能以上述三种方式中的某一种方式为主,参照其他两种方式。这同样说明了企业在收益方面的相互影响。

即使是限制性市场中的极端情况,即一家企业形成了对某种商品生产经营的独占,那么,这家企业的实际利润率依然是在市场中形成的,而并非这家企业孤立地进行活动的结果。这是因为,一方面,市场上可能有代用品的竞争,另一方面,顾客存在着价格意识,他们将因商品价格的不同而调整自己的购买量。代用品的竞争和顾客因价格不同而对购买量的调整,必然影响企业的实际利润率。

(二)企业目标利润率的变动将通过商品卖价的变动而影响其他企业

企业之间在收益方面的相互影响不仅表现于企业的目标利润率和实际利润的决定和变动,更重要的是,它还表现于企业生产的商品卖价对于市场供求结构的影响,并通过市场供求的变化对其他企业的影响。

在现实的市场竞争过程中,如果企业出于某种考虑而降低或提高了自己的目标利润率,这些都会影响商品卖价。通过企业商品价格互为成本这一点,其他企业的销售量、实际利润率甚至目标利润率都会受到影响。这些影响也是一个连续的过程。

假定没有非经济因素的干扰,企业之间在利润方面的相互连续影响的程度同样会逐渐减弱,直到最终接近于零。

三、企业的外部经济与不经济

(一)外部经济与不经济的两种含义

外部经济与不经济同内部经济与不经济一样,也与企业规模有关。但区别在于:外部经济与不经济不仅与本企业的规模有关,而是在更大程度上与包括本企业在内的整个部门的规模、全社会的生产规模有关。因此,把企业的外部经济与不经济放在"企业之间在成本和收益方面的相互影响"一节中进行分析,比较恰当。

从规模经济的角度所考察的外部经济与不经济是就与规模变动有关的外部经济与不经济的含义而言的。外部经济与外部不经济还有另一种更为广泛的含义:企业所受到的一切来自外部的有利影响都可以称作外部经济,一切来自外部的不利影响都可以称作外部不经济。但在本章中,只就它的第一种含义进行论述。

(二)企业的外部经济

外部经济是指:由于整个部门的规模、全社会的生产规模扩大而引起的个别企业成本的降低和收益的增加。

企业的外部经济表现于:

1. 整个部门的规模、全社会的生产规模扩大后,个别企业可以因此得到修理、服务、运输、人才供给、科技情报等方面的便利条件,从而可以降低成本,增加收益。

2. 其他企业和部门发展后,个别企业可以不通过市场、不直接支付费用而得到的好处,也被称作外部经济,例如林业的发展而给农业生产企业带来的好处,城市绿化而给城市工业企业带来的好处等。

(三)企业的外部不经济

外部不经济是指:由于整个部门的规模、全社会的生产规模扩大而引起的个别企业成本的上升和收益的减少。

企业的外部不经济表现于:

1. 整个部门的规模、全社会的生产规模扩大后,可能使招工困难,动力不足,交通运输紧张,土地使用费用上升等,从而使个别企业增加成本,减少收益。

2. 其他企业和部门的发展可能不通过市场而使个别企业受到损失,例如化学工业的生产规模扩大引起了水源、大气的污染,从而使工农业生产单位受到了损失。

(四)企业外部经济与不经济的并存

整个部门的规模或全社会的生产规模发生变动时,对个别企业来说,外部经济与外部不经济这两种情况将同时发生。一个企业的外部经济超过了外部不经济,表明它的生产的外部条件总的说来是有利的。一个企业的外部不经济超过了外部经济,表明它的生产的外部条件总的说来是不利的。

由于外部经济或外部不经济并非个别企业自身所能决定,所以企业往往只能使自己设法适应外部条件,而无法单纯依靠自己的力量去改变它们。一个企业要改变外部的不利条件,通常可以选择政府调节或协商的做法。

比如说,一个企业受到邻近一个企业所排放的污水的危害。为了消除这种经济上的损失,

1. 它可以根据法律,要求对方给予经济赔偿;

2. 它可以同对方协商,寻求解决这一问题的办法,其中包括共同投资或技术协作,以净化水源等。

第七章 企业的生产决策和存货调整

第一节 企业的生产决策

一、企业生产决策的含义

企业生产决策是指企业如何在国家规定的权限范围之内,对企业的生产进行决策,这一决策包括生产方面的目标的确定、行动方案的分析和选择。

企业的目标就是企业在一定时期内所要争取实现的结果。从生产方面而言,企业的目标是企业生产能力的扩大、产量的增加和产品质量的提高。但企业不可能单纯地为增长而增长,它必须在增长中增加自己的利润。企业增加了自己的利润,既履行了自己为国家作贡献的义务,又为企业本身的发展和职工物质文化生活水平的提高创造了条件。因此,企业的增长目标中实际上包括了盈利目标。企业在确定目标以后的行动方案选择上,必然选择一种能以尽可能小的成本支出去获取尽可能多的利润,并利用税后利润来促进自己增长的行动方案的实现。

二、机会成本

机会成本又称择一成本,它是指当企业把一定的资源用于生产某种产品时所放弃的生产另一种产品的产量的价值,即企业利用一定的资源获得某种收入时所放弃的另一种收入。由于信贷的存在,任何一个企业都面临着把资金用于投资以取得利润还是存入银行以取得利息的选择。企业运用资金所要取得的利润必须大于这笔资金的利息收入。

就企业的商品生产而言,任何一个企业所能够用于生产的资源总是有限的,把有限的资源用于生产这一种商品,必然会减少另一种商品的产量。因此,在资源有限的条件下,企业必须考虑一种商品的生产与另一种商品的生产之间的此增彼减的关系。

三、生产要素替代

生产要素是指生产物质产品和劳务时所投入的资源,它们分为人力资源和物质资源两类。在某些情况下,这些要素之间存在可替代性,而在另一些情况下,要素之间的替代是受限制的,甚至是不可能的。如果把人力要素和物质要素细分的话,那么,人力要素和物质要素的各个组成部分在某些情况下同样存在着可替代性,而在另一些情况下,这些部分的替代也会受到限制或不可能实现。

在生产要素或生产要素内部的各个组成部分可以替代的范围内,企业为了减少成本支出和增加盈利,必须注意到以下两点:

第一，应当多利用价格较低廉的生产要素，少利用价格较昂贵的生产要素。

第二，应当多利用相对丰裕的生产要素，少利用相对稀缺的生产要素。

第二点之所以需要单独列出来，这是因为生产要素的丰裕和稀缺程度是客观存在的，它们并不一定以货币值表现出来；同时，由于社会主义经济中，在上面所给定的经济体制前提下，并不存在一个完全的生产要素市场，所以每一个企业必须从本身所能够支配的人力资源和物质资源出发，力求以相对丰裕的生产要素来替代相对稀缺的生产要素。

如果生产要素之间完全不能替代，那么，无论一种生产要素的价格如何变动，它也不能代替另一种生产要素或被另一种生产要素所代替。

四、企业的外延型扩大再生产和内含型扩大再生产

从社会的角度来看，扩大再生产可以划分为两种类型。一是外延型扩大再生产，即依靠增加生产要素投入量来扩大生产规模。二是内含型扩大再生产，即提高生产要素的效率，以扩大生产规模。

外延型扩大再生产依靠增加厂房、增加设备、增加劳动力来实现。在企业生产要素已经充分利用，有必要进行扩建和新建的情况下，外延型扩大再生产对企业来说是有利的。

内含型扩大再生产依靠对原有厂房、设备进行改造，对原有人力进行培训来实现。它可以充分发挥生产设备的技术性能，挖掘生产潜力，节省投资，缩短建设时间。

在实际生活中,企业的外延型扩大再生产和内含型扩大再生产有时结合在一起,这是因为,在对原有厂房、设备进行技术改造时,既需要扩建、改建,又需要提高劳动力的质量,完全不增加投资和不增加设备而实现扩大再生产的情况是较少的。但即使如此,仍然可以把企业的扩大再生产区分为以外延型为主还是以内含型为主。一个企业究竟采取以哪一种类型为主的扩大再生产方式,则要根据具体的人力资源和物质资源而定。在企业拥有较大的生产潜力的前提下,以内含型为主的扩大再生产有利于企业更好地利用原有生产规模和生产条件。在企业需要开发新产品、引进新技术、扩充生产规模时,以外延型为主的扩大再生产对企业将更为有利。

五、技术创新类型

(一) 三种创新类型

企业生产的产品,生产成本中包括活劳动消耗和物化劳动消耗两个部分。由于生产技术和产品的特点,在各种产品的生产成本中,活劳动消耗所占的比例与物化劳动消耗所占的比例不一样。企业采取一定的技术措施后,活劳动消耗和物化劳动消耗在产品生产成本中的比例可能不变,也可能发生变化,这样,技术创新可以分为以下三类:

1. 节约劳动的技术创新。这是指,采取一定的技术措施后,活劳动消耗在产品生产成本中所占的比例下降了。

2. 节约资金(资本)的技术创新。这是指,采取一定的技术措施后,物化劳动消耗在产品生产成本中所占的比例下降了。

3. 中性的技术创新。这是指,采取一定的技术措施后,活劳动消耗和物化劳动消耗在产品生产成本中所占的比例没有发生变化。

（二）劳动密集、资金密集、知识-技术密集

如果按照活劳动消耗和物化劳动消耗在产品生产成本中所占的比例来划分部门的类型、企业的类型、产品的类型，那么，产品生产成本中活劳动消耗所占的比例较大的部门、企业和产品通常被称为劳动密集型的部门、企业和产品；产品生产成本中物化劳动消耗所占的比例较大的部门、企业和产品通常被称为资金密集型的部门、企业和产品。

企业如果实现节约劳动的技术创新，资金（资本）密集型的产品将得到发展，企业将提高自身的资金（资本）密集程度。企业如果实现节约资金（资本）的技术创新，劳动密集的产品将得到发展，企业将提高自身的劳动密集程度。每一个企业在进行技术创新时，都应当根据产品的性质、人力资源和物质资源的相对价格、市场竞争状况、自身的资金和技术力量来选择技术创新类型，确定企业的发展方向。①

可以把劳动分为熟练劳动和一般劳动，把生产资料的投入分为体现技术先进性并由熟练劳动者运用的生产资料的投入和未体现技术先进性而由一般劳动者运用的生产资料的投入。因此，对技术创新类型还可以从另一个角度来划分，即分为提高熟练劳动密集程度的技术创新和不提高熟练劳动密集程度的技术创新。

---

① 从宏观经济决策的角度看，在选择技术创新类型时，还必须考虑国民经济中的就业问题、部门结构问题、地区经济和技术结构问题以及国际收支平衡问题。参看第十八章第六节中有关投资合理性的论述。

熟练劳动密集又称为知识密集或技术密集。按照这种划分方式,部门、企业和产品可以相应地划分为知识或技术密集型的部门、企业和产品,以及非知识或技术密集型的部门、企业和产品。

六、企业计划的平衡

(一)企业计划平衡的含义

企业计划平衡是指:一个企业应合理地安排自己的生产经营活动,以便充分利用人力、物力和财力,尽可能地降低成本,增加盈利,并满足社会对企业的产品的需要,为此,企业有必要制订自己的生产计划、生产技术计划、物资计划、劳动工资计划、成本计划、销售计划、更新改造计划、新产品开发计划,等等。但各项计划并不是孤立的,它们相互联系,彼此衔接,企业计划的平衡就是就企业的各项计划指标之间的平衡而言。

(二)企业计划平衡的体现

企业计划的平衡主要体现于以下四个方面的平衡上:

第一,市场需求与本企业生产能力之间的平衡。企业的生产能力取决于企业生产某种产品的设备数量、设备的工作时间、设备的生产效率等。市场需求包括两项基本内容,一是市场上对某种产品的需求量的预测,二是本企业生产的该种产品的销售量在市场上所占份额的预测。对于一个企业来说,应当在预测市场需求和核定本企业生产能力的基础上,使市场需求与本企业生产能力之间保持平衡。如果企业生产能力不能符合市场需求,企业应设法扩大生产能力,进行技术创新。如果企业生产能力超过了市场需求,一方面,企业可以通过降低成本等措施来扩大自己在市场上所占份额,另一方面,企业也可以考虑转产其他为市场所需求的产品。

第二,生产任务与能源、物资供应之间的平衡。企业生产任务的确定是这一平衡的前提,在生产任务确定后,企业除了有必要进一步安排生产的进度、交货的期限和数量而外,还需要考虑为实现生产任务所必需的能源、物质供应等问题。在市场供给不足和竞争不充分的条件下,能源、物资供应等问题不是单纯依靠企业所支付的价格就能解决的。因此,对企业来说,为了使生产任务与能源、物资供应之间保持平衡,企业有必要降低能源、物资消耗定额,挖掘潜力,开展综合利用等。

第三,生产任务与劳动力之间的平衡。在生产任务确定的前提下,企业必须对劳动力的现有数量、质量和短期内的变动有所了解,以避免出现劳动力不足或劳动力闲置等不经济的情况。但不管劳动力是否不足,提高劳动生产率对任何一个企业来说都是必要的。

第四,目前生产能力、生产任务与企业长远发展计划之间的平衡。企业既需要根据目前的生产能力状况来实现目前的生产任务,又需要保持计划的连续性,解决目前与长远之间的衔接。例如,在生产中,就应当考虑生产任务与设备维修、设备更新与改造之间的关系,原有产品的生产与新产品开发之间的关系,等等。总之,对于任何一个企业来说,只有在目前与长远之间平衡的基础上安排好目前的生产,才能不断开拓市场,扩大自己的产品在市场上所占份额。

第二节 企业生产经营条件的不确定性

一、企业内部条件的不确定性

企业内部条件的不确定性,是指企业在生产经营过程中,在企业内部存在着并非决策者所能控制的各种状态出现的可能性。

以企业自产中间产品投入而言,可能由于设备故障、违背安全操作规程、废品损失等原因而使自产中间产品无法按预定计划实现投入。

以企业外购中间产品投入而言,可能在外部条件不变的情况下,由于企业自身采购部门工作的失误,企业内部运输、仓储、保管条件较差等原因而使外购中间产品无法按预定计划实现投入。

以企业固定资产消耗而言,由于企业未能合理利用机器设备、设备利用率下降等原因,单位产品成本中的固定资产消耗的费用有可能增加。

以企业支付的工资而言,除了因企业未能提高管理水平或未能减少各种不必要的管理支出而有可能增加企业支付的工资总额而外,企业在生产经营过程中也有可能遇到由于工资和奖金攀比而引起的一些意外的劳动工资方面的纠纷,从而最终增加了所支付的工资。

以上所谈到的这些情况可能都是决策者事先未能预计到

的,或并非决策者所能控制的。但只要这些情况有可能出现,企业在生产经营中就会增加成本支出,减少盈利。

二、企业外部条件的不确定性

(一)市场供给因素

市场供给因素对企业的成本发生影响。企业外购的中间产品和企业外购的固定资产的价格和供给数量取决于市场,企业所需要的劳动力也与其他企业和其他部门对劳动力的需求以及劳动力的供给状况有关。市场供给因素通常不是企业决策者本身所能控制的。市场供给状况的变化以及由此所引起的价格变动、供给数量变动,将影响企业的成本和盈利。

(二)市场需求因素

与市场供给相比,市场需求方面的不确定性可能更加明显。这是因为,市场供给所涉及的是企业外购中间产品和外购固定资产的供给,以及企业所需要的劳动力的供给,而市场需求所涉及的是购买本企业产品(或者是作为生产消费的产品,或者是作为生活消费的产品,或者二者兼而有之)的顾客,他们的行为有更大程度的不确定性。

如果企业的顾客是其他企业,企业的产品被后者作为中间产品和固定资产而购买,那么,该企业的销售量将受到其他企业的生产经营状况、同行业企业的产品供给状况、代用品的供给状况、市场价格变动趋势和对价格的预期、新技术的发展等因素的作用而发生变动。

如果企业的顾客是消费者,企业的产品被后者作为生活消费品而购买,那么,该企业的销售量除了要受到上述这些因素的影响而外,还要受到消费者收入、消费者心理等因素的影响。

(三) 非市场因素

由于政治、社会、文化等因素的作用,企业的原材料、机器设备、劳动力供给和企业产品的销售都会发生一些并非决策者事先所能预测和并非决策者所能控制的变化。这些都会影响企业的成本和盈利。这种非市场因素的作用在开放经济的环境中将表现得更为突出。

三、不确定环境中企业生产决策的原则

企业决策者既不能不考虑生产决策中的最优原则,又不能不考虑到生产决策中的现实原则。最优原则是指如何根据企业所掌握的经济信息,要求实现最大的盈利;现实原则是指如何根据企业所掌握的经济信息,不要求实现最大的盈利,而力求稳妥性。

这里所说的经济信息,包括的范围很广。来自企业内部的经济信息包括:企业成本及其各个组成部分的情况,生产过程及其各个环节的情况,盈利情况等;来自企业外部的经济信息包括:市场供给和市场需求情况,非市场因素的作用等。在实际生活中,由于决策者的时间和精力的限制以及由于客观条件的限制,不可能掌握到全部经济信息,因此,按最优原则进行生产决策的做法会受到很大的限制。加之,由于不确定性的存在,决策者不可能充分地、有确实把握地预测到市场前景,因此,不得不采取较为稳妥的做法。这就是现实原则比最优原则更为实用之处。

但在企业生产经营过程中,最优(或接近于最优)原则通常

可以同现实原则配合使用。企业的经济工作和管理工作可以分为若干不同的层次。层次越高,经济信息越不充分,不确定的因素越多,现实原则就越具有实用性。层次越低,需要决策的问题越明确,不确定的因素也越少,最优(或接近于最优)原则的实用性也可能大一些。所以对每一个企业来说,这两种决策原则有相互补充、配合的必要。

第三节 企业存货调整

一、企业存货概念

（一）流量与存量

流量是一定时期内发生的变量变动的数值。例如,本书第一篇中所分析的社会总产值和国民收入,都是国民经济中的流量,它们分别表示一定时期内所创造出来的社会总产值和国民收入。本书第二篇第六章中所分析的企业支出和收入,都是企业经济中的流量,它们分别表示一定的生产过程中企业为生产某种数量的产品而支出的金额,以及出售某种数量的产品所得到的金额。

存量是一定时点上存在的变量的数值。例如,全国工业固定资产总值是存量概念,它表示某个时点的全国工业固定资产价值的总和;本节所要考察的企业存货,也是存量概念,它表示某个企业在某个时点的存货的价值。

（二）企业存货

企业存货是指企业库存的物质产品。工业企业存货,包括库存的原材料、辅助材料、燃料、工具、配件、半成品、制成品等，商业企业存货则指库存的待出售的商品。因此，企业存货概念要比通常所理解的企业物资储备概念广泛些，因为它把半成品和制成品都包括在内。一个企业，为了保持生产经营过程的正常进行，必定不断减少自己的存货，同时又不断补充所减少的存货。企业存货的多少及其所占用的资金的大小，直接影响到企业的生产经营的成果。

二、目标存货水平与实际存货水平

（一）定义

目标存货水平指企业作为目标而要求达到的存货数额。实际存货水平指企业在生产经营过程中实际上保持的存货数额。

在正常的情况下，企业目标存货中的库存原材料、辅助材料、燃料、工具、配件等的数额，取决于它们的物资消耗定额。物资消耗定额，是指一定生产技术组织条件下，制造单位产品或完成单位劳务所必需消耗的物资数量的标准。企业目标存货中的库存半成品的数额，取决于库存半成品定额；后者是指一定生产技术组织条件下，为保证生产过程的正常进行而需要保存的半成品的标准。企业目标存货中库存制成品的数额，则取决于制成品资金定额；后者是指产品制成入库到出售并取得货款为止这段时间内所需要占用的资金的标准。无论是库存原材料、辅助材料、燃料、工具、配件还是库存半成品和制成品，在确定相应的定额时，都需要按品种分类确定。但从价值方面来看，则可以汇总为一个总值，即企业目标存货总值。

（二）合理存货水平

为了尽可能地减少存货所占用的资金,企业的存货应当保持在合理的水平上。这里所说的合理水平的存货,包括企业为保证生产经营正常进行而必需的经常性的存货数额,以及为防止意料不到的事故而必需的保险性的存货数额。企业保持保险性的存货数额,是计入合理水平的目标存货数额之中的。但保险性的存货的多少,则与企业对于可能发生的不正常情况的估计有关。在正常情况下,企业可以根据前一生产周期中发生的不正常情况来确定。保险性的存货数额也需要按品种分类,其中某些品种的保险性存货数额可以少到接近于零。

(三)实际存货与合理目标存货的差距

在企业生产经营过程中,企业实际上保持的存货数额不可能同企业的目标存货数额相一致。实际存货数额与合理的目标存货数额之间存在差距的原因在于:

一方面,企业自身在工作中的失误或经营管理的不善。例如,企业自身对生产经营过程中可能遇到的各种情况估计不足,从而目标存货数额被确定在不合理的水平上;或者,企业自身对各种物资消耗定额、库存半成品定额、制成品资金定额的计算不准确或标准制定得偏高或偏低,企业在进货和销售工作中有差错,以致未能按照生产经营计划的要求来保证进货和进行销售;或者,由于企业自身生产技术方面的问题,对存货的要求发生了变化,而企业的管理进货和销售的部门并未及时根据新的情况对存货数额进行调整,等等。

另一方面,企业的外部环境先发生变化,而这些变化并非企业自身所能够掌握和控制的。例如,由于市场供求的变化而引起价值的升降,或价格未能适应市场供求的变化而及时调整,都会对供给量和需求量有所影响,从而使企业不能按照原定的生产经营计划进货和销售;或者,由于同本企业有进货、销售关系的其他企业在生产经营工作中有差错,或它们在生产技术方面有变动,或它们经营管理不善,以致未能按原定的期限交货或进货;或者,由于交通运输、通讯、仓储等方面的问题,使企业难以按原定的生产经营计划保证进货和进行销售,等等。

这样,即使企业的目标存货数额被确定在合理的水平上,但企业的外部环境却有各种可能使企业的实际存货数额与目标存货数额之间发生较大的差距。

三、企业存货的经常调整

(一)企业存货经常调整的目的

企业存货经常调整的目的之一在于使实际存货数额接近于本企业的目标存货数额。不仅如此,企业存货的经常调整还有另一个目的:由于企业对目标存货数额的合理水平的估计不是固定不变的,企业对合理的目标存货数额有调整的必要,因此,企业存货的经常调整也含有使自己的目标存货数额不断符合于新情况下所确定的合理的目标存货数额的意图。

(二)存货调整的方式

企业存货的经常调整可以通过调整进货量、生产经营过程中的消耗量、销售量这样三个方式进行。但最重要的方式是通过进货量的调整来促使企业的实际存货数额接近于目标存货数额。正是通过这种方式进行的企业存货数额的经常调整来对企业本身的生产经营活动和市场上相应商品的供求数量、价格发生直接和间接的影响。

从价值形态来看,企业对存货的调整就是对存货所占用资金的调整。假定企业的目标存货数额被确定在合理的水平上,而实际存货数额又能与这一合理水平上的目标存货数额大体上保持一致,那就可以使资金周转加速,并使存货所占用的资金保持在合理的水平上,否则,就会影响资金的周转,并使存货占用过多的资金,从而影响企业的生产经营活动。

从实物形态来看,无论企业存货是以原材料、燃料、辅助材料、工具、配件等形式存在,还是以半成品、制成品形式存在,它们全都需要一定的保管设施和企业内部的运输设施,这些也都占用资金。因此,企业存货的经常调整究竟能否实现实际存货数额与合理的目标存货数额的一致,影响着企业的产品成本和利润。只有使每一种存货都保持在合理水平上,才能节约企业的保管设施和内部运输设施,节约企业的资金和加速资金周转。

四、价格预期对企业存货调整的作用

(一)存货调整的程序化

假定不考虑市场因素,企业存货的调整可能是一种程序化的行为,即企业可以遵循过去一贯采取的进货和销售的方式,根据日常生产经营的需要,按正常的方式和批量进货和销售,以保持实际存货数额与目标存货数额的一致。

(二)价格预期

人们对价格变动的预测被称为价格预期。如果价格的实际变动情况与人们对价格变动的预测相一致,这样,只要人们事先根据价格预期而采取相应的措施,就可以避免受到损失。在生产经营过程中,企业必须对价格可能发生的变动进行预测,并以自己的存货调整作为应付可能发生的价格变动的措施,以避免损失。

(三)存货调整的非程序化

在价格预期起作用的条件下,企业存货的调整就不仅仅是一种程序化的行为,而且也是一种非程序化的行为,即不一定遵循过去一贯采取的进货和销售的方式,而是根据价格变动的具体情况以及企业自身对价格变动的预测来进货和销售。

就价格预期而言,这里既包括了一般价格预期,即对于一般物价水平变动的预期,也包括了个别价格预期,即对于构成企业存货的各个具体商品价格变动的预期。企业根据前一种价格预期来安排自己的资金使用和从总的方面来进行存货调整的决策,企业还根据后一种价格预期来调整存货的结构,并对各个具体商品的实际存货数额和目标存货数额进行调整。在企业看来,价格有上涨(或下降)趋势的原材料、燃料、辅助材料、工具和配件,就应当增加(或减少)其进货量,这样,企业中的这些商品的实际存货数额将大于(或小于)目标存货数额,或它们的目标存货数额将被调整到较高(或较低)的水平上。在企业看来,价格有上涨(或下降)趋势的制成品,就应当减少(或扩大)其销售量,这样,企业中的这些商品的实际存货数额也将大于(或小于)目标存货数额,或者,企业将提高(或降低)这些商品的目标存货水平。

五、供给不足和限制性市场条件下的企业存货调整

(一)超正常存货

在企业生产经营过程中所需要持有的原材料、燃料、辅助材

料、工具、配件供给不足的条件下,企业为了避免供给的中断,有必要增加这些商品的进货量和储备量,从而有意识地保持大于正常情况下的存货数额。

在限制性市场上,也会出现类似的现象。这是因为,一旦企业考虑到市场竞争不充分、市场信息不完整,以及买方与卖方都有可能处于独占地位之中,它们为了避免供给渠道阻塞和进货不能按预定的计划实现,将会尽可能地寻找适当的机会增加进货量和存货量,从而有意识地保持大于正常情况下的存货数额。

假定某些商品的供给不足和限制性市场的条件是临时性的,那么这种超正常存货的现象也不可能长久保持。不仅如此,在客观上已经不再存在供给不足和限制性市场的情况被企业认识到以后,在一段时间内,企业对这样一些商品的进货量会减少,它们的存货量会下降,直到最终在新的合理目标存货水平上建立新的进货计划之时为止。

(二) 超正常存货长期存在的可能性

假定供给不足和限制性市场的条件要持续相当长的时间,那么,超正常存货的现象将会长久存在。但只要供给不足的情况不再继续恶化,市场的限制性不再向极端方面发展,那么,企业的进货量和存货量的增长趋势会减缓,最终不再继续增加,而保持在一个较高的实际存货水平上,从而企业会改变目标存货数额,使之符合于新的形势。这样,超正常的存货也就被看成是新形势下的正常存货。至于由此而形成的企业产品成本增加,也将被看成是为保证企业生产经营所必需的产品成本的增加。

第四节　企业存货调整与市场商品可供量变动之间的关系

一、市场商品可供量概念

（一）定义

市场商品可供量是指一定时期内市场上可以向需求者供给的商品量。它包括一切待出售的生产资料和消费品，而在生产资料中，包括供最终用于再生产的生产资料和作为中间产品被使用的生产资料。因此，市场商品可供量也可以称为市场存货量。

（二）市场商品可供量与企业存货调整的关系

市场商品可供量与企业存货调整之间的关系如下：

1. 在其他条件不变的情况下，如果企业增加了进货量，从而增加了企业存货数额，那么，市场商品可供量就会减少；反之，市场商品可供量就会增加。

2. 在其他条件不变的情况下，如果企业增加了半成品和制成品的库存数量，从而减少了销售量，那么，市场商品可供量就会减少；反之，市场商品可供量就会增加。

3. 在其他条件不变的情况下，如果企业重新确定自己的目标存货水平，并要求实际存货水平与目标存货水平趋于一致，那么，随着目标存货水平的提高或降低，市场商品可供量也会相应地减少或增加。

4. 企业的价格预期，无论是一般物价预期还是个别价格预期,都会通过企业存货调整而影响市场商品可供量。

5.市场商品可供量的变动会影响商品供求比例的变动,从而一方面通过价格变动而影响企业存货调整,另一方面通过供给量的限制(指供给不足条件下的情况)而影响企业存货调整。

由此可见,企业存货调整与市场商品可供量变动之间存在着相互连续影响的过程。企业存货数额的变动影响市场商品可供量,再反过来影响企业存货数额,或者,市场商品可供量的变动影响企业存货数额,再反过来影响市场商品可供量。这一过程反复进行。

二、市场商品可供量的总量与结构

(一)总量分析

企业生产的作为商品出售的全部产品都进入市场,成为市场商品可供量的一个组成部分。国家所需要的生产资料和消费品,也是国家按一定价格从市场购入的。国家买进和售出商品的数量的变动同企业买进和售出商品的数量的变动一样,使市场商品可供量的总量或减或增。

在开放经济条件下,市场商品可供量将因商品的进口和出口而变动。商品的进口和出口由企业自主经营。这意味着,商品进口量的增减表现为经营进口贸易的企业向国内市场提供的商品数量的增加或减少,商品出口量的增减则表现为经营出口贸易的企业向国内市场提供的商品数量的减少或增加。

(二)结构分析

对企业来说,无论它作为商品的购买者还是作为商品的出售者，它买进和售出的都是具体的商品，因此，企业存货需要按品种分类确定、计算。企业存货的结构同市场商品可供量的结构直接有关。同时，企业存货的调整也是按品种分类进行的。企业的价格预期除一般物价预期外，还包括对个别商品价格的预期，这也将影响企业对具体商品的买进、售出的决策，从而影响市场商品可供量的结构。在某些场合，可能从总量的角度来考察，企业存货的价值没有发生变化，市场商品可供量的价值也没有发生变化，但从结构的角度来考察，企业存货的结构和市场商品可供量的结构都已经发生了较大的变化，从而对下一轮的企业生产经营和市场供求关系发生较大的影响。

社会上的企业所生产经营的商品千差万别，它们各自的存货结构也是极不相同的。但由于每一个企业的存货中不仅包括各自生产出来的半成品和制成品，而且包括原材料、燃料、辅助材料、工具、配件，等等，这样，就大多数企业而言，仍然可以从它们的存货结构中发现一些普遍需要的物质商品，如钢铁、有色金属、建筑材料、化工原料、木材、煤、石油等。在这些商品出现供不应求和价格有上升趋势的条件下，企业将会增加对这些商品的购买量，以增大自己的实际存货数额。而当多数企业采取同样的存货调整行为时，市场上这些商品的供给与需求之间的差距就会进一步扩大。企业增加实际存货与市场商品可供量减少之间这一相互连续影响的过程，只有等到这些商品的供求关系趋于缓和以及价格呈现稳定的趋势，并且让多数企业认识到这种新形势的时候，才会通过企业存货调整行为的变化而逐渐中止下来。

三、从企业存货调整看经济中的总量失衡问题

从企业的角度来看,可以把企业采取的存货调整行为区分为常规性的行为和预防性的行为两类。虽然这两类企业存货调整行为都表现在企业的进货和销售上,并且都以实际存货数额与目标存货数额趋于一致作为所要达到的目的,但它们的区别是很明显的。区别在于:这两种企业存货调整行为各自产生于不同的经济形势之下,它们的意图不一样,它们可能引起的后果也不相同。

(一)常规性存货调整行为

常规性的企业存货调整行为是指:企业根据自身生产经营的需要,为了使自己的实际存货数额适应于市场供求关系的变动,即适应于市场商品可供量的变动,而采取的调整存货的行为。这是市场供求关系一般未发生预料之外的重大变动的形势下的企业存货调整行为。在这种形势之下,企业的存货调整行为是常规性的。这里所说的常规性的存货调整,并不意味着企业一直按固定不变的数量进货和销售。实际上,进货量和销售量可能有所增减,也可能一个时期多一些,另一个时期少一些,但总的说来,前一个时期的多或少,将被后一个时期的少或多在某种程度上抵消。这样的企业存货调整行为一般不会引起市场商品可供量的明显变化。即使市场商品可供量会因企业进货和销售的时增时减而有所波动,但不致达到影响经济正常运行的程度。也就是说,假定这时经济中出现了失衡现象,那么,这种失衡现象并非由企业存货调整行为本身所引起,应该主要在企业存货调整行为以外去寻找原因。

(二) 预防性存货调整行为

预防性的企业存货调整行为是指：企业为了使得自身少受损失，甚至为了增加自身的利益，在预料到市场供求可能发生重大变动的场合，尤其是在预料到某些原材料、燃料、辅助材料、工具、配件等可能有较大的供给缺口的场合，而采取的调整存货的行为。在这种形势之下，企业的存货调整行为是预防性的。这里所说的预防性的存货调整，也不意味着企业的进货和销售是完全无规则的、突发性的。实际上，进货量和销售量可能根据企业的资金情况而表现为分批地、定量地进行。但即使如此，由于预防性的企业存货调整行为会加剧已经不平衡的供给与需求之间的关系，从而会导致或加重对经济正常运行的有力干扰，而促使经济中出现失衡现象，或使得已有的失衡现象更加严重。也就是说，假定这时经济中出现了失衡现象，那么，这种失衡可能与企业采取的存货调整行为以及由此引起的市场商品可供量的变动直接有关。

四、从企业存货调整看经济中的结构性失衡问题

由于企业的进货和销售都是按商品分类进行的，企业的存货从实物形态上看包含了各种不同的物质产品，因此，在对企业存货调整行为进行总量分析时所区分的常规性存货调整行为和预防性存货调整行为，同样适用于对企业存货调整行为的结构分析。

常规性的企业存货调整行为一般不致使市场商品可供量发生重大的变化而影响到经济的正常运行。但预防性的企业存货调整行为则与此不同。企业为了应付所预料到的某些商品将会

出现的严重供不应求的形势,形成了自己对这些商品的过度储备,这样就会加剧这些商品已经不平衡的供给与需求之间的关系,从而会导致或加重对经济正常运行的有力干扰,而使经济中出现结构性失衡现象,或使得已有的结构性失衡现象更加严重。

经济中的总量失衡和结构性失衡有可能同时发生。在这两种失衡同时发生时,市场商品的供求必然既在总量上、又在结构上存在着严重的不协调。从企业存货调整的角度来看,这种情况的出现很可能与多数企业出于预防性的考虑而大幅度调整某些重要商品的进货量与销售量的行为有关。

一般而言,经济中的重大震荡可能发生在微观经济单位估计到价格将有显著变动,但这种变动由于某种原因而尚未成为事实,从而纷纷采取预防性措施的时刻。要消除这种重大震荡,无疑需要先找到原因,再有针对性地采取行动。但尽量使微观经济单位减少所采取的预防性的抢购或抛售措施,未尝不是缓和经济中震荡程度的方式之一。这意味着,在经济中采取强行抑制的做法往往只能收到相反的效果,以致震荡更大。在很多情况下,不如实行少抑制(或者,能够不抑制就不必抑制)、多疏导的做法,以便使微观经济单位感到放心,尽可能地不采取预防性的抢购或抛售措施,经济中的震荡自然也就可以减轻了。

第八章　企业的资金筹集和资金运用

第一节　企业资金的循环和周转

一、企业资金概念

企业资金是指企业在生产经营活动中为购买生产资料支付给劳动者的报酬所占用的价值。按照在生产经营活动中所起的作用来看，它分为固定资金、流动资金和专项资金。

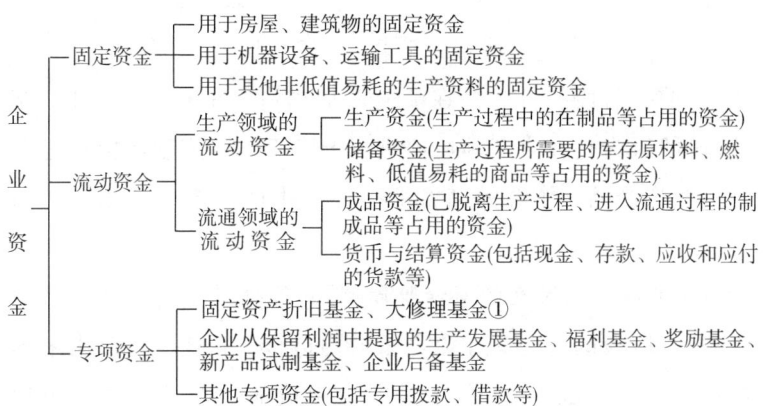

图 8.1

---

① 大修理基金是企业根据固定资产原价按一定比率提存的、专门用于固定资产大修理的基金，企业利用它来更换机器设备的主要部件、配件，翻修厂房等。由于本书是有关社会主义一般理论的著作，而并非专门论述工业企业管理的著作，因此只考察固定资产折旧，省略了大修理基金，正如本书在考察企业保留利润时，只考察其中的生产发展基金、福利基金、奖励基金，而省略了新产品试制基金、企业后备

基金等一样。

二、企业资金循环

企业资金循环是指企业资金从一种形态顺序转化为另一种形态,直到恢复原来的形态。在再生产过程中,企业资金将依次经过货币形态、储备形态、生产形态、成品形态、货币形态而返回原来的出发点,形成资金的循环。

现将各个不同形态的企业资金在再生产过程中的作用表述如下。

(一)再生产过程的第一阶段:购买阶段

货币形态的资金(即货币资金)是再生产过程的起点。在这一阶段,企业用货币资金购买生产资料并支付工人工资。购买的结果,企业的资金已由货币形态转化为储备形态。

(二)再生产过程的第二阶段:生产阶段

与前一阶段的行为是在流通领域内进行的这一点不同,这一阶段的行为是在生产领域内进行的。工人运用生产资料进行生产,制造产品。资金的储备形态经过生产形态而转化为成品形态。

(三)再生产过程的第三阶段:销售阶段

这一阶段的行为又在流通领域内进行。企业将生产出来的成品销售出去,取得货币,于是资金由成品形态转化为货币形态。

以 G 表示货币,W 表示商品,P 表示生产过程。现将企业资金循环图示如下:

$$G—W\cdots P\cdots W'—G'$$

虽然资金循环的起点和终点都是货币形态的资金,但 G' 是一个比 G 增大的价值量,其中包含了生产过程中新创造的剩余。企业利润就是由剩余转化而来的。

三、企业资金各种形态的并存

以上所说的 G—W…P…W'—G' 的过程只是企业资金的一次循环。只要企业继续存在,那么,企业资金就会不停地运动,上述资金循环过程也将周而复始地进行。

可以把连续的企业资金循环过程图示如下:

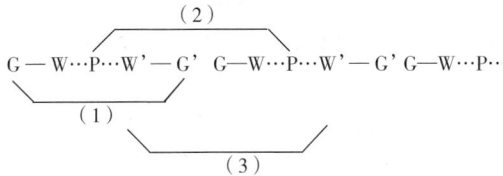

从上图可以了解到,企业资金的循环有三种不同的形式:

1. 图中的 G—W…P…W'—G'。这是货币形态的资金的循环,即从货币资金购买生产资料和支付工人工资开始,到销出商品,取得货币为止。

2. 图中的 P…W'—G' G—W…P。这是生产形态的资金的循环,即从工人运用生产资料进行生产,制造产品开始,到下一个生产过程中工人继续运用生产资料进行生产为止。

3. 图中的 W'—G' G—W…P…W'。这是成品形态的资金的循环,即从成品被制造出来,准备销售开始,到下一个生产过程中重新制造出成品为止。

在一定时期内,企业资金是以各种形态(包括货币形态、储备形态、生产形态、成品形态)并存的。

四、企业资金周转

(一) 定义

企业资金的周而复始的不断循环被称为资金周转。资金周转的时间就是资金通过生产领域和流通领域所需要的时间,它由生产时间和流通时间所构成。

企业资金周转速度通常以年为单位来计算。企业资金周转次数则以一年内的周转次数来确定。资金周转的时间与资金周转的次数成反比例。资金周转时间越短,周转次数越多,周转的速度便越快;反之,资金周转时间越长,周转次数越少,周转的速度也就越慢。

(二) 企业资金周转时间的分解

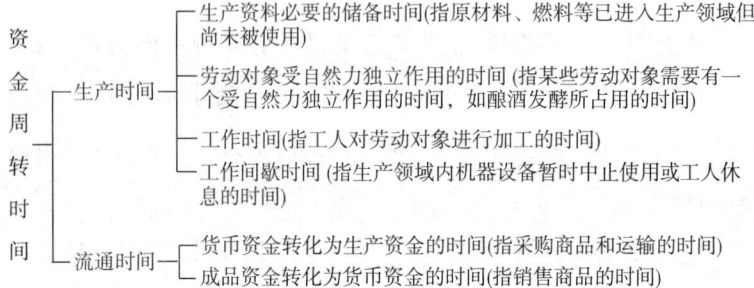

图 8.2

只有在生产时间中的工作时间内,才创造价值。因此,缩短工作时间以外的其他各段时间,并尽量使生产时间与工作时间吻合,对于加速资金周转时间有着重要意义。

五、固定资金周转

(一) 固定资产周转速度

企业固定资金的实物形态是固定资产,后者虽然在物质形态上全部参加生产过程,而其价值则根据磨损程度逐渐转移到产品中去。固定资金作为固定资产的货币表现,它的周转速度取决于固定资产的使用年限。

固定资产磨损包括有形磨损(因实际使用和受自然力侵蚀而造成的磨损)和无形磨损(由于科学技术进步和劳动生产率提高而造成的原有固定资产的贬值)。按照折旧率提取的折旧费是计入产品成本的,企业从销售收入后收回折旧费,形成企业固定资产的折旧基金。如果折旧率过低,不仅会使企业生产中的实际成本大于账面的成本,从而不能正确反映企业的实际盈亏,而且也不利于企业及时进行固定资产的更新。反之,如果折旧率过高,则导致企业中的实际成本小于账面的成本,这同样不能反映企业的实际盈亏,而且还会使固定资产过早报废,使生产资料供应紧张。

(二)固定资金的价值补偿和实物更新分别进行

固定资金的价值补偿通过折旧费的提取而逐步实现。固定资金的实物更新表现为企业利用所形成的固定资产折旧基金进行重置投资。由于企业当年提取的折旧费与企业当年进行的重置投资在数量上不相等,这样,对一个企业来说,在一些年份可能是重置投资的资金不足,在另一些年份可能是准备用于重置投资的资金暂时闲置或部分闲置。但是,在同一时期内,一些企业重置投资资金暂时的、部分的闲置将同另一些企业对重置投资资金的运用有某种程度的抵消。这样,只要不发生重大的技术变革,企业重置投资对国民经济运行的影响不会十分强烈。换言之,重置投资对国民经济运行的影响要比净投资对国民经济运行的影响小得多。

六、流动资金周转

企业流动资金的实物形态是流动资产。虽然它在生产和流动过程中不断改变自己的形态(货币、原材料、在制品、成品、货币),但它在一个生产周期内只周转一次,它使自己的价值一次全部转移到所生产的产品中去。

从保证生产经营中对流动资金的正常需要和合理地规定资金占有量的角度来看,企业的流动资金可以分为定额流动资金和非定额流动资金两类。定额流动资金是指可以在企业正常进行生产和经营时规定最低需要量的流动资金,它们在数量上是比较稳定的。非定额流动资金是指在企业进行生产和经营时在数量上难以事先确定的流动资金。例如,储备资金、生产资金、成品资金通常属于定额流动资金;货币和结算资金则通常属于非定额流动资金。

区分定额流动资金和非定额流动资金的目的在于更好地对企业流动资金进行管理,以免发生流动资金占用量过大、资金周转速度放慢的情况。

企业在实际的生产经营活动中应当合理地运用资金,加速资金周转,提高资金使用效果。这是企业管理的一项重要任务。

第二节 企业的资金筹集

一、企业资金筹集的含义

企业资金筹集是指企业为了生产和经营而筹集所需要的资

金。每一个新创建的企业固然需要筹集资金,但即使是已经建立并且正在进行生产经营活动的企业,它们也都需要筹集资金。因此,企业资金的筹集与企业资金的供给的意义相同。

二、企业资金来源

集体集资和集体所有制企业的部分利润再投资,构成集体所有制企业的自有资金。集体所有制企业为了生产经营的需要,还通过一定的方式从外部(包括银行或其他单位)借入资金,这构成它们的借入资金。

全民所有制企业的自有资金除了有国家财政拨款和专项基金而外,还有企业为了满足特定用途的需要而建立的基金,如固定资产折旧基金,大修理基金,由企业保留利润中提取的生产发展基金、福利基金、奖励基金,等等。全民所有制企业的借入资金也是通过一定的方式从外部(包括银行或其他单位)借入的。假定某些全民所有制企业可以吸收合资经营者的投资,以及职工或个人投资,那么,要根据有关集资的具体规定,将由此所筹集的资金或者列入企业自有资金,或者列入企业借入资金。

可以把社会主义经济中的企业资金主要来源列举如下：

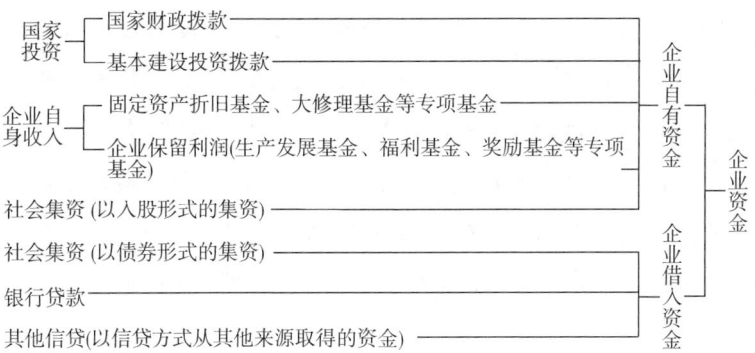

图 8.3

在这里需要注意的是，一定的企业资金来源有时是同一定的资金用途联系在一起的。例如，企业的专项基金就有特定的用途。又如，银行贷款也往往与规定的用途有关。

三、企业资金筹集的代价

企业资金筹集的代价就是指企业资金有偿使用的费用。

企业所使用的资金中来自银行贷款或以其他方式借入的，必须按照规定支付利息。利息成为借入资金的代价。

在企业的自有资金中，来自以入股形式的社会集资，应当支付红利或股息。所支付的红利或股息成为这一部分自有资金的代价。假定入股的资金可以按照入股者的意愿而自由退出（或按照一定的手续转让），那么，所支付的红利或股息应当多于为同等数量的借入资金所支付的利息。同时，企业还必须为社会集资支付一定的管理费用和集资工作中的其他费用，它们也是以社会集资方式取得自有资金的代价。

企业的自有资金中有来自企业收入的各种专项基金。企业是不必为此支付利息或红利（股息）的。但这并不意味着企业在使用这些资金时不付出代价。例如，企业为形成自己的固定资产折旧基金，必须按一定的折旧率提供折旧费，而折旧费是摊入产品成本的，这就意味着企业是以产品成本的增加（从而以价格不变条件下的企业利润的减少，或以企业利润不变条件下的价格的上升）作为代价。又如，企业保留利润中的生产发展基金、福利基金、奖励基金三个部分在企业保留利润总额为既定的条件下，有此长彼消的交替关系。所以其中某一项基金的增大势必以另外一项或两项基金的减少作为代价。

企业自有资金中有来自国家投资的部分（包括国家对全民所有制企业的财政拨款和国家基本建设投资拨款）。根据规定所缴纳的固定资金占用费，就是企业为使用国家投资所形成的固定资产支付的代价。固定资金占用费从企业利润中扣除，它在形式上相当于税金，性质上相当于国家投资的利润或利息。此外，企业根据规定所缴纳的流动资金占用费，也是企业为使用国家财政拨给的流动资金所支付的直接代价。流动资金占用费同样从企业利润中扣除，形式上相当于税金，性质上相当于国家投资的利润或利息。

四、企业资金筹集决策

（一）集体所有制企业资金筹集决策

集体所有制企业在资金筹集方面的决策主要取决于资金筹集的代价与资金运用所带来的收入的比较，取决于各种资金筹集方式的代价的比较。

（二）全民所有制企业资金筹集决策

全民所有制企业虽然有权拥有和支配自留资金，但新创建企业的决策并不是由企业自身作出的，或者说，并不是由未来建成的企业的经营管理者作出的。因此，在企业资金筹集决策方面，企业的经营管理者主要是在企业建成并开始进行生产经营活动后才能对各种资金筹集方式的代价加以比较和选择。不仅如此，全民所有制企业在建成并进行生产经营活动后，能对资金筹集的代价与资金运用所带来的收入作出比较的，主要是指借入资金中的银行贷款这一资金来源而言。

一般说来，如果一个企业在资金筹集决策时有较大的自主性,并且能对较多种的资金筹集方式的代价进行比较与选择的话,那么,这个企业就能够更好地使用它所筹集的资金,使资金的运用更有成效。从这个角度来看,在给定的经济体制之下,全民所有制企业是不如集体所有制企业的。

五、企业的国外资金来源

在开放经济条件下,企业有国外资金来源。

作为自有资金,企业有可能吸收外国资本,合资经营。

作为借入资金,企业有可能通过下述途径筹集资金:

1. 从外国银行和国际金融机构取得贷款;

2. 企业在国外发行债券;

3. 外国的出口信贷,包括卖方信贷和买方信贷。卖方信贷是指卖方(外国出口商)以分期付款形式向买方提供贷款,买方则按照分期付款的条件按期还本付息。买方信贷是指与卖方有往来的银行直接向买方提供贷款,买方用贷款支付卖方的贷款,然后买方按照贷款的条件向该银行还本付息。

4. 补偿贸易。企业与外商之间进行的补偿贸易有多种形式,例如,外商以机器设备和原材料等商品作为实物形态的资本贷给企业,企业利用它们生产出商品,再用这些商品向外商还本付息;又如,外商向企业提供贷款,企业用以购买生产资料,生产出商品,再用这些商品或企业的销售收入向外商还本付息。

5. 来料加工。来料加工实际上也是企业与外商之间的补偿贸易的一种形式。在这种形式下,外商提供原材料或机器设备,企业按外商要求的规格、质量和式样加工成商品,向外商收取加工费,并用加工费偿付原材料、机器设备的价款。

企业在利用国外来源的资金时,同样需要考虑资金筹集的代价,并需要对资金筹集的各种方式的代价以及由此带来的收入进行比较与选择。

六、租赁:企业资金筹集的另一种形式

企业以租赁方式取得生产经营所需要的设备,是企业资金筹集的另一种形式。它与银行贷款形式得到的借入资金的区别在于:后者是以货币形态的资金表现的,企业为此而付出的代价是支付利息;前者则是以实物形态(商品形态)的资金表现的,企业为此而付出的代价是支付租金。但租赁与其他形式的借入资金一样,都有一定的期限。在期限之内,企业按照合同规定支付租金。期满后,设备归还给出租者。

企业在采取租赁方式生产经营时,同样需要根据资金筹集的代价以及同其他资金筹集方式的比较来作出决策。租金的数额以设备的平均磨损程度为基础(即以平均折旧费为基础),但只要出租者是企业单位,它必然计算折旧以外的成本(如管理费用)和利润,因此,租金数额必然高于平均折旧费。即使如此,如果有以下四种情况之一,企业以租赁方式取得生产经营所需要的设备的做法是可取的:

1. 市场上货币资金供给不足,从而企业不易得到贷款去购买所需要的设备,但企业却有可能以租赁方式得到所需要的设备。

2. 市场上设备供给不足,从而企业即使有货币资金也难以买到所需要的设备,但企业却有可能以租赁方式得到所需要的设备。

3. 企业必须为购买设备的贷款支付利息,企业在使用这些设备时还必须按期提取折旧费。假定企业能在同等质量条件下租赁到该种设备,那么,租赁方式可以被采取的条件是:

租金累计额＜利息累计额＋折旧费累计额－设备报废后的残值

如果设备报废后的残值很小,那么可以不计算这种残值。

4. 假定出租者除了出租设备而外,还提供维修、保养等服务,甚至还派遣操作人员,而企业虽然有可能购置设备,但企业本身缺乏设备的维修、保养等服务的技术力量,甚至缺乏必要的操作人员。

由此可见,在一定的条件下,企业可以通过租赁方式取得自己所需要的实物形态的资金。

第三节 企业的资金运用

一、企业资金运用的分类

企业对于筹集到的资金的运用就是企业的投资。

企业投资分为:

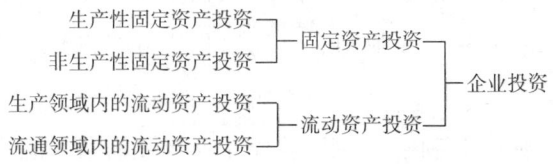

图 8.4

1. 生产性固定资产投资是指企业对直接参加生产过程或

直接为生产过程服务的固定资产进行的投资。生产性固定资产包括：

（1）生产用的房屋和其他各种建筑物。

（2）动力设备和传导设备。

（3）工作机器和设备，工具、仪器和其他生产用具。

（4）运输设备和工具。

（5）生产性的其他设备和器具等。

2. 非生产性固定资产投资是指企业对不直接参加生产过程或不直接为生产过程服务的固定资产进行的投资。非生产性固定资产包括物质与文化生活用的房屋和其他各种建筑物，以及物质与文化生活用的设备和器具等。

3. 生产领域内的流动资产投资是指企业对生产领域内以储备资金的实物形态和生产资金的实物形态存在的流动资产进行的投资。储备资金的实物形态包括原材料、辅助材料、燃料、低值易耗的商品等。生产资金的实物形态包括生产过程中的在制品等。

4. 流通领域内的流动资产投资是指企业对流通领域内以成品资金的实物形态的流动资产的投资，以及企业的货币与结算资金。成品资金的实物形态包括已脱离生产过程并进入流通过程的制成品等。企业的货币与结算资金包括企业以货币形态持有的资金，企业由于生产经营活动而发生的应收销货款、其他应收款、应付购料款、其他应付款等。

二、企业投资的有效性

从一个企业的角度来考察投资的有效或无效问题，需要分析和判断企业的某项投资能否维持原有生产规模和原有生产能力,或者能否扩大生产规模,增加生产能力。假定一个提供物质产品和生产性劳务的企业的生产规模不变表现于净产值不变,生产规模的扩大表现于净产值增大,那么,就可以用净产值的多少或净产值变动率来判断企业的某项投资究竟是否有效。假定一个企业的净产值同净产值中所包含的剩余之间有一定的比例关系,并且企业利润是剩余的转化形式,那么,在其他条件不变的情况下,也可以用企业利润的多少或利润变动率来判断企业的某项投资究竟是否有效。

三、企业资金的时间价值

假定企业的资金除了用于预定要使用的投资用途以外,只有唯一的一种替代方式,就是存入银行,因此,使用这笔资金的代价就是放弃了存入银行所能带来的利息收入。资金的时间价值是指:随着时间的推移,资金能够带来利息收入,利息收入还能带来利息收入;一定时间利上加利的总和就构成资金的时间价值。所以资金的时间价值等于资金未来值与资金现值的差额。资金未来值的计算公式如下:①

资金未来值=资金现值×(1+年利率)^{年数}

四、投资回收期概念

国民经济中的投资回收期是指收回某一基本建设项目的全

---

① 例如,企业现有资金1,000万元,按复利年利率4％计算,时间为五年。于是:

五年后的资金价值=1,000×(1+4％)^5=1,216(万元)

这样就可以知道,在复利年利率4％的条件下,1,000万元资金五年的时间价值是:

1,216－1,000=216(万元)

部投资费用所需要的时间。企业的投资回收期是指企业收回自己的某一投资项目的全部投资费用所需要的时间。它与国民经济中的投资回收期不同的是：在计算国民经济中的投资回收期时，既要列入某一投资项目投产后的折旧收入、企业利润收入，也要列入国家因此可以得到的税金；而在计算企业投资回收期时，则不应把企业因此缴纳的税金计算在内。

国民经济中的投资回收期

$$= \frac{投资总费用}{年度折旧收入＋年度企业税后利润＋年度企业纳税额}$$

$$企业投资回收期 = \frac{投资总费用}{年度折旧收入＋年度企业税后利润}$$

这表明，同样一笔投资，从企业角度看和从国民经济角度看，投资回收期的概念是不同的。只要纳税额不是零，企业投资回收期必然长于国民经济中的投资回收期。在对各种投资方案进行纯经济的评价时，或者一律按国民经济中的投资回收期评价，或者一律按企业投资回收期评价，这样才有可比性。这里所说的纯经济的评价，是把某项投资对于社会经济的利益排除在外的一种评价。关于后一个问题，留在本书第十三章和第十八章再来讨论。

如果要考虑到资金的时间价值，那么，需要将某项投资的收入和支出按一定的利息率（贴现率）折算为现值，再进行比较。

五、投资的风险性

投资的风险性是指：企业投资的结果可能盈利较多，可能盈利甚微，甚至会有亏损。这固然与企业本身的生产经营有关，但也可能与企业自己所不能预料和控制的外部条件的变化有关。因此,企业在投资决策时,需要把投资的风险性考虑在内,并且尽可能取得好的结果,避免不利的结果。

在存在着投资风险的企业投资实际中,由于各个企业投资决策者对风险程度的估计不同,以及他们对风险的态度或倾向性不同(如不怕冒较大的风险或宁愿不冒风险,而选择风险最小的投资行为等),这样,即使是内部条件相同的企业,又处于同样的外部条件下,并从事同样的生产经营活动,它们的投资行为也不可能一致,实际盈利程度也会有较大的差别。在市场竞争的环境中,这是正常的现象。

就一般企业的资金运用而言,不管各个企业在投资决策方面有什么差别,只要客观上存在着投资的风险性,那么,企业预期的利润率将是投资风险条件下的平均利润率,后者是根据所有可能出现的各种投资结果的概率计算出来的。

第四节　企业资金由货币形态向实物形态的转化

一、从国民经济的角度看企业资金的来源

把企业资金的国外来源和租赁形式略去不谈,企业资金主要有四个来源,即:(1)国家投资,(2)企业自身收入,(3)社会集资,(4)银行信贷。从国民经济的角度来看,这四个来源的资金都来自国民收入,它们是国民收入初次分配和再分配的结果。这是因为:

(1) 国家投资来源于国家财政收入(假定是税金收入)。后者是经过国民收入初次分配和再分配后集中到国家手中的。

(2) 在企业自身收入中,除了用于重置投资的折旧收入而外,其余部分是企业税后利润分配的结果,而企业税后利润是国民收入初次分配的结果。至于非生产劳务部门的企业税后利润,则是国民收入再分配的结果。

(3) 社会集资的范围很广。如果集资来自提供物质产品和生产性劳务的企业和劳动者,那么,资金的来源属于国民收入初次分配的范围。如果集资来自非生产劳务部门的企业和劳动者,那么,资金的来源属于国民收入再分配的范围。

(4) 银行信贷的资金来源不外银行的各种存款、银行自有资金、货币发行三大类。银行的各种存款,最终仍然是国民收入的初次分配和再分配的结果。银行自有资金除当年来自财政部门的而外,其余应被视为存量,不在收入流量范围内。至于货币发行,则不属于国民收入初次分配和再分配的范围(关于依靠银行自有资金和货币发行作为银行信贷的资金来源的做法,这里暂不分析)。

总之,从上述企业资金的四个主要来源可以清楚地了解到,如果不计入银行自有资金中的存量部分,也不考虑货币发行,企业资金都来源于国民收入。在社会主义经济中,正是通过国民收入初次分配和再分配,收入才转化为企业资金的。

现将国民收入分配与企业资金筹集的关系图示如 8.5(不包括来自国外的资金,并假定银行自有资金中不包括存量部分)。

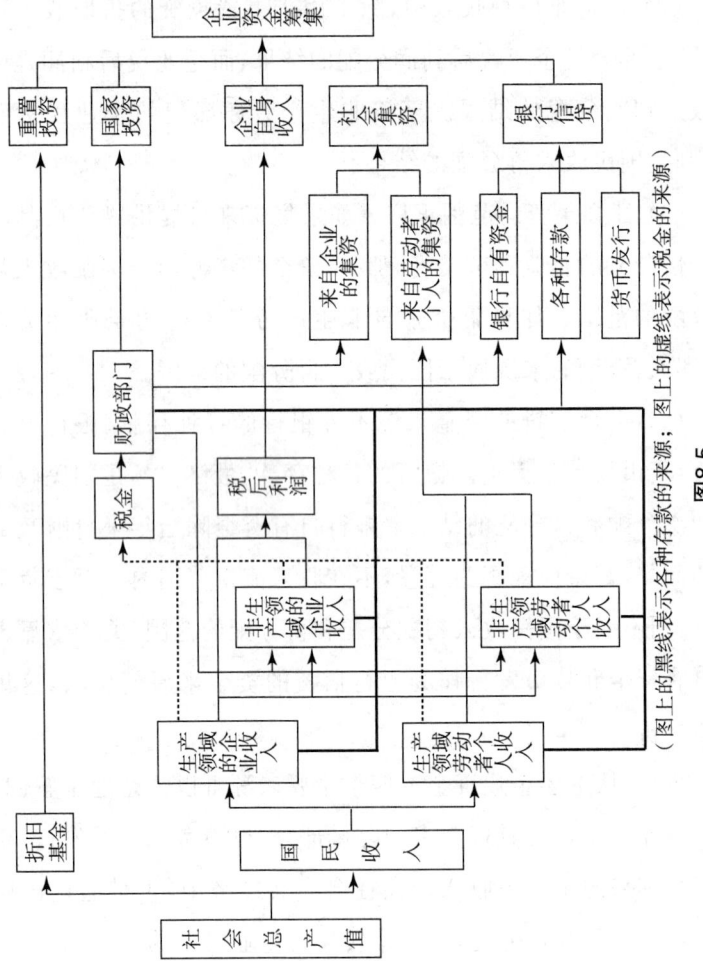

图8.5

二、国民经济中资金筹集的限额

在一定时期内,从国内能筹集到的企业资金,如果不计入银行自有资金中的存量部分和货币发行,将以税金、税后利润、折旧基金以及劳动者个人收入中扣除消费支出之后的余额之和为最大限额。实际上,从国内能筹集到的企业资金要小于这个限额,因为集中到国家手中的税金不可能全都用作企业资金,企业的税后利润中还有用于消费支出的部分。这样,下列公式基本上可以成立:

从国内能筹集到的企业资金最大限额=(税金-国家除投资以外的一切必要支出即消费支出)+(企业税后利润-企业税后利润中用于消费的支出)+(劳动者个人收入-劳动者个人消费支出)+折旧基金 (8.1)

由于折旧基金仅限于为重置投资所用,所以,从净投资的角度来看,在上述公式的右端应把折旧基金剔除出去。

这一最大限额也就是通常所说的国内的建设资金力量。如果不把过去积存的资金力量(包括银行自有资金中的存量部分)考虑在内,那么,要使企业资金超过这个限额,就只有依靠货币发行。

三、从总量上看企业资金由货币形态向实物形态的转化

(一)从货币形态分析

不管企业筹集到的资金是用于生产领域的投资还是用于非生产领域的投资,货币形态的资金应当与等量实物形态的资金相适应。这里,暂且把实物的结构撇开不谈,仅就总量来说,如

果企业筹集到货币,而货币无法转化为企业所需要的物质产品和生产性劳务,那么,这表明资金循环在循环的第一阶段(购买阶段)就中断了。从总量上看,资金循环的这种中断的原因是:企业从国内筹集的资金总量超过了国民经济中为净投资需要的投资品供给和消费品供给之和。可以把以下的公式(8.3)和公式(8.5)作一对比:

前面已经提到从国内能筹集到的企业资金最大限额公式(已剔除折旧基金),即:

从国内能筹集到的企业资金最大限额=(税金−国家除投资以外的一切必要支出即消费支出)+(企业税后利润−企业税后利润中用于消费的支出)+(劳动者个人收入−劳动者个人消费支出)　　　　　　　　　　(8.2)

现将公式(8.2)改为公式(8.3):

从国内能筹集到的企业资金最大限额=国家在扣除一切必要支出以后的收入余额+企业在扣除消费支出以后的税后利润余额+劳动者在扣除消费支出以后的收入余额　(8.3)

可见,从国内能筹集到的企业资金最大限额等于国家、企业、劳动者个人三者各自的收入的余额之和。

(二) 从实物形态分析

公式(8.3)是从货币形态方面分析的结果。再从实物形态方面进行分析:

国内能为净投资供给的消费品和投资品的最大限额=(国内供给的消费品−国家一切必要支出所需要的消费品−企业税后利润中用于消费支出所需要的消费品−劳动者用于个人消费支出所需要的消费品)+(国内供给的净投资

品） (8.4)

即：国内能为净投资供给的消费品和投资品的最大限额＝（国内供给的消费品＋国内供给的净投资品）－（国家一切必要支出所需要的消费品＋企业税后利润中用于消费支出所需要的消费品＋劳动者用于个人消费支出所需要的消费品） (8.5)

可见，国内能为净投资提供的消费品与投资品的最大限额等于国内供给的消费品与净投资品在扣除国家、企业、劳动者个人三者各自需要的消费品以后的余额。

(三) 货币形态分析与实物形态分析的统一

已知社会净产值就是剔除折旧以后国内供给的消费品与投资品之和。国民收入就是新创造出来的税金、企业税后利润与劳动者个人收入之和。因此，公式(8.3)与公式(8.5)是对应的。这就是说：可以用于企业净投资的国家、企业、劳动者个人三者各自收入的余额同社会净产值在扣除国家、企业、劳动者个人三者各自需要的消费品以后的余额相对应。只要国家投资（即企业资金供给的国家来源）与银行信贷（即企业资金供给的银行信贷来源）之和同国家的财政力量与银行的各种存款相适应，那么，从总量的角度来看，在国民经济中就不会发生资金循环第一阶段（购买阶段）的实现的困难，货币形态的资金是可以转化为实物形态的资金的。反过来说，假定国民经济中资金循环第一阶段（购买阶段）发生资金形态转化的困难，那么，这或者是由于信贷平衡条件下国家投资超过了国家财力的限度，或者是由于财政收支平衡条件下银行信贷超过了银行信贷资金供给的限度，或者是由于财政收入小于支出和信贷收入小于支出。

四、企业自筹资金的转化问题

企业自筹资金是指国家投资以外的各种来源的资金,包括企业自身收入、社会集资、银行信贷。

(一) 企业自身收入

企业自身收入是来自企业税后利润中扣除消费支出(如福利支出和奖金支出)之后的余额。由于税后利润是企业新创造出来的价值的一部分,在实物形态上或者体现为消费品,或者体现为投资品,所以,从总量上看,把税后利润扣除消费支出之后的余额用作企业的净投资,这笔资金的货币形态与实物形态是相对应的。

(二) 社会集资

社会集资可分为来自企业的集资和来自劳动者个人的集资。

来自企业的集资是税后利润的一部分。这就是说,如果企业不是把税后利润中用于消费支出之外的余额全部用于企业自身的投资,那么,其中可能有一部分会用于对其他企业的投资。但不管怎样,既然来自企业的集资是税后利润的一部分,即新创造出来的价值的一部分,资金的货币形态同它的实物形态在总量上就应该是对应的。

来自劳动者个人的集资是劳动者个人收入的一部分。这就是说,如果劳动者不是把收入中用于消费支出之外的余额全部用于储蓄,那么,其中可能有一部分会用于企业的集资。但不管怎样,既然来自劳动者个人的集资是劳动者个人的一部分,即新创造出来的价值的一部分,资金的货币形态同它的实物形态在总量上也应该是对应的。

(三) 银行信贷

如果不计算银行自有资金和货币发行,那么,银行信贷资金供给的限度是各种存款之和。在这个限度之内,并在财政收支平衡的前提下,银行给予企业的货币形态的资金是有可能转化为实物形态的资金的。在财政收支平衡前提下,如果银行信贷支出超过了这个限度,那么,企业自筹到的银行信贷资金在总量上将不可能全部转化为实物形态的资金。

由此可见,企业自筹资金转化的困难,从总量上看,有可能是因银行向企业发放了超过银行信贷资金供给限度的贷款而产生的。

五、从结构上看企业资金由货币形态向实物形态的转化

资金形态转化过程中,不仅有总量方面的问题,而且有实物供给(消费品和投资品供给)的结构方面的问题。现有企业所提供的具体的消费品和投资品在按品种划分的数量上不一定与企业投资所需要的相符合。这样,很可能有一些品种供给过多,又有一些品种供给不足。即使国家投资并未超过国家财力的限度,银行信贷也没有超过银行信贷资金供给的限度,但某些为企业投资所需要的商品品种供给不足将会造成企业筹集到的货币形态的资金追求实物形态的资金的紧张状况。即使在开放经济的条件下,如果由于外汇不足和国际市场供给不足而无法增加进口以满足企业投资的需要,那么,不仅那些供给不足的商品的价格会上涨,而且从整个国民经济来看,必然有一些企业不可能把筹集到的货币形态的资金转化为实物形态的资金,从而再生

产过程将受到阻碍。至于另一些有可能把筹集到的货币形态的资金转化为实物形态的资金的企业,很可能由于供给不足的商品价格上涨而又感到资金不足,于是力求增加设备,希望筹集到更多的资金。这一切势必在企业资金筹集与市场供应不足(若干种商品供给)之间产生一种不良循环。

在这里应当注意到,无论是供给过多的商品价格下降,还是供给不足的商品价格上涨,对于企业投资决策的影响都有一个时间间隔。从单个企业的角度来看,它的投资决策以及资金筹集工作并不会因市场价格变动而立刻进行调整。如果市场上为企业投资所需要的商品供给不足,价格上涨,企业一般不会立刻改变原来的投资决策,不会立刻把筹集到的资金转用于其他方面,更不会立刻把筹集到的资金退还给银行或集资者。企业很可能在一段时间内采取适应这种价格上涨的新形势的做法,仍按原来的投资决策去做。反之,如果市场上为企业投资所需要的商品供给过多,价格下降,企业除了继续按原来的投资决策进行投资而外,一般也不会把筹集到的资金转用于其他方面或把它们部分地退还给银行或投资者。价格的上涨或下降的影响要持续一段时间之后才会在企业的投资决策和资金筹集工作方面反映出来。这种情况对于国民经济运行的影响是不可忽视的。

六、企业资金形态的转化与国民经济中的失衡的关系

从宏观经济与微观经济的关系的角度来考察,企业资金形态转化问题对于国民经济运行的影响,可以从两种不同的情况着手分析。

(一)假定国民经济中总需求与总供给原来处于平衡状态

在这种情况下,如果符合以下条件,那么企业的资金筹集和运用将不会导致国民经济中总需求与总供给之间的不平衡,企业资金形态的转化也不会遇到困难。这些条件是:

1. 国家投资与银行信贷之和同国家财力与银行信贷资金供给相适应,即来自财政的企业资金供给与来自银行的企业资金供给之和同国家在扣除一切必要支出以后的收入余额与银行各种存款之和相适应。

2. 企业重置投资所需要的资金同企业的折旧基金相适应;企业净投资的资金中来自企业自身的部分同企业在扣除消费支出以后的税后利润余额相适应。

3. 企业净投资的资金中来自其他企业集资的部分,同其他企业税后利润在扣除消费支出以及其他企业用于各企业自身净投资以后所余下的部分相适应;企业净投资的资金中来自劳动者个人集资的部分,同劳动者个人收入在扣除消费支出以及银行存款以后所余下的部分相适应。

以上三个条件所说明的是企业资金筹集的每一部分(国家投资、企业自身收入、社会集资、银行信贷)都应当同各自可能供给资金的限额相适应,但从总量上考察,各个不同部分的不适应是可以相互抵消的。这就是说,如果这一来源的资金供给大于它自身可能供给资金的限额,那么,它可以被另一来源的资金供给小于它自身可能供给资金的限额所抵消。因此,如果各个来源的资金供给之和同各个部分可能供给资金的限额之和相适应,从总量上看,企业的资金筹集不会导致国民经济中总需求与总供给之间的不平衡。

4. 企业投资所需要的消费品和投资品同国内所供给的消

费品与投资品在扣除国家、企业、劳动者个人三者各自需要的消费品以后的余额相适应。

5. 企业投资所需要的消费品和投资品同国内所供给的消费品与投资品在扣除国家、企业、劳动者个人三者各自需要的消费品以后的余额,按品种的明细划分在数量上相适应。

在开放经济条件下,如果不能符合上述第四个条件和第五个条件,但只要使国内供给过多的商品出口,使国内供给不足的商品进口,而同时又不使进出口差额影响国民经济中原来的总需求与总供给的平衡,那么,仍然可以使企业投资需要的消费品和投资品同消费品和投资品的供给相适应。

总之,根据上述阐释,可以得出这样的看法:假定国民经济中原来的总需求与总供给是平衡的,而企业资金的筹集又符合这里所提出的条件,企业资金由货币形态向实物形态的转化将不会遇到困难,国民经济中原来的总需求与总供给的平衡状态也不会被破坏。如果不符合这些条件,企业资金筹集和运用有可能导致国民经济中的总量失衡或结构性失衡。

(二)假定国民经济中总需求与总供给原来处于不平衡状态

在这种情况下,以上对企业资金筹集和企业资金转化问题的分析基本上仍然是适用的。这意味着:

1. 如果符合上面提出的条件,国民经济中总需求与总供给的不平衡至少能保持现状,但不会因企业资金的筹集和运用而加剧。

2. 如果不符合上面提出的条件,并且假定原来国民经济中总需求大于总供给,那么,企业资金筹集中各种来源的资金供给大于各种来源可能供给资金的限额之和,以及企业投资所需要的消费品和投资品大于国内所供给的消费品与投资品在扣除国家、企业、劳动者个人三者各自需要的消费品之后的余额等情况,不仅不会使国民经济中总需求与总供给的不平衡状况有所缓和,甚至会导致或加剧国民经济的失衡。

如果国民经济中原来的总需求小于总供给,那么,企业资金筹集中出现的上述情况,会不会缓和甚至消除国民经济中总需求与总供给的不平衡呢?可以认为,仅仅从总量上分析是不够的。在这里,必须考察消费品和投资品按品种划分的供给与需求是否适应,如果不适应,那么,企业资金筹集中出现的上述情况仍然不可能缓和或消除国民经济中总需求与总供给的不平衡状态,而且还有可能导致或加剧国民经济的失衡。

第三篇

个人经济行为

第九章 个人作为消费者

第一节 个人可支配收入

一、个人收入

在社会主义经济中,个人收入是指个人在一定时期(比如说一年)内从各种不同来源得到的收入的总和。个人从各种不同来源得到的收入都来自国民收入。个人收入是通过国民收入的初次分配和再分配而到达每一个人手中的。

不管劳动者是否在提供物质产品和生产性劳务的部门和单位中工作,从收入的国内来源看,他们的个人收入主要由以下几部分构成:

1. 劳动收入(工资,奖金,从事农业、手工业、运输、服务等活动的劳动收入);

2. 经营收入(红利等);

3. 租金收入(房租和其他租金收入);

4. 利息收入(公债利息、企业债券利息和银行存款利息等);

5. 福利性收入(生活补助金、救济金和其他福利性收入);

6. 其他收入(从保险公司得到的收入、从物资回收部门得到的收入、个人间的转移收入等)。

二、个人可支配收入的确定

个人收入中减去个人纳税的支出,余下的就是个人可支配收入。个人可支配收入的大小取决于下述因素:

1. 国民收入的大小以及有关国民收入分配和再分配的方式和制度(包括工资制度和工资率,关于企业利润的税制、税率和企业税后利润的分配方式,利息率和租金率,社会福利制度和政府的福利支出的大小等)。这一切决定着国民收入中可以分配到全体社会成员手中的个人收入总量。

2. 有关个人纳税的制度和税率。在国民收入中可以分配到全体社会成员手中的个人收入总量为既定的前提下,有关个人纳税的制度和税率决定着全体社会成员的个人可支配收入总量。

3. 劳动者个人的劳动数量和质量,以及劳动者个人取得劳动收入以外的其他各种收入的主观和客观条件。这一切决定着每一个具体的劳动者所能得到的个人收入量。

4. 劳动者的个人收入量和个人收入的来源,并由此确定在既定的有关个人纳税的制度和税率的条件下个人是否纳税或纳税额的大小,从而决定着每一个具体的劳动者所能得到的个人可支配收入量。

三、个人可支配收入的分解

个人可支配收入可以首先分解为两个部分,一部分是个人消费支出,另一部分是个人收入在消费支出之后所余下的部分,它们被称为储蓄。

需要注意的是，这是理论意义上的储蓄，它可以再分为两部分，即个人在各种金融机构中的储蓄存款，以及个人手头的现金持有额。这样，可以把个人可支配收入的来源和去向图示如图9.1。

在实际生活中，个人可支配收入内，除了包括个人消费支出、个人在各种金融机构中的储蓄存款和个人手头的现金持有额而外，还可能包括以下这些部分，例如：个人持有的各种债券、股票，个人应收应付账款（其中，个人应付账款可以作为个人可支配收入的一项负值），个人购买的保值商品等。但为了便于对个人经济行为进行理论的分析，可以把上面提到的这些项目分别归并到有关的项目中去：

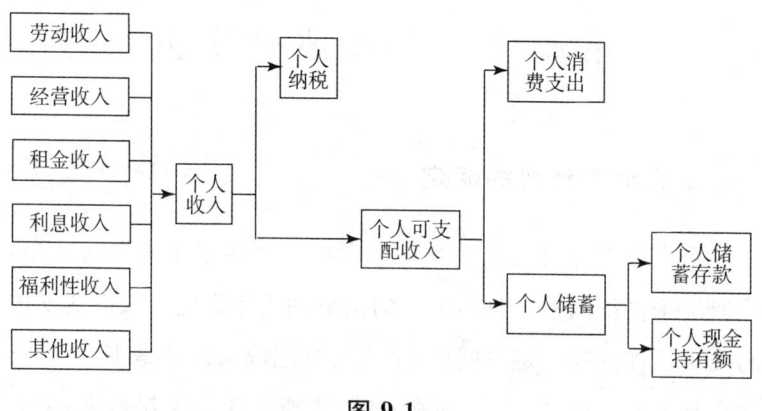

图 9.1

1. 个人持有的各种债券、股票，可以并入个人储蓄存款。这是因为，个人可以凭所持有的各种债券、股票按期得到收入，从而与个人在各种金融机构中的储蓄存款在性质上相似。此外，个人在各种金融机构中的储蓄存款将通过金融机构的中介作用而转化为社会的资金供给，而个人持有的各种债券、股票则已经转化为社会的资金供给,这在性质上也是相似的。

2. 个人应收应付账款可以根据它们是否计算利息来确定如何归并。如果个人应收应付账款是计算利息的,可以并入个人储蓄存款;不计算利息的,则可以并入个人现金持有额。

3. 个人购买的保值商品,可以并入个人消费支出。从理论上考察,个人消费、个人储蓄和个人保值商品的购买是难以严格区分的,在保值商品易于转让出去的情况下尤其如此。但在这里可以采取这样一种处理方法,即把个人购买保值商品的支出计入个人消费支出,而把个人转让保值商品的收入作为个人的其他收入,就如同个人向物资回收部门出售商品而取得的收入一样。

第二节 个人消费支出

一、个人消费动机的假定

个人可支配收入中究竟有多大的比例用于个人消费支出,这取决于多种因素,其中,个人的消费动机是影响个人消费支出的先决条件。在一定时间内,个人可支配收入即使是零,个人仍然会有消费支出,因为人必须消费,才能生活。这就是说,个人消费支出在一定时间内可以突破个人可支配收入的界限,而使个人储蓄为负值。当然,从较长时间来说,个人为了生活,必须取得个人可支配收入。比如说,在其他各种收入为零的情况下,福利性的收入、个人之间的转移收入、从物资回收部门得到的收入等,将构成个人的可支配收入。

为了对个人消费动机进行分析,可以作这样两个假定:

第一,个人的消费支出是为了满足自己的生活需要,包括生理的需要和社会、心理的需要,并且是在生理需要得到一定程度的满足之后才去满足社会、心理的需要。在这里,排除了把个人消费行为作为投资行为,从而把个人消费支出作为投资支出的情况。这意味着,假定个人在消费支出时,不具有通过这项支出而取得收入的动机,不具有把消费品当作生产资料的动机(即购买消费品是为了用于生产消费的动机)。在个人消费动机方面作这样的假定,可以使问题简化,并有助于对个人消费品存量调整和个人现金持有额调整进行分析。

第二,个人在一定的社会环境中生活,人们彼此之间在消费行为方面是有联系、有影响的。生理的需要,特别是社会、心理的需要,对任何一个生活在一定的社会环境中的人来说,都可能由于受到周围的人的影响而产生或变动。在这里,排除了较高收入水平的人受较低收入水平的人的消费的影响,而假定人们只受较高收入水平的人、至少是同等收入水平的人的消费的影响。在个人消费动机方面作这样的假定,也可以使问题简化,并有助于对消费水平的不可逆性和消费变动趋势进行分析。

二、影响个人消费支出的货币因素

可以把影响个人消费支出的其他因素区分为货币因素和商品因素两类。

货币因素主要包括个人可支配收入水平和商品价格水平。

(一)个人可支配收入水平

个人消费支出增长率与个人可支配收入增长率是否一致,

要根据不同收入水平和不同生活环境中的消费者的具体情况而定。在这方面,并没有一种在任何情况下都适用的消费支出增长率与个人可支配收入增长率之间的比例关系。在某些情况下,某种收入水平的消费者的消费支出增长率相对于个人可支配收入增长率而言是递减的,而另一种收入水平的消费者的消费支出增长率相对于个人可支配收入增长率而言则是不变的或递增的。即使是处于同一种收入水平上,如果情况改变了,那么,消费者的消费支出增长率与收入增长率之间的关系也会发生变化。这里所说的情况的改变,所包括的范围是比较广泛的,例如,消费者所处的地理环境的变化、他们的文化教育程度的变化、市场商品供求状况的变化、消费信贷条件的变化,以及新技术新产品发展情况等,都会影响一定收入水平的消费者的消费支出增长率与个人可支配收入增长率之间的关系。[1]

(二) 商品价格水平

从商品价格来看,在一般情况下,如果消费者收入不变,他们购买某种商品的数量依价格的升降成反方向的变化。至于某种商品价格上涨时消费者对该种商品的购买量究竟会减少多少,或某种商品价格下降时消费者对该种商品的购买量究竟会增加多少,那就要依商品的种类、消费者的收入水平和相对价格

---

[1] 消费支出在收入中的比例称为消费倾向。平均每单位收入中消费支出所占比例,称为平均消费倾向。每一单位新增收入中新增消费支出所占比例,称为边际消费倾向。消费倾向是不是递减,依平均消费倾向与边际消费倾向之间的关系而定。如果边际消费倾向大于平均消费倾向,那么,消费倾向是递减的;如果边际消费倾向等于平均消费倾向,那么,消费倾向不变。在社会主义经济中,不同收入水平的人或同一收入水平的人在不同的情况下,边际消费倾向与平均消费倾向之间的关系是不一样的。因此不可能笼统地断定社会主义社会的消费倾向究竟是递减还是递增。

的变化而定。具体地说：

1. 消费者对生活必需品的购买量在价格升降时的变动程度小于对非生活必需品的购买量在价格升降时的变动程度。

2. 在生活必需品尤其是非生活必需品的购买方面，收入水平高的人的购买量在价格升降时的变动程度小于收入水平低的人的购买量在价格升降时的变动程度。

3. 相对价格，即各种消费品的价格的比率，将影响消费者对某种商品的购买量。消费者对难以被其他消费品所代替的消费品的购买量在价格升降时的变动程度小于对易于被其他消费品所代替的消费品的购买量在价格升降时的变动程度。

三、影响个人消费支出的商品因素

影响个人消费支出的商品因素主要包括商品本身的特征以及商品的购买、使用、保养和维修条件。

（一）商品本身的特征

商品本身的特征是指商品的性能、质量、外形、包装等。在消费者已经具有某种消费动机的场合，商品本身的特征不仅可以促使消费者实现购买的愿望，并有助于消费者对商品进行选择，而且也有可能使消费者推迟购买，甚至取消购买的愿望。而在消费者并未具有某种消费动机的场合，商品本身的特征（性能、质量、外形、包装等）则有可能诱发消费者的购买愿望。

（二）商品的购买、使用、保养和维修条件

商品的购买条件包括商品购买方式（自选、邮购、赊销或一般购买方式）、商店位置、服务态度等。商品使用条件包括对于使用商品的知识和技能的要求、电力供应或水源供应条件等。

商品保养和维修条件包括对于保养和维修商品的知识和技能的要求、修理业的状况、家庭储藏条件等。

四、个人消费支出的去向

个人消费支出基本上有三个去向,即对消费品的支付、对劳务的支付、个人之间的转移支付。

1. 在个人利用可支配收入购买消费品时,个人所支出的货币通过市场进入生产和经营消费品的企业手中。对企业来说,这就是资金循环的第三阶段(销售阶段)。在这个阶段,企业资金由实物形态(成品形态)又转化为货币形态,于是企业将开始新的一轮资金循环,使再生产过程继续进行下去。

2. 在个人利用可支配收入作为劳务支出时,个人所支出的货币进入提供劳务的部门和单位手中。要知道,这里所说的劳务,不是生产性劳务,而是非生产性劳务。非生产劳务部门在得到个人的消费支出并保留一部分之后,将向提供物质产品和生产性劳务的企业购买为提供非生产性劳务所需要的物质产品和生产性劳务,以及向本部门的劳动者支付报酬。前一部分支出构成提供物质产品和生产性劳务的企业的收入,这也是那些企业的资金循环的第三阶段,即销售阶段(或资金由实物形态转化为货币形态的阶段)。后一部分支出构成本部门劳动者的个人收入。如果不必纳税或在纳税后,这将成为他们的个人可支配收入。然后,它们又将被分解为个人消费支出、个人储蓄存款和个人现金持有额。其中,个人消费支出再被分解为对消费品的支付、对劳务的支付、个人之间的转移支付。

3. 个人利用可支配收入所进行的个人之间的转移支付,并

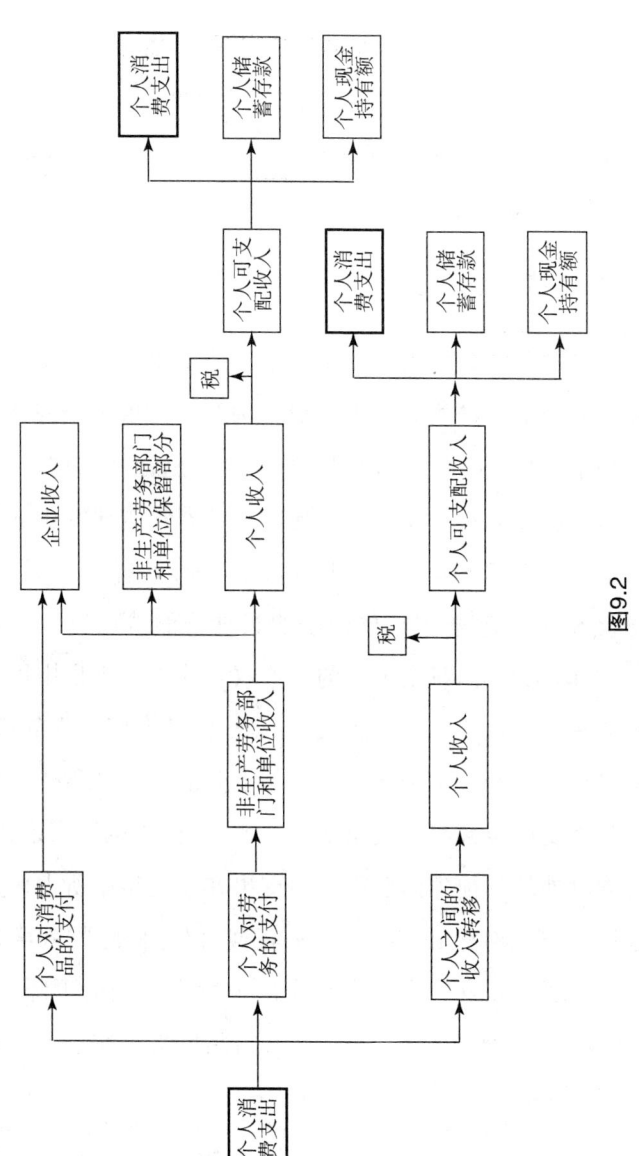

图9.2

不是这些收入的最终用途。这是因为,通过个人之间转移支付渠道得到的收入,如果不必纳税或在纳税后,将变为个人可支配收入,而个人可支配收入又会不断按上面提到的去向被分解。

这样,可以把个人消费支出的去向图示如图 9.2。

只要社会生产周而复始地进行,个人消费支出的上述分解将一直持续下去。

五、个人消费结构的变化

消费结构是指各类消费支出在总消费支出中的比重。消费结构分为社会消费结构和个人消费结构两类。由于家庭是消费决策的基本单位,所以个人消费结构又称家庭消费结构。

食物支出在总消费支出中的比重是消费结构研究中的重要问题。十九世纪德国统计学家恩格尔曾提出这样一个观点:一个家庭收入越少,其总支出中用来购买食物的费用所占的比例越大;一个国家越穷,每个国民的平均收入或平均支出中用来购买食物的费用所占比例也就越大。因此,随着家庭收入的增长,食物支出在总消费支出中所占比重是下降的。这被称作恩格尔定律。食物支出金额与总支出金额之比,被称作恩格尔系数。[①]

食物以外的其他生活必需品的支出在总支出中所占比重的变化趋势也与食物支出的变化趋势相似,但它们随收入增长而下降的时间要晚于食物支出在总支出中所占比重的下降,而且下降的幅度可能较小。至于非生活必需品的支出在总支出中所

[①] 如果存在着主副食品价格补贴,实际上的恩格尔系数要比账面上调查所得出的恩格尔系数高一些。如果存在着房租补贴、水电费补贴、公共交通费补贴等,实际上的恩格尔系数要比账面上调查所得出的恩格尔系数低一些。

占比重,则有随收入增长而上升的趋势。然而,在这里所遇到的一个重要问题是:生活必需品支出与非生活必需品支出之间的界限有时是很难清楚地划分的,并且二者所包含的内容也会随着经济的发展而变更。

六、个人消费水平的不可逆性

个人消费水平的不可逆性与以下两种情况有关:一是消费者本人的消费习惯,二是消费者所受到的周围环境的影响。

1. 消费者的消费习惯是在本人长期的收入和消费支出的影响下逐渐形成的,而一旦形成以后,它们将具有某种相对稳定的性质,在收入不发生持续和较大幅度下降的情况下不会发生较大的变化。由于个人可支配收入被分解为个人消费支出、个人储蓄存款、个人现金持有额三个部分,所以消费习惯的作用将使消费者在个人可支配收入水平暂时下降或略有下降的时候,以减少个人储蓄存款和个人现金持有额来维持或基本上维持原有的消费水平,这就是个人消费水平不可逆性的表现。

2. 关于消费者所受到的周围环境的影响,正如前面在谈到个人消费动机时已经指出的,假定收入较高的人不受收入较低的人的消费的影响,而只受更高收入的人、至少是同等收入的人的消费的影响,那么,人们在消费水平上一般是眼睛朝上看,而不是朝下看的,所以,他们至少要维持已经达到的消费水平,而不想从已经达到的消费水平上后退。这也是个人消费水平不可逆性的表现。

当然,这种不可逆性不是绝对的。如果个人可支配收入有较大幅度的下降,而且是持续的或长时期的下降,于是消费者也就不得不调整自己的收入的用途,改变自己的消费习惯,降低消费支出,并设法使自己适应于降低了的收入水平和消费水平。

第三节 个人消费品存量调整

一、个人消费品存量

(一) 定义

个人消费品存量是指个人持有的并且仍然有使用价值的消费品的数量。不仅耐用消费品有存量,而且非耐用消费品也有存量。在这里,一个重要的前提是,假定消费与投资二者的界限十分清楚,假定个人对消费品的购买仅仅是为了满足个人生活需要(包括生理的和社会、心理的需要),而不是把它们当作生产资料或用于转售以取得追加的收入。如果不作这样的假定,个人消费品存量就与企业的存货没有什么区别了。

(二) 企业存货与个人消费品存量的区别

这种区别反映了投资与消费之间的区别。具体地说,有以下两点:

1. 企业储存的原材料、燃料、工具、配件、半成品不仅可以用于生产,也有可能用于销售,因此,可以不受企业本身生产消费量的限制,但个人消费品存量则会受到个人消费量的限制。

2. 企业增加存货可以使企业增加收入,这样,企业可以设法筹集资金,以增加存货。个人增加消费品存量并不是为了取得收入或增加收入,因此,即使个人可以通过信贷方式来增加消费品存量,但增加的数量毕竟是有限的。

二、个人消费品存量调整的目的

(一) 个人消费品目标存量的确定

个人消费品的目标存量不仅与个人的消费动机直接有关,而且也与个人可支配收入中能用于消费支出的预期金额有关。如果个人有某种消费动机而预期能用于消费支出的金额可以满足这种需要,那么,个人将以此为依据而制定自己对某种消费品的目标存量。在某些场合,消费者的消费动机是受环境或商品本身所诱发的,但这并不影响个人消费品目标存量的存在,因为只要消费者产生了一定的消费动机,他就会对该种消费品有一个预定的存量目标。

(二) 个人消费品存量调整是为了使个人消费品实际存量与目标存量趋于一致

个人消费品的实际存量是指个人已经持有的某种消费品的数量。它不可能与消费品目标存量经常保持一致。这一方面由于消费者的消费动机是变化的,在环境和商品本身的影响下,消费者会产生新的消费动机和改变原来的消费动机,从而会改变消费品的目标存量。另一方面,不仅消费者对可支配收入的预期会被修正,而且消费者的现期可支配收入、特别是现期可支配收入与消费品价格之间的比率会发生变化。这样就造成了个人消费品目标存量与实际存量的不一致,因此,个人消费品存量调整的目的在于使这两种存量之间的差距缩小,以满足自己的生活需要。

(三) 个人消费品存量调整与企业存货调整的区别

1. 企业存货的调整可以通过调整进货量、生产经营过程中的消耗量、销售量三种方式进行(虽然调整进货量是其中最重要的方式),而根据前面关于个人消费支出的定义,个人消费品存量的调整通常只通过调整购买量这样一种方式进行,这也是消费与投资之间的区别的表现。一旦某种消费品的实际存量已经与目标存量保持一致,在消费者没有产生新的消费动机时,他将不再购买该种消费品。

2. 企业在生产经营过程中,力求使存货所占用的资金保持在合理水平上,既避免存货占用资金过大,影响资金周转,又避免存货不足,妨碍生产的继续进行。因此,实际存货与目标存货保持一致对企业目标利润率的实现是最为有利的。个人消费品存量的性质与此不同。这里既不存在影响资金周转的问题,也没有实现目标利润率的考虑。只要个人继续取得可支配收入,他就会把收入的一部分用于消费。即使绝大多数消费品的实际存量已经与目标存量一致了,消费者也不会仅仅按照已有耐用消费品的磨损程度和耐用消费品的日常消耗量来安排消费支出,而把超出这部分消费支出的收入全部转为储蓄。在这种情况下,个人储蓄存款和现金持有额有可能增加,但个人消费支出的绝对金额不会减少,更不会大大减少。当然,个人这时也可能产生新的消费动机,建立新的消费目标,并为缩小新的消费品目标存量与消费品实际存量之间的差距而安排消费支出。

三、个人消费品存量调整的不规则性

个人消费品存量调整的不规则性产生的原因在于:个人消费支出的目的除满足生理的需要而外,还要满足社会、心理的需要,并且随着可支配收入水平的提高,为满足社会、心理的需要的消费支出的绝对金额越来越大,它们在总消费支出中所占比重越来越大,而这些消费支出的运用、与此有关的新消费目标的建立和消费品目标存量的确定有较大的随意性。个人主观因素起的作用是很大的。于是,在个人消费品存量调整过程中,不仅要受到商品价格和价格预期的影响,而且要受到诸如消费者收入水平和消费者偏好的变化之类的因素的影响。

与企业存货调整相比较,个人消费品存量调整的不规则性主要表现如下:

1. 企业一般不会购买自己的生产经营所不需要的原材料、燃料、工具和配件等,而消费者却有可能出于某种消费动机而把持有实际上并不需要的消费品作为目标,并用自己的消费行为来缩小实际存量与这一目标存量之间的差距。

2. 在预期价格不变的条件下,除非企业生产经营方向和生产规模有较大的转变或生产技术有较大的变革,否则企业所需要建立的目标存货在品种、质量和数量上不会有较大的更动。消费者对于消费品存量的态度却与此有所不同。即使预期价格不变,即使家庭收入水平和家庭规模不变,即使生产和消费技术也都没有大的变革,个人仍可能产生新的消费动机,从而作为目标的消费品在品种、质量和数量上,以及个人对消费品的选择和购买上,仍会有较大的变动。

3. 如果预期价格是变动的,一般说来,这将在企业存货调整方面有所反映,即企业可能由此增减进货量、消耗量和销售量。但预期价格的变动在个人消费品存量调整方面的反映则比较迟缓。甚至会出现这样的情况,某些消费品的预期价格上升并不使个人增加购买量和实际存量,预期价格下降也不使个人减少购买量和实际存量。

这一切都是个人可支配收入水平提高后消费支出越来越具有随意性或自由选择性的表现。

四、个人消费品存量调整与市场消费品可供量

市场消费品可供量是由社会上全部生产者可以向市场提供的消费品的总和构成的。它与个人消费品存量调整之间的关系如下：

1. 在其他条件不变的情况下，如果个人增减个人消费品存量，那么，市场消费品可供量也会相应地减少或增加。

2. 在其他条件不变的情况下，如果个人重新确定自己的消费品目标存量，并要求实际存量与之一致，那么，随着目标存量的增减，市场消费品可供量也会相应地减少或增加。

3. 由于市场消费品可供量的变动会影响商品供求比例的变动，从而会一方面通过价格变动而在某种程度上影响消费者的个人消费品存量调整，至少是某些消费品的存量调整，另一方面通过供给量的限制（指供给不足条件下的情况）而影响消费者的个人消费品存量调整。

由此可见，个人消费品存量调整与市场消费品可供量变动之间存在着相互连续影响的过程。

五、市场消费品可供量的结构

从价值形态来看，一切消费品生产单位所生产出来的消费品，在进入市场后便构成市场消费品可供量。其中，除了国家利用财政收入购买和企业利用税后利润购买的用于公共消费的消

费品而外，所余下的部分都是可供个人消费的消费品。但这些消费品究竟能不能满足消费者的需求，或者究竟能在多大程度上被消费者用个人消费支出来购买，这与市场消费品可供量的结构与个人消费品存量调整的结构有关。

由于市场上的消费品千差万别，而个人所需要的消费品也是千差万别的，因此，在消费品的供给和需求从总量上说彼此适应的情况下，具体的消费品的供给和需求却有可能出入较大。供大于求的消费品将滞留于市场上，并在市场消费品可供量总量的价值形态上反映出来。供不应求的消费品成为市场上的紧俏商品，买不到这些消费品的个人将把消费支出保留在手中，使之成为现金持有额的一部分或转化为个人储蓄存款。这样，从总量上看，问题可能并不突出，因为市场上待出售的消费品价值与个人手中可以用于消费支出的金额也许是比较适应的。而从结构上分析，对这个问题可以有另一种认识，即个人消费支出与消费品市场并不适应。

根据给定的经济体制前提，消费品的生产者包括各种经济形式的生产企业以及直接向市场提供消费品的农民和各种个体生产者。消费品进入市场的渠道和离开市场、进入消费领域的渠道如下页图 9.3 所示：

这里所说的集市贸易或自由市场，是指农民和各种个体生产者自行销售所生产的消费品的市场。这里所说的生产企业自设门市部，既包括生产消费品的企业自己设立销售这些消费品的网点，也包括它们参加各种商品交流会、展销会和贸易中心所进行的交易。因此，从图 9.3 中可以看出，当供大于求的消费品滞留于市场时，可能发生以下情况：

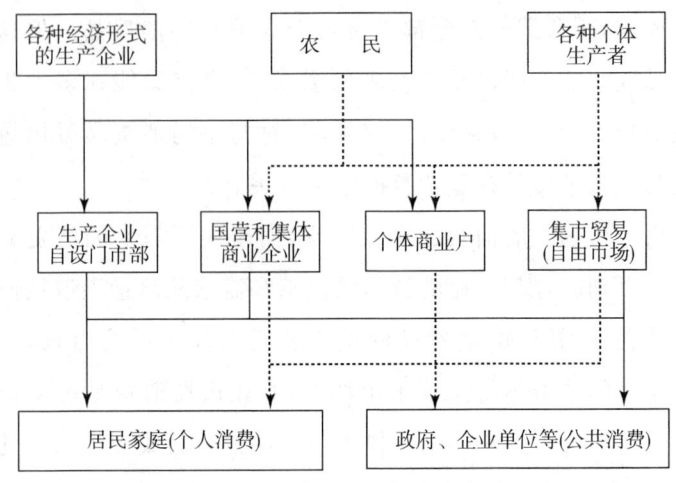

(虚线表示农民和各种个体生产者提供的消费品到达消费者手中的路线)

图 9.3

1. 生产企业自设门市部中的消费品滞销,将引起这些企业利润减少,这一损失由生产企业自身承担。企业的门市部在把这一信息通知给企业生产部门后,生产部门除在生产技术改进或设法降价外,还可以采取转产的措施,从而将减少与该种消费品有关的生产资料的购买量,增加转产所需要的生产资料的购买量,并进而影响市场中某些生产资料的供求。

2. 自由市场上所反映的消费品滞销,将由参加自由市场的农民和各种个体生产者承担损失,使他们的现期收入减少。而农民和各种个体生产者为了避免继续受到损失,他们除采取降价措施外,也会采取转产措施,从而同样会影响市场上某些生产资料的供求。

3. 个体商业户手中的消费品滞销所造成的收入下降,是由个体商业户自身承担的。他们将根据这一信息而调整自己的进货品种和数量,从而对那些向个体商业户销售消费品的生产者或国营和集体商业企业发生影响。

4.国营和集体商业企业手中的消费品滞销,将引起这些企业利润减少,这一损失由这些商业企业自身承担。它们将根据这一信息而调整自己的进货品种和数量,从而对那些向国营和集体商业企业销售消费品的生产者(包括生产企业、农民和各种个体生产者)产生影响,使后者的资金由实物形态向货币形态的转化遇到困难。而国营和集体商业企业以及个体商业户对进货品种和进货数量的调整,将会影响生产者的生产资料进货量,影响生产资料生产者的资金由实物形态向货币形态的转化。

由此看来,市场消费品供求结构方面的不协调所造成的后果将是:一方面,个人现金持有额和个人储蓄存款将增加;另一方面,供大于求的消费品的生产者可能调整生产资料的进货量,使市场上某些生产资料的供求发生变化。假定生产者为适应新的市场形势而需要购进的生产资料已经形成了供给不足的情况,那么,市场消费品供求结构方面的不协调将会导致或加重对经济正常运行的有力干扰,而使经济中出现结构性失衡现象,或使得已有的结构性失衡现象更加严重。

第四节 个人现金持有额调整

一、个人现金持有额

个人现金持有额是指个人可支配收入中以现金形式保留于自己手中的部分。

个人现金持有额与个人储蓄存款之间的界限不是十分严格

的。为了理论上分析的方便,在这里,可以把是否有利息收入(包括股息收入)作为划分个人现金持有额与个人储蓄存款的依据。凡是有利息收入的个人活期存款、个人定期存款、个人应收账款、个人持有的各种债券和股票都列入个人储蓄存款一类。个人手中的现金、一切没有利息收入的储蓄存款(如某种纯属互助性质的存款)、一切没有利息收入的应收账款,则列入个人现金持有额。

二、个人现金持有额调整的目的

个人现金持有额有目标水平与实际水平之分。个人现金的目标持有额是指个人希望手中经常保持的现金数额,个人现金的实际持有额是指个人手中实际保持的现金数额。个人现金持有额调整是指个人有一种力求使实际水平符合于目标水平的调整行为。

在个人作为消费者的前提下,个人现金的目标持有额主要与个人生活中常规性的需要和预防性的需要有关。个人生活中常规性需要的现金是指个人为应付日常生活方面的支出而持有的现金。个人生活中预防性需要的现金是指个人为应付生活中临时的、紧急的支出而持有的现金。个人将根据这两种需要而制定自己的现金持有额目标水平。

在个人作为消费者的前提下,个人现金的实际持有额主要与个人实际消费支出增减额和个人储蓄存款增减额有关,也就是与个人可支配收入绝对值以及它的各个组成部分的比例有关。

个人现金持有额调整的目的在于使个人现金实际持有额与

目标持有额趋于一致,以应付由于目标持有额调整或实际持有额变动而引起的二者之间的差距的存在与扩大。

三、个人现金持有额调整的不规则性

个人现金持有额调整的不规则性产生的原因在于个人主观因素在这里起着很大的作用,以及个人现金持有额目标水平的确定有较大的随意性。加之,在个人储蓄存款为既定的条件下,个人消费支出与个人现金持有额之间存在着彼此交替的关系,个人消费品存量调整越不规则,个人现金持有额调整也必然越不规则。

正如前面所指出的,个人之所以愿意在手中保留一定数额的现金,既是为了应付日常生活支出的需要,也是为了应付临时、紧急的支出的需要。如果市场上某些为消费者需要的消费品供给不足或不能随时充分供应,消费者又不愿转移自己的购买方向,于是,他们就会把一部分本来准备作为个人消费支出的现金保留在手中,随时等待机会购买所需要的商品,这在经济生活中被称为持币待购现象。持币待购现象将导致个人现金持有额不正常地增大,甚至使个人现金实际持有额大大超过目标持有额。

另一方面,也正如前面所指出的,个人现金持有额与个人储蓄存款的区分被假定为前者无利息收入,后者有利息收入。在个人消费支出为既定的条件下,如果个人现金实际持有额已经与目标持有额一致,那么,个人手中持有的现金数额继续增加的部分将转化为个人储蓄存款。但这种转化需要有三个前提:第一,利息收入对消费者有一定的吸引力;第二,消费者为了取得

某种数额的利息收入而付出的代价(包括时间和精力的消耗)是较小的;第三,消费者对储蓄本身及其机构有足够的信任。这三个前提必须同时具备,如果缺少其中任何一个前提,个人现金持有额继续增加的部分就不可能转化为个人储蓄存款,从而个人现金持有额仍会不正常地增大,甚至使个人现金实际持有额大大超过目标持有额。当然,除了上述三个前提而外,还可以补充一个比较特殊的情况,这就是:如果个人储蓄存款很灵活,可以随时提取存款,转化为现金,并且如果个人能有经常的收入,那么在这种情况下,个人储蓄存款有可能增长。这与持币待购现象并不矛盾。它可以被称为"储蓄存款灵活条件下的持币待购",即"存款待购"。

四、个人现金持有额调整与国民经济中现金流通之间的关系

（一）现金流通与非现金流通

货币流通是商品流通所引起的货币独立运动的形式,也就是货币作为流通手段和支付手段在商品流通过程中的不断运动。由于商品交易对货币的不同的需要,因此,客观上形成了货币流通的两个领域:现金流通和非现金流通。

现金流通是指用现金进行交易的一种货币流通方式。政府、企业与个人之间的商品交易和货币收支,个人之间的货币收支,以及个人消费行为,一般采取现金流通方式。政府与企业、企业与企业之间的商品交易和货币收支,以及公共消费行为,除小额收支而外,一般采取非现金流通方式,即采取银行转账结算方式。虽然现金流通与非现金流通是相互联系的,并在一定条

件下可以相互转化,但它们之间的区别仍是明显的,一个重要的区别就是:在现金流通领域内,货币以现金形式表现;在非现金流通领域内,货币以存款的形式表现。现金与存款是货币的两种不同的形式,但它们都是货币。国民经济中的货币量等于现金量和存款量之和。

假定企业、单位所收入的现金,除经允许留存的一部分以外,必须存入国家所指定的银行,它们所需要支付的现金,除了可以从本身留存的现金中支付以外,都必须向国家提取,这样,银行将成为国民经济中的现金收支中心。国民经济中现金流通的主要渠道将如下页图9.4所示。

(二)现金回笼的渠道

从图9.4可知,现金回笼的主要渠道是:

(1)个人纳税,即通常所说的"财政回笼"。

(2)个人储蓄存款(包括农民归还贷款),即通常所说的"储蓄回笼"。

(3)个人、企业、单位购买商品的支出中归于企业的部分,即通常所说的"商品回笼"。

(4)个人、企业、单位支付劳务的费用中归于企业、单位的部分,即通常所说的"劳务回笼"。

不包括在上述现金回笼渠道之内的有:个人现金持有额,个人销售商品收入和劳务收入,企业、单位中的现金余额。假定企业、单位手中的现金余额与企业、单位原来留存的现金在数量上相等,假定个人销售商品收入和劳务收入作为个人货币收入后仍将不断分解,那么,对国民经济中的现金回笼情况影响最大的是个人现金持有额的绝对水平及其变动趋势。

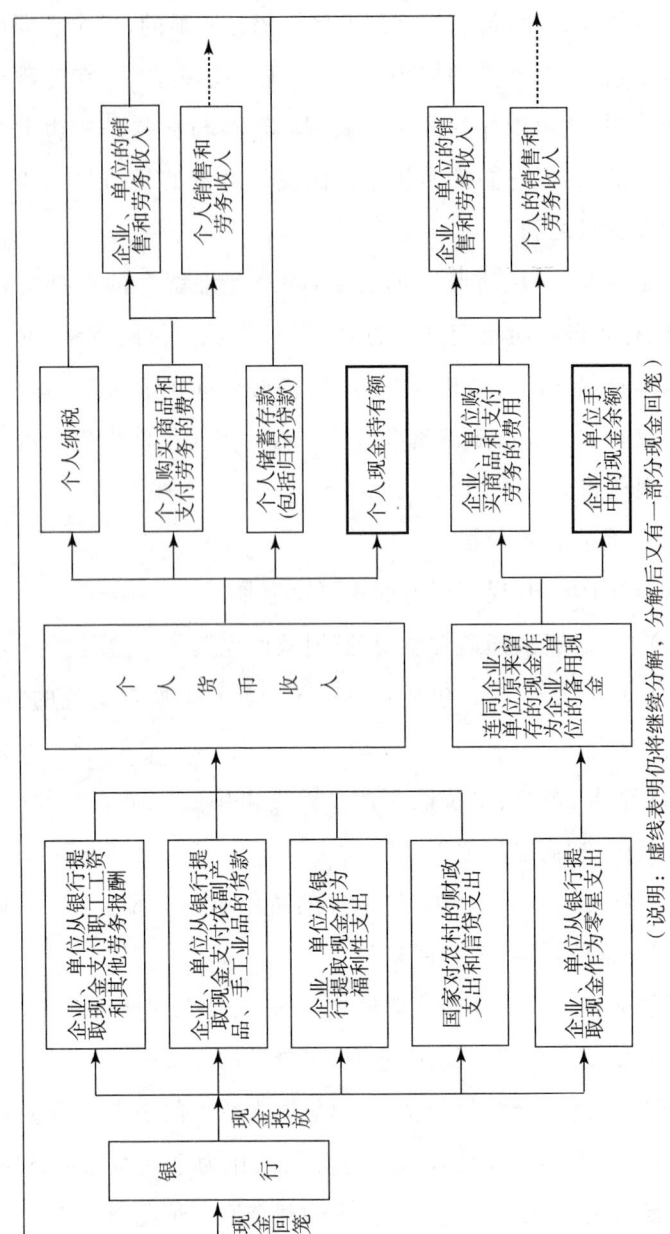

图9.4

（说明：虚线表明仍将继续分解，分解后又有一部分现金回笼）

五、个人现金持有额调整与总量失衡之间的关系

（一）现金量

假定国民经济中的存款量不变，非现金流通状况不变，那么，国民经济中的货币量将取决于现金量的变动，货币流通状况从货币本身的角度来看也就取决于现金流通状况的变动。

在一定时期内，投放的现金减去回笼的现金的余额，如果是正值，被称为净投放，如果是负值，被称为净回笼。因此，一定时期内国民经济中的现金量的公式是：

现金量＝期初基数＋（现金投放量－现金回笼量）
　　　＝期初基数＋现金净投放量
　　　＝期初基数－现金净回笼量

（二）非正常的现金量对国民经济的影响

如果现金量过少，这将妨碍商品流通的进行，消费品的销售也将遇到困难。在这种情况下，如果银行不增加现金投放量，个人将自行调整消费支出、储蓄存款、现金持有额之间的比例，使个人手中实际持有的现金能满足日常生活的需要和临时的、紧急的需要。

反之，如果现金量过多，消费品将出现紧张状态，在非限制性市场上（即供求关系对价格充分起作用的经济活动领域内），价格将上升，并向限制性市场上（即供求关系对价格起着有限作用的经济活动领域内）的价格发生冲击，使之最终不可避免地上升。在这种情况下，如果银行不设法增加现金回笼量，而个人又不准备调整消费支出、储蓄存款、现金持有额之间的比例，那就会造成这样一种不良循环（见图9.5）：

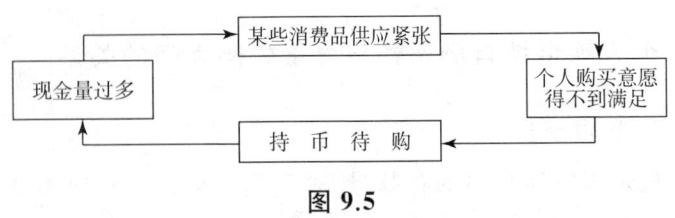

图 9.5

但这种不良循环是以假定某些消费品价格并非大幅度上升以及并未带动物价普遍大幅度上升,从而并未引起消费者对市场前景严重失望和对货币价值失去信任为前提的。一旦现金量过多而产生了上述情况,那就会出现另一种不良循环,其结果如图 9.6:

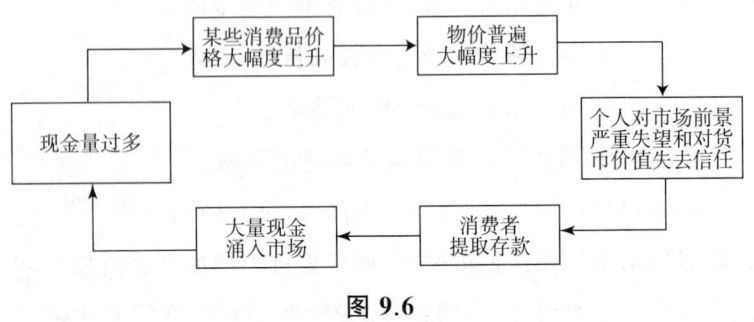

图 9.6

当然,现金量过多是否会最终造成这样一种局面,那还要取决于其他条件,但出现这种局面的可能性是存在的。

(三)现金量过多问题的进一步分析

与现金量过少相比,现金量过多的状况不仅较易产生,而且一经出现也较难纠正。

现金量过多较易产生的主要原因,就银行方面而言,在于银行投放现金较易,使现金回笼很难;就消费者方面而言,在于消费品供大于求时,消费者只保持与目标持有额一致的现金在手中,在消费品供不应求时,消费者将持有较多的现金。这就是说,消费品供大于求,个人现金持有额是正常的,并不会过少,而一旦消费品供不应求,个人现金持有额就会过大。消费品结构分析表明,任何一个时期,总是有些消费品供大于求,另一些消费品供不应求,这样,个人现金持有额较大也将是经常性的。

现金量过多之所以较难纠正,主要的原因在于:如果国民经济中出现了现金量过少,作为现金收支中心的银行和作为消费者的个人,将从两个不同的角度察觉到这一点,并分别用增加现金投放和减少个人储蓄存款的方式来应付这种形势。这一调整过程相对来说比较迅速,因此,现金量过少给国民经济带来的损失就会减轻一些。反之,如果国民经济中出现了现金量过多,作为现金收支中心的银行虽然有可能用减少现金投放或增加现金回笼的方式来加以缓和,但这一调整过程相对来说是较缓慢的。而作为消费者的个人,即使察觉到国民经济中现金量过多,但他们并不会因此就增加个人储蓄存款,而是有可能采取持币待购的做法,也就是采取观望的态度,这样,现金量并不会自行减少。如果国民经济中的现金量继续增加而引起物价普遍大幅度上升,消费者反而会提取个人存款,增加现金持有额。一直要等到银行采取减少现金投放和增加现金回笼的有力措施,确实改变了现金量过多的情况,这一调整才真正见效。因此,无论从调整过程的缓慢还是从调整过程中国民经济运行所受到的干扰来看,现金量过多给国民经济带来的损失,将大于现金量过少给国民经济带来的损失。①

---

① 需要指出的是:这里所说的"现金量过多"或"现金量过少",是纯粹理论意义上的。在实际经济生活中如何判明货币的"多"和"少",留待第十二章中再加以探讨。

第十章 个人作为投资者

第一节 个人的投资行为

一、个人投资行为的含义

(一) 个人投资行为概念

社会主义社会中存在着多种所有制和经营形式,其中包括了由个人集资所组成的企业以及个人独立的生产经营。个人还有可能以购买债券、股票的方式参与各种能给个人带来收入的生产和经营活动。个人投资行为就是指个人运用自己的收入直接或间接地参加各种生产和经营活动,并由此取得一定的收入。在我国,实行家庭联产承包制的广大农民的经济行为,可以列入个人投资行为的范围内。当然,这是一种在土地等基本生产资料公有化基础之上的个人投资行为。

(二) 个人投资行为与个人消费行为的区别

个人投资行为与个人消费行为的区别在于:

1. 个人消费行为是一种通过个人支出来满足自己生活需要的行为;个人投资行为是一种通过个人支出来取得一定的收入的行为。

2. 个人消费行为表现为个人对消费品(包括用以满足自己

生活需要的非生产性劳务)的购买;个人投资行为或者表现为个人直接对生产资料(包括生产性劳务)的购买,或者表现为个人把收入投入某一生产经营单位,后者再利用这些收入来购买生产资料(包括生产性劳务)。

3. 个人消费行为中可以包括向其他人支付劳动报酬,其他人由此得到的收入,从性质上说,只能是再分配收入;个人投资行为中也可以包括向其他人支付劳动报酬,其他人由此得到的收入,从性质上说,可能是再分配收入(如果个人投资于非生产劳务部门中),也可能是初次分配收入(如果个人投资于提供物质产品和生产性劳务的部门中)。

(三) 个人投资行为与个人储蓄行为的联系

个人投资行为与个人储蓄行为之间是有联系的。这是因为,个人购买债券(指企业债券,下同)、股票或以其他形式参加社会集资,对个人来说,这首先是个人储蓄行为,即这种支出是个人储蓄存款的一部分,但同时这也是个人投资行为,它是由个人储蓄转化而形成的个人投资。因此,可以得出这样的论断:个人储蓄的范围要比个人投资广泛,个人投资来自个人储蓄,而个人储蓄则不仅包括转化为个人投资的那一部分,还包括未转化为个人投资的部分,如个人在银行中的存款(以及个人对国库券的购买)。个人的计息的应收账款,也是未转化投资的个人储蓄。

上一章,在把个人作为消费者来对待时,曾把个人可支配收入分解为个人消费支出、个人储蓄存款、个人现金持有额三项。现在,不仅把个人作为消费者,而且把个人作为投资者来对待,因此,个人可支配收入可以作如下的分解(见图10.1)。

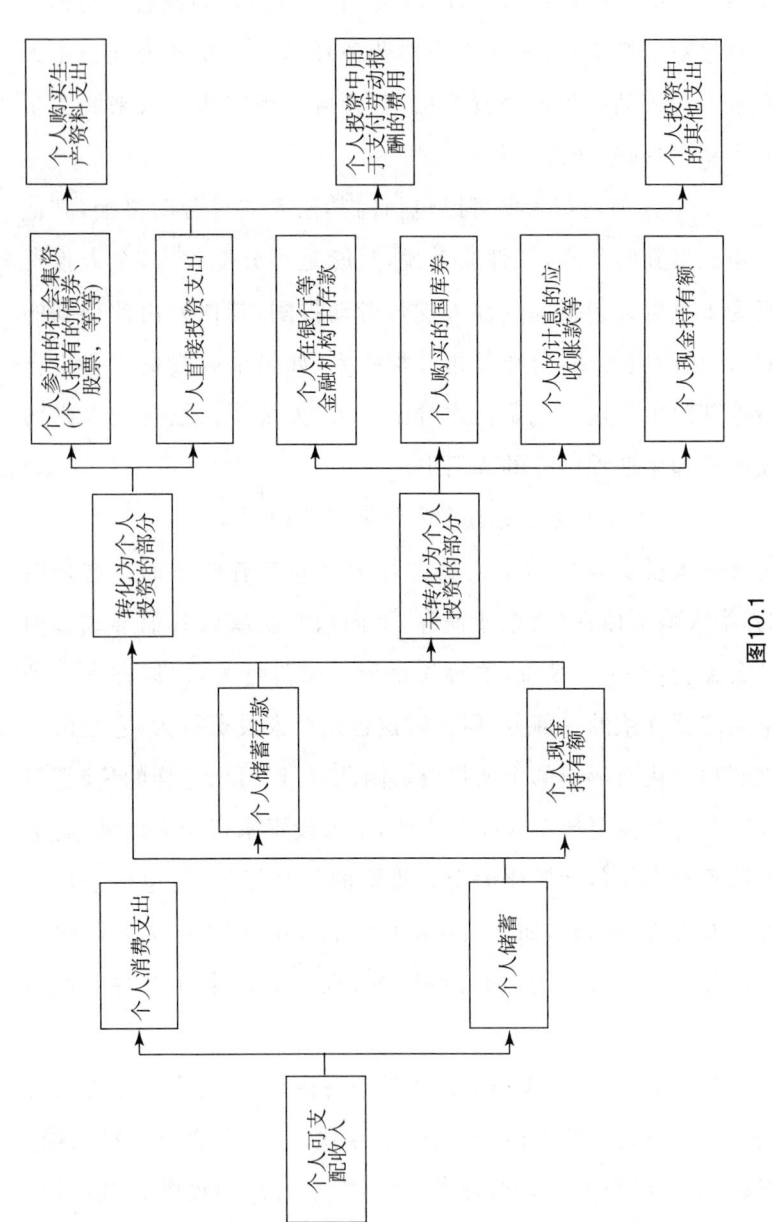

图10.1

从图 10.1 可以了解到,来自个人储蓄存款的个人投资,最终分解为这样四项:个人参加的社会集资(个人持有的债券、股票等)、个人购买生产资料的支出、个人投资中用于支付劳动报酬的费用、个人投资中的其他支出(如支付租金等)。

二、个人的间接生产经营活动和直接生产经营活动

个人参加社会集资是个人所从事的间接生产经营活动,在这种情况下,个人依据自己参加社会集资的份额多少而取得利息收入、股息收入等。

个人直接生产经营活动是指个人购买生产资料等,然后依据自己投入的劳动(包括管理工作)和生产经营的成果而得到生产经营性收入。经营承包者的收入、农村专业户的收入、社会主义社会中个体劳动者的收入等,都属于生产经营性收入的范围之内。

三、个人直接生产经营的成本

与企业成本相比,个人直接生产经营成本中有一个问题比较复杂,这就是如何确定劳动者必要劳动价值的范围和数量。对企业来说,可以用职工的工资作为劳动者必要劳动价值,职工包括企业管理人员和工人。对直接从事生产经营活动的个人来说,工资这个概念只适用于受雇于他的劳动者(假定他在直接从事生产经营时雇用了劳动者的话),而不适用于他本人。这就使得直接生产经营者的必要劳动价值的范围和数量难以确定;而只要必要劳动价值的范围和数量不易确定,要确定个人直接生产经营的成本也就是困难的。

对这个问题,可以采取一种较为简化的方式:假定价格与价值是一致的,假定个人直接生产经营过程中没有利润,也不考虑税金,那么,在个人不雇用其他劳动者,从而不支付工资的情况下,有下列公式:

个人直接生产经营时的必要劳动价值

$$=价格-生产资料转移价值 \qquad (10.1)$$

个人直接生产经营的成本

$$=生产资料转移价值+个人直接生产经营时的必要劳动价值$$

$$=生产资料转移价值+(价格-生产资料转移价值)=价格 \qquad (10.2)$$

四、个人直接生产经营的收益

由于个人直接生产经营的成本等于价格,而卖价与收益又是同一含义,这样,个人直接生产经营的成本与收益之间就画了等号。这是因为个人生产经营过程中作为收益与成本之间的差额的利润假定是不存在的,并假定税金也不存在。如果说个人生产经营过程中不存在利润和税金,那么,个人直接生产经营中所得到的销售收入又是如何构成的呢?对这一点,有进一步分析的必要。

如上所述,

个人直接生产经营活动的收益

$$=个人得到的总卖价$$

$$=个人销售收入 \qquad (10.3)$$

个人销售收入—生产资料转移价值

$$=个人生产经营净收入 \tag{10.4}$$

由于这里是以个人在直接生产经营过程中不雇用其他劳动者为前提的,所以个人生产经营净收入全部归个人所得。如果不考虑直接从事生产经营活动的个人本身还是一个投资者(即不考虑他垫支了投资的资金),而只把他看成是一个劳动者或兼任管理工作的劳动者,那么,个人生产经营净收入就等于个人直接生产经营时必要劳动价值。

五、个人生产经营净收入的分解

实际上,个人作为投资者是垫支了投资的资金的。这样,个人生产经营净收入可以分解为以下四个部分:

1. 相应工资收入。这是指:如果承包户、专业户和个体劳动户不直接从事生产经营而转到某一企业中工作,那么等量劳动支出可以取得相应工资收入。

2. 相应利息收入或生产资料租赁收入。这是指:承包户、专业户和个体劳动户需要有购买生产资料的垫支款项。如果他们不直接从事生产经营,把垫支款项存入银行,可以取得相应利息收入。如果他们已购买生产资料但不直接从事生产经营,可以把生产资料租赁给其他人,从而取得相应生产资料租赁收入。

3. 相应经营管理劳动报酬。这是指:承包户、专业户、个体劳动户需要自己从事经营管理工作,如果他们不直接从事生产经营而到某一企业中工作,等量劳动支出可以取得相应的劳动报酬(在社会主义条件下,这种劳动报酬同样被称为工资)。

4. 风险代价。这是指:承包户、专业户、个体劳动户在直接从事生产经营活动时,要承担收入风险(收入可能低于最低生活保障收入界限,甚至收入为零或负值)和财产风险(用以生产经营的生产资料或生产资料垫支款项可能减值,甚至变为零或负值)。正是由于这些风险的存在,因此,个人生产经营净收入中就应包括风险代价。如何确定风险代价的大小?可以假定社会上有专门为直接从事生产经营的承包户、专业户、个体劳动户的生产经营保险的保险公司,每一个直接从事生产经营的人为了使自己的收入达到最低生活保障收入界限,为了使自己用以经营的生产资料能保持扣除正常折旧以后的价值,需要按期缴纳保险费用,那么,这笔相应的保险费用可以被看成是风险代价。

由此可见,个人生产经营净收入是这样组成的:

个人生产经营净收入

=相应工资收入+相应利息收入或生产资料租赁收入+相应经营管理劳动报酬+相应保险费用 (10.5)

假定直接从事生产经营活动的人转到某一企业中去工作可以享受某种福利或得到福利性收入、退休金等,那么,在计算个人生产经营净收入时,或者可以在相应工资收入一项中加入这些相应的福利性收入、退休金,或者可以在相应保险费用一项中加入它们。

六、个人生产经营净收入各个组成部分的性质

公式(10.1)的左端采用的是个人直接生产经营时必要劳动价值概念。公式(10.5)的左端采用的是个人生产经营净收入概念。要知道,公式(10.1)的右端与公式(10.5)的右端在理论上应当是相等的,即:

价格－生产资料转移价值＝相应工资收入＋相应利息收入或生产资料租赁收入＋相应经营管理劳动报酬＋相应保险费用 (10.6)

公式(10.6)的右端中,相应工资收入和相应经营管理劳动报酬是个人直接生产经营时的必要劳动价值。相应保险费用可以再分解,其中的收入保险费用可以列入个人直接生产经营时的必要劳动价值范围之内,因为其目的在于维持最低生活保障收入界限;其中的生产资料价值保险费用则可以移到公式(10.6)的左端,使公式(10.6)的左端成为:价格－(生产资料转移价值＋生产资料价值保险费用),因为这种保险费用的目的在于保证再生产的顺利进行。

利息收入、生产资料租赁收入是个人资产收入(或称个人财产收入)。它与个人间接生产经营情况下的个人参加集资的收入是相似的。

如果个人生产经营净收入中包括了相应利息收入和生产资料租赁收入,那么,个人生产经营净收入将大于个人直接生产经营时的必要劳动价值,即等于个人直接生产经营时的必要劳动价值与个人资产收入之和。这样,在把生产资料价值保险费用剔除并使之与生产资料转移价值合并之后,公式(10.5)变为:

个人生产经营净收入＝(相应工资收入＋相应经营管理劳动报酬＋相应收入保险费用)＋(相应利息收入或生产资料租赁收入) (10.7)

即:个人生产经营净收入＝个人直接生产经营时的必要劳动价值＋个人资产收入 (10.8)

第二节　个人资产形式的选择

一、个人资产形式选择的含义

个人作为投资者面临着不止一种资产形式,他将对这些资产形式进行选择。

投资者个人面临的可供选择的资产形式有:

1. 参加社会集资,包括购买债券、股票。这是个人间接的生产经营活动。在选择这种资产形式时,个人得到利息或股息形式的资产收入。

2. 个人直接从事生产经营活动,如个人承包经营、个人从事专业生产和经营(即农村专业户经营)、个人经营个体工商业。在选择这种资产时,个人将得到包括资产收入在内的个人生产经营净收入。

3. 个人购买房屋和其他建筑物,或个人投资建造房屋和其他建筑物,然后出租它们,取得租金收入。

4. 个人银行存款。这是个人储蓄行为的一种表现。在这种情况下,个人所得到的是利息收入。

5. 个人购买保值商品。在这种场合,个人并不因购买行为本身而得到收入,因此,这既与其他投资行为不同,也与个人银行存款不同。保值商品的购买仅仅起到保值的作用。如果个人在需要货币时出售这些保值商品,那么,这种收入被看成是个人的财产转让收入或从物资回收部门得到的收入。把这一收入同个人保值商品购买时的支出与个人持有商品期间的利息损失之和相比,可以看出个人对保值商品的购买与出售相比后的盈与亏。

6. 个人手中的现金。个人现金持有额是个人储蓄的一部分,但它可以转为个人消费支出,也可以转为个人储蓄存款,并且还可以由个人储蓄存款再转化为个人的投资。但在未进行上述任何一种转化之前,个人手中的现金是个人手中的一笔资产。所不同于个人储蓄存款和个人投资的是:这笔以现金表现的个人资产并不给个人带来任何收入。不仅如此,在个人持有现金时,个人要承担利息的损失,以及要承担物价上升而可能带来的贬值损失(也有可能因物价下跌而使手中的现金升值)。

二、个人资产形式选择过程中经济因素的作用

在影响个人资产形式选择的经济因素中,有重要意义的是这样三个因素:

(一) 预期个人可支配收入增量

预期个人可支配收入增量是指个人预计选择某种资产形式后一定时期所能增加的个人的税后收入。通过各种资产形式的比较,个人将选择预期个人可支配收入增量最大的一种资产形式。但需要注意到,这仅仅是预期的增量,实际的增量必然会与预期的增量有出入。市场的前景、利息率的变动、商品价格的变动、吸收个人投资的企业的利润率,等等,虽然在个人进行资产形式选择以前已被个人考虑在内了,但未来的实际状况却不一定如个人所预计的那样。因此,一定时期个人可支配收入的实际增量既可能大于预期增量,也可能小于预期增量,甚至有可能

是零或负值。

当然,以上六种资产形式的个人可支配收入实际增量与预期增量之间的差距是不一样的。从账面价值来看,个人现金持有额的实际增量是零,而预期增量也是零,所以二者是一致的。个人在银行存款使个人可支配收入的实际增量必定大于零,它与预期增量的出入不会很大。个人房产投资也会使个人可支配收入的实际增量大于零,但它与预期增量之间的差距将会大于个人银行存款使个人可支配收入的实际增量与预期增量之间的差距。至于个人参加社会集资特别是个人直接从事生产经营活动,这两种资产形式不仅会使个人可支配收入实际增量与预期增量之间有较大的差距,甚至有可能使个人可支配收入增量是零或负值。最后,个人对保值商品的购买使个人可支配收入的实际增量是很不确定的,而预期增量也难以估计。

(二)资产和资产收入的风险程度的大小

在商品价格不变的条件下,个人现金持有额、个人购买保值商品、个人银行存款、个人房产投资都是风险程度小的资产选择形式,个人银行存款和个人房产投资也是资产收入风险小的资产选择形式。为了使自己的资产或资产收入较为稳妥,个人不一定会选择预期个人可支配收入增量可能较大但风险程度也较大的资产形式,如个人参加社会集资。

(三)资产的灵活性

资产的灵活性是指所选择的某一种资产形式转移为另一种资产形式的灵活程度。个人现金持有额显然是最灵活的一种资产形式,个人银行存款也具有很大的灵活性(假定定期存款可以提前支取)。除非有证券交易市场和房产市场①,否则个人手中的债券、股票和个人的房产都将缺乏灵活性。至于个人直接从事的生产经营活动,则可能是不灵活的资产形式,因为个人不容易把物质资产迅速地转化为货币资金。

每一个投资者和储蓄者必须综合地考虑这三个经济因素,然后才能在资产形式中选择。

三、个人资产形式选择过程中非经济因素的作用

(一) 个人的责任感

个人的责任感是指个人由于感觉到自己对某种事业有一种责任,因此,他把履行这一责任看成是自己应尽的义务。在这种情况下,他可以不考虑或较少考虑某种资产形式的预期个人可支配收入增量、风险程度或灵活性。例如,个人出于对家乡建设的责任感而购买家乡的企业的债券、股票,等等。

(二) 个人的事业心

个人的事业心是指个人有一种直接从事生产经营活动的事业心。他想通过这种活动(如承包经营、专业户经营、个体工商业经营等)使自己成为一个新型的企业家。尽管这种非经济因素不会对每个人都起着同样的作用,但不必否认在客观经济生活中确实存在着这样一种类型的承包户、专业户、个体经营户。

---

① 一个完整的资金市场必定包含了证券交易市场。因此,只要容许企业发行股票、债券,而又容许个人和企业购买这些股票和债券,那就应当成立证券交易市场。当然,证券交易市场可以有不同的形式。比如说,由指定的银行代理发行和承担经纪业务(或贴现业务),也是可行的措施之一。同样的道理,一个完整的商品市场必定包含了房产市场。住宅商品化与房产市场的建立是不可分的。房产市场同样可以有各种不同的形式,如房产集市、房产公司代理、专业银行代理等。

在个人资产形式选择过程中，经济因素是主要的，但非经济因素也起着一定作用。对不同的投资者和储蓄者，各个因素的影响程度会有较大的差异。

四、个人资产形式选择的不规则性

个人对资产形式的选择不规则的原因，一方面是由于各种经济因素和非经济因素对不同人的影响不一样，另一方面则由于客观经济状况（如市场前景、商品价格的变动等）存在着不确定性，而个人对客观经济状况的预期也不相同，这样，根据前一时期个人资产形式选择的实际结果并不一定能说明后一时期个人资产形式选择的动向。只有在假定各种经济因素和非经济因素对人们的影响程度不变，个人对投资、储蓄和消费的看法和态度不变的前提下，才能从不规则的个人资产形式选择的经验资料去估计后一时期个人资产形式选择的变动情况。

但从较短的时期来考察，这两个假定还是可以成立的。这是因为，就全社会而言，尽管各种经济因素和非经济因素对人们的影响程度有较大的差异，这些差异在较短时期内一般不会有较大变化，不同的人受不同因素的影响程度的变化有可能彼此抵消，至少部分地抵消；此外，尽管个人对投资、储蓄和消费的看法和态度将随着个人收入水平的提高和生活环境的改变而发生变化，但这种变化在一个较短的时期内具有渐进的性质，因此，就全社会而言，仍然可以假定看法和态度在较短时期内基本不变。这一切意味着，尽管个人资产形式的选择有不规则性，但有关这一选择的预测并不是完全没有依据的，只是对预测的结果应该有一个清醒的评价，并且要了解到这是在给定的前提下进行预测的结果。

第三节　个人资产形式的调节机制

一、个人资产形式的自行调节

个人资产形式自行调节的机制是市场上商品的供求关系和资金的供求关系,也就是市场机制。在市场机制起作用的条件下,如果社会上某种资产形式受到较多的人的偏爱而被他们所选中,那么,这种资产形式所能够给投资者带来的个人可支配收入增量将会下降,或这种资产和资产收入的风险程度将会增大,或者这种资产的灵活性会减少。反之,在市场机制起作用的条件下,如果社会上某种资产形式只被少数人所偏爱并被他们所选中,那么,这种资产形式所能够给投资者带来的个人可支配收入增量将会上升,或者这种资产和资产收入的风险程度将会减少,或者这种资产的灵活性会增加。这一切都会引起个人资产形式的调整。

二、个人资产形式的政府调节

在给定的经济体制前提下,个人资产形式的自行调节是受限制的。以个人银行存款的变动来说,市场机制所起的作用就要受较大的限制。这并不是说银行存款利息率不受个人存款量的增减、资金供求量的变动的影响,但银行存款利息率并不由于市场机制作用而自行调整。

个人现金持有额这种资产形式的调整也有自己的特点。正如前面在谈到个人现金持有额调整时已经指出的，个人有一种使得现金持有额实际水平符合于目标水平的调整行为，这种调整行为既与银行存款利息率的变动有关，又与市场上商品供给量的变动有关。由于银行存款利息率并不是因市场机制作用而自行调节，而消费者所需要的商品又并不全是非限制性市场上的商品（持币待购的对象主要是耐用消费品或个人直接生产经营所需要的生产资料，它们通常是限制性市场上的商品），这样，个人现金持有额这种资产形式的自行调节也是受限制的。

至于说到个人参加社会集资，个人直接从事生产经营，个人投资房产，甚至个人购买保值商品，这几种资产形式尽管会由于商品供求关系和资金供求关系的变动而在某种程度上自行调节，但自行调节的局限性同样存在。各种资产形式的增减以及它们之间的比例关系并不完全按照市场上每种资产形式可能提供的个人可支配收入增量、资产和资产收入风险程度、资产灵活性来自行调节。

所有这些都表明，在个人资产形式的调节中，通过市场机制而进行的自行调节具有局限性，从而需要由政府采取一定的措施来调节个人资产形式。

政府对个人资产形式的调节主要通过税收、利息率和价格调整来进行。政府调节的目的在于避免个人支出、储蓄存款、现金持有额之间的比例关系发生异常的剧烈变动，避免发生个人储蓄向个人投资的转化过多、过猛或不足，以保证国民经济的正常运行。

政府在调节个人资产形式方面所起的作用可以区分为直接的作用和间接的作用。

(一)直接的作用

这是指政府用新设税种(或取消原有税种)、增减税率(或实行差别税率)、升降利息率(或实行差别利息率)、提高(或降低)某些商品和生产性劳务的价格等办法来直接影响个人对于资产形式的选择。例如,有关税收和利息率的新规定可以促进或抑止个人的直接生产经营活动,可以促使个人增加或减少银行存款等。又如,通过提高或降低商品房的价格、某些保值商品的价格、为个人直接生产经营所需要的生产资料价格,以及个人为满足生理和社会、心理需要而愿意用手中现金购买的消费品的价格,可以影响多种个人资产形式的变动。

(二)间接的作用

这是指政府所采取的措施并不直接促进或抑止社会集资活动、个人的直接生产经营、个人的房产投资、个人的银行存款、个人对保值商品的购买,以及个人的现金持有额,而是先一般地影响社会的总需求和总供给,影响社会的价值平衡关系和实物平衡关系,然后通过这些方面的变化来影响社会商品的供求比例和资金供求比例。在这种情况下,个人作为消费者、储蓄者、投资者,将会调整自己的消费品存量和现金持有额,调整自己的消费、储蓄、投资支出的绝对数额和彼此间的比例关系,以达到调节个人资产形式的目的。例如,在政府采取扩大总需求的措施以后,个人的直接生产经营活动和社会集资活动将会有所增长;反之,在政府采取压缩总需求的措施以后,这些活动也会有所减少,这样就会促使个人调整自己的资产形式。

第四节　个人资产形式调整对国民经济运行和企业经济活动的影响

一、个人资产形式调整的含义

个人资产形式调整是指个人可支配收入在扣除个人消费支出之后所余下的部分(即个人储蓄),究竟在各种资产形式之间作何种安排,以及在不同的时期内,这种安排究竟有什么样的变动。

个人资产形式调整对国民经济和企业经济活动的影响可以从消费品市场、生产资料市场、资金供给三个不同的方面来分析。

二、个人资产形式调整和消费品市场的变动

假定个人可支配收入的绝对数额不变,假定个人可支配收入中用于个人消费支出的绝对数额及其在个人可支配收入中所占比例也不变,那么,所要考察的是个人储蓄(包括由个人储蓄转化的个人投资)的各个组成部分之间比例的变动对于消费品市场的影响。对于这种影响,可以作如下的分析:

1. 当个人用银行存款和手中现金购买保值商品时,这将增加对保值商品的需求。在非限制性市场上,这些商品价格将上升,而在限制性市场上,即使这些商品价格暂时不上升,但仍会造成它们的供应紧张。

2. 当个人用银行存款和手中现金参加社会集资或用于个

人直接生产经营时,虽然在市场上首先反映于对生产资料的需求的增加,但伴随着生产经营规模的扩大,对消费品的需求也会增加。在非限制性市场上会引起消费品价格上升,而在限制性市场上,即使消费品价格暂时不上升,但也会造成它们的供应紧张。

3. 当个人用银行存款和手中现金作为对房产的投资时,如果个人投资于房屋的建造,那么,将首先反映于对建筑材料(它们可以被看成是生产资料)的需求的增加,从而会发生(2)中所提到的结果。如果个人投资于已经建成的房屋的购买,那么,将首先反映于对房屋(它们可以被看成是保值商品)的需求的增加,从而会发生(1)中所提到的结果。

4. 不同资产形式的转化明显地存在着不对称性。这就是:由个人银行存款和个人现金持有额向其他资产形式的转化比较容易,而由其他资产形式向个人银行存款和个人现金持有额的转化则比较困难。这一方面与各种不同资产形式本身的灵活程度有关(灵活程度越低的资产形式越不容易转化为其他资产形式),另一方面,债券、股票的转让,房产的转让,保值商品的转让都以具有完善的市场机制和充分的信息为前提,而个人直接生产经营活动的退出和生产资料的转让也同样需要有完善的机制等条件。这种情况对于消费品市场的影响表现于:只要个人把银行存款和手中现金转化为其他资产形式,尽管会发生如以上(1)、(2)、(3)中所提到的消费品需求的扩大,但总的说来,这不会增加对消费品市场的压力,而是会减轻这种压力,因为在资产形式的上述转化中,对生产资料购买将有所增加,而在这种转化之前,个人银行存款和个人手中现金由于它们本身的灵活性,都有可能随时转化为个人的各种消费支出。①

三、个人资产形式调整和生产资料市场的变动

同样可以假定个人可支配收入绝对数额不变和个人消费支出绝对数值不变,并以此作为分析的前提。

对于这种影响,可以分析如下:

5. 当个人用银行存款和手中现金购买保值商品时,这将增加对保值商品的需求,从而进一步推动社会的保值商品生产单位设法扩大生产规模,引起与此有关的生产资料价格上升或供应紧张。

6. 当个人用银行存款和手中现金参加社会集资或用于个人直接生产经营时,社会对生产资料的需求将增加。在非限制性市场上,将引起生产资料价格上升,而在限制性市场上,即使生产资料价格暂时不上升,但也会造成它们的供应紧张。

7. 当个人用银行存款和手中现金作为对房产的投资时,如果个人是投资于房屋的建造,那么,社会对建筑材料(它们可以被看成是生产资料)的需求将增加,从而会发生(6)中所提到的结果。如果个人是投资于已经建成的房屋,社会对房屋(它们可以被看成是保值商品)的需求将增加,从而会发生(5)中所提到的结果。

8. 由于个人银行存款和个人现金持有额向其他资产形式的转化比较容易,而由其他资产形式向个人银行存款和个人现

---

① 这一点有一个十分重要的政策含义:在个人手头现金持有额偏大,并且个人在银行中的存款随时有可能被提取而转向消费品市场的情况下,为了减轻消费品市场所受的压力,国家和企业发行债券,企业发行股票,国家出卖房屋,国家出卖保值商品(如黄金及其制品),都是可供选择的办法。

金持有额的转化比较困难,这样,个人资产形式调整对于生产资料市场的影响表现于:只要个人把银行存款和手中现金转化为其他资产形式,上述(5)、(6)、(7)中所提到的生产资料需求的扩大就不可避免,也就是说,无论是个人把银行存款和手中现金转化为其他哪一种资产形式,对生产资料市场的压力都会增大。这是因为,当个人的银行存款和手中现金作为资产形式时,尽管这两种资产形式本身的灵活性会使个人随时提取银行存款和动用手中现金,但只要个人不准备把它们转化为其他资产形式,那么,这些存款和现金如果要转化的话,就只能转化为个人各种消费支出。

把上述(4)和(8)放在一起进行分析,可以得出这样的看法:由于个人银行存款和个人现金持有额这两种资产形式本身的灵活性,因此一般说来,当个人银行存款和个人现金持有额转化为其他资产形式时,消费品市场所受到的压力将会减轻,生产资料市场所受到的压力将会增大。当然,这并不排除对某些消费品(如保值商品)的需求的扩大,从而这些消费品的价格会上升或供给将出现紧张;这也并不排除生产资料需求扩大和生产规模扩大引起消费品需求扩大的可能性。

从上述(4)和(8)还可以提出这样一个问题:尽管其他资产形式本身欠缺灵活性,从而使它们向个人银行存款和个人现金持有额的转化比较困难,但这些转化并不是绝对不可能的。那么,如果其他资产形式向个人银行存款和个人现金持有额的转化得以实现,又将对消费品市场和生产资料市场发生什么样的影响呢?能不能简单地认为这些转化将使生产资料市场所受到的压力减轻,使消费品市场所受到的压力增大呢?为了说明这个问题,有必要转入对社会资金供给问题的考察。

四、个人资产形式调整和社会的资金供给

在谈到个人银行存款和个人现金持有额向其他资产形式转化时,个人以投资者的身份出现,个人的可支配收入就是资金供给的来源。然而,一旦转而考察其他资产形式向个人银行存款和个人现金持有额转化时,问题就会有所不同。比如说,当个人转让债券、股票,个人退出直接生产经营活动,个人出售房产和保值商品时,那么,是谁来购买这些债券、股票、房产和保值商品呢?是谁接替退出直接生产经营活动的人,买下了后者转让的生产资料呢?可能有这样三种情况:

第一种情况:个人购买个人所转让的债券、股票、房产和保值商品,或由个人来接替退出直接生产经营活动的个人并买下了后者转让的生产资料。这时,资金的来源仍是个人可支配收入中的个人银行存款或个人现金持有额。这就是说,这样一种资产形式的调整所涉及的是个人之间的银行存款或个人现金持有额的转移,即一些人的银行存款或手中现金减少了,另一些人的银行存款或手中现金增加了。一般说来,消费品市场所受到的压力并不会因此减轻或增大,生产资料市场所受到的压力也不会因此增大或减轻。

第二种情况:企业购买个人所转让的债券、股票、房产和保值商品,或由企业来接替退出直接生产经营活动的个人并买下了后者转让的生产资料。这时,资金的来源或者是企业的自有资金,或者是企业的借入资金。但无论是企业的自有资金还是企业的借入资金,当它们被企业所持有时,主要是准备用于投资

的,但通过资产形式的转移,企业的货币资金转移到个人手里,或者转化为个人银行存款,或者转化为个人手中的现金。在这种情况下,一般说来,生产资料市场所受到的压力可能因此而减轻,消费品市场所受到的压力则可能因此而增大。

第三种情况:国家购买个人所转让的债券、股票、房产和保值商品(假定国家不直接从事生产经营活动,从而不接替退出直接生产经营活动的个人,不购买后者转让的生产资料)。这时,国家所支付给个人的款项来自国家财政,具体地说,既可能来自国家财政中本来准备用于公共消费的部分(如购买个人转让的房产,使之成为公共财产),也可能来自国家财政中本来准备用于投资的部分(如购买个人手中的股票,使之成为国家持有的股票)。这样,通过资产形式的调整,转化为个人银行存款和个人手中现金的,或者是国家财政中本来用于公共消费的部分,或者是国家财政中本来准备用于投资的部分。资产形式调整的结果,一般说来,消费品市场所受到的压力可能因此而增大,但还不致增大到上述第二种情况那样的程度;生产资料市场所受到的压力可能因此而减轻,但也不致减轻到上述第二种情况那样的程度。只有依据个人资产形式调整过程中,本来准备用于公共消费的财政支出中究竟有多少转化为向个人的支付,以及本来准备用于投资的财政支出中究竟有多少转化为向个人的支付,才能判明消费品市场所受压力的增大程度和生产资料市场所受压力的减轻程度。

五、个人资产形式调整对企业经济活动的影响

1. 个人资产形式调整有可能影响消费品市场和生产资料

市场，或者使这些市场所受到的压力减轻，或者使这些市场所受到的压力增大。企业作为消费品的供给者或生产资料的供给者和需求者，将各自根据自身的情况和市场的情况而受到个人资产形式调整的直接或间接的影响。消费品和生产资料供求关系的变动和价格的变动，将引起企业利润率和部门利润率的变动，并进而引起非限制性市场上的资金使用方面的变动。而在限制性市场上，虽然资金的流动也是受限制的，但企业利润率的变动和企业间利润率的差异，以及部门利润率的变动和部门间利润率的差异，仍然会促使资金有限地流动，或者使企业和部门设法通过产品结构的部分调整来适应新的经济形势。

2. 在个人资产形式调整中，如果个人银行存款和现金持有额转化为个人直接生产经营活动，那么，这不仅会增加对生产资料的需求，从而通过生产资料需求量的变动来影响企业经营活动，而且从事直接生产经营的个人将成为某一领域内的现有企业的竞争者。假定这一领域内原来是供给不足的，这种竞争只可能对现有企业发生有限的影响。假定这一领域原来已经供求平衡或供给过剩，那么，从事直接生产经营的个人的加入将给予现有企业以较大的压力。

3. 在个人资产形式调整中，如果个人银行存款和现金持有额转化为个人对企业发行的债券、股票的购买，那么，一些发行债券、股票的企业相对于另一些未发行债券、股票的企业而言，在资金筹集方面是具有优势的。一些能以较高的预期个人可支配收入增量、较低的风险程度、较大的灵活性来吸引个人投资的企业相对于另一些上述条件较差的企业而言，在资金筹集方面也是具有优势的。这些情况都将引起企业之间市场地位的相对变化。

六、个人资产形式调整对国民经济运行的影响

（一）直接影响

个人资产形式调整直接给予国民经济运行的影响表现于：

1. 国家有可能运用财政收入来购买个人所转让的债券、股票、房产和保值商品，从而对消费品市场和生产资料市场发生影响。

2. 即使国家不购买个人所转让的债券、股票、房产和保值商品，但只要个人资产形式进行了调整，那就会既影响消费品市场，又影响生产资料市场。在这种场合，国家作为需求者，将受到消费品和生产资料供求关系变动和价格变动的影响。

3. 只要个人资产形式调整中涉及国库券的购买，也就会对财政收入发生影响。

（二）间接影响

个人资产形式调整通过对企业经济活动的影响而间接地给予国民经济运行的影响表现于：

1. 个人资产形式调整所引起的消费品市场和生产资料市场的变动，将影响企业利润率和企业生产规模的调整。由于企业的利润率影响国家的税收，企业生产规模的调整影响社会供给总量和供给结构，从而国民经济将因此受到影响。

2. 个人资产形式调整所引起的企业资金供给的变动和企业对资金的需求的变动，将影响社会资金的供给和需求。

总之，根据以上所述可以了解到：在社会主义经济中，只要

个人可以有投资行为,那么,就不仅会发生个人可支配收入中消费支出、储蓄存款、现金持有额三个部分的比例调整问题,而且会发生包括债券和股票的购买、个人直接从事生产经营活动、房产投资等在内的多种资产形式的选择和调整问题。个人资产形式的调整将会从不同的方面对国民经济运行发生影响。至于这种影响究竟是否有利于国民经济的正常运行,要根据个人资产形式调整的具体情况以及社会产品供求、社会资金供给的具体情况而定。

至此,我们已就社会主义的国民经济运行、企业经济活动、个人经济行为这样三个层次进行了分析。从下一章起,将转入这三个层次之间的关系,即宏观经济与微观经济之间的关系的探讨。

第四篇

宏观经济与微观经济的协调

第十一章 社会主义经济调节手段体系

第一节 给定经济体制前提下的社会主义经济运行

一、社会主义社会中企业、个人、政府之间的经济关系

根据第一、二、三篇中有关国民经济运行、企业经济活动、个人经济行为的论述，可以把给定经济体制前提下企业、个人、政府之间经济关系作如下的表述：

1. 以个人作为经济运行分析的出发点：个人作为生产要素的供给者，向企业和政府提供一定的生产要素，取得个人的劳动收入和资产收入；个人利用自己的税后收入（个人可支配收入），在市场上购买自己所需要的商品，把购买支出以后的余下的收入分为储蓄和现金持有额。其中，储蓄的一部分有可能转化为个人的投资或追加投资。此外，个人从政府得到福利性收入。

2. 以企业作为经济运行分析的出发点：企业作为商品生产者，在市场上销售商品，从购买商品的企业、个人、政府取得收入；企业利用自己的税后净收入，或用于生产的发展，或用于集体福利，或用于职工奖金。于是税后净收入转化为投资和消费；企业为了扩大再生产，除了利用自己的生产发展基金而外，还可

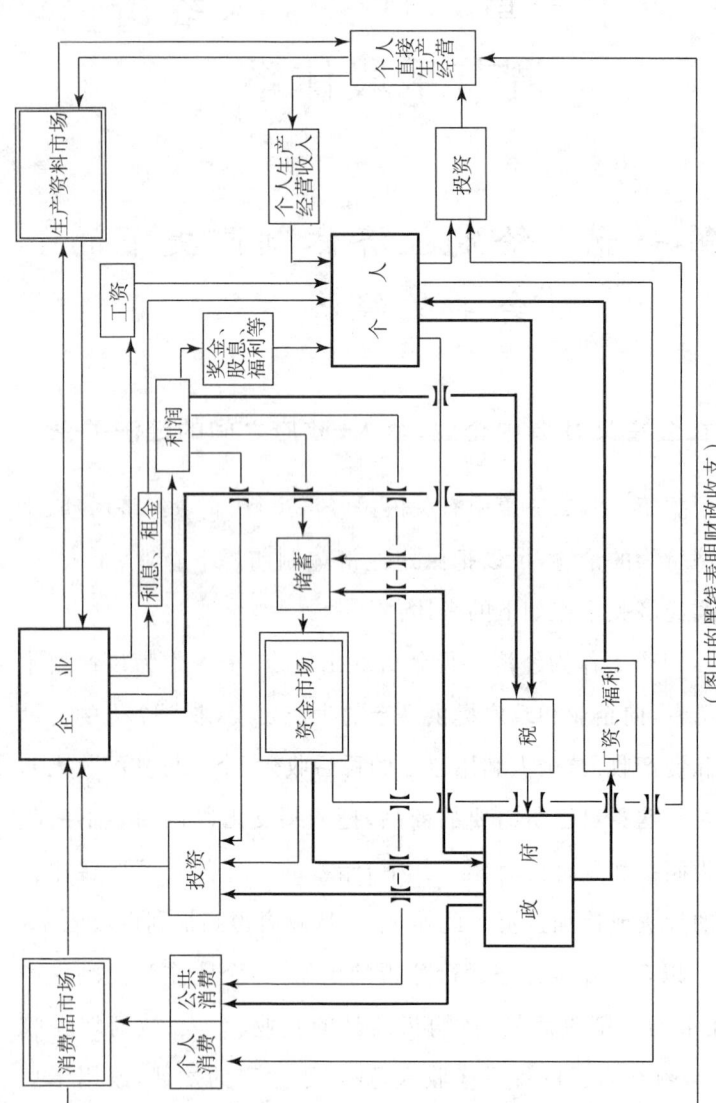

图11.1

（图中的黑线表明财政收支）

以从政府、个人或其他企业那里得到投资所需要的资金。

3. 以政府作为经济运行分析的出发点：政府作为人民利益的总代表，从企业和个人那里得到税收，并把这些收入用于生产、文化、教育、科学、卫生、福利、国防、行政管理等方面，最终进入企业和个人手中。

假定不考虑开放条件下一国与世界市场之间的经济关系，而只对企业、个人、政府三者之间的经济关系进行考察，那么，可以把三者之间的货币收入流转的关系图示如上（图 11.1 中省略了企业与企业之间可能存在的集资关系和股息、红利收支关系，还省略了个人之间的收入转移等；此外，这里只限于三个市场的流量分析）。

二、企业、个人、政府之间货币收入流转的正常进行

从图 11.1 可以看出，企业、个人、政府之间的货币收入流转能否正常进行，与消费品市场、生产资料市场、资金市场这三个市场是否处于正常状态有密切关系。

1. 如果由个人收入的一部分所转化的个人消费与由企业、政府收入的一部分所转化的公共消费之和未能同企业与个人直接生产经营所提供的消费品价值一致，消费品市场将出现过剩或不足；

2. 如果企业与个人直接生产经营用于购买生产资料的支出未能同企业与个人直接生产经营所提供的生产资料价值一致，生产资料市场将出现过剩或不足；

3. 如果由个人收入的一部分所转化的个人储蓄、由企业收入的一部分所转化的企业储蓄、由政府收入的一部分所转化的

政府储蓄三者所构成的储蓄总量,通过资金市场的中介,未能同由资金市场所供给的企业投资与个人直接生产经营投资之和(再加上政府从资金市场得到的资金供给)一致,资金市场将出现过剩或不足。

由此可见,三个市场中的任何一个市场的不正常状态都会影响企业、个人、政府之间货币收入流转的正常进行。至于三个市场中每一个市场正常状态的维持,则又与宏-微观经济之间协调与否有关。

第二节 宏-微观经济之间的关系与总量失衡的现实性

一、微观经济对宏观经济的多方面的影响

从国民经济运行、企业经济活动、个人经济行为之间的关系可以看出,微观经济对宏现经济的影响主要在于:

1. 企业存货调整影响市场商品可供量;

2. 企业资金筹集与运用影响资金的货币形态向实物形态的转化;

3. 个人消费品存量调整影响资金的实物形态向货币形态的转化;

4. 个人现金持有额调整影响国民经济中的货币量;

5. 个人资产形式调整影响社会物质产品的供求关系和社会资金的供求关系。

上述五个方面的影响说明:在给定的经济体制前提下,企业

经济活动和个人经济行为是分散的,企业和个人按照各自的利益和意图进行经济决策,他们的活动不可能自发地同国民经济运行处于相互适应之中,由此产生了社会主义宏观经济与微观经济的协调问题。

二、总量失衡的一种表现:经济停滞

总量失衡意味着社会总供给与社会总需求之间出现了足以严重影响国民经济正常运行的缺口。它的一种表现是社会总供给过剩和社会总需求不足,从而导致经济停滞。它的另一种表现是社会总供给不足和社会总需求过大,从而引起通货膨胀。因此,经济停滞和通货膨胀就是总量失衡在两种不同情况下的不同表现。

经济停滞的标志是:与前一时期相比,社会总产值和国民收入没有增长或者只有少量的增长,有时社会总产值和国民收入甚至会比前一时期下降。要判断经济是否停滞,可以用社会总产值和国民收入增长率(即经济增长率)的变动情况作为根据。

应当指出,经济停滞除了在经济增长率的变动率上得到反映而外,也可能反映于就业水平和企业实际存货水平的变动上。例如在社会总供给过剩和社会总需求不足的情况下,社会对劳动力的需求会减少,就业水平会下降。又如,在同样的情况下,企业的产品会遇到销售困难,于是实际存货水平会上升。如果销售困难而实际存货水平上升的企业减少了进货量,那么,向它们供货的企业的实际存货水平又会上升。所以,就业水平和企业实际存货水平也能在某种程度上反映经济的停滞与否。

但要知道,无论是就业水平还是企业实际存货水平,作为反映经济停滞与否的指标,在给定的经济体制前提下都有其不可忽视的局限性。这是因为,在给定的经济体制前提下,不仅在全民所有制企业中,甚至在集体所有制企业中,劳动力的录用和辞退还不是灵活的,社会总供给的过剩不可能充分与及时地反映于就业水平的变动上。① 加之,在我国的现实条件下,农业人口占全国人口的绝大多数,而农业人口就业水平的变动难以测定,这也限制了就业水平作为反映经济停滞与否的指标的有效程度。② 至于说到企业实际存货水平,根据所给定的经济体制前提,企业有权选择灵活多样的经营方式和安排自己的产供销活动,这样,在价格预期和利息率预期的影响下,企业有可能修改自己的目标存货水平或把实际存货提高到目标存货水平之上。只要有可能出现这种情况,那么,企业实际存货水平作为反映经济停滞与否的指标的局限性也就可以理解了。

由此可见,更能反映经济停滞与否的标志,不是就业水平的变动率和企业实际存货水平的变动,而是经济增长率的变动率。

三、总量失衡的另一种表现:通货膨胀

如上所述,通货膨胀作为总量失衡的表现,发生于社会总供

---

① 如果企业人浮于事,形成窝工现象,那么在经济学中可以把这种现象称作"隐蔽失业"或"虚假就业",正因为这种"失业"是"隐藏的",或这种"就业"是"虚假的",所以在就业统计中反映不出来。

② 在农业中,不仅"隐蔽失业"或"虚假就业"的情况较普遍地存在着,甚至农业人口就业本身的含义也是不明确的,这样就更难测定农业人口就业水平的变动了。

给不足和社会总需求过大的环境中。通货膨胀是指流通中的货币量过多,而流通中的货币量的多和少则是相对于流通中的货币需要量而言的。

在非限制性市场条件下,如果流通中的货币量过多,就会反映于物价的上涨。但在限制性市场条件下,流通中的货币量过多并不直接反映于物价的上涨上,而可能首先反映于货币流通速度的减慢、商品脱销或供应紧张、货币净投放量(即货币投放量减同一时期的货币回笼量的余额)的增长等方面。在这里,货币流通速度减慢意味着,在价格受限制的条件下,流通中的货币量增加过多,所以平均每一个货币单位的周转次数就减少了;商品脱销或供应紧张意味着,由于价格受限制,流通中过多的货币追求价格不变的商品,于是商品供不应求;货币净投放量的增长意味着,由于流通中的货币量过多,商品脱销或供应紧张,结果使得过多的货币量滞留于企业和个人手中而不能回笼。

可以把非限制性市场上物价上涨所反映的通货膨胀称为典型的或公开的通货膨胀,并把限制性市场上商品脱销或供应紧张等所反映的通货膨胀称为非典型的或隐蔽的通货膨胀。

但即使在限制性市场上,如果流通中的货币量继续增大,商品继续脱销或供应紧张,而价格又是受限制的,这样,在非限制性市场物价上涨的影响下,生产限制性市场的商品的企业因亏损过大而不得不收缩生产规模,或者不得不依赖国家的补贴,甚至还可能出现黑市或变相提高价格的情况。这一切最终将迫使限制性市场上的价格突破原来的限制而有所上涨(尽管很可能是一种有限的上涨)。从这个意义上说,隐蔽的通货膨胀与公开的通货膨胀之间并没有不可逾越的界限。

四、宏-微观经济的不协调与经济停滞

如果宏-微观经济之间的关系中发生了下述这些现象,就会影响国民经济的正常运行,并使经济停滞成为现实。这些现象是:

1. 较多的企业根据自己的价格预期、利息率预期或对市场供求状况的预期,或由于生产技术方面的重大变革,从而降低目标存货水平和实际存货水平,减少进货量。或者,较多的企业由于前一阶段的存货调整而使自己的实际存货水平已经超过了目标存货水平,从而在此后一段时间内停止进货或减少进货量。

2. 较多的企业根据自己的价格预期、利息率预期或对市场供求状况的预期,减少资金借入量,如减少银行贷款,减少社会集资,从而使企业资金的实际供给量小于国内可能供给企业的资金量,企业投资所需要的消费品和生产资料大于消费品与生产资料供给量在扣除国家、企业、劳动者个人三者各自需要的消费品之后的余额。

3. 较多的个人根据自己的价格预期、利息率预期或对市场供求状况的预期,或者由于消费偏好有某种较大的变动,从而降低自己的消费品目标存量和实际存量,减少购买量。或者,较多的个人由于前一阶段的消费品存量调整而使自己的实际存量已经超过了目标存量,从而在此后一段时间内停止购买或减少购买量。

4. 较多的个人根据自己的价格预期、利息率预期或对市场供求状况的预期,或者由于消费偏好有某种较大的变动,在现金持有和消费支出的替代方面,提高自己的现金持有额目标水平

和实际水平,减少购买量。或者,较多的个人由于前一阶段的现金持有额目标水平已经超过实际水平,从而在此后一段时间内要持续提高现金持有额实际水平和减少购买量。

5. 较多的个人根据自己的价格预期、利息率预期或对市场供求状况的预期,或者由于个人资产形式选择中某些经济因素和非经济因素的影响,减少了直接生产经营活动、房产投资和对保值商品的购买。

以上这五种现象往往是相互联系的。虽然它们一开始并不一定同时发生,但如果发生了其中某些现象,另一些现象或迟或早也会随之出现。结果,它们必然导致市场存货增大,形成超正常的市场存货,进而使产品滞销的企业缩减产量,于是社会总产品和国民收入的增长率下降,使社会处于经济停滞状态。

五、宏-微观经济的不协调与通货膨胀

就以上列举的宏-微观经济之间关系的五个方面来看,如果发生了与可能导致经济停滞的变化反方向的变化,那么就会发生通货膨胀。比如说,较多的企业根据自己的价格预期、利息率预期或对市场供求状况的预期,或由于生产技术方面的重大变革,从而提高目标存货水平和实际存货水平,增加进货量。或者,较多的企业由于前一阶段的存货调整而使自己的实际存货水平低于目标存货水平,从而在此后一段时间内增加进货量,等等。

这五方面的变化也往往是相互联系的。虽然它们一开始并不一定同时发生,但如果发生了其中某些现象,另一些现象也同样或迟或早会随之出现。结果,它们必然导致市场存货减少,而

与流通中的货币量相比,货币量则显然过多,于是社会将处于通货膨胀状态。而一旦发生了货币量过多即通货膨胀,在非限制性市场上,物价将上涨;在限制性市场上,商品供应紧张甚至脱销。这一切促使企业和个人加紧购买预期价格仍会继续上涨的商品或预期供给量短期内不可能有较大增加的商品。假定企业和个人所需要的商品供给不足而又并非短期内所能扭转的,那么,无论是企业还是个人都可能在手中保留较多的现金,伺机而购,这样,流通中过多的货币量不但不会减少,反而会因持币待购现象的发生而增加。

第三节 宏-微观经济之间的关系与结构性失衡的现实性

一、结构性失衡现实性问题的提出

结构性失衡的表现和总量失衡的表现相似,即可以有两种不同情况下的两种不同表现。它的一种表现是经济停滞,另一种表现是通货膨胀。当社会总供给与社会总需求之间平衡或基本平衡,但某些关键性产品的供给过剩和需求不足时,社会将处于经济停滞状态。当社会总供给与社会总需求之间平衡或基本平衡,但某些关键性产品的供给不足和需求过大时,社会仍处于通货膨胀状态。

至于什么样的产品应当被列为关键性产品,在经济学中并没有固定的划分方法。只有根据一定时期的社会的投入产出关系才能作出明晰的回答。在这里,我们可以把问题简化,即可以笼统地认为以下六大类产品(包括生产性劳务)在国民经济中居于重要的位置,从而可以把它们称为关键性产品。这六大类产品(包括生产性劳务)是:

(1) 交通运输和通讯部门所提供的劳务;

(2) 燃料和动力;

(3) 重要的原材料和建筑材料;

(4) 重要的加工设备和运输设备,生产燃料和提供动力的设备,与重要的原材料、建筑材料生产有关的设备;

(5) 粮食;

(6) 开放经济条件下的大宗出口商品。

二、某些关键性产品的供给过剩与经济停滞

经济中大量的、分散的微观经济单位(包括企业和个人)对部门结构和产品结构及其变动的影响,往往通过企业存货调整、企业资金筹集与运用、个人消费品存量调整、个人现金持有额调整、个人资产形式调整这五个方面表现出来。从宏-微观经济之间的关系来看,如果上述五个方面所给予部门结构和产品结构及其变动的影响并不成为对国民经济正常运行的干扰,那就说明宏-微观经济从结构的角度来看是协调或基本协调的。反之,如果上述五个方面所给予部门结构和产品结构及其变动的影响成为对国民经济正常运行的干扰,并且严重到足以妨碍国民经济正常运行的程度,那就说明宏-微观经济从结构的角度来看是不协调或严重不协调的,由结构方面的原因所导致的经济停滞也就成为现实。

具体地说,宏-微观经济关系中所发生的下述现象是值得

注意的：

（1）较多的企业根据市场上某些关键性产品的实际供求状况，并根据自己的价格预期、利息率预期或对市场上这些产品供求前景的预期，或由于生产技术方面的重大变革，从而降低这些产品的目标存货水平和实际存货水平，减少进货量。或者，较多的企业由于前一阶段的存货调整而使自己的这些产品实际存货水平已经超过了目标存货水平，从而在此后一段时间内停止这些产品的进货或减少它们的进货量。

（2）较多的企业根据市场上某些关键性产品的实际供求状况，并根据自己的价格预期、利息率预期或对市场上这些产品供求前景的预期，在运用所筹集到的资金时，使企业投资所需要的某些关键性产品小于在扣除国家、企业、劳动者个人各自在消费方面所需要的这些产品之后的余额。

（3）较多的个人根据市场上某些用于生活消费的关键性产品的实际供求状况，并根据自己的价格预期、利息率预期或对市场上这些产品供求前景的预期，或者由于在这些关键性产品方面的消费偏好有某种较大的变动，从而降低这些产品的目标存量和实际存量，减少购买量。或者，较多的个人由于前一阶段的消费品存量调整而使这些产品的实际存量已经超过了目标存量，从而在此后一段时间内停止这些产品的购买或减少购买量。

（4）较多的个人根据市场上某些用于生活消费的关键性产品的实际供求状况，并根据自己的价格预期、利息率预期或对市场上这些产品供求前景的预期，或者由于在这些关键性产品方面的消费偏好有某种较大的变动，在现金持有和消费支出的替代方面，提高自己的现金持有额目标水平和实际水平，减少这些产品的购买量。

(5) 较多的个人根据市场上某些关键性产品的实际供求状况,并根据自己的价格预期、利息率预期或对市场上这些产品供求前景的预期,或者由于个人资产形式选择中某些经济因素和非经济因素的影响,减少了以这些关键性产品作为生产资料的直接生产经营活动、房产投资和保值商品的购买。

以上这五种现象也相互联系,结果将导致市场上某些关键性产品的存货增大,形成超正常的市场存货,进而使这些产品滞销的企业缩减产量。由于这些产品是国民经济中的关键性产品,它们的产量的缩减将会直接或间接地引起那些生产与它们有关的产品的企业缩减产量,于是社会总产品和国民收入的增长率下降,使社会处于经济停滞状态。

三、某些关键性产品的供给不足与通货膨胀

由结构方面的原因所导致的通货膨胀之所以会成为现实,也可以从宏-微观经济之间关系的五个方面来分析。这就是说,如果发生了与上述相反方向的变化,就会因关键性产品的供给不足和货币量的过多而引起通货膨胀。通货膨胀造成的后果是:在非限制性市场上,这些关键性产品的价格将上涨;而在限制性市场上,这些关键性产品将供应紧张甚至脱销。这一切促使企业和个人加紧购买预期价格仍会继续上涨的商品或预期供给量短期内不可能有较大增加的商品。假定企业和个人所需要的这些关键性产品供给不足而又并非短期内所能扭转的,那么,无论是企业还是个人都可能在手中保留较多的现金,伺机而购,这样,流通中过多的货币量不但不会减少,反而会因持币待购现

象的发生而增加。这表明,由结构性原因而发生的通货膨胀同由社会总需求过大而发生的通货膨胀一样,它们之所以成为现实,都与宏-微观经济的不协调有关,都表现为流通中的货币量超过了流通中所需要的货币量。

四、总量失衡与结构性失衡并发的现实性

总量失衡与结构性失衡尽管是两种不同的失衡,但它们并非不可能同时发生。

具体地说,经济中有可能同时发生下述这样一些现象,例如:

1. 一方面,较多的企业改变一般的目标存货水平和实际存货水平,改变进货量;另一方面,较多的企业主要是改变某些关键性产品的目标存货水平和实际存货水平,改变这些关键性产品的进货量;

2. 一方面,较多的企业改变资金借入量,从而改变企业投资所需要的一般产品数量;另一方面,较多的企业在运用所筹集到的资金时,主要是改变企业投资所需要的某些关键性产品的数量;

3. 一方面,较多的个人改变自己的一般消费品的目标存量和实际存量,改变购买量;另一方面,较多的个人主要是改变某些用于生活消费的关键性产品的目标存量和实际存量,改变这些产品的购买量;

4. 一方面,较多的个人改变自己的现金持有额目标水平和实际水平,改变购买量;另一方面,较多的个人在改变现金持有额目标水平和实际水平的同时,主要改变某些用于生活消费的

关键性产品的购买量。

5.一方面,较多的个人在个人资产形式选择方面调整了直接生产经营活动、房产投资和对保值商品的购买量;另一方面,较多的个人在个人资产形式选择方面所调整的主要是以某些关键性产品作为生产资料的直接生产经营活动、房产投资和对保值商品的购买量。

这些现象所引起的结果如果严重到足以妨碍国民经济正常运行的地步,那就表明经济中总量失衡与结构性失衡的并发。

五、总量失衡与结构性失衡并发的表现

如果总量失衡与结构性失衡同时发生,那么就可能有下述四种不同的表现:

1.由总量方面的原因所导致的经济停滞和由结构方面的原因所导致的经济停滞;

2.由总量方面的原因所导致的通货膨胀和由结构方面的原因所导致的通货膨胀;

3.由总量方面的原因所导致的经济停滞和由结构方面的原因所导致的通货膨胀;

4.由总量方面的原因所导致的通货膨胀和由结构方面的原因所导致的经济停滞。

在这四种不同的表现中,第一种表现和第二种表现是比较简单的,因为两种失衡并发所表现的或者只是经济停滞,或者只是通货膨胀。第三种表现和第四种表现却比较复杂,因为两种失衡并发所表现出来的,是经济停滞与通货膨胀的并发,即一方面经济处于停滞状态,另一方面却又是物价上涨,商品供应紧

张。如果经济停滞是由总量方面的原因所引起,即经济停滞的原因在于社会总供给大于社会总需求,那么,通货膨胀则由结构方面的原因所引起,即通货膨胀的原因在于某些关键性产品的供给不足。反之,如果通货膨胀是由总量方面的原因所引起,即通货膨胀的原因在于社会总需求大于社会总供给,那么,经济停滞则由结构方面的原因所引起,即经济停滞的原因在于某些关键性产品供给过剩。

尽管市场机制在调节社会总供给和社会总需求之间的关系时,或在调节个别产品的供给和需求之间的关系时有局限性,但市场机制仍然起着一定的作用。当然,这是针对只发生经济停滞或只发生通货膨胀时而言的。如果经济中经济停滞和通货膨胀并发,市场机制的自行调节供给和需求关系的局限性,就更加突出,因为市场本身不可能在促进总需求的同时又抑制总需求,或在促进对某一产品的需求的同时又抑制对该种产品的需求。

为此,我们有必要转入政府对宏-微观经济之间关系的调节作用的分析。

第四节 政府的经济调节在协调宏-微观经济方面的作用

一、政府的经济调节的意义

政府调节的任务不仅是防止或消除经济中的总量失衡与结构性失衡,更重要的是保证国民经济的正常运行,使经济和社会的发展达到预定的目标。如果经济中出现了经济停滞或通货膨胀等失衡现象,不仅经济和社会的发展的预定目标无法实现,甚至有可能使经济和社会的发展从已经达到的水平下降,同预定目标之间的差距扩大,这就是通过政府调节来防止或消除经济中的总量失衡与结构性失衡的意义。

二、政府的价格调节与宏-微观经济的协调

为了协调宏-微观经济之间的关系,防止或消除总量失衡与结构性失衡,政府可以从两个方面进行价格调节:一是调整非限制性市场与限制性市场的比例,即缩小或扩大限制性市场的范围;二是调整限制性市场的价格,即降低或提高固定价格,重新规定协议价格的浮动幅度。

究竟是缩小还是扩大限制性市场,限制性市场缩小或扩大以后究竟哪些产品不再被列入限制性市场或被包括在限制性市场之内,究竟是降低还是提高固定价格和协议价格,降低或提高的百分比有多大,究竟哪些产品的固定价格和协议价格被列入降低或提高的范围之内——这一切都有待于政府机构根据现实经济中的供求状况和对今后供求状况的预期而定,不可能按照某种固定不变的格式来实行,也不可能只依据过去的经验来制定。

总的说来,政府的价格调节在协调宏-微观经济关系时,可以遵循下述原则:

1. 在较多的企业降低目标存货水平和实际存货水平,从而减少进货量,或较多的企业减少资金借入量,从而减少企业投资所需要的一般产品数量时,政府可以缩小限制性市场的范围,降低固定价格和协议价格。假定所减少的进货量主要是某些关键

性产品的进货量,假定企业投资所需要的产品的减少主要是某些关键性产品的减少,那么,政府可以有针对性地把这些关键性产品排除在限制性市场范围之外,或者,可以降低这些关键性产品的固定价格和协议价格,直到实行非限制性的价格。

2. 在较多的个人降低个人消费品存量目标水平和实际水平,从而减少购买量,或较多的个人提高自己的现金持有额目标水平和实际水平,从而减少购买量,或较多的个人减少直接生产经营活动、房产投资和对保值商品的购买量时,政府可以缩小限制性市场的范围,降低固定价格和协议价格。假定所减少的购买量主要是某些关键性产品的购买量,那么,政府可以有针对性地把这些关键性产品排除在限制性市场范围之外,或者可以降低这些关键性产品的固定价格和协议价格,直到实行非限制性的价格。

3. 在较多的企业提高目标存货水平和实际存货水平,从而增加进货量,或较多的企业增加资金借入量,从而增加企业投资所需要的一般产品数量时,政府可以扩大限制性市场的范围,提高固定价格和协议价格。假定所增加的进货量主要是某些关键性产品的进货量,假定企业投资所需要的产品的增加主要是某些关键性产品的增加,那么,政府可以采取下述对策:如果这些关键性产品原来不包括在限制性市场之内,政府可以把它们包括在限制性市场之内;如果它们原来已经包括在限制性市场之内,政府可以提高它们的固定价格和协议价格。

4. 在较多的个人提高个人消费品存量目标水平和实际水平,从而增加购买量,或较多的个人降低自己的现金持有额目标水平和实际水平,从而增加购买量,或较多的个人增加直接生产经营活动、房产投资和对保值商品的购买量时,政府可以扩大限制性市场的范围,提高固定价格和协议价格。假定所增加的购买量主要是某些关键性产品的购买量,那么,政府可以采取下述对策:如果这些关键性产品原来不包括在限制性市场之内,政府可以把它们包括在限制性市场之内;如果它们原来已经包括在限制性市场之内,政府可以提高它们的固定价格和协议价格。

以上这些价格调节的措施并非必须采取的措施,而只是可供选择的措施。

三、政府的财政调节与宏-微观经济的协调

(一)税收调节与宏-微观经济的协调

在税收方面,政府可以采取增减税种、改变税率(包括实行减免税收的优惠)等措施来影响企业经济活动和个人经济行为,从而协调宏-微观经济之间的关系。至于究竟新设哪些税,取消哪些税,各种税的税率如何调整,以及在何种情况下和对哪些部门、哪些企业、哪些个人实行税收优惠——这一切都有待于政府机构根据现实经济中的供求状况和对今后供求状况的预期而定,不可能按照某种固定不变的格式来实行,也不可能只依据过去的经验来制定。

总的说来,政府的税收调节在协调宏-微观经济关系时,可以遵循下述原则:

1. 如果企业进货量和个人购买量减少,市场存货增大,出现供给过剩时,政府可以用调整税种和税率的办法,或者使需求者感到增加购买对自己有利,或者使供给者感到不减少产量对自己不利。如果企业进货量和个人购买量中所减少的是某些关

键性产品,那么,政府在采取税收调节时,可以用调整税种和税率的办法使这些关键性产品的需求者和供给者分别受到影响,或增加购买,或减少产量。

2. 如果企业进货量和个人购买量增加,市场存货减少,出现供给不足时,政府可以用调整税种和税率的办法,或者使供给者感到增加产量对自己有利,或者使需求者感到不减少购买对自己不利。如果企业进货量和个人购买量中所增加的是某些关键性产品,那么,政府在采取税收调节时,可以用调整税种和税率的办法使这些关键性产品的需求者和供给者分别受到影响,或增加产量,或减少购买。

在调整税种和税率时,需要根据税收负担的归宿来研究不同的税收对于需求和供给的不同影响。

按所得额和纯收入额的课税,如国营企业所得税、工商所得税(按从事工商业经营的集体企业和个体户的利润征收的税)、个人所得税、国营企业调节税(根据价格、设备等条件,国家为了使企业的留利合理,按大中型国营企业税后利润而征收的税)、农业税(按土地的常年产量向从事农业生产、有农业收入的单位和个人征收的税)等,纳税人就是税收负担人,因此,调整这些税的税率以及新设或取消这些税(包括给予的税收优惠),一方面将影响供给者的积极性,影响供给量,另一方面将影响企业和个人的税后收入,影响需求量。

按流转额(包括商品销售额和劳务收入额)和增值额(按商品销售收入和劳务收入中扣除生产资料消耗后的余额征收的税)的课税,如产品税(主要包括向生产工业品的单位或个人按销售收入征收的税、向农产品收购单位按收购支付金额征收的税、向进口商品者按进口商品数量征收的税等)、增值税(向一切从事经营活动的单位和个人按销售收入和劳务收入中扣除生产资料消耗后的余额征收的税)、营业税、关税、盐税等,纳税人有可能将税收转嫁出去,纳税人不一定是税收负担人,因此,调整这些税的税率以及新设或取消这些税(包括给予的税收优惠),虽然也会对供给量发生某些影响,但对需求量的影响可能更大一些。

按资源差别而形成的级差收入的课税,如资源税(向资源开发的单位和个人按利润状况征收的税),主要对资源供给产生影响,但也在一定程度上影响这些单位和个人的收入,从而影响需求。

按财产及其使用状况的课税,如房产税、土地使用税、车船使用税,对供给和需求的影响不是十分明显,要根据这些财产的所有者和使用者的不同进行具体的分析才能确定。

此外,还有一些特定目的的课税,它们可以从不同的方面影响供给或需求。如国营企业奖金税既可以影响职工的生产积极性(影响供给),又可以影响职工个人收入(影响需求)。又如,建筑税(为控制固定资产投资规模而向自筹基本建设投资的单位征收的税),主要影响对基本建设投资用的生产资料的需求,并通过对这方面的需求的影响而影响供给。

这些情况说明,政府在协调宏-微观经济关系时,为了使税收调节能起到较大的作用,应当根据具体情况确定所要调整的税种和税率。

(二) 财政支出与宏-微观经济的协调

在财政支出方面,政府可以采取增减支出的措施来影响企业经济活动和个人经济行为,从而协调宏-微观经济之间的关系。至于究竟增加哪些财政支出,减少哪些财政支出,增加和减少的幅度究竟有多大——这一切也都有待于政府机构根据经济中的供求状况和对今后供求状况的预期而定,不可能按照某种固定不变的格式来实行,也不可能只依据过去的经验来制定。

总的说来,政府的财政支出调节在协调宏-微观经济关系时,可以遵循下述原则:

1. 如果企业进货量和个人购买量减少,市场存货增大,出现供给过剩时,政府可以用调整财政支出(包括投资支出和消费支出)的总量及其结构的办法,或者使需求增加,以减少市场存货,或者使供给减少,以缓和已经出现的或将要出现的供给过剩。如果企业进货量和个人购买量中所减少的是某些关键性产品,那么,政府在采取财政支出调节时,可以用调整财政支出的总量及其结构的办法,或者使这些关键性产品的需求增加,或者使这些关键性产品的供给减少。

2. 如果企业进货量和个人购买量增加,市场存货减少,出现供给不足时,政府可以用调整财政支出(包括投资支出和消费支出)的总量及其结构的办法,或者使供给增加,以缓和供给不足,或者使需求减少,以避免市场存货的减少和继续减少。如果企业进货量和个人购买量中所增加的是某些关键性产品,那么,政府在采取财政支出调节时,可以用调整财政支出的总量及其结构的办法,或者使这些关键性产品的供给增加,或者使这些关键性产品的需求减少。

无论是税收调节还是财政支出调节,都不是必须采取的措施,而只是可供选择的措施。税收调节和财政支出调节可以单独使用，也可以结合使用。

四、政府的金融调节与宏-微观经济的协调

在金融方面，中央银行(在我国，中国人民银行是国务院直接领导下的中央银行)可以采取规定与调整存款准备金比例[①]、调整信贷支出总量、调整投资信贷额及其增长率、调整信贷支出结构、调整存款和贷款利息率(包括实行信贷和利息率的优惠)等措施来影响企业经济活动和个人经济行为，从而协调宏-微观经济之间的关系。至于究竟把投资信贷额及其增长率控制在何种水平上，究竟如何调整信贷支出结构，究竟调整哪些存款和贷款利息率，调整多大的幅度，调整之后各种利息之间的差别究竟有多大，以及在何种情况下和对哪些部门、哪些企业、哪些个人实行信贷和利息率优惠——这一切都有待于中央银行根据现实经济中的供求状况和对今后供求状况的预期而定，不可能按照某种固定不变的格式来实行，也不可能只依据过去的经验来制定。

总的说来，中央银行的金融调节在协调宏-微观经济关系时，可以遵循下述原则：

1. 在较多的企业降低目标存货水平和实际存货水平，从而减少进货量，或较多的企业减少资金借入量，从而减少企业投资所需要的一般产品数量时，中央银行可以采取降低存款准备金比例、提高投资信贷额及其增长率、降低贷款利息率等措施。假

---

① 存款准备金比例是指中央银行规定从事存放款业务的专业银行必须保留存款总额的一定百分比作为存款准备金，其余才能作为放款。中央银行提高存款准备金比例，信贷支出就会减少；反之，中央银行降低存款准备金比例，信贷支出就会扩大。

定所减少的进货量主要是某些关键性产品的进货量,企业投资所需要的产品的减少主要是某些关键性产品的减少,那么,中央银行可以有针对性地用调整信贷支出结构和调整贷款利息率差别等措施来促进与这些关键性产品销售量增加有关的企业投资,以减少这些关键性产品的市场存货。

2. 在较多的企业提高目标存货水平和实际存货水平,从而增加进货量,或较多的企业增加资金借入量,从而增加企业投资所需要的一般产品数量时,中央银行可以采取提高存款准备金比例、降低投资信贷额及其增长率、提高贷款利息率等措施。假定所增加的进货量主要是某些关键性产品的进货量,企业投资所需要的产品的增加主要是某些关键性产品的增加,那么,中央银行可以有针对性地用调整信贷支出结构和调整贷款利息率差别等措施来减少那些需要购买这些关键性产品的企业的投资,以防止这些关键性产品的市场存货的继续减少,或者用这些措施来促进上述关键性产品的供给量的增加。

3. 在个人资产形式选择过程中,如果个人现金持有额有较大幅度的增加而形成对市场的一种压力,中央银行可以用提高存款利息率的办法来促使个人调整自己的资产形式,以增加个人储蓄存款。如果某些消费品滞销,中央银行可以采取一定的信贷措施,以促使有关的企业实行消费信贷,增加这些消费品的销售量。如果个人的社会集资数额过大,中央银行则可以采取提高贷款利息率和存款利息率的办法来减少个人的社会集资。

所有各种金融调节措施并非必须采取的措施,而只是可供选择的措施。

五、政府的汇率调节与宏-微观经济的协调

（一）汇率是一种特殊的经济调节手段

汇率是指两个不同国家的货币之间的比例。汇率有两种标价方法：直接标价法和间接标价法。

直接标价法是以一定单位的外国货币为标准来计算应兑换若干单位的本国货币。①

间接标价法是以一定单位的本国货币为标准来计算应兑换若干单位的外国货币。②

以直接标价法计算，汇率升降与本国货币对外价值的高低成反方向变化。以间接标价法计算，汇率升降与本国货币对外价值的高低成同方向变化。以下在讨论宏观经济调节时，所提到的汇率升降，以间接标价法计算。③

汇率之所以能够成为宏观经济调节手段，主要是因为汇率升降将引起一国国际收支的变化，从而影响社会总需求和社会总供给之间的平衡关系。具体地说，汇率升降的影响如下：

1. 汇率变动对进出口的影响

如果本国货币对外贬值，即汇率下跌，出口将增加，进口将减少；

如果本国货币对外升值，即汇率上升，出口将减少，进口将

---

① 例如，标明 1 美元等于 3 元人民币，这是直接标价。
② 例如，标明 1 元人民币等于 0.333 美元，这是间接标价。
③ 以人民币与美元之间的汇率变动为例。按间接标价法计算，如果原来的汇率是 1 元人民币等于 0.333 美元，汇率上升是指人民币对美元升值（假定汇率已变为 1 元人民币等于 0.4 美元），汇率下跌是指人民币对美元贬值（假定汇率已变为 1 元人民币等于 0.25 美元）。

增加。

2. 汇率变动对资金流入流出的影响

如果本国货币对外贬值,即汇率下跌,在人们预期汇率不会继续下跌的条件下,资金流入量将增加,资金流出量将减少;

如果本国货币对外升值,即汇率上升,在人们预期汇率不会继续上升的条件下,资金流出量将增加,资金流入量将减少。

3. 汇率变动对侨汇收入、旅游收入等非贸易外汇收入的影响

如果本国货币对外贬值,即汇率下跌,侨汇收入、旅游收入等非贸易外汇收入将增加;

如果本国货币对外升值,即汇率上升,侨汇收入、旅游收入等非贸易外汇收入将减少。

汇率之所以是一种特殊的经济调节手段,一是由于它适用于开放经济条件,它是通过国际收支的调整而间接影响国内经济的,二是由于它是只能由中央经济决策部门运用的一种调节手段,而不像财政、金融、价格等调节手段有时可以由中央和地方共同运用。

(二)汇率调整与市场存货量的变动

在市场出现超正常的存货量,从而影响企业的生产量,造成经济增长率下降的场合,增加出口是一项对策。如果本国货币对外贬值,即汇率下跌,出口将增大,从而可以减少国内市场存货量,带动企业生产。

在市场存货量减少、商品供不应求的场合,为了防止物价上涨,可以选择下列与汇率调整有关的方式:一是本国货币对外升值,以减少出口,增加进口;二是本国货币对外贬值,即以扩大出

口的方式来换取国内所急需的商品进口。前一种方式是从总量分析的角度来考虑的,后一种方式是从结构分析的角度来考虑的,二者并不矛盾。究竟采取哪一种方式,视市场存货结构和供求结构而定。①

(三) 汇率的浮动

汇率调节不仅包括政府调整本国货币与外国货币的比价,而且也包括实行浮动汇率制度。浮动汇率制度是与固定汇率制度相对的一种汇率制度。它的特征是汇率浮动,即政府对汇率不予以固定,听任外汇市场上本国货币同外国货币的兑换比率而浮动。汇率浮动可以是自由浮动,也可以是规定一定幅度(即在一定范围内)的浮动。

汇率浮动被认为有利于充分发挥市场机制的作用,让国际收支自动调整,促进国际收支趋向平衡。这是因为,在实行固定汇率制度的情况下,政府在市场汇率同官方汇率有出入的时候,必须采取收购外币和黄金或抛出外币和黄金的办法来维持官方汇率,这样做不仅所费代价过大,而且往往引起金融和外汇市场混乱。如果听任汇率浮动,政府就不必立即采取措施去维持官方汇率。市场汇率高于官方汇率,这说明本国货币供给小于对本国货币的需求,实际上本国货币已经升值,这将使出口减少,进口增加,使国际收支出现逆差(顺差缩小),于是外汇市场上对本国货币的需求将减少,高于官方汇率的市场汇率将自行下降;反之,一旦市场汇率低于官方汇率,这说明本国货币供给大于对本国货币的需求,实际上本国货币已经贬值,这将使出口增加,

---

① 本书第十八章第七节,将对这个问题展开论述。

进口减少，使国际收支出现顺差（或逆差缩小），于是外汇市场上对本国货币的需求将增加，低于官方汇率的市场汇率将自行回升。

汇率浮动的缺陷，被认为有以下两点：一是听任汇率浮动会增加对外贸易的不稳定性，二是听任汇率浮动助长外汇投机活动，不利国际收支自动调整。

社会主义国家尤其是发展中的社会主义国家，究竟是否适宜实行汇率浮动的问题，仍有待于研究。在这里需要注意的一个问题是：一个国家的可供出口的商品数量的多少和可同进口商品相替代的国内商品数量的多少，将影响该国在实行汇率浮动后的经济状况。这就是说，并不是任何国家在实行汇率浮动之后都能得到浮动汇率制度所提供的好处的。如果由于可供出口的商品数量不足或无法替代进口商品，那么，汇率浮动使得市场汇率低于官方汇率的结果，并不能导致出口增加，进口减少，从而国际收支也就不可能因汇率浮动而自行调整，但汇率浮动所带来的贸易不稳定和外汇投机等后果，却可能表现得比较明显。

（四）汇率并不是影响国际收支的唯一调节手段

社会主义国家除调整汇率而外，还可以运用其他手段来调节国际收支：

1. 财政调节，包括出口津贴、税率（包括关税率）调整等。

2. 金融调节，包括调整利息率的国际差距、对出口的优惠贷款等。

3. 价格调节，指调整与进出口贸易有关的商品的价格，也包括调整与旅游等有关的价格。

4. 外汇管理措施。

在这方面,可供选择的有以下措施:

(1) 出口贸易外汇管制。例如,把从事出口贸易的全部或一部分外汇集中于有关部门,以供国家统一使用。

(2) 进口贸易外汇管制。例如,规定进口所需外汇的批准手续,从事进口贸易的企业只有得到批准才可以得到外汇,用于进口商品。

(3) 非贸易外汇管制。例如,规定非贸易外汇支出(如出国旅行支出、对外的赡家汇款等)的限额,在限额之内需要经过批准才能得到外汇。又如规定非贸易外汇收入(如国外汇入的赡家费用等)的管理办法,以便国家集中使用外汇。

(4) 黄金、外汇的出口管理,直到禁止把黄金、外汇带出国境。

(5) 本国现钞带出国境和带入国境的管理,直到禁止本国现钞出入国境。

此外,还有其他一些管理措施。政府可以根据具体情况,酌情采取其中某些措施。而任何一种措施对外汇管制的宽严程度,也可根据具体情况来确定。

对于社会主义国家来说,外汇管理是必要的。这不但有助于改善国际收支,而且有助于集中外汇收入,以供国家的需要。

第五节　政府各种经济调节手段的配合使用

一、需求调节和供给调节的比较

政府机构通过各种经济调节手段的运用,或者影响需求(包括社会总需求和对特定部门的产品的需求），或者影响供给（包括社会总供给和特定部门的产品的供给），或者兼而有之。对需求的调节和对供给的调节的区别如下：

1. 在宏观经济管理中，对需求的调节基本上是近期的管理任务。这是因为，对需求的调节主要涉及对投资总量及其结构的控制和对消费总量及其结构的控制，只要政府机构采取相应的调节措施，可以在较短的时间内收到一定的成效；而对供给的调节主要涉及产业结构、产品结构的调整，资源的重新配置，以及生产技术方面的重大变革和改造，即使政府机构采取相应的调节措施，一般地说，不容易在较短的时间内收到一定的成效。要使政府对供给方面进行调节的措施取得成效，所需要的时间较长，所以这被认为是中期的管理任务。当然，这并不排除某些政府调节措施也能在较短的时间内使供给量发生较大的增加，如某些产品的原材料和设备处于闲置状态，只要提高产品的固定价格或协议价格就可以在较短时期使产量增加。但如果原材料和设备的供给没有保证，那么，即使提高了产品的固定价格和协议价格，也难以在较短的时间内使供给量增加。

2. 不管政府采取什么样的调节措施，使需求增长是比较容易的，而要使需求从现有水平往下降低，那就比较困难了，因为消费水平有不可逆性，工资收入也有不可逆性。同时，企业为了增加盈利，也有一种力求增加投资以扩大生产规模的愿望。所以说，无论是消费需求还是投资需求，都不容易压缩。对供给的调节与此不同，不管政府采取什么样的调节措施，使供给下降是比较容易的，而要使供给从现有水平上再增长，那就涉及原材料和设备（再加上技术力量）能否保证供给的问题。这就是说，供给下降不受资源条件的约束,而供给增长则必然受到资源条件的约束。

3. 调节需求(包括社会总需求和对特定部门的产品的需求)只是使需求适应于已经达到的生产力水平,因此,这种调节具有治标性质。在对供给调节时,要分清减少供给的调节方法和增加供给的调节方法的区别。减少供给的调节方法是对已经具有的生产能力的一种抑制,它可以表现为生产设备的闲置、对原材料和技术力量的不充分利用等。它也具有治标的性质。增加供给的调节不仅意味着利用已经具有的生产能力,而且还意味着生产力水平的提高。因此,只要不受资源条件的约束和不致形成对环境、资源的破坏,增加供给的调节方法即使一般说来需要较长时间才能收效,但它对于防止和消除总量失衡与结构性失衡、保证国民经济正常运行而言,带有治本的性质。

政府在运用经济调节手段时,应当了解对需求的调节和对供给的调节各自的特点以及二者的区别,才能更好地完成预定的调节任务。

二、价格调节、财政调节、金融调节的比较

1. 与财政调节、金融调节相比,政府的价格调节对企业和个人来说是敏感性较大的一种调节。这是因为,企业在生产经营活动中最关心的是自己的成本和收益之比。如果价格调节的结果使企业的成本和收益有较大的升降,那么,企业会敏感地察觉到这一点,从而必然及时对自己的生产经营作出反应,以适应物价变动后的新形势。同样的道理,个人无论是作为消费者还是作为投资者,也会敏锐地察觉到物价的变动,并设法适应物价

变动的新形势。相形之下,财政调节、金融调节对企业和个人来说就不像价格调节那样具有敏感性。从这个意义上说,价格调节的运用也应当更加慎重些。

2. 一般说来,价格调节手段是一种能较迅速地起作用的调节手段。至于财政调节和金融调节,则需要区别考察。增减财政支出总量或有针对性地增减某些财政支出,增减信贷支出总量或有针对性地增减某些信贷支出,可以归入能较迅速地起作用的调节手段之列。调整税收总量和税种、税率,调整存款和贷款利息率,则属于较缓慢地起作用的调节手段。这是因为,调整税收总量和税种、税率,以及调整存款和贷款利息率等措施,并不直接影响需求量和供给量,而是首先使企业或个人受到税收和利息率调整的影响而改变自己的投资、储蓄和消费行为,然后使企业或个人改变对生产资料和消费品的购买量,使企业改变产量,使个人改变现金持有额,等等,才影响到需求量和供给量,这样就需要较长的时间间隔。

3. 在商品比价趋于基本合理,主要农副产品的购销价格倒挂状况基本上得到纠正的情况下,应当使计划价格与市场上自然形成的各种价格大体上接近。采取限制价格的做法或总想把非限制性市场改为限制性市场的做法,不仅会引起价格之间比例关系的一系列变动,对有关商品的供给与需求发生连锁的影响,不利于经济的运行,而且也会给从事生产经营活动的企业和个人造成困难。由此可见,在价格体系基本正常后,一般情况下,财政调节和金融调节比价格调节适用。在财政调节和金融调节能够发挥作用的场合,应当尽可能不用或尽可能少用价格调节手段。①

4.单就金融调节而言,如果可供信贷的资金总量有限而企业又几乎普遍迫切需要增加投资,以改造技术和降低成本,那么在企业看来,更为重要的将是资金的筹集,而利息率提高后取得资金的代价的增加则被置于次要的地位。因此,虽然可以采取按不同类别的贷款实行差别利息率或适当地升降贷款利息率的办法,但控制投资总量或由中央银行直接控制投资信贷额及其增长率的办法,也许更为有效,至少在投资资金供给总量有限、企业认为资金筹集比资金代价更值得注意的条件下更是如此。至于存款利息率,尤其是个人储蓄存款利息率,它的升降将在调整个人现金持有额方面起到重要的作用。这是因为,随着个人收入的上升,个人消费结构处于变动的过程中,个人消费习惯也不断发生变化,但他们所爱好的、愿意购买的消费品仍然供给不足,所以,个人现金持有额中有相当一部分并不是消费后的真正余额,而只是一种对未能及时满足的消费的暂时的替代。对个人来说,这是暂时延期的消费。如果存款利息率上升,有可能促使个人把手头的现金转化为储蓄存款,即把现期的消费转化为延期的消费。

三、"双松"、"双紧"和"松紧配合"

（一）"松"、"紧"的含义

---

① 根据这样的观点,本书一般说来不同意靠国营商业平抑物价的做法。国营商业平抑物价实际上是用价格补贴的办法来维持低于相应市场上自然形成的价格的官价。这不仅对于财政是一种负担,更重要的是,这是消极的而不是积极的措施。如果把用于价格补贴的财政支出转用于发展短缺商品的生产,也许更能收效。当然,如果作为一种临时的措施,在一定时期内实行这种方式,并不是不可行,但只能限于极少数的生活必需品,而且需要采取定量供应的做法。

凡是促使银根松动的措施,如减税,增加财政支出,降低利息率,扩大信贷支出等,都属于"松"的调节措施;凡是促使银根抽紧的措施,如增税,减少财政支出,提高利息率,缩小信贷支出等,都属于"紧"的调节措施。就总量调节的效应来说,如果社会总需求小于社会总供给,那就需要扩大社会总需求,这时应采取"松"的调节措施。反之,如果社会总需求大于社会总供给,那就需要抑制社会总需求,这时应采取"紧"的调节措施。

(二)"松"、"紧"的关系

但上述有关"紧"或"松"的调节措施的运用仅仅从属于总量调节的目的,而且还只限于总量调节中的总需求调节的目的。在实际运用财政调节和金融调节时,不能仅仅以总量调节为唯一着眼点,更不能仅仅以总需求调节为唯一着眼点。这是因为,在社会总需求小于社会总供给的条件下,固然可以采取"松"的调节措施来扩大社会总需求,也未尝不可以采取"紧"的调节措施来限制社会总供给;在社会总需求大于社会总供给的条件下,固然可以采取"紧"的调节措施来抑制社会总需求,也未尝不可以采取"松"的调节措施来促进社会总供给的增长。这表明,一旦把着眼点从社会总需求一方扩大到社会总需求和社会总供给这两个方面,"紧"和"松"的调节措施就不一定是互不相容的,而很可能是互相补充的。

从结构的角度来考察,问题将更加清楚。在社会总需求与社会总供给不平衡时,可能有些部门的产品供大于求,另一些部门的产品供不应求。即使在社会总需求与社会总供给平衡时,同样会有一些部门的产品供大于求,另一些部门的产品供不应求。因此,单纯采取"紧"的调节措施或单纯采取"松"的调节措施,都不可能使部门之间保持协调。只有根据各个具体部门的实际供求情况,采取相应的"紧"或"松"的调节措施。在这种情况下,"紧"和"松"的调节措施就更不能被看成是互不相容的,而必须被看成是互相补充的。

在经济调节中,最不明智的是那种"只看需求、不看供给"的单纯紧缩经济的做法。实际上,单纯紧缩经济(比如说抽紧银根,紧缩流动资金贷款)并不一定能使总需求有多大的下降,但供给反而受到了不利的影响,结果,单纯紧缩经济使供给下降,使今后一段时间内总需求与总供给之间的矛盾或主要商品需求与供给之间的矛盾更为尖锐,也更难得到解决。

(三)"松紧配合"的理论依据

由此看来,"双紧"(指财政调节的"紧"和金融调节的"紧")或"双松"(指财政调节的"松"和金融调节的"松")只有在特殊的条件下才能被使用。一般情况下,应当防止"双紧"或"双松",而以"松紧配合"为宜。"松紧配合"是指:当财政调节采取"紧"的措施时,金融调节可以"松"一些;或者,当财政调节采取"松"的措施时,金融调节可以"紧"一些。社会总需求与社会总供给的平衡公式为"松紧配合"提供了理论上的依据:

社会总需求＝消费＋投资＋(财政支出－财政收入) (11.1)

社会总供给＝从事生产活动的劳动者收入＋剩余＋(信贷收入－信贷支出) (11.2)

要使社会总需求与社会总供给相等,那就应当使下述公式成立:

消费＋投资＋(财政支出－财政收入)＝从事生产活动的劳动者收入＋剩余＋(信贷收入－信贷支出) (11.3)

即：

$$消费＋投资＋净财政支出＝从事生产活动的劳动者收入＋剩余＋净信贷余额 \quad (11.4)$$

公式表明，除非遇到特殊的情况，一般说来，即在消费与投资之和同从事生产活动的劳动者收入与剩余之和虽然不相等，但差距还不过于悬殊的情况下，如果净财政支出是正值（财政支出大于财政收入），那么，净信贷余额也应当是正值（信贷收入大于信贷支出），反之，如果净财政支出是负值（财政支出小于财政收入），那么，净信贷余额也应当是负值（信贷收入小于信贷支出）。这就是一种"松紧配合"。

（四）"松紧配合"的另一层含义

财政调节本身或金融调节本身同样可以采取"松紧配合"。例如，在财政调节中，可以在减税（"松"的措施）的同时减少财政支出（"紧"的措施），或在增税（"紧"的措施）的同时扩大财政支出（"松"的措施）。又如，在金融调节中，可以在降低利息率（"松"的措施）的同时减少信贷支出（"紧"的措施），或在提高利息率（"紧"的措施）的同时扩大信贷支出（"松"的措施）。这些做法同样是"松紧配合"。

四、再论"松紧配合"的实用性

（一）对调节措施的副作用的防止

每一项调节措施在实行过程中，既有可以促进预定目的实现的作用，也可能有某种不利于国民经济运行或不利于预定目的实现的副作用。例如，缩小信贷支出虽然可以抑制总需求，但却有可能使某些部门、地区、企业的发展受到阻碍；增税虽然也可以抑制总需求,但却有可能挫伤企业和个人的生产经营的积极性。如果采取"双紧"或"双松"的调节方式,一般情况下,很容易使政府的调节过于猛烈,而对于调节所产生的副作用则未加预防或未能予以缓解,以致最终形成"矫枉过正"的情况。"松紧配合"从理论上说,是可以避免这种情况的出现的。一"松"一"紧"的措施之所以有互相补充之处,也在于能防止调节措施的副作用的产生或使之得到缓和。或者说,假定认为经济已经"过热",需要"降温",那么采取"松紧配合",可以做到逐渐"降温",而不致使经济承受不了。假定认为经济需要刺激,需要"加温",那么采取"松紧配合",也可以做到"逐渐加温"而不致发生过度的问题。

(二)对非预料的新情况的预防

尽管政府机构可以根据调节过程中遇到的新情况,及时总结,制定对策,但这并不是唯一可行的办法。对政府机构来说,可以事先采取的另一种办法是:在以一项调节措施为主的同时,辅之以另一项或若干项旨在应付意料不到的新情况的配合性措施。这些配合性措施起着缓冲的作用或增大保险系数的作用。比如说,如果主调节措施是"紧"的措施,那么,配合性的辅调节措施中,有些(不一定全部)就可以是"松"的措施。或者,主调节措施是"松"的措施,配合性的辅调节措施中,有些(不一定全部)就可以是"紧"的措施。

五、对社会主义经济调节手段体系的理解

社会主义经济调节手段体系有两种含义。

第一种含义是:政府有各种经济调节手段可供选择,这些经

济调节手段构成一个经济调节手段体系。

第二种含义是：在政府具体运用调节手段时，总是根据现实经济的情况和预定要达到的目的，选择一种或几种调节手段，有主有辅，互相补充。如果现实经济情况发生变化，政府调节预定要达到的目的发生变化，那么，不仅政府所选择的调节手段会发生变化，各种调节手段之间的主辅关系也会发生变化。但不管怎样，在一般情况下，政府所选择使用的不是一种调节手段，而是一种以上的调节手段，因此，政府每一次进行调节时所具体运用的，是由一种以上的调节手段所构成的经济调节手段体系。

根据第一种含义，可以把社会主义经济调节手段体系表述如下：

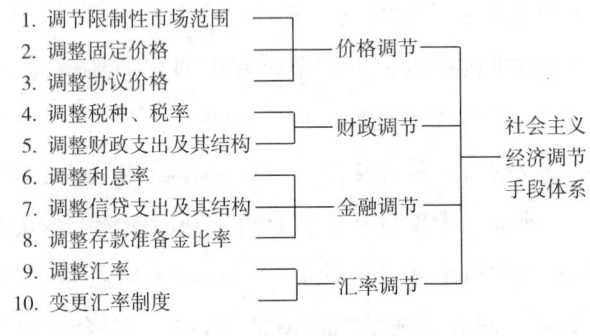

图 11.1

根据第二种含义，政府机构可以根据具体的情况，选择一种以上的经济调节手段，构成经济调节手段体系。这个体系中究竟包括哪些调节手段，何者为主，何者为辅，没有固定的模式，而要按照预定的调节目的和每一种调节手段的特点才能确定。从这个意义上说，经济管理不仅是社会科学，而且具有自然科学的属性；不仅是具有自然科学属性的社会科学，而且是一门艺术。

第十二章 不断调整中的消费品市场、生产资料市场和资金市场之间的关系

第一节 社会经济的自我调理功能和二元机制的作用

一、社会主义经济运动的规律性

(一) 新的失衡出现的可能性

把社会主义经济的运动当作一个连续不断的过程来看,可以得出这样的看法,即尽管运用了社会主义经济调节手段,从而可以在已经出现的失衡场合使失衡消失或减弱,但在社会主义经济运动过程中,新的失衡仍然有可能出现。

为什么会出现新的失衡,为什么前一阶段或前一时期的政府经济调节并不能防止后一阶段或后一时期的失衡的出现,从主观上说,这是政策效力递减的结果;从客观上说,则与微观经济活动的分散性和自发性有密切的关系。

(二) 政策效力递减

政策效力递减是指政府采取的经济调节措施往往在开始时比较有效,但过了一段时间,它们就不那么有效了。其原因或者

在于政策本身有副作用,而副作用是逐渐增大的;或者在于微观经济单位对于政策有了适应力,甚至采取新的适应性措施;或者由于客观条件发生了变化。

(三)微观经济活动的分散性

根据给定的经济体制前提,每个微观经济单位(企业和个人)都有权在国家允许的范围内自主地进行经济活动,这是它们的活力的源泉;而正由于它们有这种活力,所以,它们将会不断地根据变化着的客观经济形势来调整自己的投资行为和消费行为,调整自己的收入使用方式和去向。这些调整是分散的、自发的、经常进行的,从而就会不断影响消费品市场、生产资料市场和资金市场,使宏观经济与微观经济之间的关系再一次由适应变为不适应,并有可能再次引起失衡。

(四)社会主义经济运动的另一种可能性

如上所述,社会主义经济有可能在前进中出现新的失衡,经济的运动过程可能是如下的过程,即:

失衡──→失衡消失或基本上消失──→新的失衡──→新的失衡消失或基本上消失──→……

但正如前面在讨论失衡时所指出,失衡是国民经济正常运行被破坏的结果,只要宏-微观经济之间的不适应还不致严重到足以造成经济停滞或通货膨胀的地步,那么,这种不适应还不等于经济中的失衡。因此,社会主义经济的运动过程,除了可能表现为上述由失衡到失衡消失再到新的失衡而外,另一种可能的表现是:

宏-微观经济不适应但尚未达到失衡的程度──→宏-微观

经济适应或基本适应——→宏-微观经济新的不适应但尚未达到失衡的程度——→宏-微观经济再度适应或基本适应——→……

（五）社会主义经济运动的过程

由于宏-微观经济的不适应有程度上的不同，只是严重的不适应才意味着失衡，因此，可以用如下的表述方式把上面提到的两种可能的发生过程统一起来。这就是说，社会主义经济的运动过程是这样一个过程：

宏-微观经济不适应或严重不适应——→宏-微观经济适应或基本适应——→宏-微观经济新的不适应或严重不适应——→宏-微观经济再度适应或基本适应——→……

这就是社会主义经济运动的规律性。

二、社会经济的自我调理功能

（一）问题的提出

下面需要进一步考察的是：为什么社会主义经济运动过程中，宏-微观经济之间会由不适应趋向于适应或基本适应？为了说明这个问题，让我们从社会经济的自我调理功能谈起。

（二）以人体的自我调理为例

任何一个社会经济，就如同一个人的身体一样，有一种自我调理以恢复平衡的功能，只是在某些情况下，调理和恢复平衡的过程较长，在另一些情况下，调理和恢复平衡的过程较短，但这并不构成实质上的区别。一旦这种自我调理的功能消失了或减弱了，人就会生病，甚至有可能不再恢复正常状态。人体的这种自我调理的功能,如果细分一下,可以分为亢进性的和抑制性的功能。亢进性的功能指外向的、活动的、积极作用的发挥,抑制性的功能指内向的、保守的、消极的作用的发挥。一般情况下,两种功能同时发挥作用,使人体自我调理,保持和恢复平衡。这就是说,在正常状态下,既不会过于亢进,也不会过于抑制,而且即使有时亢进大于抑制或抑制大于亢进,在经历一个过程后也会自然恢复过来。只要人体的这种自我调理功能尚未衰退和消失,人体总是倾向于平衡的。但绝对的平衡、持久的平衡对人体来说是不可能的事,人体总是通过自我调理而呈现为维持动态的、相对的平衡。人生病时服药,主要是帮助体内自我调理的功能恢复作用,发挥作用。

(三)社会经济与人体一样,自我调理以维持平衡

社会经济同样如此,社会主义经济也不例外。社会经济也是自我调理以维持平衡的。社会经济的自我调理功能可以细分为扩张性的(亢进性的)功能和收敛性的(抑制性的)功能。二者相互制约,相互补充,使社会经济在运行过程中大体上能够维持平衡。如果社会经济中只有扩张性的功能起作用,而没有收敛性的功能起作用,或者收敛性的功能失灵了,不言而喻,社会经济将过度膨胀,最终达到不可收拾的地步,而导致社会经济的崩溃。反之,如果社会经济中只有收敛性的功能起作用,而没有扩张性的功能起作用,或者扩张性的功能失灵了,同样的道理,社会经济将处于停滞的甚至萎缩的状态,最终达到不可收拾的地步,也会导致社会经济的解体。由此可见,任何一个社会经济,包括社会主义经济,总会自我调理,以防止过度膨胀和萎缩。只要社会经济的自我调理功能尚未衰退和消失,社会经济也是倾

向于平衡的。但这只可能是一种动态的、相对的平衡。

三、市场机制作用的再认识

假定不存在政府的调节,社会主义经济活动完全由无数个分散的微观经济单位(企业和个人)自发地进行,那么,唯一能把这些微观经济单位联系在一起的,是彼此产品和劳务的交换,是广泛的市场关系。这些微观经济单位的活力同它们的经济活动的自发性质,从某种意义上说是不可分的。如果它们不能按照自己的意志和利益行事,它们的活力就会受到限制。它们的活力充分反映于它们争取实现自身利益的产品和劳务的交换行为中,反映于它们为此而采取的进取的或保守的活动中。社会经济的扩张性功能产生的基础就在于无数个分散的微观经济单位在市场上的进取活动,社会经济的收敛性功能产生的基础也在于无数个分散的微观经济单位在市场上的保守活动。

因此,假定不存在政府的调节,一切听任市场来安排和处理各个微观经济单位之间的关系,那么,社会经济的自我调理功能是可以正常地发挥出来的。在一定的时期,由于多数微观经济单位在市场上采取进取的活动,社会经济的扩张性功能的发挥将会超过收敛性功能的发挥,社会经济将增长,直到膨胀。但社会经济的收敛性功能并未消失,它仍将发挥作用。这表现为:越来越多的微观经济单位出于自身利益的考虑而逐渐减少进取活动,并进而由进取活动改为采取保守活动。这就对社会经济的膨胀起到抑制作用。社会经济之所以一般不可能无限制地膨胀下去,正是这种自我调理功能得以发挥的结果。在另一种情况下,由于一定时期内多数微观经济单位在市场上采取保守的活动,社会经济收敛性功能的发挥将会超过扩张性功能的发挥,社会经济将趋于停滞、萎缩。但社会经济的扩张性功能并未消失,它仍将发挥作用。这表现为:越来越多的微观经济单位出于自身利益的考虑而逐渐减少保守活动,并进而由保守活动改为采取进取活动。这就对社会经济的停滞、萎缩起到抑制作用。社会经济之所以一般不可能无限制地停滞、萎缩下去,正是这种自我调理功能得以发挥的结果。

四、政府调节作用的再认识

(一)社会经济自我调理功能无法发挥应有作用的原因

假定社会经济自我调理功能中的某一种功能或者两种功能都不能正常地发挥作用,那么,社会经济能否维持动态的、相对的平衡呢?假定微观经济单位不能在市场上按照自身的利益采取进取活动或保守活动,那么,宏-微观经济能不能从不适应转向适应呢?可以明确指出:这显然是不可能的。社会经济的自我调理功能之所以发挥不了应有的作用,微观经济单位之所以无法在市场上按照自身的利益采取行动,既有社会环境方面的原因,也有微观经济单位本身的原因。

1. 从社会环境方面来看,经济立法的不完善、信息系统的缺陷、市场中产生的垄断因素的干扰、社会的不安定等情况,都可能导致社会经济的某一种功能的作用的减弱,甚至失灵。

2. 从微观经济单位本身来看,微观经济单位对供求前景估计的错误和对这种错误估计的坚持,它们背离自身利益原则而采取的行动或它们可能采取的种种反常的行动等情况,也有可能导致社会经济的某一种功能的作用的减弱,甚至失灵。

(二) 政府调节旨在使社会经济自我调理功能正常发挥作用

因此,在社会主义经济中,政府调节之所以成为必要,就在于政府的调节可以消除来自社会环境方面或来自微观经济单位本身而引起的社会经济的某一种功能作用减弱甚至失灵的现象。换言之,政府的调节无非是在社会经济的某一种功能或两种功能都不能正常发挥作用时,使之正常发挥作用。或者正如第一篇所指出,政府调节是在市场机制自行调整经历的时间过长、对国民经济正常运行会有不利的影响的情况下成为必要的。因此,政府的调节无非是促进社会经济本身的功能恢复作用,或加速其发挥作用的过程,增加其作用的强度。比如说,在多数微观经济单位采取进取活动、社会经济的扩张性功能的作用过强时,政府可以设法加以抑制;或者,在多数微观经济单位采取保守活动、社会经济的收敛性功能的作用过强时,政府可以设法给以刺激;而在这两种功能都失灵时,政府就设法排除使这种或那种功能失灵的障碍,让它们重新正常地发挥作用,其道理就如同对病人进行治疗一样。这就是社会主义经济中政府调节的意义所在。

(三) 政府调节有效的原因

宏观经济以微观经济为基础。政府调节之所以能够有效,正因为政府调节是通过自己对微观经济单位的行为的影响,而使这些单位改变原来的活动方式和活动范围,从而使社会经济的自我调理功能正常发挥作用的。

当然,政府这种影响微观经济单位的活动,进而维持或恢复社会经济动态的、相对的平衡的作用,并非在任何情形下都能同样有效。假定一个社会,由于它的社会经济中的矛盾的尖锐化而使得在这个制度内部的范围内无法通过政府调节来有效地改变微观经济单位的行为,从而在社会经济的某一种自我调理功能失灵后无法再恢复原来的作用,政府调节的作用也就变得十分有限了。这样的社会经济真正成为一种病态的经济。根据本书第二章给定的前提,我们所要考察的社会主义经济显然不是如此。

五、二元机制的含义

并存着的市场机制和政府调节机制称为社会主义经济中的二元机制。

社会主义经济中不可能只存在一元机制。这种不可能性与社会主义商品经济的性质密切有关。只要有商品货币关系存在,那就不可避免地存在着市场的自行调节。而政府的调节则体现了社会主义商品经济是有计划发展的商品经济。

如前所述,尽管市场机制有局限性,通过市场而进行的自行调节不可能使失衡现象全部消除或及时消除,但仍可以在某种程度上缓和失衡。更重要的是,可以通过市场把信息传递给政府部门,为政府部门运用经济调节手段进行宏-微观经济之间的协调准备条件。在社会主义经济中,一方面,市场机制不应当唯一地存在和唯一地起作用;另一方面,政府调节机制也不可能离开市场机制而发挥自己应有的作用。政府调节机制的作用是与市场机制的作用并存的、互补的、配合的,任何一方都不能替代另一方,这就是二元机制的含义。应当指出,二元机制的并存不同于整个经济可以划分为两个"板块"。用"板块"的观点(即认为市场机制限定在某一领域起作用,政府调节限定在另一领域起作用)来理解二元机制的作用,是对二元机制作用的误解。二元机制的并存也不能被简单地理解为二者的"渗透关系"。对二元机制作用的正确理解是:整个经济环境是社会主义商品经济,市场机制必然在这一环境中发生作用;但由于市场机制有局限性,所以需要有政府的调节。但政府的调节不能不以市场机制的作用为依据,不能不以市场上自然形成的各种价格为出发点。

简要地说,市场调节可以称为第一次调节,政府调节可以称为第二次调节。只有在第一次调节不能达到社会经济发展预定目标的场合,才需要第二次调节。即使如此,仍应当认识到,离开了市场机制,第二次调节也就发挥不了作用。

因此可以得出这样的结论:与其是不考虑市场机制作用的、主观主义的、以行政命令包揽一切的政府调节,还不如不要政府调节,而干脆由市场机制来发挥作用,正如不遵循和不运用价值规律的、非科学的、瞎指挥的计划管理,还不如不要计划管理,而干脆由市场本身来安排一样。

六、二元机制的作用的局限性

要知道,微观经济单位的活力只有在按照自己的利益而进行活动的条件下才能充分发挥出来,然而政府调节所考虑的不仅是各个微观经济单位的利益,更主要的是整个社会经济的利益。因此,在某些场合,二元机制之间可以保持协调,而在另一些场合,二元机制之间的不协调就成为不可避免。这就是二元机制的局限性。

但二元机制是必要的。在给定的经济体制前提下,只有通过二元机制的作用的发挥,才能在出现总量失衡或结构性失衡的场合使失衡趋于减弱,直到基本上消失。虽然在社会主义经济运动过程中仍会出现宏-微观经济的这种不适应或那种不适应,但有了二元机制,毕竟可以使社会主义经济在适应与不适应的交替中前进。我们不可能设想社会主义经济的运行会那样完美,那样和谐。现实生活不可能出现这种尽善尽美的情况。要知道,社会主义国民经济的正常运行并不等于目标本身。我们的目标是实现社会主义的现代化。只要社会主义经济运行中不致发生重大的动荡而影响这一目标的实现,那么,即使二元机制本身存在着不协调,那也无碍大局。

第二节 微观经济单位的活力和微观经济活动的自发性

一、微观经济单位活力的源泉

(一)生产经营成果与经济利益的密切联系

企业和个人是社会主义经济中的微观经济单位。微观经济的活力体现于企业的活力和个人的活力。企业的活力是指企业在生产经营中有主动性、积极性,能够主动地、积极地调整生产规模,改进技术,满足社会对产品的需求。个人的活力是指个人作为生产要素的供给者,在生产要素供给中有主动性、积极性,能够主动地、积极地贡献自己的智慧、能力和开创精神,满足社会对这种生产要素的需求。生产经营成果与生产经营者的经济利益的密切联系,将使得生产经营者的智慧、能力和开创精神充分发挥出来。这正是微观经济单位活力的源泉。

不仅如此,还需分析企业活力源泉的另一方面,即企业活力与亏损的承担之间的关系。

(二) 盈亏的对称性

要知道,职工的主动性、积极性固然可以使企业有活力,但企业活力并不仅仅来自职工的主动性、积极性。企业作为微观经济单位,它的盈亏对自身经济利益的影响应当具有对称性。这就是说,假定企业是盈利单位,那么,企业将得到它应该得到的好处,由此企业将激发出一种维持现有盈利水平并力争更多利益的主动性、积极性;假定企业是亏损单位,那么,企业将承受它应该承受的损失,企业的领导人也不例外,由此企业将激发出一种消除亏损现象并力争扭亏为盈的主动性、积极性。在个人从事直接生产经营活动的场合,盈亏对直接生产经营者本人经济利益的影响是对称的。税后的盈利归于他本人,亏损由他本人承担,直到他完全破产。这才是名副其实的自负盈亏,才能使个人直接生产经营具有活力。企业无疑也应该如此。假定在实际生活中,全民所有制企业(甚至包括一些集体所有制企业)还不能实现名副其实的自负盈亏,即企业亏损时,它们并未真正承受由此带来的损失,那么,企业还不可能具有真正的活力。假定企业领导人在企业亏损时所承受的损失是与企业盈利时他们所得到的好处不对称的,那么,企业的活力也会受到限制。

由此得出一个结论:微观经济单位的活力的源泉在于微观经济单位的主动性、积极性的充分发挥,而后者不仅与盈利时所得到的相应好处相联系，并且与亏损时所承受的相应损失相联系。企业盈亏对自身经济利益的影响的不对称性，必然限制了企业的活力。

二、自负盈亏的企业的生产经营特点

只要企业的盈亏对自身经济利益的影响是对称的，那么，它们不仅要考虑盈利对自身的好处，更要考虑亏损给自身带来的损失。如果企业亏损了，它们不仅不能向职工支付奖金，甚至不能支付工资；不仅不能进行扩大再生产，甚至不能维持简单再生产；不仅难以取得贷款，甚至要被追索已欠的贷款和其他债务，直到企业因亏损而倒闭、破产，清理资产以还清债务，并且企业领导人还可能被追究企业破产的责任，等等。假定自负盈亏的企业考虑到亏损所带来的后果，这就给它们一种压力，迫使它们在生产经营方面采取在竞争中求生存、在避免亏损和破产的前提下求发展的策略，一种面对市场、面对现实的策略。

由此可见，只要企业真正自负盈亏，它们必然力求摆脱外界对它们的各种束缚，力求自己决定和安排经营方式和产供销活动。国家的指导对这些企业而言，实际上是处于服从企业盈亏核算的地位。这就是说，企业首先要考虑的是如何才能增加盈利，避免亏损，然后才以此作为准则来评价国家的指导。国家通过价格、财政、信贷等经济调节手段而对企业生产经营施加的影响，也同样被企业看成是从属性的。如果企业认为接受国家的经济调节要比不接受国家调节更能增加自己的盈利或减少自己的亏损，那么，企业就按照国家经济调节的意图来变更经营方式和产供销活动。否则，企业将认为不必变动经营方式和产供销活动,依然循着自己原来的做法去做。

这样一来,真正自负盈亏的企业确实成为有活力的企业,它们的生产经营活动也就成为完全由各自自身利益所支配的活动。这对于企业的自我改造、自我成长显然是有利的。

三、微观经济活动的自发性

(一) 微观经济活动自发性的表现

只要经济中为数众多的企业成为真正自负盈亏的企业,成为有活力的企业,再加上作为生产要素供给者的无数个个人都是具有活力的,这就自然形成了微观经济活动的自发性。这种自发性表现于:每一个有活力的微观经济单位(包括企业和个人)都是生产经营的决策者,它们各自按照自己的现实利益和对未来利益的预期来进行活动。只有在它们自身的现实利益同社会经济作为一个整体的现实利益一致的场合,它们的活动才符合于社会经济的现实利益。只有在它们对自身未来利益的预期同社会经济作为一个整体的未来利益一致的情况下,它们的活动才符合于社会经济的发展趋向。然而,要实现这两方面的一致,是很困难的。这是因为,各个微观经济单位本来条件的差别是客观存在,它们在生产经营活动中的行为的差别,以及它们对自身未来利益的预期的差别也是客观存在,如果一部分微观经济单位的活动符合社会经济的现实利益的话,那么,必定有另一部分微观经济单位的活动与之不一致。同样的道理,如果一部分微观经济单位对自身未来利益的预期符合社会经济的发展趋向的话,那么,也必定有另一部分微观经济单位对自身利益的预期与之不一致。

于是可以得出一个结论：经济中真正自负盈亏的企业越多，微观经济活动就越带有自发性，宏观经济与微观经济之间就越有可能出现不适应的情况。

（二）如何看待微观经济活动的自发性

然而，我们还应当注意到事情的另一方面：经济中真正自负盈亏的企业越多，经济就越具有活力，企业的主动性、积极性就越能发挥出来，企业的自我改造、自我成长的能力也就越强。从这一点来看，经济中真正自负盈亏的企业越多，就越有利于预定的经济和社会发展目标的实现，这应当被认为是一种好现象。既然如此，那么，也就不能简单地认为微观经济活动带有自发性对宏观经济一定是不利的。

由于经济运行本身不是目的，实现预定的经济和社会发展才是目的，所以，微观经济活动的自发性应当以是否有利于经济和社会的发展来判断。为了实现预定的经济和社会发展，要求有越来越多的企业成为真正自负盈亏的企业，以便使微观经济更加具有活力。至于因微观经济活动的自发性而可能引起的宏-微观经济之间的不适应，那么，这只不过是为了使微观经济具有活力而必须付出的代价而已。何况，由于社会经济的自我调理功能的存在和二元机制的作用，即使宏-微观经济之间的不适应被看成是为了使微观经济具有活力而必须付出的代价，它们也可以被当作是正常的。社会主义经济运动的规律性，不正在于从宏-微观经济的不适应到它们之间的适应或基本适应，再到它们之间的不适应么？

第三节 消费品市场、生产资料市场和资金市场的相互制约关系

一、微观经济活动的自发性在三个市场上的表现

(一) 消费品市场上的情况

按照自身现实利益和对未来利益的预期进行活动的各个微观经济单位,在消费品市场上以供给者和需求者的身份出现。

假定消费品市场上不存在独家卖主和独家买主控制供求的情况,那么,每一个提供消费品的生产者都同自己的同行处于竞争(不受限制的竞争或受限制的竞争)之中,每一个购买消费品的个人同其他买主之间也同样存在着竞争(不受限制的竞争或受限制的竞争)。

微观经济活动的自发性在不受限制的竞争的条件下,即在非限制性市场上,通过消费品价格的升降和供求关系的自行调整而表现出来。而在受限制的竞争的条件下,即在限制性市场上,微观经济活动的自发性表现于市场存货水平的变动,以及由此引起的价格的有限的波动。但不管怎样,在一定的时间内,总有一些生产者盈利多,一些生产者盈利少,一些生产者亏损。这种情况将会对下一轮的消费品供给以及各个生产者的生产规模和企业存货发生影响。与此相似的是,在一定的时间内,也总有一些消费者的愿望得到满足,另一些则未能得到满足,这种情况也将会对下一轮的消费品需求以及各个消费者的消费支出和消费品存量发生影响。

（二）生产资料市场上的情况

生产资料市场上的情况也是如此。企业（包括直接从事生产经营的个人）作为生产资料的供给者和需求者，都会根据价格水平和市场前景来调整自己的生产规模和存货数量，并且，在假定生产资料市场上不存在独家卖主和独家买主控制供求的情况下，竞争（不受限制的竞争和受限制的竞争）是不可避免的。

微观经济活动的自发性所导致的市场存货水平的变动和价格的升降，在一定时间内会使一些企业得利，一些企业受损失，从而又对下一轮的生产资料供求以及各个企业的生产规模和存货数量发生影响。

（三）资金市场上的情况

由于各个微观经济单位（包括供给资金和需求资金的企业和个人）按照自身现实利益和对未来利益的预期进行活动，所以资金市场上的资金供求比例不是稳定不变的。资金市场上的供求比例的变动不仅会直接对供给资金和需求资金的企业和个人的经济利益有不同程度的影响，更重要的是通过资金供给的充裕程度而影响有关企业的生产规模和产品的供给数量，从而对下一轮的企业和个人的经济活动发生影响。

二、消费品市场和生产资料市场之间关系的不断调整

（一）第一个阶段

假定较多的生产消费品的企业因居民收入水平提高和消费支出增加而盈利较多，从而扩大了生产规模，这时，社会上对扩大消费品生产所必需的生产资料的需求也随之增加，生产这些生产资料的企业将因产品销路增加而扩充生产规模，而后者生

产规模的扩大又将引起生产资料生产的普遍增长。当然,这并不排除另一种与此相反的情况的存在,即也有一些生产消费品的企业因盈利少或亏损而缩小了生产规模,它们所必需的生产资料的需求也随之减少,生产这些生产资料的某些企业会因产品销路减少而缩小生产规模,而后者生产规模的缩小又将引起生产资料生产的下降。但在居民收入水平提高和消费支出增加的前提下,这不是经济中的主要现象。

(二) 第二个阶段

假定这时政府并未采取调节手段,而仍然由市场机制作用来自行调节。当消费品需求增长而引起生产资料需求普遍增长后,价格将上升,于是,一部分产品供给会相应扩大,价格将逐渐回落。然而另一些产品即使价格上升,但由于受资源的约束而仍会保持供给紧张状态。这些产品的价格上升和需求供给紧张会抑制消费品需求和生产资料需求的进一步增长,但在居民收入水平提高和消费水平不可逆的条件下,只要供给状况没有显著好转,已经上升的价格不可能降低到原来的水平上。这样,平均物价水平是上升的,平均物价水平的上升使居民实际收入的增长率小于名义收入的增长率。

(三) 第三个阶段

由于市场机制的作用,平均物价水平的上升和某些产品的供给继续紧张状态并非永远不会缓和下来,但这也许需要一个很长的过程,为此,就需要有政府的调节。这时政府可以采取的调节手段包括:(1)限制居民收入提高幅度,即限制消费支出的增长率;或者,(2)限制资金供给量,即限制企业生产规模的扩大程度,限制对生产资料的需求量;或者,(3)针对那些受资源约束而继续处于供给紧张状态的产品生产,给予优惠或提供帮助,以促使供给增加;或者,(4)用调整进口或出口数量的方式来应付消费品市场和生产资料市场上的新形势,等等。通过政府的调节,平均物价水平的上升可以被制止或得到缓和,某些产品的供给紧张状况也有可能好转。

第三个阶段不可能是最后阶段,它只是消费品市场和生产资料市场之间关系不断调整过程中的一个中间阶段而已。只要经济持续增长,居民收入水平仍在提高,那么,上述一、二、三阶段将会重复出现。这一切正是社会主义经济运行过程中政府调节机制和市场机制共同作用的体现。

三、商品市场和资金市场之间关系的不断调整

(一) 第一个阶段

由于居民收入水平提高和消费支出增加,对消费品需求扩大,从而引起消费品生产者设法扩大生产。于是,对生产资料的需求也随之扩大,从而又引起生产资料生产者设法扩大生产。假定资金市场上的资金供给和对资金的需求原来处于平衡状态,但在上述情况下,资金市场上将会发生两方面的变化。一方面,消费品生产者和生产资料生产者为了达到自己扩大生产的目的,必将增加对资金的需求。另一方面,假定消费支出在居民收入中所占的比例不变,那么,随着居民收入的增加,居民在消费支出之后所保留的收入余额的绝对值仍会增加,即个人储蓄绝对值仍会增加,这样就有可能使资金的供给量也有所增加。但资金供给量增加的幅度很可能小于对资金需求量的增加幅度。这是因为:第一,个人储蓄中有一部分是以现金形式保留于

个人手中,其余部分才是可以转化为投资资金的储蓄,假定个人现有持有额在个人储蓄中的比例不变,那么,资金供给量增加的绝对值不仅必然小于居民收入增加的绝对值,而且必然小于个人储蓄增加的绝对值;第二,消费品生产者和生产资料生产者对资金的需求的增长率并不以现实的居民收入或居民消费支出的增长率为界限,而是以预期的居民收入和居民消费支出的增长率为依据,这就是说,生产者在制订自己的扩大生产规模的计划时,总是着眼于扩大中的消费品市场和生产资料市场的前景。这样,社会资金的供给也就很可能不能满足社会对资金的需求。

(二) 第二个阶段

假定这时政府并未采取调节手段,而仍然由市场机制作用来调节。在商品市场上,需求增长引起平均物价水平上升,并使一部分产品因受资源的约束而继续保持供给紧张状态。这将使资金市场出现下述两方面的变化。一方面,由于平均物价水平上升,这样,在居民消费水平不可逆的条件下,为了维持已经达到的消费水平,居民将会减少个人储蓄,从而减少了资金可供量;另一方面,平均物价水平上升以及一部分产品继续处于供给紧张状态,使得生产者可能增加存货并继续扩大生产规模,从而增加了对资金的需求量。于是在资金市场上,资金供不应求的现象不仅不会缓和,反而会更加突出。资金越是供给不足,商品市场上的供给紧张状况就越不容易得到缓和,平均物价水平也越不可能保持稳定,更不可能下降。

(三) 第三个阶段

由于市场机制的作用,平均物价水平的上升、某些产品的供给继续紧张状态以及资金的供给不足,并不会永远不发生变化,但这也许需要一个很长的过程,为此,就需要有政府的调节。这时政府可以采取的调节手段,除了前面已经提到的那些影响商品市场上的供求比例的调节手段而外,还包括下述影响资金市场上的供求比例的调节手段:(1)降低消费支出在居民收入中所占的比例,即提高个人储蓄在居民收入中所占的比例;或者,(2)降低个人现金持有额在个人储蓄中所占的比例,即提高个人储蓄中可以转化为投资资金的部分所占的比例;或者,(3)控制信贷支出,调整信贷支出结构,等等。通过政府的调节,商品供给不足和资金供给不足之间相互影响而使商品市场和资金市场更加紧张的状况可以被制止或得到缓和,从而使商品市场和资金市场之间的关系趋于协调。

第三个阶段不可能是最后阶段,它只是商品市场和资金市场之间关系不断调整过程中的一个中间阶段而已。只要经济持续增长,居民收入水平仍在提高,那么,上述一、二、三阶段将会重复出现。这一切也正是社会主义经济运行过程中政府调节机制和市场机制共同作用的体现。

四、关于企业自筹投资的意愿和消费者爱好的满足问题

(一)企业自筹投资建设意愿的满足问题

如果企业税后利润中可以用以发展生产的资金连同企业以信贷形式取得的发展生产的资金之和在价值方面或实物方面超过了国民经济中价值平衡或实物平衡所容许的限度,政府可以通过经济调节(必要时也可以运用行政手段)使企业自筹投资建设纳入到预定的固定资产投资规模之内。这并不意味着不让企

业扩大再生产的意愿实现,而是从宏观经济利益的角度来考虑,使其中某些较次要的扩大再生产推迟实现或暂不实现。否则,如果企业运用已经筹集的资金来进行这些方面的扩大再生产,不仅由于难以得到有关生产资料的供给,而且由于资源的约束而不得不使一些较重要的扩大再生产受到阻碍,从而会使预定的经济和社会发展目标难以实现。

(二)消费者爱好的满足问题

如果个人税后收入中可以用于消费支出的资金连同个人以信贷形式取得的用于消费支出的资金之和在价值方面或实物方面超过了国民经济中价值平衡或实物平衡所容许的限度,政府可以通过经济调节(必要时也可以采取限制供应的方式)使个人消费支出纳入到预定的消费基金总额和消费基金增长率计划中。这并不意味着不让消费者爱好得到满足,而是从宏观经济利益的角度来考虑,引导个人消费,使个人某些消费支出项目推迟实现或暂不实现,或者使个人消费支出的增长保持一定的限度。否则,如果个人运用可支配的收入来实现这些方面的消费意愿,不仅由于难以得到有关消费品的供给,而且由于资源的约束而不得不使生产与消费之间的资源分配不符合实现预定经济与社会发展目标的要求。

从企业自筹投资建设的意愿和消费者的爱好能否得到满足问题的分析,可以得出这样一个看法:一方面,消费品市场、生产资料市场和资金市场的协调应当在企业自筹投资建设的意愿和消费者的爱好日益得到满足的过程中逐步实现;另一方面,在必要的场合,通过政府的各种措施而对这种意愿或这些爱好加以引导,并在某种程度上进行调节,是有利于三个市场的协调,有利于宏-微观经济之间的适应的。这也是社会主义条件下二元机制作用的体现。

第四节 控制货币供应量增长率与三个市场之间关系的调整

一、对货币数量问题的进一步表述

货币流通量和货币供应量的含义是相同的,它们都是指一定时点上国民经济中流通着的货币数量。由于货币的供给意味着使货币进入了流通过程,同时,由于流通中的货币就是国民经济中所供给的货币,所以二者没有区别,只是货币流通量是从货币流通的角度进行考察的结果,货币供应量是从货币供给的角度进行考察的结果。

货币供应量总的说来等于现金量与存款量之和。存款之所以被看成是货币供应量的一部分,因为存款是可以被提取动用的,存款可以转化为现实的购买力。即使商品交换不以现金形式,而以存款转账形式进行,存款仍发挥着货币的支付手段的作用。

不同的存款在转化为现金的方式上有所区别,从而货币供应量也可以分为若干不同的层次。例如,包括现金量和活期存款量在内的货币供应量同包括现金量、活期存款和定期存款在内的货币供应量,就是两个不同层次的货币供应量。如果对存款再作进一步的细分,那么,还可以区分出更多层次的货币供应量。但这种区分并不与"货币供应量等于现金量与存款量之和"

的定义相抵触。

二、市场供不应求条件下对货币供应量增长率的控制

对货币供应量增长率的控制,是指以社会总产值或国民收入的增长率为依据,把货币供应量增长与社会总产值或国民收入的增长联系在一起,使它们保持某种比率,并由后者决定前者,从而可以使货币供应量的变动有一个比较可靠的物质基础。

(一) 货币供应量增长率与消费品市场供不应求状况的变化

消费品市场之所以会发生需求大于供给的情况,从需求这方面来看,是与经济增长过程中居民收入的增长速度过大有关的。在居民收入中,除了一部分是财产收入(包括储蓄收入和投资收入)而外,其余是劳动收入(包括职工工资收入、来自奖励基金的收入以及个人直接生产经营活动中所取得的劳动收入)。个人直接生产经营劳动收入的增长同个人直接生产经营劳动生产率的增长有联系,也就是与个人直接生产经营中提供的产品和劳务数量有联系。在价格体系基本合理的条件下,除非产品结构不协调,个人直接生产经营劳动收入的增长一般不会成为消费品市场上供不应求的主要原因。这样,在分析消费品市场的变动时,重点应当放在职工工资和奖金收入的增长率方面,以及放在产品结构是否协调的问题上。但控制货币供应量增长率是一种总量调节方式,它并不直接影响产品结构变动,因此,对于因产品结构不协调而引起的消费品市场供不应求的改善没有明显的效果。至于对职工工资和奖金收入的调节,控制货币供应量增长率作为一种总量调节方式,却可以起到一定作用。

在职工工资和奖金收入增长超过社会总产值或国民收入增长所容许的范围时,按照社会总产品或国民收入的增长所确定的货币供应量将出现供给不足的现象。这时,如果控制货币供应量增长率,使之与社会总产值或国民收入增长率保持相应的比例,那么,国民经济中的货币供给不足将使经济趋于紧缩,使企业的产品实现不再像过去那样顺利,自负盈亏的企业会感到市场竞争所给予的压力增大,从而每一个使本单位职工工资和奖金过度增长的企业都会感受到国民经济中货币供给不足条件下自己的相对不利的处境。换言之,如果不控制货币供应量增长率,那么,在需求膨胀和通货膨胀的环境中,企业或者感受不到市场竞争的压力,或者易于利用需求膨胀和通货膨胀的客观形势来使自己摆脱职工工资和奖金收入过度增长所带来的成本提高等困难。

由此可见,按照社会总产值或国民收入增长率来控制货币供应量增长率,有助于抑制职工工资和奖金收入的过度增长,从而有助于抑制消费品市场供不应求状况的尖锐化。

(二)货币供应量增长率与生产资料市场供不应求状况的变化

生产资料市场之所以会发生需求大于供给的情况,从需求这方面来看,原因主要在于固定资产投资规模过大,尤其是企业自筹投资建设的规模超过了国民经济中价值平衡和实物平衡所容许的限度。在这里,要区分来自国家财政拨款的投资和企业自筹投资。如果按照社会总产值或国民收入增长率来控制货币供应量增长率,那么,来自国家财政拨款的投资将由于经济趋于紧缩的影响而受到一定程度的抑制,至于企业自筹投资,则将因货币供给不足而使每一个自负盈亏的企业重新考虑预期的相对利润率,并进而重新考虑企业资金的筹集代价和使用方向。这是因为,国民经济中的货币供给不足不仅会增加现实中产品实现的困难,而且将使这些企业感受到未来市场竞争压力的增大。

由此可见,按照社会总产值或国民收入增长率来控制货币供应量增长率,有助于企业根据生产资料市场上的供给紧张状况而调整自己的资金筹集和使用,从而有助于抑制生产资料市场供不应求状况的尖锐化。

(三)货币供应量增长率与资金市场供不应求状况的变化

如果说,按照社会总产值或国民收入增长率来控制货币供应量增长率的调节方式,对消费品市场和生产资料市场上供不应求的状况确实能起到某种作用的话,那么,这种调节方式对于资金市场的变动所能起到的作用将更加明显。

要知道,资金市场上的资金供给量与货币供应量是直接联系在一起的,假定货币供应量的增长被控制在与社会总产值或国民收入增长相适应的地步,那么,货币的投放将是适当的,经济中就不会出现流通中货币数量过多的情况。假定这时对货币的需求量增长过大,需要资金的企业就会感受到银根的紧缩,即感受到货币供给的不足,这样就会抑制对货币的需求量的继续增长。不仅如此,一旦经济中产生了货币供给的不足,而货币的继续投放又受到限制,于是需要资金的企业将重新考虑自己的投资决策和预期的相对利润率,从而可能改变自己的资金需求量,使对资金的需求被抑制在与现实中的资金供给相适应的水平上。这就是按社会总产值或国民收入增长率来控制货币供应量增长率对恢复资金市场供求基本趋于一致的作用。

三、市场供大于求条件下对货币供应量增长率的控制

以上在分析货币供应量增长率与消费品市场、生产资料市场、资金市场变动之间的关系时,都是从每一个市场上的需求大于供给的情况展开论述的。现在要探讨的是:当市场上出现供给大于需求时,控制货币供应量增长率的调节方式将如何起作用。

在这种情况下,应当使货币供应量的增长同社会总产值或国民收入的增长继续相适应,以避免出现流通中货币数量过少的情况。只要流通中有足够数量的货币,那么,在市场竞争压力下,为改进技术、降低成本、提高产品质量、开发新产品而力求筹集资金的企业就能够由于货币供给的适当而实现自己的愿望。这就为开辟新的产品市场和扩大产品的销路准备了条件。由此可见,使货币供应量的增长同社会总产值或国民收入的增长相适应的结果,将促使企业通过资金供给的增加而增强自身改造和发展能力,增强自身适应供大于求条件下市场竞争的能力,以应付产品实现的困难。在这里,控制货币供应量增长率的作用与市场竞争可以有效地结合起来。这正是供大于求条件下政府调节和市场机制共同起作用的表现。

四、对货币供应量增长率的控制与三个市场的协调

现在,进而分析在消费品市场、生产资料市场、资金市场这三个市场不协调的情况下,对货币供应量增长率的控制这种调节手段所能发挥的作用。这里所说的三个市场不协调,主要指

以下两种情况：一是投资规模过大造成生产资料市场过分紧张，从而引起三个市场的不协调；二是消费基金增长过快造成消费品市场过分紧张，从而引起三个市场的不协调。

（一）投资规模过大、生产资料市场过分紧张引起的三个市场的不协调

只要经济中由于投资规模过大而形成了生产资料市场的过分紧张，就将对其他两个市场（如果这两个市场这时处于比较正常的状态）产生如下的影响：

1. 生产资料价格上升将引起消费品价格上升。在个人消费水平不可逆和个人消费品实际存量不变的条件下，消费者的个人储蓄可能减少，从而资金供给量可能随之减少。

2. 生产资料价格和消费品价格的上升可能使企业调整自己的实际存货数量，即以增加原材料和燃料储备来应付新的经济形势。不仅如此，由生产资料价格上升引起的消费品价格上升可能给企业这样一种感觉，即认为消费品市场也同生产资料市场一样，都处于供给紧张状态，从而从事消费品生产的企业也同从事生产资料生产的企业一样，力求扩大生产规模，需要追加投资。这样，在资金供给量可能减少的同时，对资金的需求量却可能增大，资金供不应求的矛盾也就尖锐起来了。

3. 尽管消费品市场原来处于比较正常的状态，但由于受到生产资料供给紧张和生产资料价格上升的影响，消费品价格随之上升，并使从事消费品生产的企业扩大了生产，结果有可能使得一部分消费品滞销，迫使消费品生产者收缩生产规模。同时，还有另一种可能性，即由于受到资源的约束，在某些生产资料供给紧张的情况下，一些从事消费品生产的企业将因原材料和燃

料得不到充足供应而被迫降低开工率或收缩生产规模。

以上这些情况表明,即使消费品市场和资金市场原来比较正常,但由于投资规模过大而造成了生产资料市场的过分紧张,那么,这就可能引起消费品市场和资金市场的动荡。在这种情况下,如果货币供应量的增长被控制在同社会总产值或国民收入的增长相适应的水平,那么,在投资规模过大而引起生产资料供应紧张、资金供不应求的矛盾尖锐化、消费品价格上升之后,由于货币供给不足而会促使扩大投资规模的企业重新考虑自己的投资决策的可行性,至少可以促使这些企业推迟或制止它们执行新制订的扩大生产规模的投资计划。不仅如此,即使某些已经被执行的扩大生产能力的投资项目,也会由于经济中出现的紧缩而遇到继续供给资金的困难(特别是对需要追加投资的项目而言)。这样就可以缓和生产资料市场的供给紧张,从而避免消费品市场和资金市场继续向非正常状态的转化。

(二)消费基金增长过快、消费品市场过分紧张引起的三个市场的不协调

只要经济中由于消费基金增长过快而形成了消费品市场的过分紧张,就将对其他两个市场(如果这两个市场这时处于比较正常的状态)产生如下的影响:

1. 消费品价格上升将引起从事消费品生产的企业扩大生产规模,增加了对生产资料的需要量,从而或者直接引起生产资料价格上升,或者使生产资料市场上出现供给紧张,于是从事生产资料生产的企业也将随之扩大生产规模,需要增加投资。

2. 在个人消费水平不可逆和个人消费品实际存量不变的条件下,消费者的个人储蓄可能减少,从而资金供给量可能随之

减少。但消费品价格和生产资料价格的上升却促使企业增加实际存货,以应付新的经济形势。企业对资金的需求量也可能因此增大。这样,资金供不应求的矛盾将尖锐起来。

3. 消费品市场的过分紧张最初是由消费基金增长过快所引起的,但消费品价格上升以及随之引起的生产资料价格上升可能给企业这样一种感觉,即认为一切生产资料都处于供给紧张状态,从而扩大了生产资料的产量。结果,在生产资料市场上,可能有一部分生产资料滞销,或者,由于受到资源的约束,另一些生产资料的供给无法满足扩大了的消费品生产和生产资料生产的需要,使得一些企业被迫收缩生产规模。

以上这些情况表明,即使生产资料市场和资金市场原来比较正常,但由于消费基金增长过快而造成了消费品市场的过分紧张,那么,这就可能引起生产资料市场和资金市场的动荡。在这种情况下,如果货币供应量的增长被控制在同社会总产值或国民收入的增长相适应的水平,那么,在消费基金增长过快而引起消费品供给紧张、资金供不应求的矛盾尖锐、生产资料价格上升之后,由于货币供给不足而会促使企业普遍感受到经济的紧缩,感受到继续供给资金的困难(特别是对需要追加投资的项目而言),使企业感到本单位职工工资和奖金过度增长会使自己处于相对不利地位。这样就可以促使企业调整消费基金的增长率,缓和消费品市场的供给紧张,从而避免生产资料市场和资金市场继续向非正常状态的转化。

五、对货币供应量增长率的控制这一调节手段的性质

按照社会总产值或国民收入增长率来控制货币供应量增长

率的做法从纯理论的角度看，是中性的。只有把货币供应量增长率限制在小于同社会总产值或国民收入增长率相适应所要求的比率之下，才是"紧"的调节措施；也只有不以社会总产值或国民收入增长为依据，容许货币供应量的增长大于同社会总产值或国民收入增长相适应的限度，才是"松"的调节措施。

然而，从现实经济生活的角度来分析，这一调节本身可以被看成是"紧"的调节措施中的一项。这是因为，在社会主义经济运行过程中，一旦企业被赋予活力而拥有自筹投资建设的自主权，再加上客观上实际存在的资源的约束，无论从价值平衡还是从生产资料供求来看，固定资产投资规模过大是比较常见的。同时，一旦企业被赋予自行决定用工办法和工资奖励方式的权力，在原来职工收入水平较低的基础上使消费基金有较大幅度的增长，也是可以理解的。不仅如此，即使把企业职工的工资和奖金收入同企业的净产值或利润的增长联系在一起，但由于企业所增产的是各种各样的产品和劳务，而由职工工资和奖金收入所转化的消费支出却主要集中在一定品种的消费品的购买上，所以，从产品结构来看，总会出现一定品种的消费品的供不应求，从而使社会经常感到消费基金增长较快的压力。因此，在现实生活中，限制固定资产投资规模和限制消费基金的增长率不仅成为政府调节的经常任务，而且是政府调节的重点。政府在这些情况下采取控制货币供应量增长率的做法，是为了不让货币供应量的增长超过它同社会总产值或国民收入的增长相适应的限度，这显然属于"紧"的调节措施之列。

六、对货币供应量增长率的控制在社会主义经济调节手段体系中的地位

在社会主义经济调节手段体系中,对货币供应量增长率的控制与价格、财政和其他金融调节手段(如利息率的运用、信贷支出量的调整等)有一个明显的区别:价格、财政和其他金融调节手段是可变的调节手段或机动的调节手段,而控制货币供应量增长率则是不变的调节手段或固定的调节手段。这就是说,在运用前者时,必须参照当时的具体情况和每一种调节手段本身的特点,相机确定变动的方向和变动的幅度(例如在运用利息率这一调节手段时,应相机确定是提高还是降低利息率,提高或降低的幅度究竟有多大);在运用后者时,只需要按照社会总产值或国民收入的增长率来确定货币供应量的增长率,保持二者之间的稳定的比例关系。因此,控制货币供应量增长率的做法又被认为是一种简便可行的调节手段。

问题在于:假定不运用其他调节手段,仅仅控制货币供应量增长率,能否达到政府调节的预期目的?看来,控制货币供应量增长率这一调节手段的单独使用,具有下述三个局限性:

1. 这只是一种总量调节方式,而不是结构调节方式。如果仅仅运用这种调节手段,难以实现从结构方面调整三个市场之间的关系的目的。价格比例变动、差别税率的运用、财政支出结构调整、差别利息率的运用以及信贷支出结构调整等,则能直接促进产业结构和产品结构的调整,它们在这方面各有自己的适用性。

当然,控制货币供应量增长率的做法也并非完全不可能从

结构方面对三个市场的协调发生有利的作用,但这需要有一个较长的过程,即需要先影响总量,再通过总量变化影响每个个别微观经济单位的经济活动,然后再通过每个个别微观经济单位经济活动的调整而影响市场结构。与那些可变的、机动的调节手段相比,控制货币供应量增长率的做法不可能像它们那样较迅速地发生作用。

2. 控制货币供应量增长率的做法在经济调节中的作用的强弱,与市场的完善程度有着密切的关系。市场越是完善,企业对市场竞争的压力越是敏感,企业改善自身在市场竞争中的地位的要求越是迫切,对货币供应量增长率的控制作为一种经济调节手段就越能收效。假定市场不够完善,那么,控制货币供应量增长率所能发挥的作用将会受到限制。

3. 在现实经济生活中,社会总产值或国民收入的结构不是固定不变的,结构的变化会使货币供应量同社会总产值或国民收入之间的比例关系有某种变化。因此,使货币供应量增长率稳定不变的调节方式往往偏于简单,难以应付复杂的、不断变化中的客观经济形势。为了使货币供应量的增长真正适应于社会总产值或国民收入的增长,有必要根据实际情况定期调整货币供应量增长率同社会总产值或国民收入增长率之间的比例关系,否则控制货币供应量增长率所能发挥的作用也会受到限制。

由此得出结论:按照社会总产值或国民收入增长率来控制货币供应量增长率的做法,作为社会主义经济调节手段体系中的一种调节手段,是有用的;但考虑到它的上述局限性(尤其是第一点和第二点),为了更好地达到政府调节的预定目的,应当参照具体情况而与其他某些调节手段配合使用,而不宜把它当作唯一的调节手段。

七、关于货币供应量增长率控制问题的进一步探讨

(一)中间产品交易和货币供应量增长率

以上在分析货币供应量增长率及其控制问题时,是把货币供应量增长率同社会总产值和国民收入增长率联系在一起的。同社会总产值、国民收入增长率相适应的货币供应量增长率,被认为是控制货币供应量的依据。这种看法是可以成立的,但它具有局限性。这是因为,社会总产值按最终产品的价值计算,国民收入则是物质产品和生产性劳务的生产部门中新创造的价值。然而,货币作为流通手段和支付手段,却是国民经济中一切部门的交易中所不可缺少的,并不仅限于提供物质产品和生产性劳务部门的交易才需要货币;货币也不限于在最终产品的交易中使用,中间产品的交易中同样需要货币。这样,在考虑货币供应量及其增长率时,就需要把中间产品的价值及其增长率也考虑在内。

本书第一篇曾经提到,把中间产品价值计算在内的"社会总产值"中含有重复计算,因此,我们不采取这种计算社会总产值的方法。但这并不等于说在分析货币供应量时可以把中间产品交易完全排除在外。一个企业内部的产品作为自己的中间产品,是不通过交易的,所以可以略去不计,然而不同企业之间相互提供中间产品,则需要用货币来支付,这就不能被排除在货币供应量的计算之外了。本书第二篇在谈到企业存货调整时,曾分析了市场商品可供量。市场商品可供量是指一定时期内市场上可以向需求者供给的商品量,其中既包括了最终产品,也包括

了中间产品(指企业之间相互提供的中间产品)。这样,把中间产品交易包括在内,对货币供应量增长率的控制应当被理解为:

对货币供应量增长率的控制应以社会最终产品价值与社会中间产品价值之和的增长率为依据。

由于市场商品可供量包括了市场上待出售的一切生产资料和消费品,而在生产资料中包括了供最终用于再生产的机器设备和作为中间产品被使用的原材料等,因此,对货币供应量增长率的控制以市场商品可供量价值的增长率为依据,使它们之间保持某种比率,将使货币供应量的变动有一个比较可靠的物质基础。

(二)非生产劳务交易和货币供应量增长率

本书在讨论国民经济运行时,是严格地按照生产劳动和非生产劳动的界限来区分新价值的创造与否的。因此,在本书第一篇,把非生产劳务部门单列出来,指出非生产劳务部门以及在这个部门中从业的人员的收入是通过国民收入再分配而取得的收入,同时指出按三次产业的划分方式是无法说明国民收入初次分配与再分配之间的关系的。然而,当我们转入对货币供应量及其增长率问题的考察时,我们有必要把非生产劳务的交易考虑在内。

非生产劳务是由非生产劳务部门或从事非生产劳务活动的个人提供的。货币在这里作为流通手段和支付手段而起作用。非生产劳务的供给量越大,非生产劳务交易的次数越多,对作为流通手段和支付手段的货币的需求量也越大。假定只按照社会最终产品的价值来控制货币供应量及其增长率,甚至只按照社会最终产品价值与社会中间产品价值之和来控制货币供应量及其增长率,都是有局限性的,因为非生产劳务的供给量及其交易未被考虑在内。这样,把非生产劳务考虑进去,对货币供应量增长率的控制应当被理解为:

对货币供应量增长率的控制应以社会最终产品价值、社会中间产品价值、社会非生产劳务价值三者之和的增长率为依据,使它们之间保持某种比率,从而使货币供应量的变动有一个比较可靠的物质基础。

(三)用以控制货币供应量增长率的四种依据

综上所述,在社会主义经济中,在把控制货币供应量增长率作为经济调节手段之一时,用以控制货币供应量增长率的依据有以下四种。可以把它们简称为 B_1、B_2、B_3、B_4。

B_1——以社会最终产品价值计算的社会总产值的增长率作为依据,并由此确定货币供应量增长率。

B_2——以社会净产值即国民收入的增长率作为依据,并由此确定货币供应量增长率。

B_3——以社会最终产品价值和社会中间产品价值之和的增长率作为依据,并由此确定货币供应量增长率。

B_4——以社会最终产品价值、社会中间产品价值、社会非生产劳务价值之和的增长率作为依据,并由此确定货币供应量增长率。

应当指出,按照 B_1、B_2、B_3、B_4 这四种依据而确定的货币供应量增长率尽管彼此之间有联系,但它们是不一致的。随着技术进步、经济增长和经济结构、产业结构的变动,以及随着第三产业的发展和其中非生产劳务部门的发展,按这四种依据而确定的货币供应量增长率之间的差异会越来越明显,尤其是按 B_4

确定的货币供应量增长率同按 B_1、B_2、B_3 确定的货币供应量增长率之间的差异会越来越大。这样，在社会主义经济中究竟主要依据什么来确定货币供应量的增长率，将是一个值得注意的问题。如果说在现阶段仍然可以同时参照按 B_1、B_2、B_3、B_4 作为依据而确定的货币供应量增长率来进行控制的话，那么，今后将会转移到这样一种方式，即以按 B_4 作为依据而确定的货币供应量增长率为主，而以按 B_1、B_2、B_3 作为依据而确定的货币供应量增长率为辅，并由此控制经济中的货币供应量增长率。①

（四）不同的所有制和经营形式对货币供应量的影响

以上在考察 B_1、B_2、B_3、B_4 时，并没有把不同的所有制和经营形式对货币供应量的影响考虑在内。实际上，这种影响是不可忽视的。股份经济越扩大，集体工商业、个体工商业越发展，或者专业户、承包户的经济越有活力，货币流出流入的数量就会越大。不仅现金量是如此，而且存款量也是如此。所以，货币供应量作为现金量和存款量的总和，必然因所有制和经营形式方面的变化而变化。对 B_3、B_4 而言，这种影响可能表现得更加突出。然而，实际工作中将会遇到的困难也正在于：一方面要根据社会最终产品价值、社会中间产品价值、社会非生产劳务价值的增长率来确定货币供应量增长率，另一方面还要根据所有制、经营形式方面的变化来调整由此所确定的货币供应量增长率。从这个意义上说，需要控制的货币供应量增长率只可能是一个大体上接近而不会是一个确定无误的数值。

---

① 严格地说，还应当考察 B_5。B_5 是在 B_4 的基础上，再把财富存量向收入流量的转化考虑在内，并由此确定的货币供应量的增长率。

第十三章 社会主义经济中资源配置的合理化趋向

第一节 资源配置中的价格问题

一、资源配置的含义

资源配置是指经济中的各种资源(包括人力、物力、财力)在各种不同的使用方向之间的分配。研究资源配置的目的在于:第一,从数量的角度来分析,如何合理地把经济中的各种资源分配于各种不同的用途,以便用等量的投入取得尽可能大的产出,或者以尽可能少的投入取得等量的产出;第二,从结构的角度来分析,如何有效地把经济中的各种资源分配于各种不同的用途,以便用有限的资源生产出更多的为社会所需要的产品和劳务,而避免生产出为社会所不需要的产品和劳务。

任何社会,包括社会主义社会在内,只有做到了人尽其才,物尽其用,地尽其利,才能被认为做到了资源的合理配置。如果社会上人力、物力、财力有被闲置而未能得到充分利用的部分,或者,人力、物力、财力有被浪费而未能充分发挥作用的部分,这些都是资源配置方面存在的问题。研究资源配置正是为了解决这些问题,使资源配置趋向合理化。

二、资源配置的机制

在市场机制充分起作用的条件下,在非限制性市场上,资源将自发地朝着最有利的部门和地区流动,市场供求比例的变化以及由此引起的价格的升降,将把各种资源分配到适当的位置上。但与此同时,也会有这样两种局限性:第一,在市场机制起作用,资源在部门间、地区间转移的过程中,将产生局部的或结构性的资源闲置或浪费现象。尽管某些闲置或浪费现象往往是不可避免的,但无可否认的是,它们毕竟是国民经济中的损失。第二,通过市场机制的作用以及资源在部门间、地区间的转移,经常需要一个相当长的过程才能做到资源的比较合理的分配,而在这个相当长的过程中,国民经济中可能已经受到了较大的损失。

在限制性市场上,市场机制虽然也能对资源配置发生作用,但由于价格的升降是受限制的,资源在部门间、地区间的转移也受到限制,所以,资源的配置不可能像在非限制性市场上那样由市场供求比例的变化来自发地进行调整。对于这种情况,不能简单地用资源能否自由转移来判断其利弊得失,而必须从宏-微观经济之间的关系以及资源配置对于宏观经济的影响来作出判断。这是因为,在限制性市场上,微观经济的活力确实受到了限制,但微观经济活动的自发性也同样受到了限制,因此,对限制性市场上市场机制作用的受限制状况及其后果,只有结合具体部门、具体地区、具体企业和具体产品,从宏-微观经济协调的角度进行分析,才能作出符合实际的判断。

政府调节对社会主义经济而言是不可缺少的。政府应当在社会主义资源配置方面起到重要的作用。在政府认为资源由市场机制的自行调节而未能按照预定经济和社会发展目标在各部门和各地区配置的场合，或者，在政府认为市场机制对资源的配置可能引起资源的闲置或资源的浪费的场合，政府可以通过多种方式来影响微观经济单位的资源利用状况，从而使资源的配置符合经济和社会发展的要求。

政府调节对资源配置的主要作用反映于政府对价格（包括产品和劳务的价格、生产要素的价格）的影响上。政府固然在必要时可以直接把某些资源分配于各种不同的用途，以实现政府所认定的资源合理配置，但这里存在着两个问题：

第一，政府在把资源直接分配于各种不同的用途时，能否不考虑价格因素？假定政府不考虑价格因素，政府究竟以什么作为依据来分配资源？

第二，政府直接分配资源的目的在于使资源的配置达到政府所认定的资源配置的合理化，但如果不考虑价格因素，政府如何才能判断资源配置的合理与否或资源配置的合理程度？换言之，政府所认定的资源配置合理化要依靠什么来检验？难道价格不是检验这种合理化的重要指标（或重要指标之一）么？

由此可见，无论是市场机制的作用还是政府调节的作用，都是通过价格变动来配置资源的，也都是通过价格这面镜子来反映资源配置的合理程度的。为此，有必要转入资源配置中的价格问题的分析。

三、资源配置价格概念

社会主义经济中的资源配置价格是指能够反映社会主义经

济中资源投入的效果的指标,也就是指那种能够反映资源配置评价的指标。要知道,为了生产一定的产品和劳务,必须投入一定的资源。投入的资源不止一种,仅仅投入一种资源形成不了产品和劳务。在生产一定的产品和劳务时,可以假定在其他资源投入量不变的条件下,一种资源的投入量的变化会影响边际产量的变化,或边际收益的变化。在这里,收益与卖价的含义是相同的。因此,资源配置价格等于在其他资源投入不变的条件下,每增加一单位的某种资源投入所带来的收益增量或边际收益。正因为资源配置价格是反映资源投入效果的指标,因此可以认为,投入效果差的资源的配置价格是低的,甚至是零或负值;投入效果好的资源的配置价格是高的。

如果一种资源投入的效果差,那么,每增加一单位的这种资源投入,并不能因此带来较多的边际收益,甚至不带来边际收益;反之,如果一种资源投入的效果好,那么,每增加一单位的这种资源投入,就能够因此带来较多的边际收益。在产品和劳务的生产过程中,需要考虑其他资源投入不变时,投入某种资源后的边际产量是否发生变化并如何变化,即边际收益是否发生变化并如何变化,从而可以借此判断这种资源投入的效果究竟如何。

对企业或对社会而言,当然都希望把资源投入边际收益大的生产中,因为这样对它们有利。资源配置价格越低,表明资源投入后的边际收益越少,从而对资源投入者越没有吸引力。

资源配置价格不是固定不变的,而是可变的。资源投入后效果的变动,使资源配置价格或升或降。资源投入的效果下降,资源配置价格也趋于下降;资源投入的效果提高,资源配置价格也趋于上升。换言之,影响资源投入对边际产量或边际收益的变动的条件就是影响资源配置价格的变动的条件。

根据以上有关资源配置价格的定义,可以了解到资源配置价格与由供求关系决定的市场价格有所不同。市场价格反映市场供求对于价格的影响,但并不直接涉及资源投入的效果的大小。而资源配置价格反映的是单位资源投入的边际收益的大小,后者与资源配置密切联系在一起。因此对了解资源配置状况来说,资源配置价格更为适用。

四、资源配置中价格问题的两条研究途径

在讨论社会主义经济中的资源配置价格问题时,根据劳动价值论而得出的有关价值与价格的基本原理,仍然是研究的出发点。这些基本原理是:

第一,商品是使用价值和价值的矛盾统一体。社会主义商品生产者所生产的使用价值必须满足社会的需要,否则产品无法实现,同时,社会主义商品生产者所生产的价值必须使耗费在商品生产中的劳动得到补偿,并能得到剩余,这样才能使再生产照常进行。

第二,商品价值量由生产它的社会必要劳动时间所决定。在社会主义经济中,由于各个社会主义商品生产者的生产技术条件和经营管理水平不同,各自生产同类商品所花费的个别劳动时间也不同。在这种情况下,商品价值量就不能按每个生产者的个别劳动时间来决定,而只能由社会必要劳动时间来决定。

第三,价格是价值的货币表现。社会主义经济中,商品价格的基础仍然是价值,价格围绕着价值而波动。

我们承认劳动价值论的基本原理是讨论社会主义经济中的价格问题的出发点。在这个基础上，需要进一步阐释的是如何看待以单位资源投入的边际收益作为定义的资源配置价格与劳动价值论之间的关系。

要知道，根据劳动价值论，一切未经劳动加工的资源不具有价值，然而某些未经劳动加工的资源却可以带来一定的边际收益，从而具有一定的资源配置价格。另一方面，根据劳动价值论，投入了劳动并且得到实现的产品是有价值的，然而某些虽然投入劳动并在生产中得到利用的资源，投入后却并不带来边际收益。这样，有关资源配置价格的定义，如何与劳动价值论的基本原理一致呢？

不仅如此，根据劳动价值论，在商品生产过程中，新价值是抽象劳动创造出来的，被消耗的生产资料并不改变本身的价值量，是依靠生产者的具体劳动把它们的价值转移到新的产品中去。也就是说，在投入商品生产过程的各种资源中，只有投入的劳动才创造价值，所投入的物质资源（生产资料）只是转移价值，而不创造价值。然而有关资源配置价格的定义则表明，任何投入的资源，其资源配置价格的高低，与能否带来边际收益或带来多少边际收益有关，这样，有关资源配置价格的定义又如何与劳动价值论的基本原理一致呢？

实际上，当我们在讨论社会主义经济中的资源配置问题，以及阐述资源配置价格的定义时，是以劳动价值论的基本原理为出发点的。资源配置价格所要说明的既不是价值的形成问题，也不是价值量的决定问题，而是如何合理地掌握商品生产中的资源投入量的问题。

我们可以设想：在社会主义资源配置中价格问题的研究方面，以下两条研究途径是并存的。

（一）一条研究途径是：从劳动价值论的基本原理出发，研究作为价值的货币表现的价格是怎样围绕着价值而波动的，研究价格与价值的背离状况，即不仅研究如何才能避免价格与价值之间的过分背离，研究价格与价值之间的过分背离对社会主义资源配置的不利影响，而且还要研究在何种情况下可以利用价格与价值之间一定程度的背离来促使社会主义资源配置有利于经济与社会发展的预定目标。

这是一条有意义的研究途径。但通过这条途径进行研究，目前不是没有困难的，困难主要在于价值量不容易被准确地计算出来，从而价格与价值之间的背离也不容易被准确地算出。这就是说，只有找到了可以同现实中存在的价格相比的价值，才能把价格与价值之间的背离状况作为资源配置的依据。

（二）另一条研究途径是：仍然从劳动价值论的基本原理出发，但在研究中不直接涉及价值形成和价值量确定问题，从而也不直接涉及价格与价值之间的背离状况，而是研究资源投入的效果对于资源配置的影响，进而研究如何更好地利用有限的资源，使资源配置有利于经济与社会发展的预定目标。

在通过这条途径进行研究时，所要论述的是单位资源投入的边际收益，即资源配置价格，然后把资源配置价格的大小及其变动趋势作为资源配置的依据。由于与资源配置价格有关的是资源投入的边际收益，而边际收益所涉及的是现实中存在的价格，这样，资源配置价格与价值之间的关系是一种间接的关系，即价值是价格的基础，资源配置价格同现实中存在的价格有联系,它通过后者而同价值相联系。

五、资源配置价格与价值之间的间接关系

(一)由于定义为单位资源投入的边际收益的资源配置价格不直接涉及价值问题,从而也就不存在以价格分析代替价值分析或否定劳动价值论之类的问题

这里虽然存在着双轨的资源配置中的价格研究,即存在着有关资源配置中价格研究的两条途径,但它们实际上都以劳动价值论基本原理为出发点:第一条途径探讨的是价值与价格背离问题;第二条途径探讨的是围绕价值而变动的现实中存在的价格与单位资源投入边际收益之间的关系。

(二)由于定义为单位资源投入的边际收益的资源配置价格不直接涉及价值问题,从而也就不直接涉及未经劳动加工的资源是否具有价值,以及商品生产中投入的各种资源是否都创造价值之类的问题

第二条研究途径所要探讨的是:在商品生产中,投入的未经劳动加工的每一单位资源会带来多少边际收益,以及投入的每一单位物质资源会带来多少边际收益。边际收益就是边际产量。在这里,不管投入的资源是否经过劳动加工,也不管投入的资源是不是物质资源,只要有投入,就会有边际产量(即使是零或负值),这是没有疑义的。在计算边际产量的货币表现(即边际收益)时,只涉及现实中存在的价格,而不直接涉及价值或价值与价格之间的背离,因此也就谈不到与劳动价值论基本原理不一致的问题。

由此可见,在社会主义经济中,有关资源配置中价格问题的

第二条研究途径是可行的。它与第一条研究途径一样地具有重要意义。

第二节 资源配置的合理化

一、资源配置合理化的含义

第一节中已经对资源配置合理化作了初步表述,即资源配置合理化是指经济中的各种资源(人力、物力、财力)既没有被闲置,也没有被浪费的现象。这种表述是正确的,但它仍然比较笼统。在这一节,有必要对这个问题作进一步的阐释,即从本书第六章中已经提到的"内部经济与不经济"和"外部经济与不经济"的角度来加以阐释。

根据第六章所述,内部经济与不经济是指一个生产单位在规模扩大时从自身内部所引起的生产成本的下降或上升,从而引起收益的增加或减少;外部经济与不经济是指由于整个部门的规模、全社会的生产规模扩大而引起个别生产单位成本的下降或上升,从而引起收益的增加或减少。因此,对于社会主义经济而言,要使资源的配置趋向于合理,就应当使单位资源的投入增加内部经济和外部经济,减少内部不经济和外部不经济。这是因为,单位资源的投入既意味着一个生产单位的规模的扩大,也意味着整个部门的规模、全社会的生产规模的扩大,这种规模的扩大不是引起内部经济的增加(或减少),就是引起内部不经济的增加(或减少),不是引起外部经济的增加(或减少),就是引起外部不经济的增加(或减少),从而规模的扩大将导致资源配置趋向于合理还是趋向于不合理这样两种不同的后果。当然,客观上可能存在着单位资源投入后内部经济与不经济、外部经济与不经济都不变的情形,但这些可以被看成是例外,从而可以略去不论。

资源配置趋向于合理还是趋向于不合理都是相对于现有的资源配置而言的。在资源配置方面,没有一个尽善尽美的境界。我们不能认为什么样的资源配置已经合理到无法再前进一步的程度,只能认为单位资源的投入可以使新的资源配置比现有的资源配置要合理一些,因为通过这种投入,内部经济和外部经济增加了,内部不经济和外部不经济减少了。由此得出的结论是:资源配置合理化是指通过单位资源的投入而使得内部经济和外部经济增加,内部不经济和外部不经济减少的一个过程。

二、资源配置与内部经济变动之间的关系

在第六章中已经指出,一个生产单位规模的变动以平均成本达到最低点为界限。从资源配置的角度来看,在一个生产单位中,单位资源的投入能否带来边际收益(即追加的收益),要考虑边际成本和平均成本之间的关系。只要边际成本小于平均成本,那么,资源投入后每增加一个单位产量,它的成本是下降的,并且这减少的成本要由全部产量均摊,所以平均成本是下降的。反之,如果边际成本大于平均成本,那么,资源投入后每增加一个单位产量,它的成本是上升的,并且这增加的成本要由全部产量均摊,所以平均成本是上升的。这样,对一个生产单位来说,应当根据平均成本的上升和下降情况,即边际成本与平均成本的变动情况来决定资源投入的限度。

但在这里,不仅要考虑平均成本,还要考虑边际目标收益。这是因为,根据第六章所述,目标利润是指作为企业要争取达到的利润,边际目标收益是指总目标收益增量与产出量增量之比,企业决定产量的原则就是"边际收益等于边际目标收益"。如果边际收益不仅大于边际成本,而且还大于边际目标收益,那么,企业追加资源投入,扩大生产规模是有利的。反之,即使边际收益大于边际成本,但只要它小于边际目标收益,那就表明资源投入已经过多,从而得不偿失了。

由此可以对边际目标收益与内部经济或不经济之间的关系作如下的表述:在决定一个生产单位的资源投入限度时,既要看资源投入后每增加一个单位产量的边际成本究竟是大于平均成本还是小于平均成本,更要看资源投入后每增加一个单位产量的边际收益是否不仅大于边际成本,而且还大于边际目标收益。换言之,对一个生产单位来说,应当根据平均成本的大小,边际收益的大小,即边际收益与边际目标收益的变动情况来决定资源投入的限度。

由于资源配置合理化是指通过单位资源的投入而使得内部经济增加和内部不经济减少的过程,所以通过单位资源投入而力求使平均成本下降,并力求使边际收益不仅大于边际成本,而且还大于边际目标收益,将促进资源配置的合理化。

三、资源配置与外部经济变动之间的关系

在第六章中已经指出,一个生产单位的生产经营活动会受到整个部门的规模,全社会的生产规模的变动的影响,并由此产生外部经济或不经济。外部对一个生产单位的有利或不利影

响,通过这个生产单位内部的平均成本变动和边际收益变动反映出来。因此,在分析资源配置问题时,需要考察的是:对于一个生产单位而言,本部门或全社会每增加一个单位的资源投入,将使这个生产单位的平均成本上升还是下降,以及将使这个生产单位的边际收益减少还是增加。

由此可以对一个部门或全社会的资源投入限度作如下的理论的表述:一个部门有若干个生产单位,全社会有若干个部门;当一个部门增加资源的投入以后,会对本部门的不同生产单位的平均成本和边际收益的变动有不同的影响;当全社会增加资源的投入以后,会对全社会的不同部门发生作用,从而会对每个部门的不同生产单位的平均成本和边际收益的变动有不同的影响。如果资源投入后,能使多数生产单位(或其产量之和在总产量中占多数的生产单位)每增加一个单位产量的边际成本小于平均成本,边际收益不仅大于边际成本,而且还大于边际目标收益,那么,这样的追加资源投入将导致社会的资源配置趋向于合理;反之,如果资源投入后,却使多数生产单位(或其产量之和在总产量中占多数的生产单位)的边际成本大于平均成本,边际收益小于边际目标收益,那么,这样的追加资源投入将导致社会的资源配置趋向于不合理。换言之,对一个部门或全社会来说,应当根据多数生产单位(或其产量之和在总产量中占多数的生产单位)的平均成本的大小,边际收益的大小,即边际收益与边际目标收益的变动情况来决定资源投入的限度。

由于资源配置合理化是指通过单位资源的投入而使得外部经济增加和外部不经济减少的过程,所以,通过单位资源投入而力求使社会上多数生产单位(或其产量之和在总产量中占多数的生产单位)的平均成本下降,并力求使其边际收益不仅大于边际成本,而且还大于边际目标收益,将促进资源配置的合理化。

四、资源配置与社会边际收益

(一)从宏观经济角度研究资源配置的合理化

以上从"内部经济与不经济"和"外部经济与不经济"的角度对资源配置的合理化问题作了进一步表述。这些都是从微观经济方面对资源配置的解释。微观经济是宏观经济的基础,不了解每个微观经济单位的资源投入如何影响自身的边际收益的变动情况,以及不了解它们相互之间如何通过资源投入而影响边际收益的升降,显然无法从宏观上说明什么样的资源投入是合理的,什么样的资源投入是不合理的。因此,对资源配置合理化的论述不能停留在这个水平上,还需要再深入一步,即需要从宏观经济角度来解释社会的资源配置的合理化。

社会上的任何资源投入,总体现为某一个或某些生产单位的资源投入量的增加,体现为某一个或某些生产单位的规模的扩大。如果某一个或某些生产单位增加了的资源投入不能使本生产单位或社会上多数生产单位增加边际收益,那么,这种资源投入对微观经济是不可取的。但是否对宏观经济也同样不可取呢?这可能引起争议。再说,如果某一个或某些生产单位增加了的资源投入能够使本生产单位或社会上多数生产单位增加边际收益,难道这种资源投入对宏观经济就一定可取么?对这一点,也可能引起争议。问题在于:假定资源无限供给,那么,对微观经济来说是可取的资源投入,对宏观经济也是可取的。但在分析时,不能从资源无限供给这一前提出发,我们必须假定经济中的任何资源供给都是有限的。于是，就需要探讨如何把供给有限的资源合理地分配到每一种用途上，以便用有限的资源生产出更多的为社会所需要的产品和劳务。

(二) 资源有限供给前提下资源投入的社会边际收益

在社会的资源有限供给的前提下，除了要分析资源投入后某一个或某些生产单位边际收益的大小而外，还必须分析资源投入的社会边际收益的大小。资源投入的社会边际收益是指：在社会有限的资源供给和社会有多种资源投入方向的前提下，对于社会上某一种产品和劳务的生产，社会每增加一个单位的资源投入，必然会使一定时期内社会总产值发生变动，由此而引起的社会总产值增量就是这种资源投入的社会边际收益。

由于社会的资源供给有限，而社会的资源投入去向却多种多样，所以，社会在把一个单位资源投入这一种产品和劳务的生产时，必然无法同时把它投入另一些产品和劳务的生产。这样，客观上存在着资源投入的多种方向之间的社会边际收益大小的比较。即使资源投入后任何一个被投入资源的生产单位的边际收益都不仅大于边际成本，而且还大于边际目标收益，但从宏观经济的角度来看，不能认为资源投入于任何一个生产单位都是合理的。当社会增加一个单位的资源投入后，只有根据资源投入不同方向所能带来的社会边际收益大小的比较，才能确定资源投入于何种产品和劳务生产可以取得尽可能大的社会边际收益，从而才能确定资源配置的合理化。

通过上述分析，可以这样来认识宏观经济和微观经济中的资源配置是否合理的问题。

一方面，单位资源投入后，即使微观经济单位的边际收益较大,但如果相对于其他资源投入而言,社会边际收益较小,那么,从宏观经济的角度来看,这样的资源配置就不能被认为是合理的。

另一方面,单位资源投入后,即使微观经济单位的边际收益较小,甚至边际收益是零或负值,但只要相对于其他资源投入而言,社会边际收益较大,那么,从宏观经济的角度来看,这样的资源配置就不能被认为是不合理的。

五、资源配置价格与市场对资源投入的调节

对一个生产单位而言,如果它的生产经营活动是在除资源供给有限以外不受其他任何限制的环境中进行的,那么,当它有一定的资源可供使用时,它必须考虑单位资源投入后的边际收益的大小,这里既包括单位资源投入后边际收益的绝对水平,也包括各种可供选择的资源投入条件下边际收益的相对水平。它所选择的将是资源配置价格较高的资源投入方向,即边际收益较大的资源投入方向。假定各个生产单位都处在相同的环境中,并且假定资源可以自由流动或转移,那么,资源配置价格的差别就成为自行调节它们各自的资源投入方向和投入量的机制。

前面已经指出,边际收益是边际产量的货币表现,一个生产单位所生产出来的单位产品和劳务的价格同该生产单位的收益联系在一起。因此,市场机制起着这样的作用:如果某一种产品和劳务生产的资源投入的边际收益过低,投入其中的资源过少,从而该种产品和劳务的价格将会上升,而价格上升后,资源投入的边际收益可能有增大,这样也就会吸引资源的投入;反之,如

果某一种产品和劳务生产的资源投入的边际收益较大,投入其中的资源偏多,从而该种产品和劳务的价格将会下降,而价格下降后,资源投入的边际收益可能减少,这样不但不能吸引资源投入,而且会促使已投入的资源转移出去。这就是市场机制起作用条件下资源配置价格变动对资源配置的影响。

六、资源配置价格与政府对资源投入的调节

定义为单位资源投入的边际收益的淘汰配置价格,可以成为政府对资源配置进行调节的一种手段。鉴于市场机制起作用条件下资源配置的结果并不一定符合经济与社会发展预定目标的要求,或至少不能较迅速地符合这一要求,于是政府有必要通过经济调节手段来影响资源配置,使之趋向于合理。

政府是从宏观经济的角度来考虑资源配置问题的,因此,资源投入的社会边际收益的大小成为政府应当参照的指标。在社会资源供给有限和社会有多种资源投入方向时,政府应当使得资源投入带来尽可能多的社会边际收益。为此,政府就应当事前了解到单位资源投入的可供选择的各种方向,并把单位资源投入以后可能带来的各种社会边际收益进行比较,然后再决定资源究竟投入什么方向。

在政府选择了资源投入的去向后,政府通过财政支出总量和财政支出结构的调整,固然有助于实现自己的这一决策,但在大多数情况下,政府需要先影响生产单位的决策,并通过企业的资源投入调整和资源转移来改变现有的资源配置格局。如上所述,对一个生产单位而言,某种产品和劳务生产的资源配置价格越高,对资源投入的吸引力越大,资源配置价格越低,对资源投

入越缺少吸引力,因此,政府的调节就在于从各方面影响资源配置价格,使之或升高或降低,从而改变资源投入量和资源投入方向。

第三节 资源配置中的补偿问题

一、资源投入个别边际收益与社会边际收益的不一致

在市场机制充分起作用的条件下,假定没有对资源配置的政府调节,那么,在资源投入的社会边际收益虽大,但个别边际收益偏少的经济活动领域内,生产单位的资源投入肯定是不足的。至于在资源投入的社会边际收益等于个别边际收益,或在资源投入的社会边际收益虽大,但个别边际收益更大的经济活动领域内,虽然生产单位会有资源投入,但后者所着眼的仍然是个别边际收益的大小,或首先是个别边际收益的大小,而并非社会边际收益的大小,因此,这种资源投入也有可能是不稳定的。

资源配置中的补偿问题正是来自资源投入的个别边际收益与社会边际收益的不一致。资源配置中的补偿是指:在社会边际收益较大而个别边际收益较少的经济活动领域内,为了促使生产单位投入资源或把资源从其他经济活动领域转入这个领域内,应当让它们得到一定的好处,以补偿其个别边际收益的损失。换言之,资源配置中的补偿就是指给予因把资源投入社会边际收益较大而个别边际收益较少的经济活动领域内的生产单位的补偿。

二、补偿的非自发性

市场本身不可能给予在资源配置中因把资源投入社会边际收益较大的经济活动领域内的生产单位以补偿。这反映了市场机制的局限性。

当然,客观上可能出现这样的情况,即某些生产单位把资源投入了社会边际收益较大而个别边际收益较少的经济活动领域内,从而蒙受了一定的损失,但由于社会供给与需求情况的变化,在一段时间后,在它们投入资源的领域内,个别边际收益逐渐增大,于是,它们所蒙受的损失也就在市场中得到了弥补。这种情况是存在的,因为市场机制具有一种自行调节社会的供给与需求的作用,也就是自行调整资源配置的作用。但不能把这些生产单位隔了一段时间后因资源投入得到的好处称为补偿,理由在于:第一,根据给定的前提,自负盈亏的生产单位在把资源投入上述领域时,并不以社会边际收益较大作为投入资源的出发点,它们不是有意识地这样做的。第二,它们虽然在上述领域内投入了资源,但能否在一段时间后因社会供给与需求情况的变化而得到好处,并且所得到的好处能否弥补一开始时所蒙受的损失,是不确定的、无保证的。这样,资源配置中的补偿只可能来自政府的调节。这种补偿对于那些愿意把资源投入社会边际收益较大而个别边际收益较少的经济活动领域内的生产单位来说,是一种来自政府的补贴。

由此说明了资源配置中的补偿的非自发性。补偿是政府有意识地进行调节的产物;得到补偿就是生产单位接受政府经济调节,进行符合于政府意图的资源投入的行为。

三、直接补偿和间接补偿

通过政府的经济调节,资源配置中所给予生产单位的补偿可以分为两类,一是直接补偿,另一是间接补偿。

（一）直接补偿

直接补偿是指政府以财政补贴或价格优惠形式直接给予有关的生产单位以好处,使这些生产单位减少损失,增加收入。政府给予的这种补偿是现实的补偿,它或者表现于财政方面,如以财政拨款作为给生产单位的补贴,对生产单位实行减税、免税；或者表现于价格方面,如规定某种统一的较高的出售价格,以保证生产单位在出售产品时获得较多的收入,国家也可以用较高的价格向这些生产单位采购产品和劳务。通过这些直接补偿,那些把资源投入社会边际收益较大而个别边际收益较少的经济活动领域内的生产单位的个别边际收益将增大。这将吸引生产单位把资源投入有关的经济活动领域。

（二）间接补偿

间接补偿是指政府以信贷或其他形式为有关的生产单位的生产经营创造条件,使这些生产单位能够通过自己的生产经营活动减少损失,增加收入。间接补偿与直接补偿的主要区别在于：直接补偿是政府直接给予生产单位的补贴或优惠,是一种现实的补偿；间接补偿与此不同,它并不是政府直接给予生产单位的补贴或优惠,而是政府为生产单位提供一种潜在的补偿,生产单位必须通过自己的生产经营活动,并取得一定的成效,才能把这种潜在的补偿变为现实的补偿。间接补偿或者表现于信贷方面,如对有关的生产单位实行低利率的贷款、较长期的贷款,或者表现在其他方面,如对有关的生产单位提供技术服务、信息服务,或在运输、仓储、动力、原材料供给等方面给予优先的照顾。

由于间接补偿是潜在的补偿,而不是现实的补偿,所以有关的生产单位必须善于利用政府为自己的生产经营所创造的较好的条件,进行经济活动,否则收入可能没有任何增加。例如,有的生产单位虽然得到了低息长期贷款,或者在技术和人才供给方面得到了国家给予的优先照顾,但如果它不善于利用这些条件,结果有可能不增加收入;反之,有的生产单位在得到低息长期贷款或者得到技术和人才供给方面的国家给予的优先照顾后,却能够很好地利用这些条件,结果使自己的收入增加很多,以致超过了按直接补偿方式(如得到国家给予的补贴或减税优惠等)可能得到的补偿。因此,从这个意义上说,间接补偿是一种弹性补偿,而直接补偿基本上是一种固定补偿。生产单位在向社会边际收益较大而个别边际收益较少的经济活动领域投入一定数量的资源后,它所得到的弹性补偿可以大于、等于或小于固定补偿。

四、两种补偿方式的兼用

直接补偿和间接补偿这两种方式各有优点和缺点。

直接补偿,即现实的补偿和固定的补偿,其优点在于:由于以这种方式所给予生产单位的补偿是明显的,生产单位可以事前根据自己所能得到的补偿数额来决定是否投入资源或转移资源,并由此拟定资源投入的步骤和措施,这对于改变不合理的资源配置格局是有利的。但直接补偿也有缺点,这是因为,如果政府所给予的补偿仍然不足以弥补在社会边际收益较大而个别边际收益较少的经济活动领域内投入资源的生产单位所减少的收入,那么,这些补偿不可能起到改变现有资源配置格局的作用;如果政府所给予的补偿大于有关生产单位投入资源后所减少的收入,虽然这些补偿对生产单位有吸引力,但实际上这形成了对这些生产单位的一种固定的补贴,也就是人为地为后者造成了受保护的特殊环境,对于这些生产单位的发展并不一定有利。在一切经济活动领域,包括那些社会边际收益较大而个别边际收益较少的经济活动领域在内,如果取消了竞争或削弱了竞争,让一些生产单位得到固定的补贴、特殊的保护,那么,这些生产单位将缺乏竞争能力,缺乏生命力,只要一旦减少了直接补偿,这些经济活动领域内的生产单位也就不可能继续维持下去了。

间接补偿,即潜在的补偿和弹性的补偿,它的优点恰恰在于能够克服直接补偿方式的缺点。由于通过间接补偿所给予生产单位的只是一种有利于后者生产经营的条件,所以生产单位还必须依靠自身的努力才能把潜在的补偿变为现实的补偿。生产单位在资源投入后究竟能够得到多大的边际收益,取决于生产单位自身的努力程度,这对于增强在这些经济活动领域内从事产品和劳务生产的生产单位的竞争能力、自我改造和自我完善能力是有利的。加之,由于生产单位所得到的弹性补偿可以大于固定补偿,这也有助于调动这些生产单位的积极性。至于间接补偿的缺点,则主要在于补偿的数额是不固定的,甚至有可能使生产单位的收入不增加,这样就会阻碍一些生产单位把资源投入社会边际收益较大而个别边际收益较少的经济活动领域中来。

在资源配置中,政府应当兼用这两种补偿方式。对某些产品和劳务的生产,可以采取直接补偿方式,对另一些产品和劳务的生产，则可以采取间接补偿方式。或者，在某些产品和劳务生产的某一阶段，可以采取直接补偿方式，而在另一阶段则可以采取间接补偿方式。

一般说来，一个经济活动领域，社会边际收益越是大于个别边际收益，以及个别边际收益越是具有不确定性，直接补偿的优点就越易于显示出来。另一方面，一个经济活动领域，如果通过生产单位的自我改造和自我完善，越有可能使个别边际收益增加，以及越有可能在一定时间之后使生产单位不再需要政府给予补贴，那么，间接补偿的优点也就越易于显示出来。

五、资源配置中的直接补偿的负担

关于资源配置中直接补偿的负担，有下述三种情况：

1. 为了符合经济与社会发展的预定目标，需要生产单位把资源投入公共服务领域，政府因此而给予投入资源的生产单位的补偿，可以由政府和公共服务领域内的受益者共同负担。由政府负担，是指政府用自己的财政收入来支付补偿。由公共服务领域内的受益者负担，是指这些受益者按自己受益的多少而支付一定的费用，这些费用或者缴纳给政府部门，或者直接支付给提供公共服务的单位。

2. 为了符合经济与社会发展的预定目标，需要生产单位把资源投入社会所需要的短缺产品的生产领域，政府因此而给予投入资源的生产单位的补偿，可以由短缺产品的使用者负担。假定政府是用财政补助、减税、免税等方式给予补偿的，政府可以通过对短缺产品的使用者增加课税的办法，使短缺产品使用者负担这笔补偿。假定政府是用提高统一售价的方式给予补偿的,短缺产品的使用者将通过购买而负担这笔补偿。

3.为了符合经济与社会发展的预定目标,政府有必要把社会的有限资源分配给某些产品和劳务的生产单位,同时要限制另一些产品和劳务的生产单位利用这种资源,这样,政府就可以用增税或开征新税的办法来限制后一类生产单位的资源投入,而把所征收到的税金用于对前一类生产单位的资源投入的补偿。在这种情况下,资源配置中的补偿是由被限制利用一定的资源的生产单位负担的。

六、资源配置中的间接补偿的负担

关于资源配置中间接补偿的负担,也有以下三种情况:

1.假定政府以低利率的贷款为投入资源的生产单位的生产经营创造条件,这将涉及等量信贷支出条件下所减少的利息收入如何补偿的问题。如果在向这些生产单位实行低利率贷款的同时,还向另一些需要限制其资源投入的生产单位实行较高利率的贷款,那么,所减少的利息收入将由所增加的利息收入所弥补或部分地弥补。如果并不向另一些需要限制其资源投入的生产单位实行较高利率的贷款,那么,所减少的利息收入由银行承担。

2.假定政府以提供技术服务、信息服务等方式为投入资源的生产单位的生产经营创造条件,这将涉及政府为此支出的费用如何补偿的问题。在某些情况下,这些费用可以由这些受益的生产单位全部负担或部分负担。只要这些生产单位在得到政府提供的技术服务、信息服务后能提高自己的收入,那么,它们是愿意支付这些费用的。在某些情况下,这些服务是由政府免费或低价提供的,那么,政府将承担这些费用。

3.假定政府以运输、仓储、动力、原材料供给等方面的优先照顾的方式提供间接补偿,这里所涉及的主要问题不是费用,而是现有资源的分配。即使运输、仓储、动力、原材料的费用由受益的生产单位全部负担,只要这些生产单位在得到优先照顾后能提高自己的收入,它们是愿意支付这些费用的。至于现有资源的分配,问题要复杂一些。要知道,优先供给的运输、仓储、动力,原材料必定是供给不足的,否则就不需要优先供给了。然而无论从总量还是从结构的角度来看,供给不足的运输、仓储、动力、原材料在优先供给一些生产单位的同时,必定无法满足另一些生产单位的需求。这样,通过这些资源的分配,那些对运输、仓储、动力、原材料的需求无法得到满足的生产单位便成为间接补偿的负担者。假定得到优先供给的是在社会边际收益较大而个别边际收益较少的经济活动领域内从事生产经营的生产单位,假定间接补偿的负担者是为了符合经济与社会发展预定目标而需要对其生产经营实行一定限制的生产单位,那么,通过运输、仓储、动力、原材料等资源的上述分配,将会促进社会资源配置的合理化。

第四节 资源合理配置与经济体制的进一步完善化

一、给定的经济体制前提下资源配置过程中遇到的问题

在给定的经济体制前提下,通过政府对资源配置的调节(包

括直接补偿和间接补偿两种方式的采用),资源配置有可能趋向于合理。但即使如此,在给定的经济体制前提下,资源配置过程中仍然会遇到一些问题。一般说来,资源配置过程中遇到的问题主要是所有制方面的问题。它们是:

1. 在资源供给有限的条件下,如果把一定的资源投入符合经济与社会发展预定目标的生产单位,那么,必然会有另一些不符合经济与社会发展预定目标的生产单位得不到足够的资源供给,这样,后一类生产单位只得缩小生产规模,减少资源投入,亏损,负债,转产,甚至停止生产。然而,在给定的经济体制前提下,尽管全民所有制企业是自主经营、自负盈亏的社会主义商品生产者和经营者,但企业真正亏损后,不仅转产并不容易,更重要的是,如果负债、破产,它的财产和债务如何处置,它的决策者和负责人应当承担什么样的责任(包括经济上的责任),它的职工的生活有何着落,这一切还有待在给定的经济体制基础上再作进一步的明确规定,而只要所有制方面的问题未能彻底解决,全民所有制企业仍然无法完全自负盈亏,从而就难以使那些不为经济与社会发展所急需的企业不再消耗资源,难以真正把资源从亏损的企业转移到为经济与社会发展所急需的企业中去。

2. 在给定的经济体制前提下,政府可以通过直接补偿或间接补偿方式使那些把资源投入社会边际收益较大而个别边际收益较少的经济活动领域的生产单位增加收入。但在给定的经济体制前提下,并没有完全解决这样一个问题。这就是说,如果有的生产单位认为间接补偿是不确定的,因此不愿接受这种间接的补偿,同时,它们认为直接补偿的数额还不够大,因此也不愿接受这种直接补偿,这时,怎样才能把资源投入上述经济活动领域呢？看来，只有采取政府直接投入资源的办法了。当然，在某些场合，在生产单位不愿从事经济活动的领域内，政府直接投入资源的做法仍是可行的，但从完善经济体制的角度来看，还可以增加一种能够吸引生产单位进入被认为个别边际收益过少的某些领域（绝不是一切领域）的办法，例如准许一些经济单位在该领域内有一定期限的特许经营权，并准许它在该领域内有权来制定价格、工资、收入分配等。虽然特许经营带有垄断的性质，但在某些情况下承认某些经济单位一定期限内的垄断地位，可能有助于它们把资源投入若干个别边际收益较少的经济活动领域内。

3. 在给定的经济体制前提下，也没有对全民所有制经济中企业股份化①、控股制、企业合并、企业财团（或企业集团）、银行财团（或银行集团）等组织形式作出有关的规定。实际上，在资源合理配置方面，企业股份化、控股制、企业合并、企业财团、银行财团之类的组织形式是可以在某些经济活动领域内起到一定作用的。② 如果有了这样一些组织形式，那么，一些社会边际收益较大而个别边际收益暂时较少的经济活动领域是有可能吸引资源投入的。这是因为，一个企业财团（或企业集团）、银行财团

---

① 对全民所有制企业的股份化，可以作这样的理解：国家、部门、地方、本企业、其他全民所有制企业都可以成为股份化企业的一定股份的持有者，按股份持有情况建立董事会，主持企业事务，而盈利则按规定由股份持有者分享。全民所有制企业也可以吸收职工或个人入股，但这不是全民所有制企业股份化的主要形式，而且职工和个人入股的数额在大型企业股份总额中所占的比重总是较小的。

② 说得更确切些，这里所谈到的股份化的企业和企业财团，是指股份有限责任制的企业和企业财团。在股份有限责任制之下，股份持有者对于企业所负债务，只负有限的责任，即仅以其所投入该企业的股份金额为限，而不以其他的财产承担清偿的责任。这里所说的"在某些经济活动领域内"，只是为了说明，并非在一切经济活动领域内都适宜采取企业股份化和组织企业财团。有些经济活动领域可以不实行企业股份化和控股制。这正反映了全民所有制的经营形式的多样性。

（或银行集团），一个以控股制形式组织起来的公司系统，一种能够通过企业合并而把另一些企业纳入自己的管理范围之内的企业经营方式，有能力从事跨部门、跨地区的生产经营。它们从财团（集团）或公司系统的发展战略来考虑，有可能把资源投入个别边际收益暂时较少的经济活动领域内，并且可能较多地考虑今后经济利益的多少，而较少地考虑当前的补偿大小问题。这就是说，通过所有制改革而建立的企业联合组织有利于部署和从事长期经济活动，而不仅仅着眼于短期企业行为。这对于资源配置的合理化显然是有利的。

二、劳动力流动和人力资源配置

在这里，有必要把人力资源配置问题单列出来进行分析。在给定的经济体制前提下，对人力资源的流动和转移并没有作出明确的规定。要知道，资源配置中包括了人力资源的配置。资源配置的合理化是不能回避人力资源流动和转移问题的。根据给定的经济体制，关于企业地位曾作了这样一个规定，即企业有权自行任免、聘用和选举本企业的工作人员，有权自行决定用工办法和工资奖励方式等。这是就单个企业职权范围之内的情况而言的。如果把招聘问题和用工问题扩展到宏观经济范围来考察，那么，上述规定就不够了。比如说，劳动力充裕甚至过剩的地区的劳动力，能否自由地向劳动力不足的地区流动呢？如果劳动力本身有此意愿，那么，能否顺利地实现呢？看来这些问题需要从我国的现实状况出发：在现实的社会主义经济中，目前还只能假定劳动力在宏观经济意义上具有不完全的流动性。这种不完全的流动性不仅表现在劳动力技术结构上不能完全适应

生产的要求,或劳动力本身在职业选择上的要求不能完全得到满足,而且还表现在下述三个方面:

第一,现阶段农村居民不能随意转为城镇居民。这种转换并非绝对不可能,但要符合一定的条件并需要办理一系列手续,从而限制了劳动力的充分流动。

第二,现阶段存在着较小城镇的居民不能随意迁移到大城市的情况。这种迁移并非绝对不可能,但要符合一定的条件并需要办理一系列手续,从而也限制了劳动力的充分流动。

第三,现阶段存在着人才特别是熟练人才由经济不发达的边疆省、区任意迁移到沿海或较发达省、区的限制。这种迁移同样并非绝对不可能,但要符合一定的条件并需要办理一系列手续,从而同样使劳动力的流动具有不完全性。

从我国实际情况出发,上述这些对劳动力充分流动的限制在现阶段还不能完全取消,否则将形成城市人口剧增、大城市过度膨胀和边疆省(区)人才特别是熟练人才严重不足的局面,这对于社会主义现代化事业十分不利。但应当注意到,劳动力流动的不完全性既给资源配置带来有利的后果,同时也给资源配置带来一些不利的后果。权衡利弊,如今毕竟是利大于弊,因此,在进行现阶段我国资源配置的分析时,不能不把劳动力流动不完全性的利大于弊这一点考虑在内。

然而,资源配置的合理程度是相对的。随着经济的进一步发展,劳动力的流动问题势必越来越重要。如果不从经济体制上对劳动力流动作出一些适合于经济发展和经济结构变化要求的新规定,那么,劳动力不完全流动给资源配置带来的有利性将减少,不利性则会增大。道理是很清楚的,只有让资源有更大程度的流动性，才能使资源自行流向边际收益较大的经济活动领域内，才能使各种生产要素更好地结合起来发挥作用。人力资源的流动不单纯关系到人力资源本身的利用得当与否，而且关系到人力和物力资源如何有效地结合在一起，并使这种结合能在多大程度上发挥作用。所以从长期来看，劳动力流动性的日益增大既是经济发展的要求，也是经济发展的必然趋势。从经济体制改革的角度所要探讨的，是如何根据经济发展的实际情况来有计划有步骤地实现劳动力充分流动的问题。只有充分流动，才能使资源实现劳动力的配置趋向合理化。

三、两种用工制度的比较

总的说来，劳动力流动不完全性的假定符合实际情况。不仅如此，由于劳动力本身的社会文化特点和劳动力技术结构的影响，劳动力完全流动也是不现实的。因此，在目前条件下，应当探讨与劳动力流动不完全性相适应的用工制度，这就是两种用工制度的并存。

这里所说的两种用工制度是指固定工制和劳动合同制。固定工与合同制工人在一定时期内的并存，不仅在我国现阶段，甚至在此后较长一段时间，符合我国国情，也适应资源合理配置的要求。可以作出这样的判断，即合同制的范围和比重今后会逐渐扩大，固定工制的范围和比重则会相应地缩小。这是因为，固定工制的主要优点在于使生产单位可以保持一批技术骨干，使生产有某种稳定性。但劳动合同制与固定工制相比，则具有下列优点：

第一，劳动合同制比较适应于劳动力流动的不完全性前提下的用工需要。在城市缺乏劳动力而农村劳动力又有过剩的条件下，采取劳动合同制既可以满足劳动力供求双方的需要，又不至于遇到现阶段农村居民转为城镇居民的困难。这种情况也适应于小城市劳动力向大城市的流动。

第二，在经济发展过程中，随着产业结构的调整和对劳动者文化技术水平要求的变化，劳动合同制更能适应各行各业的生产特点，采取劳动合同制将有利于劳动力结构的调整。

第三，采取劳动合同制可以使得目前缺乏劳动力特别是缺乏熟练人才的边疆省、区得到劳动力的供给，因为劳动者可以根据具体情况，在一定时期到那些省、区工作，而不必迁移户口。

在固定工制与劳动合同制并存的同时，对固定工本身也可以作出如下的规定，即固定工并不意味着劳动者终身被固定在某一个工作岗位上；在这方面，既允许用人单位采取招聘、择优录用的办法，也允许劳动者在本人专长同所从事的工作不一致的条件下，自行选择工作岗位，包括向原用人单位提出辞职。至于违背法律和劳动纪律的固定工，用人单位也有权根据一定的程序予以解聘、辞退或开除。

关于新就业者，可以这样假定，即通过教育体制的改革，已经确立了"先培训，后就业"的原则，各用人单位将首先从各种职业技术学校毕业生中择优录取；一切从业人员，首先是专业性技术性较强行业的从业人员，都应取得考核合格证书才能走上工作岗位。在高等学校毕业生中，通过教育体制的改革，过去沿用的毕业生全部由国家包下来分配的办法将会被新的分配办法所替代。对于国家按计划招收的高等学校学生，毕业时应在国家计划指导下，由本人选报志愿、学校推荐、用人单位择优录用。

对于受用人单位委托招收的高等学校学生,由委托单位按议定的合同向学校缴纳一定数量的培养费,毕业后按合同规定到委托单位工作一段时间。对于计划外招收的高等学校自费生,学生缴纳一定数量的培养费,毕业后可以由学校推荐就业,也可以自谋职业。以上关于新就业者的规定与两种用工制度的并存及其今后的发展趋势是不矛盾的。可以设想,有了这样一些规定,人力资源配置的情况会比现阶段合理得多。

四、对经济体制改革与资源配置合理化之间关系的认识

本书第二章给定的经济体制还不可能解决资源配置过程中所遇到的上述这些问题,但这绝不意味着给定的经济体制不适合于目前的生产力发展水平。资源配置的合理化是一个过程,资源配置的合理程度没有一个绝对的标准。与前一时间相比,如果资源配置状况已经有所好转,那就表明资源配置朝合理的方向前进了一步。未来某一个时期与目前相比,如果资源配置状况又有所好转,那表明资源的配置比目前更趋于合理。正因为如此,资源配置过程中总会遇到尚未解决的问题,包括从前遗留下来的老问题和不断出现的新问题。不能认为资源配置中的一切问题都会在给定的经济体制之下被解决,也不能认为在给定的经济体制之下不能解决的问题可以成为否定给定的经济体制的理由。

应该采取科学的态度来对待给定的经济体制:一方面要承认它能促进生产力发展,并有助于解决现阶段资源配置中的许多问题;另一方面又要认识到它需要随着经济的增长而进一步发展和完善。资源配置过程中尚未解决的一些问题,可以在经

济体制进一步发展和完善中(如在某些领域内容许一些经济单位一段时间内有权特许经营,又如容许某些企业有灵活的跨地区、跨部门的组织形式,如容许某些企业财团或企业集团的建立和发展,等等)接近于解决或得到解决。但即使如此,仍然应该把经济体制的进一步发展和完善看成是经济体制改革的全过程中的一个中间阶段。同资源配置合理程度没有绝对的标准、资源配置的合理化永无止境一样,经济体制的完善程度没有绝对的标准,经济体制的完善化也不会有一个极限。

资源的合理配置长期以来一直被认为是经济学中的难题之一。这个问题之所以被认为是难以解决的,主要原因在于微观经济的活力同宏观经济的统筹安排之间始终存在着某些不适应,在于资源合理配置既需要微观经济充分发挥其主动性、积极性,而宏观经济又不可能背离经济与社会发展的预定目标,在于一般情况下的社会边际收益不可能与个别边际收益恰好一致。政府的直接补偿与间接补偿固然可以促进资源配置的合理化,但资源配置过程中不断出现的新问题,要通过不断地发展和完善经济体制才能趋于解决。由此可以得出结论:我们不能把给定的经济体制前提下的社会主义经济运行设想得尽善尽美。即使在资源配置方面存在着这样或那样的尚未被解决的问题,只要它们不至于影响社会主义经济的继续正常运行和发展目标的实现,那就不必一定要在限定的时间内使它们全都消失。通过经济体制改革,即通过社会主义制度的进一步完善,社会主义经济完全有可能朝着资源配置越来越合理的方向前进,这就是社会主义制度的优越性的表现。

五、企业家和"企业家精神"

如何促使资源配置趋向合理，政府对经济的调节以及经济体制方面的进一步完善化，当然是必要的。但应当注意到，在经济领域内进行活动的各企业、各单位的负责人的主动性、积极性，对于资源配置的合理化也有重要的作用。要知道，资源的不合理配置是怎样造成的，不能认为各企业、各单位的负责人没有任何责任。资源由不合理配置转向合理配置，不仅要依靠各企业、各单位的负责人的主观努力，而且也需要不同企业、不同单位的负责人之间的配合。

从这个意义上说，我国资源配置合理化过程中需要有一大批社会主义的企业家。他们是有战略眼光，敢于创新，有组织能力、经营能力的人。他们绝不是"企业官僚"。"企业家精神"，就是开拓进取精神与实干精神的结合。如果有"企业家精神"的人领导一个企业、一个部门，他们就能够通过生产要素的重新组合，把本企业、本部门办成一个有高度效率的企业、部门。不仅如此，由于他们有战略眼光，他们就能够了解中国经济发展的趋向，了解本企业、本部门在经济发展全局中的地位和作用，并能够根据自己在这些方面的认识来使用资源。比如说，经济中横向联系的加强将有助于资源的合理配置，那么，加强横向联系的工作由谁来开展？建立社会主义的企业财团（企业集团）将有助于资源的合理配置，那么，企业财团（企业集团）由谁来建立，由谁来经营管理？显然，这一切都离不开企业家。没有企业家，没有"企业家精神"，新型公有制企业将缺乏生气，资源配置的合理化也将成为一句空话。

进一步说,企业必须有新陈代谢。该淘汰的就淘汰。企业破产无非是生产要素重新组合的起点。旧的不去,新的不来。衰败的企业退出经济活动舞台,由"有企业家精神的人"所主持的、新的、有生命力的企业在经济活动的天地里大显身手,经济才有生机。如果没有企业的新陈代谢,资源配置的合理化同样是一句空话。

六、工资攀比及其解决途径的探索

(一)工资攀比

在资源合理配置过程中,工资攀比是一个不可忽视的障碍。工资攀比是指:劳动生产率高低不同和实际利润率高低不同的各个企业的职工,在工资支付标准(包括工资附加部分的支付标准)上相互攀比,要求向高的支付标准看齐,结果就使得劳动生产率较低和实际利润率较低的企业的职工工资和工资附加上升到与本企业劳动生产率和实际利润率不相适应的高度。

(二)工资攀比对国民经济的直接影响

就国民经济而言,如果工资攀比成为事实,势必形成以下的局面:

第一,平均工资和工资附加水平的增长大于平均劳动生产率水平的增长,这将使消费支出的增长过快,对国民经济十分不利。这是因为,社会总供给是与劳动生产率的变动直接联系在一起的,社会总需求则与职工工资和工资附加所转化的消费支出的数量有关;一旦消费支出增长率大于平均劳动生产率增长率,社会总需求也就不可避免地大于社会总供给,于是社会总需求大于社会总供给所导致的物价上涨、商品短缺等现象也将出现。

第二，平均工资和工资附加水平的增长大于实际利润率的增长，不仅意味着国民收入中 v 和 m 之间的比例发生变化，使 m 在国民收入($v+m$)中所占的比重下降，从而对经济的发展不利，而且对某些劳动生产率较低的企业来说，由于那里的职工的工资和工资附加水平在向另一些劳动生产率较高的企业看齐，所以，它们的实际利润是下降的，实际利润数额是减少的（甚至可能变为负值）。于是，这些深受工资攀比之害的企业不得不减少生产发展基金，国家由此所得到的税金也会减少。

第三，工资攀比是违背按劳分配原则的，它是平均主义分配原则影响下的产物。如果让工资攀比成为事实，那么，平均主义对国民经济的种种不利后果（如挫伤劳动者的生产和学习的积极性，挫伤企业改善经营管理的积极性等）都将产生。

以上列举的这三点，仍是就工资攀比对国民经济的直接影响而言。下面，让我们转入资源配置问题的研究，分析工资攀比将如何妨碍资源配置的合理化。

(三) 工资攀比与人力资源的闲置

资源配置合理化的途径在于市场机制和政府调节的二元作用。市场本身有一种促使资源趋向于合理配置的作用，然而由于资源投入的个别边际收益与社会边际收益的不一致，市场完全有可能使资源的实际配置状况不符合预定的经济和社会发展目标的要求，这样，政府对资源配置的调节就是必不可少的。

先考察人力资源的配置。

假定经济中不存在工资攀比，那么，对于每一个企业来说，在人力资源的投入以及在人力资源和物质资源的替代方面，可以按照个别边际收益的大小来考虑资源投入的方向和数量。企业会节约使用经济中比较稀缺、从而资源配置价格对企业本身比较不利的生产要素。企业在经营管理中也会力求遵守"增加内部经济和减少内部不经济"的原则。这是发挥每一个企业的主动性、积极性，使企业具有充分活力的条件。关于这些，前面都已经谈过。

假定经济中不存在工资和工资附加的攀比，那么，在资源配置方面，政府可以根据资源投入的个别边际收益与社会边际收益的不一致，采取财政、信贷、价格等调节手段，使投入资源于社会边际收益较大、个别边际收益较少的部门的企业得到补偿，并使投入资源于社会边际收益较少、个别边际收益较大的部门的企业承担这种补偿。这样，资源配置就有可能趋向合理化，社会经济各部门也有可能得到协调的发展。关于这些，前面也已经谈过。

现在要分析的是：假定经济中存在着工资攀比，即劳动生产率低和实际利润率低的企业使自己的职工工资和工资附加向劳动生产率高和实际利润率高的企业看齐，那么，对人力资源配置会有什么样的影响？

从企业这方面来看，为了减少经济上的损失，物质资源对人力资源的替代可能加速进行，而不问这种替代是否合理。这是因为，多使用物质资源，工资攀比的影响就会相对地弱一点；而使用人力越多，企业受工资攀比的影响就越大。因此，即使企业原来并不需要这样高的资金密集程度或技术密集程度，但在工资攀比的压力之下，却不得不这样做。这种情况，对于一个人力资源相对充裕，而某些物质资源相对不足的社会主义经济来说，不是资源合理配置的反映。

从全国范围来看,问题将更加突出。工资攀比意味着在劳动生产率不变条件下的工资率上升,也就是意味着在社会总供给不变条件下的工资率上升。在这种情况下,一些企业被迫少利用人力的结果,将引起社会上人力资源的闲置:社会上将出现就业不足。这是由于工作岗位不足而造成的就业问题。就业不足显然是资源未能得到合理配置的证明。它的解决途径是:增加社会供给,然后在社会总产值或国民收入增长过程中增加工作岗位。但由于工资攀比的结果使劳动生产率不变,甚至会使平均劳动生产率下降,因此,通过增加社会供给来增加工作岗位这条途径实际上是不存在的。假定不能增加社会供给,从而不能增加工作岗位,那么,要解决就业问题,那就只有降低工资率,以便在工作岗位总数不变的情况下容纳较多的就业者。然而,工资攀比又使得降低工资率没有现实性。这样,不消除工资的攀比,社会人力资源闲置的情形也就找不到有效的解决途径。

(四)工资攀比与物质资源的配置

以上是就人力资源配置问题而言的。再考察物质资源的配置所受到的影响。

在工资攀比的情况下,企业为了减少经济上的损失,可能加速利用物质资源来替代人力资源。生产要素的这种替代本身并没有什么可以非议之处,企业在生产决策中完全可以根据自身的经济利益来重新组合生产要素以及确定生产要素替代的程度。从某种意义上说,工资攀比所引起的工资率上升推动着企业进行节约活劳动的技术改造,这对于提高原来劳动生产率较低的企业的劳动生产率是有积极意义的。问题在于:对社会而言，对物质资源的这种利用是否一定符合资源配置的原则？是否会造成某种程度的资源浪费？

物质资源是多种多样的。它们的稀缺程度不一。假定经济中不存在工资攀比，企业在投入物质资源时，会根据自己的经济利益来确定投入的资源的类别和投入的数量。但一旦工资和工资附加的攀比引起工资率的上升，那么，企业将重新考虑资源投入问题。于是经济中本来比较稀缺的物质资源就会更加稀缺。在这种情况下所造成的对稀缺资源的过度使用，不仅对国民经济是不利的，而且归根到底，对企业自身也是不利的。这是因为，当各个企业竞相投入经济中本来比较稀缺的物质资源时，物质资源价格将上升，或者价格虽不上升但供给减少，企业将因此受到"外部不经济"的损失。

可以再作进一步的分析。物质资源对人力资源的替代并不是不需要追加投资的。当一些企业为了减少经济上的损失，竭力想减少对人力资源的利用时，它们就会设法筹集到以物质资源代替人力资源所需要的追加投资，而这笔追加的投资可能大于企业在工资攀比情况下所需要多付出的工资和工资附加的数额。但企业往往是宁肯采取以物质资源代替人力资源的做法的，因为在这方面多支出一些，长期说来对企业有利，而工资攀比情况下多付出的工资和工资附加的数额，无论从近期或长期说来，对企业都是不利的。然而，假定不从个别企业的立场来考察这种生产要素替代，而从全国范围来考察它，那就必须涉及这样一个问题：在这种情况下以物质资源代替人力资源所需要的追加投资，是不是对于数量有限的资金的合理利用？

资源的合理配置包括了对人力、物力、财力的合理利用。人力使用不当和物力使用不当，都会给国民经济带来损失。对财力的使用，也就是对有限的资金的使用，同样必须符合于有利于实现预定经济和社会发展目标的原则。企业所需要的，对国民经济而言，可能是合理的，也可能是不合理的。即使是合理的，也有轻重缓急之分，有一个先后顺序的排列问题。因此，如果不消除工资攀比，那就难以避免不合理的追加投资对有限的资金的挤占。这同样是一种资源不合理配置的表现。

（五）从工资攀比产生的原因探寻解决问题的途径

工资攀比问题能否得到解决，有哪些措施可供选择？在社会主义经济研究中，这是一个新的课题。

首先应当弄清楚，在社会主义经济中，为什么会出现工资的攀比？可以从两个方面来寻找出现工资攀比的原因。一是由于心理因素的作用，即在劳动生产率较低和实际利润率较低的企业中工作的职工，看到同行业、同地区的其他某些企业的职工得到了较多的工资和工资附加，从而在心理上有一种自认为处于不平等地位的感觉，于是要求在工资支付标准上向后者看齐。[①] 二是由于经济体制方面的原因。工资攀比的想法之所以出现，以及工资攀比之所以能在一些企业中成为事实，与经济体制是有一定关系的。比如说，职工同是在全民所有制企业中工作，但由于不同的企业的技术装备情况不一样和其他生产条件不一样（姑且不谈价格不合理所引起的差异），尽管职工投入的劳动时间和劳动强度一样，但职工得到的收入却有高有低，这就很自然地会引起某些企业的职工在工资方面进行攀比。又比如说，如

---

① 参看第十六章第二节。

果企业不能按照本企业的经济利益录用职工和辞退职工,而职工又不能按照本人的意愿转移工作岗位,那么,某些企业中的职工就可能在工资方面相互攀比,这些企业也就不得不答应职工因工资攀比而提出的提高工资和工资附加支付标准的要求。

从工资攀比出现的上述两个原因可以了解到,要消除工资攀比或减少工资攀比,除了要从思想教育方面着手而外,还应当在经济体制方面寻找解决这一问题的途径。例如,应当把《中共中央关于经济体制改革的决定》中有关企业"有权自行决定用工办法和工资奖励方式"的规定付诸实施,把《决定》中有关"企业职工奖金由企业根据经营状况自行决定,国家只对企业适当征收超限额奖金税"的规定付诸实施,等等。在劳动力的合理流动方面,也有必要采取比较开放的措施。劳动力越有可能朝合理的方向流动,以及企业越有可能录用或辞退自己所需要或不需要的职工,那么,工资攀比即使还不能完全消失,但至少可以逐渐减少。这就再一次说明了经济体制改革继续进行的必要性。

从经济运行过程中的调节机制方面来看,假定通过所有制改革,确实能够做到企业的自负盈亏,并且企业产品成本的增高和利润率的下降会使企业敏锐地察觉到自己在竞争性的市场中所处的不利地位,那么,企业将会抵制职工方面所提出的不合理的增加工资和工资附加的要求,否则企业就有面临亏损、倒闭、破产的危险,那时,企业也许连职工基本工资都不易支付,哪里还有可能支付向上攀比之后的增发的工资呢?可以这样认为,新型公有制企业的自负盈亏和市场竞争的环境,将形成一道无形阻止工资攀比的闸门,使得来自职工方面的工资攀比要求不易实现。

(六) 政府调节在清除或减少工资攀比方面的作用

在这里,政府的调节起着以下三方面的作用。

第一,对那些并非由于企业自己的努力而得到不合理的过多的盈利,从而使本企业职工的工资和工资附加增长得过快,以致引起其他企业的职工前来攀比的企业,要实行适当的税收调节。如果通过政府的调节能够做到这一点,那就可以消除诱发工资攀比的源头。

第二,对那些仍然不顾本企业的劳动生产率水平和实际利润率水平,答允职工的工资攀比要求,从而使得工资和工资附加有不合理的增长的企业,除实行税收调节而外,还可以采取信贷方面的限制。

第三,从国民经济的范围来看,为了避免企业因工资攀比的存在而不合理地调整生产要素比例,从而造成就业不足(人力资源闲置)和物力、财力紧张(过度使用稀缺的物质资源,或在资金有限供给条件下不适当地追加投资)等现象的发生,政府应当从资源合理配置的角度着眼,根据实际情况,综合运用财政、信贷、价格等手段来控制节约活劳动的技术改造的规模和进度。

七、宏观经济与微观经济的协调是一个长期趋势

本书第十一、十二、十三章都以考察社会主义经济运行过程中宏观经济与微观经济的协调作为内容,但这三章各自考察的重点有所不同。第十一章分析经济运行中供给与需求之间的矛盾,第十二章分析经济运行中三个市场之间关系的变动,第十三章分析经济运行中如何促使资源配置趋向于合理。就宏-微观经济的协调而言,通过这三章的考察,归结起来,可以表述为这

样两点：

第一，社会主义经济运行中，宏观经济与微观经济虽然存在着不协调或严重不协调的可能性，但在政府调节和市场机制的作用之下，宏观经济与微观经济是有可能由不协调转向协调的。当然，即使达到了这种协调，并不意味着协调可以一直保持不变。社会主义经济总是在宏-微观经济不协调、协调、不协调之中前进。

第二，社会主义经济是在给定的经济体制前提下运行的，但对社会主义经济运行的分析表明，宏观经济与微观经济之间的不协调在某些方面正是产生于给定的经济体制的限制。给定的经济体制并不是不可能调整与完善的。经济体制的继续调整与完善，可以使得宏观经济与微观经济在新的前提下保持协调。从这个意义上说，社会主义宏观经济与微观经济的协调是一个长期趋势。

由此我们遇到这样一个问题：究竟什么样的经济体制目标模式是我国较理想的经济体制目标模式？由于经济体制是需要不断调整和完善的，所以我们只能比较笼统地回答：在企业自主经营、自负盈亏的条件下，充分体现了市场调节作用而又运用政府调节来弥补市场调节局限性的二元机制是我国较理想的经济体制目标模式。这个目标模式有这样四个要素，缺一不可：

1. 一套比较完善的市场机制。比较完善的市场机制的存在，将使经济有可能自我调理，使供求有可能自行趋于平衡。即使市场机制有着种种局限性，从而政府有必要进行调节，但政府的调节应当以市场机制的作用为出发点，否则就会陷于无所依据的状态。这里需要强调的是：比较完善的市场机制，并不是靠

"引进"的,而是依赖于商品经济的发展,依赖于市场机制本身的自然发育过程。

2. 一个有高度效率的政府。政府调节作用的发挥及其对经济的实际影响大小,与政府本身效率的高低是分不开的。政府越有效率,各种经济调节手段以及政府在必要时可以运用的行政手段就越能促进宏-微观经济的协调,越能促进资源配置趋向于合理。

3. 一批有"企业家精神"的人。在通过所有制改革,建立起新型的公有制企业之后,他们是经济活动舞台上的主角。实际的经济活动由他们从事,具有战略眼光的企业财团(企业集团)由他们来领导。缺乏有这种精神的人,微观经济的活力仍然只是纸面上的东西,资源配置的合理化仍然只是一句空话。

4. 一种符合社会主义伦理原则的经济行为规范。

至此,我们已经对这四个要素中的前三个要素进行了论述。从下一章起,我们要探讨的就是第四个要素以及与此有关的一系列理论问题。

第五篇
社会规范与个人行为的协调

第十四章 利益、动力和行为准则

第一节 国家利益、集体利益与个人利益

一、国家利益

在社会主义经济运行过程中,必须注意社会主义的物质利益关系。物质利益就是经济利益,物质利益关系就是在经济运行过程中产生的各种经济利益关系。由于把社会主义经济运行分为国民经济运行、企业经济活动、个人经济行为这样三个层次来分别进行考察,由此出现了这三个层次的代表者——国家、企业、个人——之间的经济利益关系的问题。

社会主义国家具有领导和组织经济建设的职能,国家是作为全国人民的代表来领导和组织经济建设的。国家利益反映了全国人民的要求,代表了全国人民的根本利益和长远利益。国家正是作为人民利益的代表者,从全局上观察和掌握国民经济的发展及其动向,对社会主义经济进行宏观的管理和调节,并负责协调社会主义经济运行过程中的各方面的关系。

二、集体利益

集体利益就是全民所有制和集体所有制单位的利益。在社会主义经济中,全民所有制和集体所有制单位有自身的利益关系。集体利益反映了一定单位中的劳动者的要求,代表了他们的利益。

但企业经济活动的成果不仅与本生产单位的劳动者收入、奖金、福利有直接的关系,而且与国家收入、环境状况以及作为消费者的社会上广大劳动者的利益有直接的关系,这样就使得集体利益有双重性。一方面,集体利益在某种程度上与国家利益有相似性,即它也代表了全国人民的根本利益和长远利益,因为企业经济活动的成果越大,国家的收入越多,作为居民的社会上广大劳动者的环境状况越好,作为消费者的社会上广大劳动者的需要越能得到满足。另一方面,集体利益在某种程度上又与个人利益有相似性,即企业经济活动的成果越大,本生产单位中每个劳动者个人就越有可能增加自己的收入、奖金和福利,因此,本生产单位中的劳动者是希望通过企业经济活动而直接增加自己的利益的。全民所有制和集体所有制企业的领导者必须考虑到集体利益的这些特点,即除了本生产单位自身的利益(这体现于本生产单位的规模扩大、生产发展、信誉提高等方面)而外,还具有相似于国家利益的一面和相似于个人利益的另一面。

三、个人利益

个人利益是指社会主义社会中劳动者个人直接得到的利益。个人作为劳动者,通过向社会提供一定的劳动数量和质量而得到个人收入。个人收入越多,个人利益越大。个人收入中有一部分作为个人消费支出,个人通过自己的消费支出而满足生理和社会、心理的多方面的需求。个人的这些需求越能得到满足,个人利益也就越大。此外,在社会主义经济中,个人还可以作为投资者而进行经济活动。个人用于投资的支出能使自己得到的收入越多,个人利益越大。

由此看来,从劳动者个人这方面来看,个人利益同以下三个因素联系在一起。第一,个人利益取决于个人劳动收入的大小,而个人劳动收入的大小在劳动报酬标准为既定的前提下,取决于个人提供的劳动数量和质量。第二,个人利益取决于个人通过消费支出而体现的个人需求的满足程度,在消费品价格为既定的前提下,这一满足程度取决于个人的偏好、个人的消费结构和个人可用于消费的支出的大小。第三,个人利益取决于个人作为投资者而取得的收入的大小,而后者在投资收益率为既定的前提下,取决于个人对资产形式的选择、个人的经营能力和个人可用于投资的支出的大小。

四、国家利益、集体利益与个人利益之间的关系

社会主义的物质利益是国家利益、集体利益与个人利益三者的统一。国家利益、集体利益与个人利益既有根本上的一致性,又存在着若干矛盾。

国家利益、集体利益与个人利益之所以在根本上是一致的,这是因为社会主义制度下消灭了阶级剥削关系,劳动者在生产过程中所创造的物质财富不再被剥削者无偿占有,从而无论国家收入的增长、企业收入的增长还是劳动者个人收入的增长,其

结果都对国家、集体、个人三者有利。换言之,在社会主义经济运行过程中,从根本上说,国家、企业、劳动者个人三者中任何一方利益的增加,都将有助于另外两方的利益的增加。

但国家、企业、个人既然分别作为社会主义经济运行的三个层次的代表,它们在利益关系上也必然会存在若干矛盾。忽视这些矛盾的存在并且不进行有关的利益协调工作,对社会主义经济运行本身以及对社会主义经济与社会发展目标的实现都是不利的。可以把国家利益、集体利益与个人利益之间的矛盾概括为以下两类。

(一)国家利益、集体利益与个人利益之间的矛盾反映了劳动者的长远利益与眼前利益之间的矛盾

从个人利益的角度来看,在国民收入分配中消费所占的比例越大,越符合劳动者眼前利益;在企业利润分配中奖金和福利所占的比例越大,也越符合劳动者眼前利益。但从国家和从企业的角度来看,则必须考虑到劳动者的长远利益问题,所以国民收入中消费所占的比例应该适当,企业利润分配中奖金和福利所占的比例也应该适当,等等。长远利益与眼前利益之间的矛盾也存在于国家利益与集体利益之间。企业为了自身的发展,希望保留更多的利润于自己手中,而企业通过纳税上交给国家的收入被用于国家的一切必要的支出,则是有利于劳动者长远利益的。因此,在协调国家利益与集体利益之间的关系时,也应当正确处理国家与企业在税收问题上的矛盾。

(二)国家利益、集体利益与个人利益之间的矛盾反映了全体劳动者与部分劳动者之间的矛盾、这部分劳动者与另一部分劳动者之间的矛盾

国家作为全体劳动者的代表,为了行政管理,巩固国防,发展科学、文化、教育、卫生事业,进行公共工程建设,需要集中一部分收入,而企业作为部分劳动者的代表,为了发展企业的生产和改善本企业职工的生活,也需要把一部分收入集中在自己手中,这样,国家利益与集体利益之间的矛盾就不可避免。又如,不同的企业分别作为这一部分或另一部分劳动者的代表,它们各自要求增加本单位的利益,于是集体利益之间也存在着矛盾。这些矛盾也需要通过社会的协调来解决。

国家利益、集体利益与个人利益三者之间的关系中,国家利益是大局,集体利益和个人利益相对于国家利益来说都是小局,小局要服从大局,集体利益和个人利益要服从国家利益。但这三者不能互相取代。集体利益和个人利益要服从国家利益,绝不意味着国家利益可以代替集体利益和个人利益。如果试图以任何一种利益来代替另一种利益,都会对社会主义经济运行发生严重的不利影响。社会主义的物质利益原则就是正确处理国家利益、集体利益与个人利益之间的关系,兼顾各方面的物质利益。

第二节 利益与动力的关系

一、关于动力来自物质利益的假设

在社会主义经济分析中,仍然需要保留这样一个假设,即承认动力来自物质利益。这里所说的动力是指从事生产经营的主动性、积极性,包括个人提供生产要素的主动性、积极性;这里所说的物质利益是因从事生产经营活动而实际得到的收入的增加,包括个人因提供生产要素而实际得到的收入的增加。动力来自物质利益是指:从所从事的经济活动中实际得到的收入越大,主动性、积极性就越大;反之,所得到的收入的下降将导致主动性、积极性的减退。

二、从动力来自物质利益的假设出发考察社会主义经济运行问题

在社会主义商品经济中,动力来自物质利益的假设得到了检验。在市场机制起作用的条件下,正由于供给和需求的动力来自供给一方和需求一方的物质利益,所以市场本身有一种使供求趋于基本平衡的力量。在市场机制的作用受到限制而政府调节发挥作用的场合,政府也正是根据动力来自物质利益的假设,运用价格、财政、信贷等经济调节手段来促使资源配置趋向合理的。

再从国民经济运行、企业经济活动之间的关系来看,企业的进货和销售按照自身的物质利益原则进行,企业根据价格预期来调整存货水平,这一动力就是来自企业对自身物质利益的考虑。如果国家感到企业存货调整所引起的市场商品可供量的变动会影响到社会总需求与社会总供给之间的基本平衡,从而采取经济调节手段来促使企业改变进货和销货,那么这也是从企业物质利益变动会影响企业的动力这一假设出发的。

同样的道理,在个人同企业或同国家发生经济上的联系的时候,不仅个人要考虑自己的收入状况,而且企业或国家也都要考虑到个人的收入状况。假定没有动力来自物质利益的假设,那么有关个人资产形式的选择、个人现金持有额和消费品存量

的调整等论述,也就会失去意义。

三、动力来自物质利益的假设的局限性

然而,现实经济生活是复杂的。动力来自物质利益的假设虽然也适用于社会主义经济运行的分析,但却不可避免地有着自己的局限性。在复杂的现实生活中,仅仅依据这样一个假设,显然是不够的。

关于动力来自物质利益的假设的局限性,可以从以下两个方面来进行分析:

(一)动力来自物质利益的假设偏于简单

这是因为,在社会主义经济运行过程中的三个层次的代表者中,国家需要考察和掌握全局,而不可能仅仅把自己局限于物质利益或经济利益方面;企业的利益除了企业自身的物质利益或经济利益而外,还有相似于国家利益的一面,企业的相似于国家利益的那种利益,也不仅仅是物质利益或经济利益;至于劳动者个人利益,同样不以物质利益或经济利益为限,劳动者是一个"社会的人",他的利益要比单纯的物质利益或经济利益广泛。

(二)物质利益或经济利益的作用可能是递减的

如果动力来自物质利益或经济利益,那么随着物质利益或经济利益的作用可能的递减,岂不是动力也有可能递减?但动力递减的论点不一定符合社会主义经济运行过程的实际。因此,我们必须认识到动力来自物质利益或经济利益的假设的局限性,而要从更广泛的角度来探讨社会主义社会中的动力的源泉。这就是说,只有跳出动力来自物质利益或经济利益这一较简单的传统假设的范围,才能说明社会主义社会中持久的生产

经营活动的主动性、积极性问题。

四、从更广泛的角度考察利益与动力之间的关系

为了从更广泛的角度考察利益与动力之间的关系，可以首先假定利益不限于物质利益，利益所包含的内容比物质利益广泛。我们可以把这种利益称作广义利益，以区别于狭义利益即物质利益。于是动力来自利益的假设等于动力来自广义利益的假设。其次，假定动力不仅来自狭义利益，而且来自广义利益，甚至越来越大的部分来自广义利益。这样，即使狭义利益的作用是递减的，广义利益的作用却不一定递减。于是就可以在动力来自广义利益的假设前提下探讨社会主义社会中的动力是否递减，如果它不递减，原因究竟何在。

现对广义利益作一些分析。

广义利益既包括物质利益，又包括非物质利益。这里所说的非物质利益也是一种利益，只不过它不以货币收入增加的形式表现出来，而可能表现为精神上的鼓励、社会的荣誉等。虽然精神上的鼓励和社会的荣誉有时也能一并带来物质利益，但这不是必然的，而且精神上的鼓励和社会的荣誉同物质利益毕竟是两回事，有必要把它们区分开。

根据对广义利益的解释，社会主义经济运行中每一个层次的代表者之所以会有经济活动的主动性、积极性，是由于认识到这种经济活动能够使自己增加广义利益。例如，国家通过自己的经济活动而能得到社会的安定、国际政治地位的提高，等等，企业和个人通过自己的经济活动能够得到的，不仅是货币收入的增加，而且是精神上的鼓励和社会的荣誉的增加，等等。应当

承认,在现实经济生活中,可以发现不少这样的事例。

五、动力递减问题

动力递减是指经济运行中每一个层次的代表者从事一定的经济活动时,随着经济活动的进行和时间的推移,其主动性、积极性会逐渐减退。在动力来自物质利益的假设前提下,动力递减是可能的。这是因为,物质利益以货币收入来表示,但当货币收入达到一定水平后,货币收入的继续增加将不再具有过去那样大的激励作用。这里涉及的是货币收入与为了取得货币收入而付出的努力之间的替代关系。例如,对个人来说,当个人的货币收入达到一定水平后,个人将考虑是否继续值得投入同过去一样多的努力去取得一定的货币收入,时间和精力对他也许更为重要些。对企业来说,情况有相似之处,即当企业货币收入达到一定水平后,企业也会考虑自己是否值得再像过去那样努力获得追加的货币收入。这样就形成了货币收入的激励作用的递减,从而形成了来自物质利益的动力的递减。

然而,如果我们把狭义利益扩大为广义利益,即假定动力来自广义利益,对这个问题也许会有另外一种理解。这就是,在广义利益的两个组成部分中,物质利益同非物质利益各自所占的比例不是不变的。当货币收入达到一定水平后,物质利益在广义利益中所占的比例将会下降,非物质利益在广义利益中所占的比例将会上升。即使物质利益的作用出现递减趋势,非物质利益的作用却不一定是递减的,甚至还可能有增长的趋势。如果是这种情形的话,那么非物质利益增大的作用也许可以弥补物质利益作用的递减,至少可以部分地抵消物质利益的作用的递减。这样,作为动力源泉的广义利益的作用就不一定是递减的,至少不会像作为动力源泉的狭义利益的作用那样地递减。看来,对利益的这种理解以及对利益作用递减的这种理解,有助于对社会主义社会中的动力问题的认识。

总之,关于社会主义社会中的动力递减问题,我们可以作出这样的论断:如果动力唯一地来自物质利益,那么随着物质利益的作用的递减,动力也会递减;如果动力来自广义利益,并且在广义利益中,非物质利益越来越占重要的位置,那么作为动力源泉的广义利益的作用不一定递减,从而社会主义社会中的动力也不一定递减。

六、动力并非全部来自利益的假设

如果再深入分析一步,就会遇到这样一个问题:社会主义经济运行中某个层次的代表者从事经济活动的主动性、积极性,是否有可能并非全部来自利益?动力并非全部来自利益的假设正是这样被提出来的。

国家作为社会主义经济运行的国民经济这一层次的代表者,从全局的角度来观察问题。国家所着眼的是劳动者的根本利益、长远利益,是全体劳动者的利益。国家必须以劳动者的根本利益、长远利益作为自己的一切经济活动的准则,否则就与社会主义国家的性质不符。因此,动力并非全部来自利益的假设对国家这一层次而言,是不适用的。

企业作为社会主义经济运行的中间层次的代表,既要考虑到企业自身的利益,又要考虑到国家的利益和本单位职工的个人利益。但无论从哪一个角度来看,企业的经济活动都是以利益(包括狭义利益和广义利益)作为准则的,否则企业的经济活动就无法持续地进行下去。当然,企业与国家有所不同,企业在某些情况下也可能以眼前利益代替长远利益,以部分劳动者的利益代替全体劳动者的利益。但即使如此,企业仍以利益作为动力的源泉,所以动力并非全部来自利益的假设对企业这一层次而言,也是不适用的。

于是问题集中到社会主义经济运行中的劳动者个人这一层次之上。个人作为生产要素的供给者或作为消费者,显然要受个人利益的影响。个人在从事经济活动中所得到的物质利益和非物质利益,成为个人从事经济活动的主动性、积极性的源泉这一点,是没有什么疑问的。虽然前面已经指出,在个人货币收入达到一定水平后,物质利益对个人主动性、积极性的激励作用会有所减退,但只要精神上的鼓励和社会荣誉所起的作用有所增长或继续存在,那么动力来自利益的假设仍然是成立的。但另一方面,我们还应当认识到,就个人这个层次而言,他很可能从利益以外的角度,即货币收入、精神上的鼓励、社会的荣誉等以外的角度来考察问题,而他在经济活动中的主动性、积极性的一部分或较大部分也可能由此而来。

对这个问题可以有这样一种理解,即当个人不以个人所得到的利益作为动力,而以国家利益、集体利益作为动力时,他会产生社会责任感或对国家利益、集体利益的责任感,从而会激发出主动性、积极性。对这些个人而言,他们所认识到的利益和追求的利益不是个人利益,而是国家利益和集体利益,从而动力来自利益的假设不能被理解为动力来自个人利益,而要理解为动力来自个人对国家利益和集体利益的认识和维护。如果这些人的动力源泉在于此,那么这已经超出了前面所提出的动力来自本人得到的利益这一假设了,于是就需要提出动力并非全部来自所得到的利益,或动力一部分来自个人的社会责任感的假设。

对这个问题还可以有另一种理解,即当个人不以个人所得到的利益作为动力,而以个人的兴趣、爱好或其他某种心理因素作为动力时,他也会激发出主动性、积极性。在现实经济生活中,这些情况是存在的。虽然不能认为每一个人的动力都有一部分来自利益以外的因素,但随着个人货币收入水平的提高,或由于经济增长过程中个人的价值观念的某种变化,人们对于同货币收入、精神上的鼓励或社会的荣誉没有直接关系的个人兴趣、爱好或其他心理因素的重视程度会逐渐增大,他们可能出于这些方面的考虑而有经济活动的主动性、积极性,而且在这种情况下,这种主动性、积极性是不会随着货币收入的增加而减退的。这就是动力并非全部来自利益的假设的依据。

为什么要考察这个问题?因为只有说明了这个问题,才能进而探讨社会主义社会中的行为准则,也才能寻求协调社会规范与个人行为的有效途径。

第三节 行为准则的探讨

一、行为准则的含义

社会主义经济生活中的行为准则,是指社会主义经济运行的各个层次的代表者用以指导自己的经济行为的原则,它表明"应该做什么"和"应该如何去做"。由于国民经济运行、企业经济活动、个人经济行为这三个层次在社会主义经济中所处的地位不同,因此各自的行为准则也并不完全一样。对国家而言,国家的经济活动的准则就是国家利益或全体劳动者的利益。这就是国家的行为准则。对企业而言,不管是全民所有制企业还是集体所有制企业,都是建立在公有制基础之上的,因此,它们的经济活动的准则应当是国家利益和集体利益。这是企业的行为准则。为了使问题简化,可以把国家利益和集体利益合称为公共利益,从而可以把根据公共利益而进行经济活动的国家和企业的行为准则称为公共利益原则。

个人的经济行为与国家、企业有所不同。在动力来自物质利益的假设的前提下,个人的经济行为是受物质利益支配的,并且这里所说的物质利益是指个人在经济活动中所得到的收入的增加。在动力来自广义利益的假设的前提下,个人的经济行为受物质利益和非物质利益的支配,而且随着个人货币收入水平的提高,非物质利益在广义利益中所占的比例将逐渐增大。在动力并非全部来自利益的假设的前提下,个人的经济行为要部分地受到利益以外的因素(如个人的社会责任感,或个人兴趣、爱好以及其他某种心理因素)的影响,这些因素的影响也有增长的趋势。因此,如果问到个人的经济行为是受什么支配的,那么只能得出这样的看法:它要受两类因素支配,一类是个人因素(包括个人得到的货币收入,个人得到的精神上的鼓励和社会的荣誉,个人的兴趣、爱好和受其他某种心理因素的影响等),另一类是公共因素(如个人的社会责任感,即个人对国家利益、集体利益的认识和维护)。这样,对个人来说,实际上就有一种存在于个人因素和公共因素共同影响之下的行为准则。这正是个人经济行为和国家、企业的经济行为的区别。

二、行为准则的规范性质

社会主义经济生活中的行为准则具有规范性质。这就是说：行为准则所表明的是"应该做什么"，而并不表明现实经济生活中是否已经按照行为准则去做。

从国家这个层次来看，社会主义国家的政府的一切经济活动应该以国家利益作为行动准则。但这并不意味着政府的一切实际的经济活动都符合这一准则，因为经济建设的指导思想端正与否以及经济体制的合理与否关系到政府的经济活动能否符合于国家利益。

从企业这个层次来看，公有制基础上的企业的一切经济活动应该以国家利益和集体利益作为行为准则。但这并不意味着企业的一切实际的经济活动都符合这一准则，因为企业经营思想端正与否以及国家与企业之间的关系合理与否关系到企业的经济活动能否符合于国家利益和集体利益。

从个人这个层次来看，个人行为准则不可能只受个人因素的影响，如果那样的话，个人的社会责任感，或个人对国家利益、集体利益的认识和维护就不包括在个人行为准则之内，个人的一切经济活动会变成仅仅受个人的因素影响的活动。这显然无法表明个人在经济活动中"应该如何去做"或"应该做什么"。另一方面，如果认为个人行为准则仅仅受公共因素的影响，那也是片面的，因为要使个人在经济活动中有主动性、积极性，必须考虑个人在经济活动中所得到的好处，不能离开这种利益关系去规定个人"应该如何去做"或"应该做什么"。

三、社会规范问题的提出

尽管个人行为准则要受到个人因素和公共因素的共同影响,但对其中的个人因素究竟应该如何理解?能不能认为个人利益是没有任何界限或不需要任何界限的?这样,我们就触到社会主义的社会规范这一重要的问题。

社会规范是指社会主义社会的各个成员在一切行动和生活中都应当遵守的原则。个人根据自己的兴趣、爱好或出于自己的追求利益的动机,可以有各种不同的行为和生活方式,但这些行为和生活方式要符合于社会规范,否则对社会是不利的,归根到底对个人也是不利的。比如说,个人为了增加货币收入,可以多提供劳动的数量和质量,可以选择自己认为合适的资产形式,包括从事直接的生产经营。又如,个人为了满足自己的兴趣和爱好,可以自行安排消费支出,可以自行支配闲暇,等等。但社会是由无数个个人组成的,所以具有重要意义的是,一个人的个人利益或个人利益目标的实现是不是以损害其他人的利益或其他人的利益目标的实现为条件。如果其间确实存在着损害的问题,那就要探讨个人目标及其实现方式的合理性了。对某一个人来说是合理的,并不一定对社会上的其他人也是合理的。在这里,判断个人行为的合理性的标准只能是社会规范,即人人都应当遵守的原则。如果个人行为不符合社会规范,或者说,如果个人目标及其实现方式违背了人人都应当遵守的原则,那么它们就应当受到约束。因此社会规范也就成了对社会上某些人的经济行为(包括消费行为和投资行为)的一种实际的限制。

四、个人经济行为评价标准

由于个人经济行为要受到个人因素和公共因素的共同影响,个人行为准则是个人因素和公共因素共同影响之下的行为准则,以及由于在个人因素影响下的个人经济行为要受到社会规范的实际的限制,于是就提出了社会主义社会中对个人经济行为的评价标准问题。

个人经济行为的评价标准并不是指在对个人经济行为进行评价时要采用两套标准,即一套是公共利益标准,一套是个人利益标准。这种看法是不对的。个人经济行为评价标准是指:在社会主义社会中,在个人利益、个人兴趣与爱好之上,存在着一种代表着社会的意志与要求的东西,即社会上人人应当遵守的原则,它就是社会规范。社会规范是公共利益的体现。受公共因素影响的个人经济行为固然要用社会规范来衡量,受个人因素影响的个人经济行为也应当受到社会规范的限制。因此,个人经济行为评价标准是指:在符合于社会规范的前提下,个人可以根据自己的利益从事经济活动,也可以从个人兴趣和爱好出发来安排收入、支出、闲暇,等等。不同的社会成员之间在个人经济行为方面存在着差异,是正常的现象。只要不违背社会规范,它们都是合理的,从而完全有理由存在。

五、个人经济行为评价标准的检验

个人经济行为是否符合于社会规范这一点,能否得到检验?如果检验问题不能得到解决,那么就无法用社会规范作为对个人经济行为的一种实际的限制,以致任何个人都有可能把自己的任何经济行为说成是符合社会规范的,这样,或者把个人利益或个人目标作为唯一判断标准,或者形成两套彼此独立、互不发生关系的评价标准,即某些行为由个人利益或个人目标来衡量,另一些行为则由公共利益或公共目标来衡量。那样一来,社会主义社会中的个人经济行为评价标准也就失去了意义。

个人经济行为评价标准的检验问题从理论上说是可以解决的。关键在于首先确定社会规范的内容,并判明所确定的社会规范是代表社会上大多数成员的意志和要求的。其次,要衡量个人因素影响下的个人经济行为(包括消费行为和投资行为)是否符合于所确定的社会规范,如果符合的话,那就表明个人经济行为是合理的,如果不符合,则表明了个人经济行为是不合理的。

但理论上可以解决并不等于实际检验中不会遇到困难,主要困难有:

第一,社会规范内容不易确定,这是因为社会规范应当代表大多数成员的意志和要求,而在一些具体的领域内,要判明社会规范是否真的代表了大多数成员的意志和要求,却是一个难题。在以下两章中将探讨的收入分配以及个人收入之间的差距,就是一个例子。通过对收入分配的分析,我们将会看到社会规范内容的确定明显地存在着困难。

第二,用所确定的社会规范来衡量个人经济行为与之是否相符,也不是没有困难的。即使在社会规范的内容已被确定之后,在一些具体的领域内,由于个人经济行为的后果可能是立即反映出来的,也可能需要有较大的时间间隔才能得到反映,或者,个人经济行为对社会的直接影响和对社会的间接影响之间存在着某种不一致,因而,究竟怎样检验个人经济行为与所确定的社会规范相符还是不相符,就是一个需要认真对待的难题。看来,只有把个人经济行为的短期效应和长期效应结合起来考察,只有区别这一行为对社会的直接影响和间接影响并把二者统一,才能在检验这种个人经济行为与所确定的社会规范之间的相符程度方面有所进展。

第三,个人经济行为评价标准的检验中还存在一个困难,这就是:即使确定了社会规范的内容,即使把个人经济行为的短期效应与长期效应、对社会的直接影响与对社会的间接影响结合起来考察,并能用以判断个人经济行为与社会规范之间是否相符,但在个人经济行为与社会规范并不相符时,二者不符合的程度能不能检验呢?个人经济行为与社会规范之间不符合程度的确定之所以是难题,主要是由于个人经济行为与社会规范之间的不符合程度,至今仍难以通过某种指标体系的设置而以数量形式表现出来。这是一个有待于继续研究的项目。

第十五章　收入分配和收入调节

第一节　给定经济体制前提下
个人收入的差距

一、个人收入的来源和性质

在给定的经济体制前提之下,关于个人的收入,已在第九章中作了分析。在那里曾列出个人收入的六个来源,即劳动收入、经营收入、租金收入、利息收入、福利性收入、其他收入。在第十章中,我们先把个人生产经营收入(指净收入)分解为相应工资收入、相应利息收入或生产资料租赁收入、相应经营管理劳动报酬、相应保险费用四项,接着,再按这四项收入的性质把它们归结为两类,一类是个人直接生产经营时的必要劳动价值(包括相应工资收入、相应经营管理劳动报酬、相应收入保险费用),另一类是个人资产收入(包括相应利息收入或相应生产资料租赁收入)。这样,可以把社会主义社会中的个人收入分为以下三项:

1. 个人劳动收入(即相当于个人的必要劳动价值的收入,包括个人直接生产经营时相当于必要劳动价值的收入);

2. 个人资产收入,或称个人财产收入(包括租金收入、利息

收入以及个人直接生产经营时的相应利息收入或相应生产资料租赁收入);

3. 个人的福利性收入(如个人得到的生活补助金、救济金以及个人其他福利性收入)。

至于个人收入中的其他项目,如个人从保险公司得到的收入、个人从物资回收部门得到的收入、个人之间的转移收入,或者可以按其性质归入上述三项中的某一项,或者可以略去不计,因为这种省略并不妨碍本章所要展开的主题的讨论。

二、个人劳动收入的差距

在社会主义社会中,劳动者按各自提供的劳动数量和质量,取得个人的劳动收入。但由于人们的劳动能力不同,在一定的劳动时间内提供的劳动数量和质量不同,所以按劳动数量和质量所得到的个人劳动收入也必定有多有少。个人劳动收入之间的差距的存在是不可避免的。

然而,在给定的经济体制前提之下,个人劳动收入之间的差距并非完全来自各人所提供的劳动数量和质量的区别,它们还与劳动者所在的生产单位的性质与条件有关:

1. 全民所有制企业和集体所有制企业的职工,虽然都是在公有制的生产单位中工作,但由于前者生产的产品归全民所有,后者生产的产品归职工各自所在的集体所有,不可能在全民范围进行分配,这就使得不同所有制的企业中的劳动者即使提供同等的劳动数量和质量,个人劳动收入的数额也不可能是相等的。由于全民所有制企业独立核算,各自生产经营状况的差别也会造成不同企业的职工在提供同等劳动数量和质量的情况下不可能取得相等的个人劳动收入。

2. 个人劳动收入之间的差距还由于企业工资支付的具体形式的不同而存在。企业工资支付可以采取计时工资形式,也可以采取计件工资形式。计时工资按一定的工资等级的工资标准支付,计件工资则按劳动者完成的一定质量的产品数量或工作量支付。计时工资反映了劳动者的技术水平和劳动熟练程度,但它并不反映劳动者在一定时间内实际提供的劳动量,而以劳动者可能完成的劳动量来支付。计件工资虽然反映了劳动者在一定时间内实际提供的劳动量,但这与劳动者的工作环境、工作条件有密切关系。这样,由于工资支付的具体形式不同,即使劳动者实际付出的劳动量相同,但不一定取得相等的个人劳动收入。

3. 个人劳动收入中还包括奖金收入。一般说来,奖金是劳动者提供了超额的劳动数量或高于正常状态的劳动质量而得到的收入。但劳动者个人能否取得奖金收入或究竟能够取得多少奖金收入,这不仅与劳动者提供的劳动数量和质量有关,也与劳动者的工作环境、工作条件有关。所以个人之间在奖金收入方面无疑会存在着差距。

4. 此外,个人劳动收入中也包括了劳动津贴收入(如井下津贴、野外津贴、高温津贴、夜班津贴、保健津贴等)。劳动津贴同样是一种辅助的工资形式,它是对在特殊条件下工作的劳动者的补充性的报酬。由于各人工作环境、工作条件不同,所以只有一部分劳动者能得到某种劳动津贴,而且这些劳动者之间在劳动津贴方面的差距也是必然的。

三、个人资产收入的差距

个人参加社会集资、个人直接从事生产经营、个人购买并出租房屋和其他建筑物、个人银行存款等，经过一定时间后，都有可能使个人收入增加，由此得到的收入被称为个人资产收入。当然，某些个人资产形式（尤其是个人直接从事生产经营），也有可能使个人得不到追加的收入，甚至会使个人资产本身的价值减少。但这并不影响我们对个人资产收入的差距进行分析。

社会主义社会中的个人资产收入的多少，除与作为个人资产来源的个人储蓄数额大小有关而外，还同以下四个条件有关。

1. 个人的经营能力大小。这里包括：个人对资产经营管理能力以及个人直接从事生产经营的能力大小，个人对价格变动和净收入变动的预期同实际情况的符合程度等。

2. 物价、利息率、租金率等的变动情况。

3. 税收的变动情况。

4. 个人直接生产经营时的条件，包括原材料供应、动力供应、交通运输状况、仓储状况、信贷条件等。

尽管第2、3、4条件不是由个人决定的，但个人是否注意到这些条件及其变动趋势，以及个人是否善于利用这些条件，仍能影响自己的资产收入数额。以上在分析个人资产收入时，假定个人的一切生产经营活动都以遵守有关的法律、规章制度为前提，从而不把违背法律、规章制度而取得较多个人收入的事例包括在内，尽管社会主义社会中确实存在着这样的事例。

总之，由于个人储蓄不相等，个人对资产形式选择的决策能力、个人经营能力、个人对直接生产经营的条件的利用能力也不相等,因此,即使其他条件对每一个人来说是相同的,个人资产收入的差距仍然不可避免地存在着。

四、个人的福利性收入的差距

个人的福利性收入包括个人所得到的福利性质的各种生活补助金、救济金以及其他福利性收入。个人的福利性收入可能表现为货币收入形式,也可能表现为实物形式,还可能表现为消费支出的节省,但实物形式的福利性收入可以折算为货币收入,消费支出的节省也可以折算为货币收入的增加。这样,个人的福利性收入的差距最终仍以货币收入的差距表现出来。

在给定的经济体制前提下,个人的福利性收入或者来自财政部门,或者来自个人所在的工作单位,或者来自社会福利团体。如果个人福利性收入来自各个生产单位的税后利润,它们是国民收入初次分配的结果;如果个人的福利性收入来自非生产部门各单位的收入,来自财政部门,或来自社会福利团体,它们是国民收入再分配的结果。从个人福利性收入的上述不同来源,可以了解到个人福利性收入之间之所以存在着差距,原因主要在于:

1. 各个生产单位的税后利润不相等,福利基金不相等,从而个人可能得到的福利性收入也不相等。

2. 某些福利支出是非普遍性的。例如,有的只限于低收入家庭取得,有的只限于符合特定条件的家庭取得(如独生子女的补助),等等。这样也就形成了个人福利性收入的差距。

3. 某些福利支出虽然是普遍性的或在一定范围内具有普遍性(如公费医疗,国家或集体对某些公共服务业的补贴),但人们只能根据自己的实际情况取得有关的福利性收入。例如，患病者与不患病者相比，有子女就托于国家或集体举办的托儿所的家庭与没有子女就托于国家或集体举办的托儿所的家庭相比，居住于国家或集体的宿舍的家庭与未居住于国家或集体的宿舍的家庭相比，都将得到较多的个人福利性收入。

4. 与福利支出有关的各种规章制度。如果对于福利支出的标准和取得个人福利性支出的条件有所变动，那也会影响个人福利性支出之间的差距。

第二节　给定经济体制前提下对个人收入的调节

一、收入调节的含义

这里所讨论的收入调节是指社会主义社会中个人收入的再分配。换言之，收入调节就是国家、集体或社会团体通过各种方式进行的个人收入再分配。

收入调节不仅包括给予个人的某种收入补助，还包括对个人的收入的某种扣除。这是因为，既然收入调节是个人收入再分配，那就需要从一些人（在某些场合是大多数甚至全体居民）那里取走一部分收入，再给予一些人（在某些场合是大多数甚至全体居民）一定的收入。只有这样来理解收入调节，才是全面的。

在本书第九章第一节已经对个人可支配收入作了表述。个人可支配收入就是个人收入中减去个人纳税后的余额，而个人

收入的来源中就包括了个人福利性收入这一项。按照第九章的表述,个人收入与个人可支配收入之间的关系如下(见图 15.1):

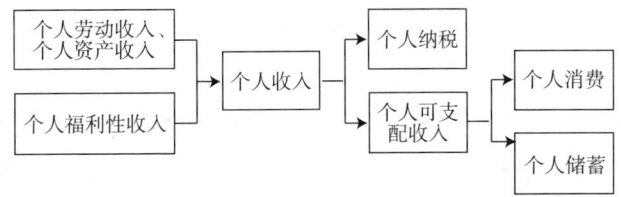

图 15.1

现在,从收入调节的角度来进行分析,个人可支配收入则是这样形成的(见图 15.2):

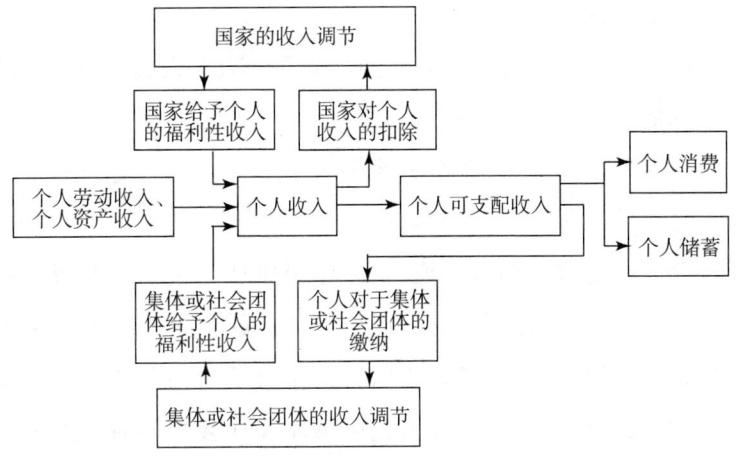

图 15.2

图 15.2 中,国家对个人收入的扣除就是个人纳税,个人纳税后的余额被称为个人可支配收入。至于个人对于集体或社会团体的缴纳,其性质与个人纳税不同,它们是从个人可支配收入中支付的。它们可以被看成是个人消费的一部分,或被看成是个人储蓄的一部分。

二、国家、集体和社会团体收入调节的比较

无论是国家的收入调节还是集体或社会团体的收入调节，其中既有来自个人收入的部分，又有进入个人收入的部分。但必须注意到国家的收入调节同集体或社会团体的收入调节的下述区别，即国家的收入调节中来自个人收入的部分是指个人的纳税，纳税是公民的义务，是强制性的个人收入扣除。集体或社会团体的收入调节中来自个人收入的部分，是指个人对集体或社会团体的缴纳，它们是按照个人自愿参加的集体或社会团体的章程缴纳的一定的费用。

收入调节中来自个人收入的部分同进入个人收入的部分是不对称的。这种不对称有两层含义。

（一）个人能否得到福利性收入不一定以个人是否缴纳作为条件

以国家的收入调节来说，个人将根据规定缴纳个人所得税等。但纳税有一定的起征点，低于起征点的个人不必缴纳个人所得税等，但只要他们符合于取得国家给予的福利性收入的条件，他们就可以取得这种收入。以集体或社会团体的收入调节来说，在某些场合，个人不必有任何缴纳，就能取得个人所在单位或某种社会福利性的群众组织给予的福利性收入；在另一些场合，按照个人自愿参加的集体或社会团体的章程的规定，个人要取得福利性收入，应以个人事先缴纳一定的费用为前提，但即使如此，这也是不对称的，因为个人缴纳费用这一点，并不保证每一个缴纳了费用的人一定能得到同等数额的福利性收入。缴纳费用者究竟能得到多少福利性收入，甚至是否会得到福利性

收入,要根据集体或社会团体的章程和每一个人的具体情况而定。

(二)从数量上说,收入调节中来自个人收入的部分同进入个人收入的部分不是对称的

国家给予个人的福利性收入来自国家财政收入,个人纳税收入只是税收总额的一部分。国家并不一定按照个人纳税的数量来决定个人福利性收入的数量。国家在这方面统筹安排,在必要的情况下,可以使给予个人的福利性收入大于个人纳税数量。在集体或社会团体的收入调节中,情况同样如此。有时,个人不必有任何缴纳就能取得个人所在单位或某种社会福利性的群众组织给予的福利性收入,这些单位或组织是利用自己的基金或其他收入来安排福利支出的。有时,个人需要事先缴纳一定的费用,但这只是作为这种情况下个人得到福利性收入的条件,而并非表明这些单位或组织唯一地依靠个人缴纳的费用作为福利支出,它们在安排福利支出时也可能利用自己的基金或其他收入。

三、收入调节的必要性

在社会主义社会中,在给定的经济体制的前提下,收入调节是不是必要?如果说有此必要,那么能不能只由集体和社会团体来从事收入调节,而国家则不必对个人的收入进行再分配?

如上所述,在个人收入的项目中,撇开个人福利性收入不谈,无论是个人劳动收入还是个人资产收入,个人之间的差距都是客观存在的。抹杀这种差距固然不利于社会主义经济,但如果个人收入之间差距过大,也不利于社会的安定。

要知道，既然个人劳动收入的差距并非完全来自各人所提供的劳动数量和质量的区别，而与各人所在的生产单位的性质与条件有关，个人资产收入的差距也并非完全来自个人储蓄和个人经营能力的区别，而与物价、信贷条件、生产资料供应情况等有关，那么通过一定的方式使个人收入之间的差距缩小，并不是没有根据的。更为重要的是，由于个人资产收入中包括了个人直接生产经营收入，而个人直接生产经营收入又可以继续转化为个人的投资，这样，在不进行收入调节的情形下，个人资产收入将会通过收入与投资之间的转化而不断增长，从而个人收入之间的差距将有扩大的趋势。这对社会的安定是不利的。

另一方面，在社会主义社会中，由于种种原因，也必然会有一些家庭的收入偏低。对于收入偏低的家庭，如果通过收入调节的方式使他们得到一定的福利性收入，这也将有利于社会的安定。

虽然收入调节可以由集体和社会团体来进行，但这并不意味着不必由国家来从事收入的调节。这是因为，向个人收入征税作为收入调节手段，是有效的；只有国家才能够运用这种手段，集体和社会团体都不可能采取这种手段。

四、收入调节的限度

收入调节的必要性是指从个人那里取走一部分收入的必要性和给予个人一定的福利性收入的必要性。收入调节的限度同样包括了这样两个方面，即从个人那里取走的收入的限度和给予个人的福利性收入的限度。

1. 从个人那里取走的收入应当有某种限度。如果国家向个人收入征税超过了这种限度,或者会挫伤个人劳动的积极性,或者会挫伤个人从事储蓄和投资(包括个人直接生产经营等)的积极性,这样也就不利于社会主义经济的发展。如果集体和社会团体是以个人事先缴纳一定的费用作为取得福利性收入的条件的,那么这种费用的多少也应适当,过高的缴纳会阻碍个人自愿参加该种社会福利性的群众组织,从而达不到增加个人(特别是低收入家庭)生活保障感的目的。

2. 给予个人的福利性收入同样应当有某种限度。无论是国家还是集体和社会团体,都应当考虑到自己的财力负担问题。假定福利支出超过了财力所能负担的限度,那么这种福利支出必然是无法长期维持下去的。不仅如此,对于社会主义社会中的个人来说,福利性收入只是补充性收入,个人劳动收入始终是基本的收入。个人福利性收入超过某种限度之后,既有可能使得某些人在生活上对国家、集体或社会团体的依赖思想有所滋长,而且还有可能降低他们的工作积极性,这也肯定不利于社会主义经济的发展。尤其应当考虑到,福利支出往往具有不可逆性:福利支出一旦增加以后,就难以再减少,否则会引起原来得到福利性收入的人们的不满。因此,给予个人福利性收入固然必要,但应当慎重行事,不宜随意增长,而且即使增长,也应当维持在某种限度之内。

五、国家调节个人收入的其他方式

国家对个人收入的调节有两种基本方式:一是国家向个人收入征税,二是国家给予个人福利性收入。事实上,国家还可以运用其他方式来调节个人收入,并且其他方式也各具特点和适用范围，我们不应当忽视它们。国家调节个人收入的其他方式包括：

（一）国家在制定劳动报酬标准和级差时，可以把收入调节因素考虑在内

这就是说，在给定的经济体制前提下，一方面要认真贯彻按劳分配原则，消除平均主义，以调动劳动者的积极性，另一方面也要使劳动报酬标准合理和级差适当。在社会主义社会中，复杂劳动者的劳动收入是应当高于简单劳动者的劳动收入的，但考虑到他们的文化技术水平的提高不仅有赖于个人的努力，而且在相当大的程度上有赖于环境的作用，尤其是有赖于社会所提供的文化教育设施和为此支付的费用，因此，提供复杂劳动的人有责任为社会提供较高的劳动质量，作出较大的贡献。他们的劳动收入与简单劳动者的劳动收入之比不应当等于复杂劳动与简单劳动之比，更不应当大于复杂劳动与简单劳动之比，而应当适当地小于复杂劳动与简单劳动之比。以这种方式来调节个人收入，既有理论上的依据，在实践中也是有利于协调经济和社会的发展的。

（二）国家可以运用信贷手段来调节个人收入

例如，考虑到某些直接生产经营者（如承包户、专业户、个体户）的资金力量较薄弱，从而他们的个人收入（其中包括个人劳动收入和个人资产收入）水平较低，国家就可以在信贷方面给以适当的优惠，以提高他们的收入。又如，国家还可以采取调整利息率的方式来影响个人资产形式的选择，从而起到调节个人资产收入的作用。

（三）调整某些商品的价格也是调节个人收入的一种方式

价格变动对个人收入(包括劳动收入和资产收入)的影响是多方面的①,例如：

1. 如果国家把一些原来属于限制性市场上的商品改变为属于非限制性市场上的商品,或者把一些原来属于非限制性市场上的商品改变为属于限制性市场上的商品,这就会影响到有关商品的供求和价格,进而影响到生产这些商品的企业的收益和税后利润数额,再进而影响到在这些企业中工作的劳动者的个人收入。与此相似的是,有关商品供求和价格的变动也会影响直接从事生产经营的个人的收入。

2. 如果国家对消费品价格结构进行调整,这将影响个人实际收入之间的差额。这是因为,如果生活必需品价格不变,非生活必需品价格上升了,那么这对低收入家庭的实际收入的影响小于对高收入家庭的实际收入的影响,从而使个人实际收入方面的差距缩小;如果非生活必需品价格不变、生活必需品价格上升了,那么这对低收入家庭的实际收入的影响大于对高收入家庭的实际收入的影响,从而使个人实际收入方面的差距扩大;如果生活必需品价格不变而非生活必需品价格下降,或非生活必需品价格不变、生活必需品价格下降,则对低收入家庭和高收入家庭的实际收入的影响恰恰相反,从而个人实际收入方面的差距的变动情况也恰恰相反。

3. 如果国家对保值商品、商品房屋的价格进行调整,则会影响个人资产形式的选择,从而影响个人资产收入。

4. 如果国家对生产资料价格进行调整,则一方面会影响企

---

① 通过价格变动来调节个人的收入,不如采取财政、信贷方式那样适用。除非在十分必要的场合,一般不宜采取价格调节手段。关于这一点,第十一章已有说明。

业的收益和税后利润数额,从而影响到在这些企业中工作的劳动者的个人收入,另一方面会对直接从事生产经营的个人发生影响,或者使他们的个人收入直接受到影响,或者会使他们重新考虑资产形式的选择,进而影响其个人收入。

(四)收入调节——旨在协调经济和社会发展的调节

以上谈到了国家可以用以调节个人收入的税收、劳动报酬标准和级差、信贷、价格以及给予个人福利性收入等方式。应当认识到,这里所谈的调节,同本书第十一章中所谈到的调节,存在着一个重要的区别。第十一章在谈到调节时,是从社会总需求和社会总供给平衡、各个经济部门和各种产品的供求结构相互适应以及宏观经济与微观经济协调的角度着眼的,因此,主要是从消费、储蓄、投资之间的关系出发来进行经济的调节。如果说在那种情况下也涉及个人收入问题的话,那么这只涉及个人收入变动同消费、储蓄、投资之间的关系的问题,而不涉及个人收入分配的差距的调节。本章的着眼点有所不同。本章所要考察的,是如何通过经济调节,一方面保证低收入家庭的收入不至过低,另一方面使社会上各个人的收入差距不至过大。这是一种旨在协调经济和社会发展的调节,它的含义要比第十一章所讨论的经济调节的含义广泛。

第三节　关于非按劳分配收入的进一步考察

一、非按劳分配收入的性质

个人直接生产经营的收入中,有相当于个人直接生产经营时的必要劳动价值的部分,也有相当于利息收入、股息收入的部分。相当于个人直接生产经营时的必要劳动价值部分的收入,是劳动收入。相当于利息收入、股息收入部分的收入,则是资产收入,不属于按劳分配范畴。

在社会主义社会中,个人把货币收入存入银行,取得一定的利息。虽然这是一种个人资产收入,但由于储蓄有利于社会主义经济建设,因此个人所得到的一定的利息是对个人这种储蓄行为的物质鼓励,也是对延期的个人消费的一种补偿。同样的道理,如果个人持有一笔现金,参加社会集资,如购买企业股票、债券等,并由此取得股息、利息,这些收入在性质上与个人因储蓄行为而得到的利息收入是相同的。从这个角度来看,个人因参加社会集资而取得的利息收入、股息收入可以称为正常的个人资产收入。

个人直接从事生产经营时,在个人不雇工,或即使有少量雇工,但本人仍然是主要劳动力的情况下,尽管其所取得的各项收入中的非个人劳动收入部分不属于按劳分配范畴,但它们基本上与社会主义社会中的社会集资收入相似。至于这些收入中的个人劳动收入部分(包括相应的工资收入和相应的管理报酬),即使数额较大,也应属于按劳分配范畴。如果个人直接从事生产经营,雇工人数较多,这时个人所取得的净收入中,在扣除了个人劳动收入和相当于利息收入、股息收入的部分之后,还有多余部分的收入,这个多余部分的收入不属于按劳分配范畴,可以把它们称为非正常的个人资产收入。

这样,从个人收入的性质上,可以把社会主义社会中的个人收入(不包括福利性收入)作如图15.3的划分:

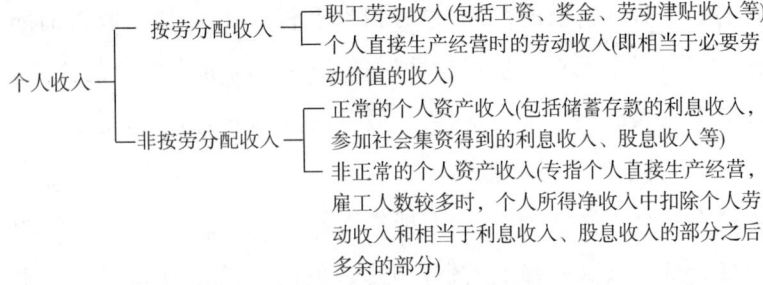

图 15.3

二、对非正常的个人资产收入的调节

（一）对非正常的个人资产收入调节问题的提出

在社会主义社会的个人收入中，按劳分配收入是主要的，非按劳分配收入是次要的。在非按劳分配收入中，正常的个人资产收入是主要的，非正常的个人资产收入又是次要的。但只要给定的经济体制前提下容许个人在直接从事生产经营时可以雇工，那么在雇工较多、本人事实上已经不是主要劳动力时，不可避免地会存在着非正常的个人资产收入。

前面在分析个人直接生产经营的净收入时，曾把它分解为以下四个部分，即相应的工资收入、相应的利息收入或生产资料租赁收入、相应的经营管理劳动报酬、风险代价或相应的保险费用。非正常的个人资产收入处于这四部分以外。如果说直接生产经营者的个人劳动收入相当于必要劳动价值的部分，个人资产收入归根到底是由剩余构成的，那么可以这样认为：个人直接生产经营时的正常的个人资产收入，或者是直接生产经营者本人在劳动中创造出来的剩余，或者是因个人提供了资金或生产资料而得到的相应利息收入或生产资料租赁收入，它们是社会创造的剩余的一部分,是以类似于对这些直接生产经营者的物质鼓励或物质补偿的形式出现的。至于个人直接生产经营的净收入中的非正常个人资产收入,虽然它们也是一种剩余,但却是个人在直接生产经营时所雇用的劳动者创造出来的。因此,直接生产经营者得到这些收入,实际上就是占有所雇用的劳动者创造的剩余。如果在给定的经济体制前提下容许出现这种情况(或者说,容许在某些特定的场合存在这种情况),那么国家对个人收入的调节中,一个重要的内容将是以税收方式来扣除非正常的个人资产收入的一定份额。

国家通过税收而进行的对非正常的个人资产收入的调节,在性质上与国家通过税收而进行的对个人劳动收入的调节和对正常的个人资产收入的调节有重要的区别。这是因为,国家之所以用税收方式从超过一定数额的个人劳动收入和正常的个人资产收入中扣除一部分,主要是为了避免个人收入差距过大。国家以税收方式来扣除非正常的个人资产收入的一定份额,则除了避免个人收入差距过大而外,还由于这种非正常的个人资产收入实际上是对所雇用的劳动者创造出来的剩余的占有,因此,国家有理由得到其中的一定份额,使之归于全体人民。国家所进行的这种收入调节是与国家作为全体人民利益的代表这一点相称的。根据社会主义制度的性质,即使在一定条件下和一定时期内容许非正常的个人资产收入存在,也必须使这种收入在数量上受到限制,避免任何直接生产经营者较多地占有所雇用的劳动者创造的剩余。

(二)对非正常的个人资产收入调节的限度和方式

如果在给定的经济体制前提下根本不容许非正常的个人资

产收入存在(如法律规定个人直接生产经营时本人必须是主要劳动力,不得雇工或只能有极少量的雇工),从而个人占有所雇用的劳动者创造出来的剩余这一行为本身就是违法的,那么这里就谈不到采取税收调节来扣除其一定份额的问题,而可以采取行政或法律手段没收这种违法的收入。如果在给定的经济体制前提下容许非正常的个人资产收入存在,那么这必定是出于某种考虑,认为这样做对于社会主义经济是有某种好处的,从而对非正常的个人资产收入的税收调节就需要有一个限度,即应当让得到非正常的个人资产收入的直接生产经营者在纳税之后仍保留一定的收入。

在对个人收入的税收调节中,累进税制是比较有效的。为了防止社会上个人收入之间的差距过大,对个人劳动收入和正常的个人资产收入固然需要采取累进的征税方式,对非正常的个人资产收入实行累进税制也许效果更加显著。如果非正常的个人资产收入超过某一限度之后,税率达到了几乎把限额以上的全部收入归于全体人民的高度,那么个人在直接生产经营中雇工时也就必须考虑到税率的高度,而对自己的雇工数额有所限制。

三、正常的与非正常的个人资产收入之间的界限

正常的个人资产收入和非正常的个人资产收入之间的界限不容易确定。这是因为,在个人直接生产经营时,如果本人主持经营管理,参加劳动,究竟雇工人数多少才使自己不再成为主要劳动力,在理论上和实际工作中都难以作出准确的判断。只有根据不同的行业、不同的生产技术水平、不同的地区以及直接从

事生产经营者和所雇用的劳动者的具体情况,再通过劳动量或产量、产值的计算,才能对雇工人数的限额有一个概略的了解。

然而,即使我们大体上了解到雇工人数的限额所在,仍然不等于掌握了正常的个人资产收入和非正常的个人资产收入之间的界限。如果直接生产经营者完全依靠本人的劳动进行生产经营(即不雇任何劳动者),那么我们可以确定他在直接生产经营时的净收入中只包括个人劳动收入和正常的个人资产收入。如果直接生产经营者本人完全不参加劳动(包括经营管理劳动),也没有垫支资金去购买生产资料,整个生产经营全靠雇用的劳动者来承担,后者所使用的生产资料是自备的,那么我们可以确定他的净收入完全是非正常的个人资产收入。问题是:介于这二者之间的情况是较复杂的。例如,

1. 一个直接生产经营者,本人是主要劳动力,雇工人数很少,这时,他的净收入中除了有个人劳动收入和正常的个人资产收入而外,不是也有一部分(即使是少量的)是非正常的个人资产收入么?他不也在某种程度上(即使是在较小的程度上)占有所雇用的劳动者创造出来的剩余么?

2. 一个直接生产经营者,本人参加劳动或经营管理但并非主要劳动力,而雇工人数较多,这时,他的净收入中除了有非正常的个人资产收入而外,不是也有一部分(即使是少量的)是个人劳动收入和正常的个人资产收入么?他不也应当得到自己那一份必要劳动的价值么?

3. 一个直接生产经营者,本人不参加劳动,但雇工也很少(也许只雇了一个帮手),他的净收入的性质究竟是什么呢?

4. 一个直接生产经营者,本人不参加劳动,雇工人数较多,

但本人却垫支了资金购买生产资料,这时,我们可以确定他的净收入是非正常的个人资产收入。但是,假定他不垫支资金去购买生产资料,而把这笔钱存入银行,是能取得利息收入的,因此,能不能认为这个直接生产经营者的净收入中,除了非正常的个人资产收入以外,也有一部分(即使是少量的)是相当于利息收入或生产资料租赁收入的正常个人资产收入呢?

四、个人劳动收入中非按劳分配因素带来的部分追加收入

在给定的经济体制前提下,某些按劳分配收入中可能含有非按劳分配的因素所带来的追加收入。这正反映了社会主义商品经济条件下按劳分配收入的特点。

下面,分三种不同情况来进行阐述。

第一种情况:在职工的工资和奖金同企业的净产值或利润相联系的场合,由于各个企业的生产技术装备水平不同,并且由于各个企业的产品并非全都在非限制性市场上按统一价格销售,这样,不同企业的职工的工资和奖金收入并不唯一地取决于职工所提供的劳动的数量和质量。生产技术装备相对地较好、产品主要在非限制性市场上销售、产品出售时价格水平较高的企业的职工,可以得到相对地较多的工资收入和奖金收入。在这种情况下,职工的工资和奖金收入中含有非按劳分配的因素所带来的一部分收入。

第二种情况:在个人直接生产经营时,个人得到的净收入中有个人参加劳动而理应取得的劳动收入。但由于个人直接生产经营是在商品经济环境中进行的,直接生产经营者净收入的多

少与他所出售的产品的价格水平有关,因此,生产不同产品和按照不同的价格出售产品的直接生产经营者的净收入中的劳动收入部分,并不唯一地取决于本人提供的劳动的数量和质量。对某些直接生产经营者来说,他的劳动收入部分中含有价格因素所带来的追加收入,这也是非按劳分配因素起作用的结果。

第三种情况:无论是企业还是直接从事生产经营的个人,在生产经营中都不能离开一定的自然条件、资源条件。自然条件、资源条件的差异,会给不同的企业和不同的直接生产经营者带来不同的收入。这样,在生产经营中自然条件、资源条件较好的企业中工作的职工的工资和奖金收入中,就可能因此含有一部分追加的收入,它们是非按劳分配因素所带来的收入。同样的道理,在生产经营中自然条件、资源条件较好的直接生产经营者所得到的劳动收入中,也会因此含有一部分追加的收入,它们同样应当归因于非按劳分配因素的作用。

当然,这并不是说给定经济体制前提下一切按劳分配收入中全都含有非按劳分配因素带来的收入。这只是说,在一部分职工和一部分直接生产经营者的劳动收入中确实含有非按劳分配因素所带来的收入,这是给定的经济体制前提下不可避免的情况。那么,能不能使社会主义社会中的个人劳动收入成为纯而又纯的按劳分配收入呢?可以明确地指出,在社会主义商品经济中,不仅不可能做到这一点,而且如果硬要这样做,对社会主义经济是十分不利的。这是因为,假定不容许企业有权决定自己的工资奖励方式,不让职工工资和奖金同本企业的净产值、利润联系在一起,不承认生产经营中自然条件、资源条件的差异以及由此可能引起的收入差距,不容许个人直接生产经营者在市场上出售产品等,那就又回到了僵化的经济体制。结果是,尽管非按劳分配因素所带来的追加收入被取消了,但社会主义经济必定遭到巨大的损失。

对个人劳动收入中非按劳分配因素所带来的一部分追加收入,也可以采取税收方式来进行适当的调节。这种收入调节也必须有一定的限度。从调节的顺序来看,一般说来,国家的收入调节的重点应当这样排列:

1. 非按劳分配收入中非正常的个人资产收入;

2. 非按劳分配收入中正常的个人资产收入;

3. 按劳分配收入中非按劳分配因素所带来的个人劳动收入的追加部分;

4. 按劳分配收入中与个人提供的劳动数量和质量相应的劳动收入。

这种先后顺序的排列,表明了给定经济体制条件下国家对个人收入调节的轻重缓急。

第十六章 经济学中的伦理原则

第一节 收入分配的合理性问题

一、按劳分配中的平等权利和不平等权利

社会主义社会中所实行的按劳分配原则,是"按等量劳动领取等量报酬"的原则。在这里,劳动是报酬计量的尺度。在劳动这个尺度面前,各个劳动者是平等的,因此,实行按劳分配原则,表明社会主义社会中的劳动者实现了分配中的平等的权利。

然而在社会主义社会中,按劳分配对不同的劳动者来说又是不平等的权利。这是因为,各个劳动者的劳动能力不同,在相同的时间里,有些人能提供较多的劳动,另一些人却做不到这一点;为完成同一件生产任务,有些人实际投入的劳动较少,另一些人则必须投入较多的劳动。此外,各个劳动者的实际的家庭负担也不一样,因此,即使劳动者的劳动能力相同,并且他们由于提供了等量劳动而取得了等量报酬,在实际家庭负担不一样的劳动者之间仍然出现了生活水平的差距。正因为如此,按劳分配体现的平等权利同时也是一种不平等权利。

按劳分配中体现的平等权利,反映了社会主义社会中的劳动者在生产资料所有制关系上的平等地位。按劳分配中体现的不平等权利,无论在内容上还是在性质上,都根本不同于资本主义社会收入分配中的不平等权利。它的存在表明,在社会主义条件下,劳动者在个人劳动收入和生活水平方面仍然不可避免地存在着一定的差距。换言之,按劳分配中体现的平等权利是按劳分配这一社会主义收入分配原则的历史进步性的反映,而按劳分配中体现的不平等权利则是这一收入分配原则的历史局限性的反映。在社会主义历史阶段,按劳分配原则的上述进步性和局限性是结合在一起的。当前,尤其要注意的是,不能脱离社会主义社会的具体社会经济条件来看待按劳分配中的不平等权利,忽视贯彻按劳分配原则的重要意义,否则就容易回到收入分配中的平均主义老路上去。在社会主义社会中,国家、集体和社会团体之所以有必要进行收入调节,给予低收入家庭某种收入补助,这也是与考虑到按劳分配原则的历史局限性有关的。

二、现实经济中收入分配合理性问题的探讨

尽管按劳分配原则有它的历史局限性,但在给定的经济体制前提下,仍然可以用是否符合按劳分配原则作为现实经济中收入分配合理与否的依据。这就是说:符合按劳分配的,就是合理的,否则就是不合理的。

如果再作深入一步的探讨,那就会发现,这里还明显地存在三个有待于研究的问题:

第一,如果符合按劳分配的就是合理的,否则就是不合理的,那么能否确定劳动者收入绝对水平合理与否的标准?

第二,不同劳动者之间的收入差距合理程度的判断标准是什么?

第三,在给定的经济体制前提下,存在着非按劳分配收入,如果承认这种收入是合理的,难道不也存在这种收入差距合理程度的判断标准的问题么?

下面分别讨论这三个问题。

(一)判断劳动者收入绝对水平合理与否的依据

以全民所有制经济和社会主义国家机关的工作人员的劳动收入来说,究竟什么样的绝对工资水平是合理的,什么样的绝对工资水平是不合理的,这是一个难以确定的问题。何况,在社会主义社会中,远不是所有取得劳动收入的人都是全民所有制企业中的职工或社会主义国家机关的工作人员,集体所有制经济的劳动者的收入同样是劳动收入。很难为集体所有制经济中的劳动者收入与全民所有制经济中的劳动者收入从数量上确定一个统一的合理水平的标准。

从收入的性质上说,社会主义公有制条件下劳动者新创造的价值中,除了与必要产品相应的价值而外,其余的是与剩余产品相应的价值,它们之中,一部分归于国家,一部分归于集体,一部分归于劳动者本人,从而不存在归任何个人无偿占有的问题。在这种情况下,劳动者所得到的收入的绝对水平的高低与归于国家和集体的剩余产品价值绝对水平的高低直接联系在一起。既然不能认为劳动者新创造的价值"不折不扣地"全部归于劳动者本人才是合理的收入分配,那么对劳动者收入绝对水平合理与否的判断只能以下列条件为依据:

1. 归于劳动者个人收入的部分是否与必要产品数量相适应,即能否满足劳动力再生产所必需的生活支出的要求,能否保证劳动者物质和文化生活水平的不断提高。

2. 归于国家和集体的部分是否与劳动者新创造的价值中除必要产品数量价值以外所剩余的价值相适应，即是否与国家和集体保证实现劳动者的根本利益和长远利益的要求相适应。

因此，判断劳动者收入绝对水平合理与否的依据，从总的方面来说，只能是国家利益、集体利益、劳动者个人利益三者的统一。

(二) 判断不同劳动者之间的收入差距合理程度的依据

如果社会主义公有制经济中的劳动者以工资形式取得自己的劳动收入，那就很难确定究竟什么样的工资级差才是合理的。如果社会主义公有制经济中的劳动者以家庭或个人承包经营方式取得自己的劳动收入，也就更难确定个人净收入差距的合理程度。这是因为，虽然"等量劳动取得等量报酬"是按劳分配原则的体现，但其中的"等量劳动"不容易确定和换算。前面曾经提到的复杂劳动报酬与简单劳动报酬之比应当小于复杂劳动与简单劳动之比，这仍然只是规定劳动报酬级差的一个原则，并不能用以说明劳动者之间收入差距的合理程度。

对不同劳动者收入差距合理程度的判断，只能采取经济与社会相结合的方式来进行。从经济方面来看，应该认为这种差距的存在是有利于调动劳动者的生产积极性的；从社会方面来看，则应当认为这种差距的存在不能达到妨碍社会安定的程度。如果这种差距还不足以调动劳动者的生产积极性，那就说明差距还需要继续有所扩大；如果这种差距已经妨碍了社会的安定，那就说明差距已经超过了社会所能够接受的限度，只有依靠对劳动者个人收入的调节来解决这一问题。这意味着，从经济和社会两方面来看，不同劳动者之间的收入差距合理程度的确定既要从经济上考虑,也要注意到社会、文化、历史、心理等因素的作用。只有那种既有利于调动劳动者的生产积极性,又有利于保证社会安定的劳动者收入差距,才是合理的。

(三) 判断非按劳分配收入差距合理程度的依据

假定非按劳分配收入是指正常的个人资产收入而言。

判断这些收入差距合理程度的依据在原则上与判断不同劳动者之间收入差距合理程度的依据是相似的。要知道,尽管正常的个人资产收入具有对个人储蓄和把储蓄转化为投资的物质鼓励的性质,但这种差距在调动社会主义社会中的个人储蓄和把储蓄转化为投资的积极性的同时,不应达到妨碍社会安定的程度。因此,从经济和社会两方面来看,非按劳分配收入差距合理程度的确定同样要从经济上考虑,并且要注意到社会、文化、历史、心理等因素的作用。只有那种既有利于调动社会主义社会中的个人储蓄和把储蓄转化为投资的积极性,又有利于保证社会安定的非按劳分配收入差距,才是合理的。

三、非正常的个人资产收入数额限度的确定

非正常的个人资产收入是指个人在直接生产经营时可以雇工,从而个人在不同程度上占有的其他人所创造的剩余。这里所要讨论的是:非正常的个人资产收入数额既然应当有一个限度,那么这个限度如何确定? 在确定这个限度时,依然不能只从经济方面考虑。

从经济方面看,如果认为个人直接生产经营时的雇工行为对社会主义经济有某种好处,从而容许它们存在的话,那么被容许保留在直接生产经营者手中的非正常的个人资产收入数额,

不能少到使直接生产经营者不愿雇工的程度。

从社会方面看,既然非正常的个人资产收入本身有其不合理性,而得到非正常的个人资产收入的人的收入同社会上其他成员的收入之间的差距,又是一个对社会来说十分敏感的问题,是一个可能妨碍社会安定的问题,那么被容许保留在直接生产经营者手中的非正常的个人资产收入数额,不能大到足以妨碍社会安定的程度。

第二节 社会安定、平等、效率

一、收入分配合理性问题的引申

为了对社会主义社会中"平等"与"效率"之间的关系进行探讨,让我们先从社会安定与经济效率之间的关系讨论起。

在社会主义社会中,对收入差距界限的确定,从经济方面来看,涉及的是能否提高或能在多大程度上提高劳动者生产的积极性,或个人储蓄和把储蓄转化为投资的积极性。归结起来,这涉及的是能否提高或能在多大程度上提高效率的问题。从社会方面来看,在确定收入差距界限时,涉及的则是能否维持社会的安定或能在多大程度上保证社会安定的维持。

如果说一定的收入差距的存在既有利于提高经济效率,又不致妨碍社会的安定,那就同时实现了保证社会安定和提高经济效率这样两个要求。如果这两个要求中有一个未被实现,那么这样的收入差距就有待于调整。

在社会主义经济中,不仅收入分配合理性问题要用社会安

定和经济效率兼顾的观点来考察,而且对其他许多问题也要采取这样的分析方法。例如,

1. 在就业问题上,一方面应当认识到,增加就业人数,扩大就业面,对于提高每个家庭的收入水平,对于维持社会安定是有利的,但另一方面也应当考虑到,在生产资料数量并无相应增加的情况下,使每一个企业中有更多的人就业是降低劳动生产率的,也是不利于企业增加活力的。这就是说,就业固然需要扩大,但不能以牺牲经济效率作为代价。只有那种既有利于维持社会的安定,又有利于提高经济效率的就业水平,才是社会主义社会中的合理的就业水平。①

2. 在福利问题上,一方面应当认识到,福利支出的增加有增加居民的生活保障感的作用,从而有利于维持社会的安定,但另一方面也应当考虑到,即使在国家和集体的财力能够承担的情况下,如果福利支出过大,在社会主义社会中也会发生"劳动与闲暇的替代效应",使经济效率下降。同样的道理,只有那种既有利于维持社会的安定,又有利于提高经济效率的福利支出水平,才是社会主义的合理福利支出水平。

3. 假定把就业问题与福利问题统一起来考察,那么可以得出如下的看法:

从维持社会安定的角度来看,要设法扩大社会就业面,提高国内的就业率,增加福利支出,并让那些由于不称职而被企业辞退的职工通过福利部门取得一定的生活保障性的福利收入。

---

① 从这个意义上说,就业这个概念在社会主义社会中,不是指一切有劳动能力的人都到企业中工作,而是指一切有劳动能力的人都可以通过自己的劳动而取得一定的收入来源。

从提高经济效率的角度来看，不能单纯用企业增加职工的办法作为扩大社会就业的途径，应当让企业有权辞退一切不称职的职工，同时，为了防止发生"劳动与闲暇的替代效应"，福利支出不宜过大。即使为了让那些由于不称职而被企业辞退的职工能取得一定的福利收入，但福利收入也应当有一个度，否则同样会使社会的经济效率降低。

这就是兼顾社会安定和经济效率的社会主义的就业观点和福利观点。

二、平等与平均主义的原则区别

假定说社会不安定的根源在于社会的不平等，那么"平等与效率的关系"与"社会安定与经济效率的关系"是有密切联系的。但问题在于如何理解"平等"。

平等首先是指阶级的消灭，剥削制度的消灭。建立在资本主义私有制基础上的资本主义社会，不可能实现真正的平等。社会主义同资本主义的对比表明，消灭了剥削制度的社会主义社会的优越性的一个重要标志，正在于此。从另一个角度来看，平等也是指机会的平等，即在社会经济生活中，人们站在同一条起跑线上，客观上不存在对某些人的歧视。在资本主义社会中，被剥夺了生产资料的无产者不可能同资产者享有同等的机会。而在社会主义社会中，对劳动者而言，歧视是不存在的，机会是平等的。这也是社会主义社会的优越性的反映。但不管怎样，社会主义社会中的平等绝不等于收入分配的平均化。收入分配的平均化是平均主义的体现，它与按劳分配原则是相抵触的。如果说平均主义与经济效率之间确实存在此起彼落、此长彼消的关系,那是有道理的。但如果把平均主义理解为平等,从而认为社会主义社会中的平等与效率之间存在着交替的现象,那就是对平等概念的错误理解。

三、用历史的观点来理解社会主义社会中"平等与效率的关系"

脱离具体历史条件和社会生产力发展水平来讨论"平等"是没有意义的。"平等"还是"不平等",作为一种道德范畴,不可能脱离它们本身在一定历史条件下所反映的利益关系。就按劳分配来说,其中既含有平等权利,又含有不平等权利,这也就是按劳分配的历史进步性和历史局限性的表现。在现实经济生活中,必须实行按劳分配原则,并在这个前提下使人们的收入保持一定的差距,这就是现实经济中的"平等"。否则,难道把复杂劳动收入等同于简单劳动收入算是"平等"么?难道使劳动者同不劳动者有相同的收入水平算是"平等"么?显然是不能这样看问题的。我们认识到按劳分配中存在着不平等权利,这只是说,从长远来看,我们不能以实行按劳分配为满足,而并不是指当前贯彻按劳分配的措施是一种不利于"平等"的措施。

这样,无论从"平等意味着剥削制度的消灭"的层次上来理解"平等与效率的关系",还是从"在现实经济中贯彻按劳分配就是平等"的层次上来理解"平等与效率的关系",都可以认识到:社会主义社会中的"平等"不仅不是"效率"提高的障碍,而且由于这种平等调动了广大劳动者的积极性,解放了生产力,因而它有助于提高"效率"。或者说,消灭剥削制度和贯彻按劳分配原则是效率提高的前提和保证,这种意义上的"平等"正是"效率"

的源泉。由于这种"平等"关系只可能存在于社会主义公有制的环境中,因此,只有在社会主义制度下,才能产生上述"平等"与"效率"之间的关系。

四、关于"社会不安定不一定来自社会不平等"的假设

社会不平等会导致社会不安定。但社会不安定不一定来自社会的不平等。

比如说,人们生活水平先上升、后下降,即使是大上升、小下降,也会引起社会不安定,这就不涉及社会平等或不平等的问题。

又如,从收入分配差距、就业、福利等问题来看,尽管在社会经济的现实条件下,在社会主义公有制和按劳分配的基础上,社会并不是不平等的,但这并不等于说每一个社会成员从自身的收入水平与别人的收入水平的对比中,从自身的就业和福利状况与别人的就业和福利状况的对比中,都能够从社会性质的角度来认识平等的含义和平等的实际存在。在社会上,总会有一些人感到自己所得到的收入和福利同别人相比是较少的,他们也会感觉到某些人所得到的收入和福利不应当有那么多。在社会上,总会有一些人对自己的就业状况不满意。在现实生活中,某些社会成员的上述感觉的存在往往不可避免。如果有这些感觉的社会成员人数较少,并不会导致社会的不安定,但如果有这种感觉的人多了,或他们的不满程度在增长,那么这种情况将有可能发展为社会的不安定。因此可以认为,社会不安定并不一定来自社会不平等,它也可能来自一部分社会成员对"平等"的错误理解,来自他们自认为处于"不平等地位"的一种感觉,来自

他们同别人的收入的攀比,以及来自未能实现自己所指望的收入增加后的失望和不满。

在社会主义社会中,个人不仅可以有劳动收入,还可以有资产收入,甚至在个人的劳动收入中,还可能有一部分是非按劳分配因素带来的收入;至于个人的福利收入也会因个人本身的条件不同和个人所在工作单位的情况不同而有所差异。此外,在现实生活中,各个劳动者的就业状况不可能一样,有的工作单位条件较好,给的报酬较多,有的工作单位条件较差,给的报酬较少。尽管这一切并不涉及社会主义社会的实际上的平等还是不平等问题,但却有可能使一些社会成员认为自己受到了不平等的待遇。这样就会导致社会在某种程度上的不安定。

那么,应当怎样对待这种并非来自社会不平等的社会不安定呢?假定客观上确实存在着工资、福利、就业等方面明显的不合理状况,或者,客观上确实存在着对某些劳动者的歧视,使他们得不到机会的平等,那就需要纠正这种状况。但即使这种明显不合理的状况已被纠正,在社会主义社会的现实生活中,仍然需要采取以下三种对策:

第一,对社会主义社会中的"平等"概念进行正确的宣传。这种宣传有助于消除一些社会成员对"平等"的错误理解,使他们懂得现实生活中所存在的收入水平不同、就业和福利状况的差别并不意味着社会的不平等。社会上正确地理解"平等"的人越多,越有利于维持社会的安定。

第二,通过国家和集体所采取的收入调节措施,使得收入分配的差距有某种程度的缩小,但以不致妨碍经济效率的提高为限。在就业和福利问题上,国家和集体也可以采取适当的措施,以减少社会某些成员的不平等感觉。

第三,国家和集体除了可以采取直接的措施(如收入调节措施以及就业和福利方面的某些措施),还可以通过教育(包括就业前的教育和在职教育)、指导就业等方式,使某些人提高获取收入的能力和适应一定的工作岗位的要求。这不仅有助于减少他们的不平等感觉,更重要的是,从长远来看,这是提高低收入家庭成员收入水平的基本措施。

应该认识到,所有这些措施都有助于减少社会的不安定,从而有助于妥善地处理"社会安定与经济效率之间的关系"。但不应该把这些做法理解为对收入攀比、主要是工资与奖金攀比的迁就。这种迁就只会阻碍效率的提高,而且也无法达成真正的社会安定。何况工资与奖金攀比是无止境的,对一次攀比的迁就就会引起一系列新的攀比。

五、关于"经济效率不一定来自收入分配差距"的假设

以上在谈到社会安定与经济效率之间的关系时,关于经济效率的提高问题,是以经济效率来自收入分配差距这一假设作为讨论的出发点的。根据这一假设,劳动者之间在收入分配方面保持一定的差距,将促使劳动者尽可能发挥自己的主动性、积极性,从而使社会的经济效率得以提高。然而,从第十四章关于动力与利益的讨论中可以了解到,动力并非仅仅来自物质利益,劳动者的主动性、积极性也并非仅仅来自劳动者本人对收入和收入分配差距的考虑。这样,我们就有必要转入经济效率增长的源泉的分析。

经济效率之所以能够增长,除了由于物质资源本身的条件

以及劳动者具有相应的文化技术水平,能使物质资源有效地发挥作用而外,还由于劳动者发挥了自己的主动性、积极性。而劳动者之所以能发挥自己的主动性、积极性,既与按劳分配原则的贯彻有关,也可能来自劳动者的非物质利益的动机,包括劳动者对自己的工作性质的认识和责任感,等等。如果是这种情况的话,有关经济效率来自劳动者收入分配的差距的假设也就过于简单。

不仅如此,只要我们承认社会安定与经济效率之间存在着相互促进的关系,同时又认识到经济效率不一定来自收入分配差距,以及社会的不安定可能来自收入分配差距较大所引起的人们的不平等感觉,那么就能得出这样的论点:社会上收入分配差距偏大反而会阻碍经济效率的提高。这个论点与前面已经提到的社会上收入分配差距的存在有助于提高经济效率的论点是不是不一致?不能这样看问题,也不能简单地认为这两个论点中必定有一个是错误的。这两个论点都有道理,它们是互相补充的。

第三节 社会主义经济中是非善恶的评价标准

一、经济学的规范研究

同伦理学研究相结合的经济学研究,被称为经济学的规范研究。与经济学的规范研究相对的,是经济学的实证研究。

经济学的实证研究又称实证经济学,它说明经济是怎样运行的,以及它为什么这样运行。它研究"是什么"或"不是什么"的问题。经济学的规范研究又称规范经济学,它对经济的活动及其后果进行评价。它研究"应该是什么"或"不应该是什么"的问题。经济学的实证研究和经济学的规范研究是经济学研究中的两种彼此有联系但又有区别的研究方法。它们各有特点,各有使用范围,不能只肯定其中一种研究方法而否定另一种研究方法,否则就是片面的。在社会主义政治经济学研究中,可以根据所要讨论的具体的课题使用这种研究方法或那种研究方法,对某些课题则可以同时兼用两种研究方法。

二、社会主义经济中的是非善恶问题

对经济活动及其后果的评价是经济学的规范研究的任务。为此,规范经济学必须对经济活动本身及其后果的是非善恶作出判断,并进而说明哪些是"应该的"、"值得的",哪些是"不应该的"、"不值得的"。通常我们所说的经济学中的伦理原则,正是指对经济活动(包括国家和企业的经济活动以及个人的经济行为)的是非善恶作出判断的依据。在一定的社会中,人们总是从一定的立场或利益出发来评价经济活动的。立场不同,利益关系不同,对国家和企业的经济活动,以及个人的经济行为的是非善恶的评价标准显然是不一样的。这就是经济学研究同自然科学研究的一个重要区别。

经济学的伦理原则,即经济中是非善恶的判断标准问题,是进行经济学的实证研究的前提。假定通过经济学的规范研究,已经表明什么样的经济活动是应当予以肯定的,什么样的经济活动是必须予以否定的,那么在这个前提之下对它们进行经济学的实证研究将有较深刻的意义。

在社会主义政治经济学的研究中,是非善恶的判断是涉及对一种体制、一项政策、一系列经济行为的评价的问题。判断的标准究竟是什么?它并不是由经济学研究者个人的感情来决定的。经济行为的道德判断必须和实践检验统一起来,否则经济学中的伦理原则也就会变得难以捉摸。为了说明这一点,让我们用"劳动者的最大利益"作为判断社会主义经济中的是非善恶的标准,并以此来检验各种经济行为。

三、以"劳动者的最大利益"作为尺度

社会主义生产目的是尽可能满足社会主义社会成员的物质和文化生活的需要。简单地说,社会主义生产目的就是对社会主义社会成员的关心和培养,即对人的关心和培养。实现社会主义生产目的,建设高度物质文明和精神文明结合的社会主义现代化社会,是符合我国劳动者的共同愿望,从而是符合劳动者的最大利益的。因此,我们可以用"劳动者的最大利益"作为经济行为的伦理标准。也就是说,凡是符合"劳动者的最大利益"的,就是"是"或"善",不符合"劳动者的最大利益"的,就是"非"或"恶"。社会主义经济学规范研究所提出的是非善恶判断标准,只能以对劳动者最大利益的实现情况作为依据。

以社会主义社会中的收入分配问题为例。从上述标准来看,平均主义恰恰是违背劳动者最大利益的。在收入分配方面,只有克服平均主义,实行按劳分配,真正做到对国家有利,对集体有利,对劳动者个人有利,这才符合劳动者的最大利益。同样的道理,实行所谓"不折不扣的分配",把劳动者创造的价值全部

归于劳动者个人的做法,貌似符合劳动者的最大利益,实际上它和社会主义社会劳动者最大利益的实现根本不相容。

因此,在社会主义经济研究中,只有把经济行为的道德判断和实践检验统一起来,才能明确究竟什么样的经济行为是应当肯定的,什么样的经济行为则是应当否定的。

在这里,还可以用"一部分劳动者先富裕起来"这个问题作为例子。一部分劳动者通过承包制或其他经济责任制形式,使自己的收入有较大增长。与其他的劳动者相比,他们富得早,富得快。对这个问题,只能用是否符合"劳动者的最大利益"这一尺度来衡量。要知道,在社会主义商品经济条件下,劳动者在富裕程度和富裕速度上存在着差别是必然的,这正是贯彻按劳分配原则和其他各项经济政策的结果。承认差别,容许这种差别存在,让一部分劳动者先富裕起来,这将大大激发广大劳动者的生产积极性,使社会财富迅速地增长,加速社会经济的繁荣,从而有利于实现社会主义社会的发展目标。同时,一部分先富裕起来的劳动者与其他劳动者之间的关系仍然是劳动者与劳动者之间的关系。在这里并不发生一部分劳动者以牺牲另一部分劳动者的利益而富裕起来,或一部分劳动者富裕起来而另一部分劳动者日益贫困的问题。从总体上看,在社会主义公有制的环境中,劳动者之间在收入水平上的差别表现为早富裕和晚富裕的差别,是富裕程度不同的差别,这与剥削制度之下少数人致富而多数人贫困的"两极分化"现象截然不同。从这个角度来理解,给定的经济体制前提下一部分劳动者先富裕起来符合于劳动者的最大利益,从而是应当予以肯定的。

还可以举对外贸易中出口劳动密集型产品以换取发达资本

主义国家的资本—技术密集型产品为例。我们必须承认这一事实,即出口劳动密集型产品以换取资本—技术密集型产品进口的贸易活动不仅是不可避免的,而且是有利于我国社会主义经济建设的。目前我国出口劳动密集型产品,能换取资本—技术密集型产品的进口,也唯有出口劳动密集型产品,才能改变如今这种以出口劳动密集型产品、进口资本—技术密集型产品为主的对外贸易格局。如果认识到这一点,那么我们也就可以认识到,目前采取的出口劳动密集型产品的做法是符合我国劳动者的最大利益的。那些主张减少用劳动密集型产品去交换发达资本主义国家的资本—技术密集型产品,从而减少在现存国际经济秩序下遭受国际贸易中的损失的论点,从表面上看起来是在维护劳动者的利益,实际上则是不符合劳动者的最大利益的。

四、经济效率与经济中的"是非善恶"

经济效率不仅指单位时间内一定劳动或其他资源投入所取得的成果,而且指各种资源(包括人力资源和物质资源)都能得到有效的利用。与前一时期相比,投入等量的劳动或投入等量的其他资源能取得更多的成果,表明经济效率增长,否则就是经济效率降低。与前一时期相比,各种资源闲置或浪费的数量减少了,也表明经济效率增长,否则就是经济效率降低。

高效率或低效率都是同一定的生产力水平相联系的。低生产力水平条件下只可能产生低的经济效率,这本身并没有什么"是"、"非"可言。高的经济效率也往往来自高的生产力水平,这本身同样不反映"善"还是"恶"。这就是说,对经济效率的分析不能脱离与之相联系的生产力水平,而对于同相应的生产力水平相联系的经济效率高低本身是不可能也不需要直接作出伦理方面的判断的。

然而,如果联系到生产资料所有制问题,那么对这个问题将会有另一种看法。经济效率增长幅度的大小作为一个指标,可以用来反映社会主义生产资料公有制基础上生产关系同生产力性质相适应的程度,反映经济体制的合理与否。如果在社会主义制度下,生产关系同生产力性质相适应,经济体制有利于加速生产力的发展,那么这时的经济效率便可以有较快的增长,从而这种与生产力性质相适应的生产关系是"好的",这种有利于生产力加速发展的经济体制也是"好的";反之,经济效率的增长是缓慢的,从而不能适应于生产力性质的生产关系是"不好的",不利于生产力加速发展的经济体制也是"不好的"。这就是在经济效率问题上反映出来的社会主义经济中是非善恶的标准。在这里,伦理的判断与实践的检验仍然统一在一起。

由此涉及社会主义经济中经常遇到的一些实际问题。比如说,高投资率(也就是通常所说的"高积累")究竟"好"还是"不好"? 高经济增长率(也就是通常所说的"高速度")究竟"对"还是"不对"? 对这样的问题,不能简单地用一个"好"还是"不好"、"对"还是"不对"来回答。对经济行为的是非善恶的判断必须从具体情况出发,看看在哪些情况下经济效率增长幅度能够更大一些,在哪些情况下则经济效率不仅不能有所增长,甚至反而会下降。不顾我国的国情,不顾经济中的重大比例关系,不顾较长时期的经济后果,片面地追求高投资率和高经济增长率,只会阻碍经济效率的增长,对社会主义经济的正常运行不利,对社会主义社会经济发展目标的实现不利,归根到底,片面地追求高投资率和高经济增长率是不符合劳动者最大利益的。但投资率的高低和经济增长率的高低,并没有绝对的标准,也不会有一个固定不变的标准。从具体情况出发,对于提高经济效率有利的投资率,对于提高经济效率有利的经济增长率,即使它们相对说来仍是"高"的,也是应当肯定的,从而也是值得争取实现的。这才是对待投资率高低和经济增长率高低的科学态度。

推而论之,对财政收支的平衡还是不平衡、信贷收支的平衡还是不平衡、物价的上升还是不变、内债和外债的有或无,等等,都不宜简单地把这种情况称为"是",把那种情况称为"非"。财政收支平衡可能是一件好事,但也可能不是一件好事,主要应当根据它是在什么样的情况下平衡或不平衡的,它对社会主义经济的增长和发展目标的实现是利大弊小还是利少弊多来作出判断。对信贷、物价、内外债务的评价都应当按照同样的标准。离开了"劳动者的最大利益"这个尺度,这些方面的是非曲直也就无从谈起了。[1]

---

[1] 在第十八章中,将从平衡作为一种分析方法和不平衡界限的探讨着手,对这些问题进行论述。

第六篇

发展目标与发展战略

第十七章 社会主义社会经济发展目标综合体系

第一节 社会经济发展目标的综合性

一、经济发展目标

（一）以一定时期内人均总产值增量、人均国民收入增量表示的经济发展目标

一定的经济和社会发展目标（或称社会经济发展目标）是在一定的社会经济制度条件下实现的，也是根据一定的经济理论制定的。任何一个社会，都有自己的经济和社会发展目标，总希望能够尽快地实现这个目标，为此，它需要提出和制定目标，研究实现这个目标的途径，并提出和制定相应的对策。社会主义国家在自己的社会经济发展过程中，应当重视发展目标的制定和实现目标的途径的研究。社会主义的经济运行也应当以是否有利于实现所制定的经济和社会发展目标作为评价的依据。

经济和社会发展目标包括经济发展目标和社会发展目标。二者之间有着紧密的联系。社会主义的经济发展目标是指社会主义经济通过一定时期的发展所要达到的某种境界，这个目标

通常是用经济增长来表示。而一个国家的经济增长通常表现为总产值、国民收入的增长。但由于各国人口数量不同,总产值、国民收入绝对值的大小作为一国经济发展目标,不如人均总产值、人均国民收入的大小有用。因此,社会主义的经济发展目标,应当以一定时期内由某个数量的人均总产值、人均国民收入增加到某个数量的人均总产值、人均国民收入来表示,即以一定时期内的人均总产值、人均国民收入的增量来表示。

(二)总量的经济发展目标的不足

应当注意到,即使就经济发展目标而言,人均总产值、人均国民收入的增量也有不足之处。这是因为,

1. 总产值、国民收入、人均总产值、人均国民收入、人均总产值增量、人均国民收入增量,等等,都是综合性的指标、总量指标,它们不能反映产品的结构,不能反映一定时期内的总产值是由哪些产品的产值组成的,以及各种产品的产值之间的比例如何。只有以人均主要产品产量的增量作为补充,或者以国民经济中的产品结构的变动作为补充,才能弥补总量指标的不足。

2. 如果作进一步分析,那么还可以发现总产值、国民收入这些总量指标的另一个不足之处,这就是:它们只是说明一个国家在一定时期内所取得的生产方面的结果,并不反映在这段时期内,为了取得这些生产方面的结果而付出的代价,包括人力、物力的代价。经济发展目标,不仅应当用产出量或产出量增量来表示,而且要考虑到投入量或投入量增量。投入与产出之比以及投入与产出之比的变动率,可以更好地说明在一定时点上和一定时期内一国社会生产力水平的变动和经济力量的变动。

投入包括人力资源的投入和物质资源的投入。人力资源投入与产出之比反映人力资源的合理利用程度,反映劳动生产率水平;物质资源投入与产出之比反映物质资源的合理利用程度,反映资源的使用效率。包括人力资源投入和物质资源投入在内的总资源投入与产出之比,则不仅反映社会各种资源的利用情况和资源的使用效率,更重要的是它能够反映社会的剩余量的大小,以及剩余量在社会总产品中所占的比重。一国在一定时点上所达到的社会生产力水平,一国在一定时期内的社会生产力水平的提高程度,应当用剩余量的增量和剩余量在社会总产品中所占比重的变化来说明。为此,经济发展目标,除采用人均总产值增量、人均国民收入增量指标而外,还应当有反映资源投入与产出之比的各项有关的指标。

二、社会发展目标

社会主义的社会发展目标是指社会主义社会通过一定时期的发展所要达到的某种社会境界。总的说来,社会发展目标以一定时期内人民物质文化生活水平的提高来表示。

由于人民物质文化生活水平涉及文化、教育、科学、卫生、福利、生活条件等各个方面,所以社会发展目标的制定是与一定时期内其中每一个方面所要实现的具体要求分不开的。比如说,某些按人口平均的单项实物指标的变化,包括一定时期内人均教育设施(如人均校舍面积)、人均医疗设施(如人均病床数)、人均文化设施(如人均影剧院座位数)、人均生活设施(如人均住宅面积)等的变化,未尝不可以作为一定时期的社会发展目标,因为它们各自从不同的角度反映了社会主义社会的发展状况,反映了社会主义社会中的劳动者在物质文化生活水平上的提高。

但这些实物指标是零散的、难以汇总的。如果说经济发展目标不管怎样仍能用一定时期内的人均总产值增量、人均国民收入增量作为综合性的价值指标来表示,那么对于社会发展目标,能不能也用类似的综合性的价值指标来表示呢?应当指出,类似的综合性的价值指标(如人均收入)在反映社会发展方面的局限性是十分明显的。正如前面所指出,平均主义绝不是社会主义的收入分配原则,在按劳分配下,人们之间在个人收入上存在一定的差距。但究竟人们在收入分配方面存在着多大的差距是合理的,多大的差距则是不合理的,这很难在数量上确定一个标准。因此,把两个不同时期的人均收入进行对比,只能从经济发展的意义上说明平均收入水平是提高了还是降低了,却难以从社会发展的意义上来说明这种变化是否更加符合社会主义的社会发展的要求。

此外,社会发展目标方面有一些内容是单项实物指标和综合性价值指标都无法反映的。例如,在社会主义社会中,要求在社会发展过程中使居民的科学文化水平不断提高,使居民的身体素质不断增强,使居民的平均寿命不断延长,使居民的业余时间(闲暇)不断增加,等等。只有用一定时期内平均每一万人口中受过高等教育的人数的变化、居民平均寿命的变化、死亡率、婴儿死亡率的变化、职工工作周时数的变化和年休假日数的变化等,才能分别从某一个角度说明社会发展目标的实现状况,但它们也相当零散,难以汇总。

由此可见,社会发展目标不像经济发展目标那样可以用某一两个具体指标来确定,而只能利用较多的指标,分别从不同的角度来加以说明。

三、经济发展目标和社会发展目标的统一

社会主义的经济发展和社会发展是统一的。以人均产值总量、人均国民收入总量表示的一定时期内的经济的变化,如果不与同一时期内的社会的变化联系起来,那么它并不能充分反映人民的物质文化生活水平的变化。下面这种情况不是不可能出现的,即一方面人均总产值、人均国民收入与前一时期相比增大了,另一方面人民在文化、教育、科学、卫生、福利等方面的状况却不如前一个时期,比如说,社会上的文盲人数增加了,人均居住面积下降了,人均病床数减少了,婴儿死亡率上升了,居民平均寿命缩短了,等等。假定出现了这种情况,那么如何评价这一时期内的社会经济发展的成果呢?不与社会发展相联系,可以认为经济的确有所发展。但这种发展的片面性是无可否认的,它并不是社会主义社会所要求实现的正常的经济发展。正常的经济发展应当同社会发展大体上相适应。

社会主义社会的经济发展和社会发展的统一性,决定了社会主义社会的经济发展目标和社会发展目标的统一性。经济发展目标以经济增长来表示,社会发展目标以人民物质文化生活水平的提高来表示,因此,经济发展目标和社会发展目标的统一意味着社会主义的经济发展应当是确实使人民物质文化生活水平提高的经济发展,社会主义的社会发展应当是在经济增长基础上的人民物质生活水平的提高。

从社会主义生产是为了不断满足人民物质文化生活需要这一高度来看,社会主义的经济发展和社会发展之间还存在着这

样一层关系,即社会主义的社会发展与社会主义生产目的的含义是相同的,而社会主义的经济发展则并不是社会主义生产目的本身,而是实现社会主义生产目的的必不可少的条件。这就是说,社会主义的经济发展是提高人民物质文化生活水平和满足人民日益增长的物质文化需要的条件,但经济发展本身并不能说明经济发展是为了达到什么目标,这也表明了社会主义经济发展和社会发展必须密切结合在一起。

四、经济发展目标和社会发展目标实现过程中的矛盾

经济发展目标与社会发展目标在实现过程中存在着一些矛盾。它们主要是:

1. 经济发展目标的实现需要投资,社会发展目标的实现也需要投资。在可供投资的资金总量为既定的条件下,为了同时实现经济发展目标和社会发展目标,必然会在投资资金的分配上发生矛盾。增加投资于文化、教育、科学、卫生、福利和居民生活条件的改善,从长期来看,是有利于人均总产值、人均国民收入的提高的,但在近期内,却可能影响物质生产部门的投资的增加,从而影响经济增长速度。

2. 经济发展目标和社会发展目标的实现过程中都需要消耗物质资源,而物质资源的有限性不仅使经济发展和社会发展受到某种约束,而且使经济发展和社会发展在物质资源的分配上存在着矛盾。

3. 在人力资源的分配上,经济发展目标和社会发展目标实现过程中同样存在着矛盾。

由此看来,经济发展目标和社会发展目标实现过程中的矛盾,是资源配置(包括人力、物力、财力的配置)方面的矛盾。这个矛盾是始终存在的。资源配置越是趋向于合理,经济发展目标和社会发展目标实现过程中的矛盾也就越有可能得以缓和。此外,经济发展目标的逐步实现和社会发展目标的逐步实现又有相互促进的作用,任何一方都不可能脱离另一方而孤立地实现。

第二节 社会经济发展目标的层次

一、社会经济发展目标的不同层次

社会主义的社会经济发展目标大体上可分为以下三个层次:

(一)高层次目标

高层次目标是指社会主义通过经济发展和社会发展所要实现的社会主义阶段的根本目标。它可以被简称为社会目标,因为它是与"社会主义社会今后走向何处"这个问题有关的。具体地说,社会主义的社会经济发展的高层次目标就是建成一个高度物质文明与高度精神文明相结合的、高度民主的、现代化的社会主义国家,并在这个基础上由社会主义社会逐步向共产主义过渡。

(二)中层次目标

中层次目标是指社会主义通过经济发展和社会发展所要实现的"在生产发展基础上不断提高人民物质文化生活水平"这一目标。具体地说,中层次目标包括个人收入增长目标,文化、教育、科学、卫生、福利、生活条件等发展目标。

(三) 低层次目标

低层次目标是指社会主义社会经济发展过程中,为不断提高人民物质文化生活水平所必须实现的经济增长目标。具体地说,低层次目标就是经济增长目标,它表现为总产值或人均总产值的增长,国民收入或人均国民收入的增长。更具体地说,工业增长目标、农业增长目标等也都属于低层次目标之列。低层次目标的特征是:它们只是反映生产力水平的提高,反映一国经济力量的增加,而并不反映生产目的的实现程度。

由此可见,在社会主义社会经济发展过程中,高层次目标体现着社会主义社会发展的方向,中层次目标体现着社会主义生产目的的实现程度,低层次目标体现着生产力水平的增长情况。

二、目标层次与目标综合性之间的关系

从目标的不同层次的含义可以看出,低层次目标尽管层次较低,但这一层次的目标的实现却具有关键性的意义。这是因为,生产力水平不能提高,经济不能增长,社会主义生产目的就不可能实现,社会主义社会发展的方向问题也就无从谈起。从这个意义来理解,虽然低层次目标的层次较低,但要实现中层次目标,却不可能绕过低层次目标的实现。同样的道理,要实现高层次目标,也只有先实现低层次目标,再实现中层次目标。这是社会主义社会经济发展过程中不同层次的目标之间的内在的必然的联系。

另一方面,越是较低层次的目标,目标的综合性越少,而越

是较高层次的目标,目标越具有综合性。当然,这并不是说较低层次的目标是单一目标,不具有综合性。不是这样,即使是较低层次的目标,它也不是单一目标。例如,经济增长目标并不是单一目标,因为经济之所以能增长,并非取决于某一个因素,而是多种因素共同起作用的结果,其中就包括了人的因素在内。但与中层次目标,特别是与高层次目标相比,经济增长目标的综合性是较少的。高层次目标的综合性最为显著,它包括了物质文明的建设和精神文明的建设,包括了政治上的高度民主,这些都是低层次目标、中层次目标所不及的。

三、目标层次与目标的现实性

目标的现实性与一定时期所要实现的目标的可行性有关。任何发展目标的制定都必须考虑到它在一定时期内实现的可能性。从低层次目标来说,它表现为一定时期内所要实现的经济增长率的大小以及要达到的总产值和人均总产值(或国民收入和人均国民收入)的水平。这一目标是否适当,取决于它是否可行,即通过一定时期内的努力能否使之成为现实。中层次目标的适当与否,同样要以一定时期内通过努力能否使人民物质文化生活提高到预定的水平为转移。这里也有一个可行性的问题。至于高层次目标,尽管它是社会主义社会发展的方向的体现,但由于高层次目标的实现也有一个大体上设想的期限,比如说,三十年、五十年或更长的时间,所以它同样应该适当,使之有可能通过努力而成为现实。

第三节 社会经济发展的阶段性和未来社会经济远景的设想

一、社会经济发展的第一阶段

由于社会主义国家大多数是原来生产力发展水平较低的发展中国家,发展生产力是一切发展中的社会主义国家共同面临的根本任务,所有这些国家的社会经济发展的第一阶段都需要使社会总产值有较大幅度的增长,使本国人民的物质文化生活提高到相当于世界中等水平国家的物质文化生活水平,即小康水平。至于所需要的时间长度,因各国最初的起点不同和社会政治条件的不同而不可能一样。从这个意义上说,可以把社会主义的社会经济发展的第一阶段称为"由不发达状态进入中等发达状态"的阶段。①

如果社会主义国家在建立之后,能根据本国国情,总结本国和其他社会主义国家的革命和建设的经验,以正确的经济建设指导思想为依据进行经济建设,再加上对本国建设有利的国际环境和国内环境,由不发达状态进入中等发展状态的时间是可以缩短的。苏联从1917年十月革命胜利之日算起,到二十世纪

---

① 1982年9月,党的第十二次代表大会制定了我国到二十世纪末的二十年社会经济发展的目标,这就是,在经济上,力争使全国工农业的年总产值翻两番,即由1980年的7,100亿元增加到2000年的28,000亿元左右。可以把这一发展目标看成是我国发展的第一阶段的任务。从总量上说,到2000年工农业年总产值翻两番,可以使我国的经济实力和国防实力大为增强,人民的物质文化生活也可以达到相当于中等发展程度的国家的人民的物质文化生活水平,也就是通常所说的小康水平。

五十年代后期进入中等发展程度，大约用了四十年以上的时间。我国从1949年建国之日算起，到2000年进入中等发展程度，大约需要五十年左右的时间。这与中苏两国在革命胜利之后各自所处的特殊环境有关，否则进入中等发展程度的时间不会这样长。至于我国进入中等发展程度所需要的时间更长于苏联，还与我国在建国时的生产力发展水平低于苏联十月革命时的生产力发展水平有关。

二、社会经济发展的第二阶段

社会主义国家由不发达状态进入中等发展状态是社会经济发展的第一阶段的任务，而在实现这一任务后，社会主义国家需要继续发展生产力，继续提高人民的物质文化生活水平，力争在较短的时间内使自己从中等发展状态进入发达状态，这就是社会经济发展的第二阶段的任务。

在社会主义条件下，劳动者的收入都将在原来的水平上不断提高。社会主义国家由中等发达状态进入发达状态，表明了人民的物质文化生活达到了富裕水平。对于像我国这样的社会主义国家来说，由小康水平进入富裕水平意味着社会经济生活各方面（如产业结构、就业结构、消费结构、科学文化水平等）都将有一个显著的变化。这些变化反映于：

1. 随着人均国民收入的大幅度增长，社会主义国家的经济实力和国防实力将在工业、农业、国防、科学技术实现现代化的过程中大大增强。届时，不仅若干主要产品的绝对产量将居于世界的最前列，而且按人口平均的某些主要产品的产量与世界发达国家之间的差距也会大大缩小或比较接近。

2. 产业结构和就业结构都发生较大的变化。如果按三次产业来划分,第一次产业(农业、林业、渔业、畜牧业、采矿业)的比重下降,第二次产业(制造业)的比重大体上保持稳定,第三次产业(建筑业、运输业、商业、生产劳务部门和非生产劳务部门)的比重上升,它们都将反映在就业结构方面。届时,在第一次产业中就业的人数将占就业总人数的较少部分,在第二次产业中就业的人数也只占就业总人数的较少部分,而在第三次产业中就业的人数在就业总人数中所占的比重则不仅大于第一次产业中就业人数所占的比重,也会大于第二次产业中就业人数所占的比重。①

3. 在平均每人的收入有较大幅度提高的基础上,人们的消费结构将发生显著的变化。在家庭用于食物支出的绝对金额增加的同时,食物支出在家庭总收入中所占的比重会有较大的下降。人们购买食物以外的其他消费品的支出大为增加,这些消费品将使人们在物质文化生活方面有较大的改善。

4. 随着人均国民收入的增长,国家用于科学、教育、文化、卫生、福利、环境治理等方面的支出将有较大的增长。在富裕水平达到的同时,全民族的科学文化水平和身体素质都将显著地高于过去。

三、进入发达阶段以后

社会主义国家在社会经济发展过程中,虽然把达到富裕水平作为自己的目标,但这仍然是阶段性的目标。进入发达阶段

---

① 这里对三次产业的划分是与第五章图 5.2 一致的。

以后,社会主义国家在发展生产力和提高人民物质文化生活水平方面不应当就此止步。只有继续努力发展生产力,继续不断地提高人民的物质文化生活水平,才能为向人类最美好的社会过渡准备充分的条件。

历史的经验表明,一个国家的人均国民收入达到较高的水平这一点并不一定意味着人民生活得真正幸福,一个国家在物质产品方面的丰裕也不一定意味着人民在精神生活方面能同样地得到满足。一个社会,虽然能够使平均每个社会成员得到较多数量的物质产品,但它也有可能是一个社会问题严重、精神生活空虚和贫乏的社会。今天,某些发达的资本主义国家的情况正是这样。能不能认为这是经济增长本身所造成的不可避免的结果呢?是不是任何一种经济增长必然会引起这种弊端呢?事实当然不是这样。在这里,必须分清经济增长是在什么样的社会制度的条件下进行的。在生产者和生产资料相分离,工人是雇佣劳动者,生产资料和生产出来的产品归资本家所有的资本主义社会,获取剩余价值不仅成为资本主义经济增长的动力,而且也决定着资本主义经济增长的剥削性质,决定着资本主义经济增长是在资产阶级不断地加强对无产阶级的剥削的基础上实现的。因此,社会问题越来越严重是由资本主义社会性质决定的资本主义经济增长的必然后果。社会主义的经济增长是完全可以避免资本主义经济增长所造成的各种恶果的。

社会主义国家在由不发达状态向中等发展状态过渡以及由中等发展状态向发达状态过渡时,就应当及早注意经济发达以后可能发生的社会问题,并及早采取措施来加以预防。这里包括了如何使物质文明建设与精神文明建设齐头并进的问题,如何使社会主义的生产目的得以真正实现的问题,以及如何使人们在收入不断提高和物质产品不断丰富的条件下,愈益充实生活内容,生活得更有意义的问题。在进入发达状态以后,这些问题可能变得更有现实性。一个发达的社会主义社会绝不等同于一个单纯追求物质产品的"消费社会"。在社会主义社会中,在人们的物质生活需要不断得到满足的同时,人们"发展自身"的需求也将得到满足,劳动者将成为全面发展的人。人们应当有理想,有道德,讲文明,守纪律;人与人之间充满了同志式的信任感;人们对生活的前景、对社会主义社会的未来充满着信心。这才符合于社会主义社会的性质。

四、未来的社会经济远景的设想

共产主义社会是生产力高度发展、彻底摆脱了旧社会传统的社会,是体现了人类最高理想的社会。社会主义是共产主义的初级阶段,是实现共产主义的必经阶段。即使是发达的社会主义社会,仍然是社会主义社会,它与共产主义社会之间依旧存在着本质的区别。除了生产力发展水平和社会成员的思想水平有较大的不同而外,从生产关系上考察,在共产主义社会中,全部生产资料和劳动产品将归全社会所有,分配将按照"各尽所能,按需分配"的原则进行。

然而,至今为止,我们对于共产主义社会的情况只可能作一些设想,而不可能有比较具体的了解。发达的社会主义社会仍是社会主义社会前进中的一个阶段,还不是社会经济发展的最终目标,因为最终目标是共产主义。社会主义政治经济学研究可以对未来的、距今还相当遥远的前景有一些描述,但必须承认,我们的依据是非常不充足的。这与经济学研究的这样一个特点有关,即经济学主要根据已知的资料分析未来可能发生的事件。对于发达的社会主义社会以后的共产主义社会,已知的资料几乎是不存在的。就以"各尽所能,按需分配"原则来说,我们究竟有什么依据来对这一原则进行表述呢?可以这么说,究竟什么是"按需分配","按劳分配"如何向"按需分配"过渡,即使我们作出这样或那样的设想,那也没有意义,因为现在对这一切都是不了解的。

由此可见,在社会主义政治经济学研究中,只要指出下面这一点就够了:社会主义经济的发展有它自己的规律性,社会主义不是人类社会发展的最高阶段,但它将遵循社会发展的规律,向着共产主义社会这一目标前进。至于未来究竟怎样向这个人类最美好的社会过渡,过渡的条件究竟如何,例如怎样向"按需分配"过渡,以及"按需分配"究竟如何进行,等等,目前可以不必去分析它们。

一代人有一代人的历史使命。作为经济理论工作者,我们这一代要着重研究的,应是发展阶段的社会主义经济问题。

五、社会成员的认识的变化和社会经济的变化

如上所述,距离我们当前的现实相当遥远的目标,我们只能以十分简略的、近似粗线条式的描绘的方式作些推测。不仅如此,我们还必须了解在社会经济发展过程中社会成员的认识的变化和社会经济的变化之间的关系。

在社会经济不断发展、社会日益走向预定的目标的过程中,社会经济无疑会发生变化。假定这种变化能够如实地为社会成

员所认识,那么这对于社会经济的进一步变化会有什么影响呢?这个问题是值得研究的。

要知道,社会经济变化本身是一回事,社会上的成员对社会经济的变化的认识是另一回事。社会与自然界不同。自然界发生的变化能被人们察觉到,认识到,但自然界并不因它被人们认识而改变自己的活动。社会经济与此不同。社会经济活动是人们进行的活动,人们在活动过程中逐渐认识了社会。人们不但会察觉到社会经济的变化,认识到社会经济的变化,而且还会调整自己的行为来适应社会经济的变化。而社会经济活动作为人们进行的活动,在被人们察觉到、认识到之后,也会发生变化。因此,在人认识自然界时,这只是单方面的关系,自然界是被动的。而在人认识社会经济活动时,这是双方面的关系,是双方彼此连续影响的关系。一方面,人们在认识社会经济活动,并调整自己的行为来适应社会经济的变化;另一方面,人们对自己的行为的调整又导致社会经济的进一步变化,即意味着社会经济为适应人们的认识的变化和行为的变化而进行调整。如此双方连续影响,彼此不断适应,使社会经济在调整中前进,在与人们认识和行为的适应中发展。应当说,社会主义社会从不发达状态到中等发展状态,从中等发展状态到发达状态,以及进入发达状态以后的发展,全都是在人们认识变化和社会经济变化相互影响的过程中实现的。

根据这一特点,我们就可以对社会主义社会经济发展过程中正在发生的一系列重要变化及其对经济进程的复杂的影响有所了解。比如说,社会主义的社会集资和人们对社会集资的认识就是一种连续变化的过程和连续相互影响的过程。在这个过程中,社会集资、经济联合体的发展、自负盈亏的公有制企业的成长究竟会带来什么样的后果,我们目前还很难预料。我们至今所了解的公有制仍是传统观念上的公有制,难道今后不可能出现新的社会主义公有制形式么?难道传统观念上的公有制形式不会有所变化么?未来的、作为远景的生产组织的公有制企业究竟是什么形式的,我们能回答这个问题么?显然是不能回答的。既然如此,今天我们又怎么能对社会主义商品经济向遥远的非商品经济的过渡进行推论呢?

又比如说,社会主义的城乡差别、工农业差别、脑力劳动和体力劳动的差别以及人们对这些差别的认识,也是一种连续变化和连续相互影响的过程。这三大差别今后究竟会以何种方式消除或以何种形式继续存在,我们今天也难以预料。也许若干年以后的人们不再把三大差别视为一个问题,或者认为三大差别即使不可能完全消失也不会成为社会经济继续前进的阻碍。这是因为,我们至今所了解的三大差别,是按照过去和现在我们在经济生活中所察觉到的事实来了解的,难道我们相信自己的看法一定不会随着社会经济的变化而调整么?这就再一次说明,我们在社会主义政治经济学研究中的任务是阐明社会主义社会经济发展的规律性,而不在于为未来的、相当遥远的社会经济前景进行较细致的论述。

如果我们不自量力,硬要为以后若干代的人们操心,去设计未来的社会经济发展和演变的细节,那只能使自己成为后人的笑柄。

第十八章 目标的动态相对平衡性和发展战略的选择

第一节 目标的动态相对平衡性

一、社会经济发展战略的含义

社会经济发展战略的范围有大有小。一个城市，一个省区，都可以有自己的发展战略。一个社会主义国家，在以整个国家的社会经济作为考察范围时，也可以有全国性的发展战略。发展战略涉及的是带全局性的问题。国家的发展战略所涉及的全局，是指整个国家的社会经济而言，正如一个城市、一个省区的发展战略所涉及的全局，分别为城市、省区的社会经济一样。

二、发展战略研究中的平衡方法

在社会主义社会经济发展的研究中，平衡是一种分析方法。平衡作为分析方法，有助于说明社会总需求与社会总供给之间的关系，说明社会主义经济中其他一些有关的变量之间的关系。用平衡方法来说明这些关系，是为了进一步分析经济中的问题所在，以便寻找适当的对策。从这个意义上说，平衡只是分析的出发点，平衡本身不是目标，不是必然达到或必须达到的一种境界。

三、动态相对平衡概念

(一) 对动态平衡、相对平衡的理解

第十二章曾谈到,社会是自我调节以维持平衡的。任何一个社会经济,包括社会主义经济,总会自己调理自己,社会本身有一种自我调节以防止过度扩张和萎缩的功能。但这里所说的平衡,不是静态的平衡,而是动态的平衡,即社会经济在运动过程中通过自我调节而趋向的平衡。这里所说的平衡,不是绝对的平衡,而是相对的平衡,即社会经济的平衡总是围绕着平衡点而有一定摆动范围的平衡。因此,社会经济的动态相对平衡所表现的是一个过程,它是一个状态概念,而不是一个机械的、数量的概念。与社会经济的动态相对平衡性相适应的,是社会经济发展战略的动态相对平衡性。

社会经济(包括社会主义经济)本身的动态相对平衡与社会经济发展战略(包括社会主义社会经济发展战略)的动态相对平衡是两个不同的问题。前者是一个实证经济学方面的问题,即社会经济是不是动态相对平衡的系统;后者是一个规范经济学方面的问题,即在制定发展战略(包括发展目标的确定和有关措施的确定)时应不应该把动态相对平衡的实现作为一项要求。关于前一个问题,本书第十二章已经作了论述。这里所要探讨的,是后一个问题。

(二) 动态相对平衡目标的现实性

就发展目标(主要指中层次和低层次的发展目标)而言,目标本身不应当被看成是一个静态的概念,因为目标是要靠人们的努力才能实现的。社会主义的社会经济发展目标,包括一定时期内所要实现的人均总产值增量、人均国民收入增量,一定时期内所要提高的人民物质文化生活水平的幅度,以及为了做到这一切所要实现的部门结构、财政信贷收支、国际收支、物价和就业状况等,只有在社会主义经济持续不断的运行过程中才能被接近,最终被实现。并且,绝对平衡的目标只是理想化的目标,在现实生活中不可能存在,也没有必要把目标确定为绝对平衡的。要实现的目标必须具有现实性,而只有动态相对平衡目标才是现实的目标。

从动态的、相对的平衡目标的角度来考察,在一定的时期和一定的条件下,社会总需求和社会总供给不一定要完全相等,部门之间的结构不一定要完全适应,财政即使存在一些赤字,但只要不妨碍社会主义经济的正常运行而又有利于社会主义现代化的实现,那又有什么可非议的呢?发行政府债券可以弥补财政赤字。即使经济增长过程中出现了赤字,只要政府债券的发行可以弥补它们,而最终能使经济增长,使经济和社会发展目标得以实现,那就要优于经济停滞和预定发展目标未能实现条件下的财政收支平衡。我们不应当满足于"为财政收支平衡而平衡"这一无助于现代化实现的模式。国际收支的情况也是如此。国际收支平衡目标就一定优越吗?不一定。在某些场合应当容许有逆差,另一些场合则可以存在顺差。一定时期和一定条件下的国际收支不平衡也许对社会主义经济的运行更为有利。这就是对"以平衡为分析的出发点,但不以平衡为必然达到和必须达到的境界"这一命题的解释。

四、不平衡的界限

动态的、相对的平衡并不简单地等同于不平衡。

假定以绝对的平衡作为一个中心，那么围绕着这个中心的将有这样一个区域，在这个区域的范围内，一切离开中心的点都是不平衡的位置，但它们的存在并不会影响社会主义经济的正常运行，而这个区域范围以外的不平衡则会阻碍社会主义经济的正常运行。如果是这样，那么可以认为，动态的、相对的平衡是处于这个区域之内的。不仅如此，由于动态的、相对的平衡是一个过程，是一个状态概念，因此，即使社会经济发展在一定时期还处于这个区域之外，但下一个时期并不是不可能移向中心点，而进入这个区域的。由此可见，在考察动态的、相对的平衡时，需要的是确定一个时期内和一定条件下的上述区域的范围。比如说，社会总需求与社会总供给之间的不相等、部门之间的供求不相等、财政与信贷收支的不相等、国际收支的不相等，等等，如果没有严重到足以阻碍社会主义经济正常运行的程度，那就仍然处于这个区域的范围之内，也就可以被认为是属于动态的、相对的平衡的范围。这就是从发展战略的角度对不平衡界限问题所作的考察。

五、经济变动的社会承受力的探讨

（一）考察这个问题的意义

在以是否阻碍社会主义经济正常运行作为判断不平衡的限界时，还必须考察经济变动的社会承受力问题。这里所说的经济变动的社会承受力，是指市场变动、物价变动、就业状况变动、福利状况变动、收入变动、消费水平变动等等对于社会成员的生活的不利影响能否被社会成员所承受。如果社会成员能够承受这些不利的影响,社会不致发生大的震荡;如果社会成员承受不了这些不利的影响,社会的安定就无法继续维持。而社会的不安定显然是会阻碍社会主义经济的正常运行的。

由此看来,社会主义经济能否正常地运行,既有经济本身所引起的原因,又与社会安定与否有关。关于由经济本身的原因所造成的对社会主义经济正常运行的阻碍,第十一、十二章已经就企业存货调整、企业资金筹集与运用,个人消费品存量调整、个人现金持有额调整、个人资产形式调整以及它们分别同生产资料市场、消费品市场、资金市场变动之间的关系作了分析。关于由社会方面的原因所造成的对社会主义经济正常运行的阻碍,第十五、十六章也已从个人收入差距、收入分配与经济效率之间的关系的角度进行了考察。这里需要补充的是:在市场、物价、就业、福利、收入、消费水平变动所带来的对社会成员生活的不利影响达到了使社会成员不能接受的程度之后,社会安定将无法维持,这样,社会主义经济的正常运行就会受到阻碍。因此,必须对经济变动的社会承受力问题进行探讨,以便为发展战略的制定、政策措施的制定尤其是经济体制进一步改革和趋向完善的方案的制定提供重要的参考。

(二) 经济变动的社会承受力的可伸缩性

经济变动的社会承受力是有较大伸缩性的。这就是说,经济变动的社会可以承受的临界点不会固定在某一个位置上,甚至不会局限在某一个区域范围内,它将根据不同的情况而上下移动。

在社会主义经济中，社会对于经济变动所能承受的程度的大小，固然与经济变动本身的大小联系在一起，但也受到以下三个心理因素的制约：

1. 居民对政府及其政策的信任程度。这种信任程度越差，社会对于经济变动所能承受的程度就越小；反之，社会对于经济变动所能承受的程度就越大。

2. 居民对经济前景的预期。居民对经济前景的预期包括对今后物价上涨幅度和速度的估计，对市场供应状况的估计，对就业形势的估计，对实际收入水平和消费水平的估计等。如果居民对这些持有悲观的态度，那么他们对当前的经济变动的承受程度将减弱；反之，如果居民认为未来（特别是较近的未来）的经济形势有希望好转，从而采取比较乐观的态度，那么他们对当前的经济变动将会有较大的承受力。

3. 居民对经济变动的心理准备。这种心理准备主要包括两个方面。一是居民对当前的经济变动的心理准备，如当前的经济变动究竟是居民事先已经预料到的还是未被预料到的，它是逐渐发生的还是突然发生的，等等。二是居民以前是否经历过类似的经济变动，也就是说，居民对经济变动有没有经验。一般而言，如果居民对当前的经济变动是事先预料到的，或经济变动是逐渐发生的，或居民以往已经经历过类似的经济变动，从而对经济变动是有经验的，那么他们对当前的经济变动将会有较大的承受力；反之，如果当前的经济变动是未被居民预料到的，或经济变动发生得很突然，或居民对经济变动缺乏经验，他们过去从未经历过类似的经济变动，那么，当前的经济变动的社会可承受程度就比较小。

从上述经济变动的社会承受力的可伸缩性可以了解到,即使是相同的物价上涨率或相同的实际收入下降率,在这个国家可能不会引起社会的不安定,而在另一个国家却会引起社会的动荡,或者,在同一个国家的这一时期不会引起社会的不安定,而在另一个时期却会引起社会的动荡。

(三)社会可承受程度的估计

为了制定发展战略、政策措施和经济体制进一步改革、完善的方案,社会主义国家的宏观经济决策部门应当及时了解一定时期内社会成员对某些已经发生的经济变动的社会承受力的大小,应当尽可能地估计社会成员对某些将要发生的经济变动的社会可承受程度。在这方面,可以采取的方式包括:

1. 从不同的渠道收集社会各方面对于某种已经发生或将要发生的经济变动的反应。及时地、充分地掌握信息,有助于作出正确的决策;专家咨询、社会调查、民意测验等,都是可供选择的方式。

2. 从生产资料市场、消费品市场、资金市场的情况来判断经济变动已经造成的或可能带来的社会影响。

3. 纵向比较分析(即同历史上曾经发生过的类似的经济变动进行比较)、横向比较分析(即同其他一些国家曾经发生过的类似的经济变动进行比较)对了解社会承受力的大小是有参考价值的。

应当承认,经济变动的社会承受力的大小具有不确定性。要精确地判明一定时期内某种经济变动的社会可承受的临界点的位置,几乎是不可能的。但如果能采取上述这些方式对社会可承受程度作一些估计,将有助于宏观经济管理部门作出正确的判断和决策。

(四) 经济可行性和社会可行性

由此涉及社会经济发展战略、经济政策、经济体制改革的社会可行性问题。一种发展战略、一种经济政策、一种经济改革措施，不仅有经济的可行性，而且有社会的可行性。如果它的推行在经济上会造成不利的后果，会阻碍社会主义经济的正常运行，那么它是缺乏经济可行性的。如果它的推行所引起的社会不安定超过了社会可承受的界限，那就表明它还缺乏社会可行性。在制定发展战略、经济政策、经济改革措施时，应当把经济可行性和社会可行性结合起来考虑。

社会可行性问题要比经济可行性问题复杂。要知道，社会主义社会中不同职业、不同收入水平、不同生活环境、不同文化技术程度、不同思想状况的成员，对同一种政策措施会有不同的反响。这里除了要考虑经济利益关系，还必须考虑到社会心理因素的作用。由于对政策措施本身缺乏了解，对政策措施实行后可能造成的情况估计不准，或对政策措施能否被坚持这一点缺乏信心，即使实际上将会得到经济利益的某些人也可能反对正在实行的或将要实行的政策措施，或对它表示冷淡。可见，仅仅用经济利益关系来解释某种政策措施的社会可行性是不够的。要分析政策措施的社会可行性，必须对社会心理状况有所了解。

历史上不乏这样的例子：一项实际上有利于多数人的政策或改革措施，偏偏遭到了未来可能获得好处的人们的抵制或反对，从而归于失败。对此，我们只能从社会可行性的角度来进行评论。

第二节 "供给略大于需求"的经济与"需求略大于供给"的经济的比较

一、供求动态相对平衡的两种表现

从需求与供给之间的关系来进行考察，动态相对平衡有两种表现，一是"供给略大于需求"，另一是"需求略大于供给"。由于这里所说的是"略大于"，所以通常也把这两种情况称为供求的基本平衡。

"供给略大于需求"与"需求略大于供给"可以从三个市场（即生产资料市场、消费品市场、资金市场）的角度来理解。这是因为，在每一个个别市场上，在平衡点的周围都存在着一个动态相对平衡的区域，从而动态相对平衡的上述两种表现都有可能存在。

二、"供给略大于需求"的经济的主要特征

一般说来，这时的经济的主要特征如下：

1. 经济增长率下降。这是因为，略大于需求的供给表现为市场上出现增多的存货，企业的销售量将因市场存货增多而减少，从而企业不得不使生产量有某种程度的收缩，结果，社会总产量将下降，即经济增长率会下降。

2. 企业为打开自己的产品的销路而力求降低成本，提高质量，增加品种，企业之间的竞争加强，从而使企业产品（包括消费品和生产资料）的购买者在市场上有较大的选购余地。

3. 非限制性市场上的商品价格将因供给较多而下降,限制性市场上的商品价格受到这种情况的影响,也有下降的可能。

4. 随着企业产量的某种程度的收缩或商品价格的某种程度的下降,企业的利润可能减少,从而国家从企业得到的税收有可能减少。职工的奖金收入(甚至工资收入)也会减少。

5. 企业对劳动力的需求可能减少,企业对资金的需求也有减少的可能。

由于"供给略大于需求"不致形成对社会主义经济正常运行的阻碍,也不足以引起社会的不安定,因此,在出现上述情况时,政府可以根据当时的具体条件进行适当的经济调节,也可以暂不采取调节措施,而由市场机制自行调节。

三、"需求略大于供给"的经济的主要特征

一般说来,这时的经济的主要特征如下:

1. 经济增长率提高。这是因为,略大于供给的需求或者体现为投资需求略大于生产资料的供给,或者体现为消费需求略大于消费品的供给,市场上生产资料或消费品的存货将减少,企业的销售量将因市场存货减少而增加,从而企业将设法扩大生产量,结果,社会总产量将增加,即经济增长率会提高。

2. 企业的产品的销路有一定的保证,企业有可能不注意降低成本,放松产品质量检查,对增加品种的兴趣降低,企业之间的竞争相对地缓和,从而使企业产品(包括消费品和生产资料)的购买者在市场上选购的余地较小。

3. 非限制性市场上的商品价格将因需求较大而上升,限制性市场上的商品价格受到这种情况的影响,也有上升的可能。

4. 随着企业产量的某种程度的增加或商品价格的某种程度的上升,企业的利润可能增加,从而国家从企业得到的税收有可能增加。职工的奖金收入(甚至工资收入)也会增加。

5. 企业对劳动力的需求可能增加,企业对资金的需求也有增加的可能。

由于"需求略大于供给"不致形成对社会主义经济正常运行的阻碍,也不足以引起社会的不安定,因此,在出现上述情况时,政府可以根据当时的具体条件进行适当的经济调节,也可以暂不采取调节措施,而由市场机制自行调节。

四、"需求略大于供给"的经济的现实性

在发展中的社会主义国家,尤其是像我国这样一个人口众多、幅员广阔、地区发展又很不平衡的发展中的社会主义国家,"供给略大于需求"缺乏现实性。相形之下,"需求略大于供给"则比较现实。对此,可以从以下三方面进行分析。

(一) 从总量的角度进行分析

从总量上看,在发展中的社会主义经济中,社会总需求超过社会总供给可能是一个长期存在的问题。前面曾经指出,基本的社会总需求与社会总供给的平衡公式表述为:

$$消费+投资+财政支出+信贷支出=从事生产活动的劳动者收入+剩余+财政收入+信贷收入 \qquad (18.1)$$

移项合并后,表述为:

$$消费+投资+(财政支出-财政收入)+(信贷支出-信贷收入)=从事生产活动的劳动者收入+剩余 \qquad (18.2)$$

现在让我们从公式(18.2)的左端进行考察:

1. 当社会主义社会从不发达状态逐渐向中等发展状态、发达状态过渡的时候，由于需要加强基础结构的建设，增加生产能力、建立新的产业部门和改造旧的产业部门，对投资的需求量是较大的。一定量的投资是增加生产能力、增加产量的前提。虽然经济的增长取决于两个基本因素，一是投资量，二是投资效果，即产量与投资之比，但如果缺少必要的投资，投资效果仍难以提高，特别是难以持续提高。因此，投资需求增长是发展阶段不易避免的现象。加之，在给定的经济体制前提下，企业有扩大再生产的自主权，这是企业活力的表现之一。除非限制企业的这种活力，否则企业的投资需求很难被严格地限制在与供给一致的界限之内。这一切必然形成了投资需求较大的格局。

2. 社会主义社会处于不发达状态时，消费水平是很低的，消费处于被人为地抑制的境地。随着产量的增加和收入的增加，消费需求有一种自动增长的趋势。这是因为，在给定的经济体制前提下，农民的收入必然随着产量的增加而增加，职工的收入也同样如此。这样，为了提高自己的生活水平，满足长期遭到抑制的消费需求，农民和职工大部分增加了的收入必然自动转化为消费支出，因此，消费需求增长成为发展阶段不易避免的现象。

3. 在国内投资需求和消费需求增长的条件下，政府虽然可以通过财政收支的调节和信贷收支的调节来平衡社会总需求和社会总供给，但为了增加生产能力，财政支出和信贷支出的削减一般是比较困难的。即使实现了财政收支和信贷收支的平衡，也不一定能够维持社会总需求和社会总供给的平衡，否则就必须以经济的紧缩作为代价。然而，经济的紧缩又同增加产量和实现经济增长这一意图相抵触。

由此看来,在发展中的社会主义国家,从总量上说,"供给略大于需求"远不如"需求略大于供给"具有现实性。

(二) 从结构的角度进行分析

从结构上看,社会主义社会在从不发达状态向中等发展状态、发达状态过渡时,若干关键性产品的供给不足是经常性的。这里所说的关键性产品主要包括某些原材料、建筑材料、燃料、动力、交通运输等。这一方面与过去历史上造成的部门比例不协调有关,另一方面也由于在发展过程中,原材料、建筑材料、燃料、动力生产以及交通运输的发展往往需要追加较多的投资,而劳动生产率的增长又相对较缓慢,因而易于形成加工工业的增长快于原材料、建筑材料、燃料、动力生产以及交通运输业的增长的格局。这样就形成了若干关键性产品长期供给不足的格局。

若干关键性产品的供给不足对经济全局的影响是不可低估的。问题在于:这些产品的供给不足将成为社会总产量增长和经济增长的障碍,从而妨碍社会总供给的增长,使得"供给略大于需求"的格局难以形成。而要改变若干关键性产品长期供给不足的状况,则又需要追加投资,从而需要增加财政支出,或增加信贷支出,扩大社会总需求。这一切正是社会主义国家在力求摆脱不发达状态或正在脱离不发达状态时经常遇到的问题。

(三) 供给本身对需求的刺激作用

就某些产品和劳务的供给与需求之间的关系进行分析,可以明显地看出供给本身对需求的刺激作用。这就是说,某些需求之所以没有产生，或没有扩大到应有的地步，是因为受到了供给量的制约。而只要供给增加了，它就会引致需求增加，诱发新的需求。这种情况是在长期供给不足的条件下形成的。因此，随着供给的增长而产生的需求增长，会使得供给略大于需求的格局不可能出现，而现实中遇到的或将会遇到的，仍然是需求略大于供给。①

五、学会在"需求略大于供给"的环境中发展社会主义经济

如上所述，"供给略大于需求"是不现实的。不仅如此，还应当考虑到，即使通过财政调节和信贷调节，采取经济紧缩的做法，实现了"供给略大于需求"，对社会主义经济的发展也没有什么好处。这是因为，如果通过经济紧缩的做法来实现"供给略大于需求"，那么经济增长率会降低，企业利润会减少，就业会减少，国家收入也会减少。

在这里，特别值得提出的是经济增长率问题。当然，不能认为经济增长率越大越好。经济增长率的大小本身没有"好"与"坏"的含义，其利弊要用是否有利于经济的持续稳定的增长、是否有利于经济与社会发展目标的实现来衡量。因此，一方面，脱离现实的过高的经济增长率是应当避免的，否则会给经济带来严重后果；另一方面，仍应保证一定的经济增长率，否则发展中的社会主义国家同世界发达国家在经济、技术和人民收入水平

---

① 可以举一个例子。国内旅游需求目前受到供给的制约。某些人之所以不愿旅游，是因为火车太拥挤，旅店床位太少，在饭馆吃饭难，等等。如果增加了供给，火车不那么拥挤了，住宿和吃饭都方便了，那就马上会刺激国内旅游的需求，使需求激增，结果仍然是供不应求。

方面的差距就难以缩小。由此可见,那种导致经济增长率下降的、低水平的"供给略大于需求"的经济格局,并不是值得争取实现的格局。

为了实现预定的经济与社会发展目标,为了保证一定的经济增长率,以缩小同发达国家的差距,同时,从发展中的社会主义国家的经济现实出发,摆在发展中的社会主义国家,尤其是像我国这样的发展中的社会主义国家面前的一项任务是:学会在"需求略大于供给"的环境中发展社会主义经济。这就是说,我们必须善于适应现实中存在并且很可能在较长的时期内继续存在的"需求略大于供给"的客观形势,必须学会如何在这样的环境中,使需求较大不致形成对经济的较大压力,不致使社会主义经济的正常运行因需求较大而受到阻碍。我们应当避免的,只是需求(包括投资需求和消费需求)的过度膨胀,只是由于需求过大而产生的总量失衡和结构性失衡。只要"需求略大于供给"仍然处于动态相对平衡的区域范围之内,那就不一定要把抑制需求作为政府的经济调节的迫切任务。这时,政府可以对需求进行调节,也可以听任市场机制自行对需求进行调节,一切依具体情况为转移,而不必强求一律。

简言之,学会在"需求略大于供给"的条件下进行社会主义经济建设,意味着不仅不必为经济中所出现的"财政支出略大于收入"、"信贷支出略大于收入"、"物价的较缓慢上涨"、"货币供应量稍大"等情况感到忧虑,而且要利用这种"略大"的形势来促进经济增长,力求在不断提高的社会总需求和社会总供给的水平上使经济和社会趋于协调。

第三节　封闭的二元经济结构与开放的二元经济结构的比较

一、二元经济结构的含义

作为对经济中的现实状况的高度概括,任何一个社会的经济,包括社会主义经济在内,实际上都可以分为两个组成部分,例如分为先进部分和非先进部分,或现代经济部分和非现代经济部分,或传统经济部分和非传统经济部分,等等。

在社会主义经济研究中,可以使用二元经济结构的分析方法,并按照经济发展水平,把社会主义经济分为经济较发达部分和经济较不发达部分进行考察。这里所说的经济较发达部分和经济较不发达部分,是就国内的现状而言的,它们只具有相对的意义。也就是说,一方面,相对于发达国家的经济来说,发展中的社会主义国家的经济较发达部分很可能仍然被认为是较不发达的;另一方面,随着社会主义经济的发展,无论是经济较发达的部分还是经济较不发达的部分都必然在现有的基础上有所提高,但即使如此,在新的发展水平上,经济仍然可以分为这样两个部分。既然经济中的不同部分不可能有同样的发展水平,那么二元经济结构的存在就是长期的现象。

二、封闭的二元经济结构的主要特征

二元经济结构中的两个组成部分之间的关系可以是封闭式的,也可以是开放式的。封闭的二元经济结构的主要特征是:

1. 经济中的较发达部分和较不发达部分二者在经济上处

于基本上彼此隔绝状态,除了商品交换而外,其他联系很少,甚至不存在。也就是说,在这种情况下,较发达部分限于向较不发达部分出售加工制成品,较不发达部分限于向较发达部分出售农产品。

2. 经济中的较发达部分和较不发达部分各自有自己的经济活动方式:较发达部分的经济是商品经济,较不发达部分的经济带有较浓的自然经济的性质,它的商品性很弱。

3. 经济中的较发达部分和较不发达部分各自的发展途径不一样:较发达部分的经济的发展不仅依靠自身的力量,而且在一定程度上也依靠较不发达部分所作出的贡献或牺牲;较不发达部分由于要为较发达部分做贡献或牺牲,加上它自身的力量本来有限,因而不得不处于衰落、解体、分化的状态。较不发达部分正是通过自己的衰落、解体、分化而使本身尚保存的部分得到发展的。

三、开放的二元经济结构的主要特征

在这里,开放的含义是两个组成部分在经济上进行交流。开放的二元经济结构的主要特征是:

1. 经济中的较发达部分和较不发达部分之间除了存在商品交换关系而外,还从资金、技术、人力等方面进行交流。较发达部分不限于向较不发达部分出售加工制成品,较不发达部分也不限于向较发达部分出售农产品,这两部分还相互提供资金、技术、人力,联合生产,联合经营。

2. 在开放条件下,经济中的较不发达部分由于受到经济中的较发达部分的多方面的影响,特别是通过两部分的联合生产和经营,它的商品性日益加强,它的自然经济性质则不断减弱。

3. 在开放条件下,由于经济中的较不发达部分受到经济中的较发达部分的多方面的影响,特别是通过两部分相互提供资金、技术、人力以及联合生产和经营,较发达部分的经济的发展除依靠其自身的力量而外,还要依靠较不发达部分的协作,而较不发达部分的经济的发展除依靠其自身的力量而外,也要依靠较发达部分的协作。这样,在社会主义经济发展过程中,经济中的较不发达部分并非通过自己的衰落、解体、分化而使本身尚保存的部分得到发展,它将同较发达部分一样,在两部分交流和协作之中得到发展。

四、开放的二元经济结构的发展措施

(一) 根据相对优势,确定投资方向和规模

1. **绝对优势和相对优势**

经济中的较发达部分和较不发达部分各有自己的相对优势。经济中的一个组成部分提供某种产品和劳务比提供其他产品和劳务更为有利,这就是它的相对优势所在。相对优势与绝对优势是有区别的。现举例如下:

假定经济中有 A 和 B 两个组成部分,它们都提供 X 和 Y 两种产品。

假定 A 在生产 X 时,成本较低,B 在生产 Y 时,成本较低。那么,对 A 来说,在 X 的生产上有优势,对 B 来说,在 Y 的生产上有优势。这里所说的优势是绝对优势。根据绝对优势,A 和 B 可以进行分工、交换。

假定 A 在 X 和 Y 的生产中都居于优势,B 在 X 和 Y 的生

产中都居于劣势。但对 A 来说，在占优势的 X 和 Y 两种产品中，必然有一种更具优势。对 B 来说，尽管 X 和 Y 两种产品在生产时都不如 A，但相对而言，Y 产品的生产比 X 产品的生产要好一些。这样，生产 Y 对 B 仍有相对优势。于是根据相对的优势，A 集中力量提供 X，B 集中力量提供 Y，这种分工、交换对双方都有利。

在二元经济结构的分析中，认识到一个组成部分的绝对优势比不认识它要好些。但只认识绝对优势之所在而不认识相对优势之所在，那是远远不够的。

2. 资源相对丰裕程度

经济中每一个组成部分的相对优势，取决于各自的资源相对丰裕程度。这里所说的资源包括自然资源、生产技术设备、劳动力数量、劳动力质量、组织与管理能力等。虽然总的说来，资源对于经济中任何一个组成部分都是有限的，每一个组成部分的发展都要受到资源的不同程度的约束，但就每一个组成部分来说，它所拥有的各种资源中总有相对丰裕的部分，因而它可以查明自己在哪些产品和劳务的提供上具有相对的优势，再由此决定发展的方向、规模以及同经济中其他组成部分之间的联系。

在二元经济结构条件下，要使经济中每一个组成部分在原有基础上不断提高，就应当根据由资源相对丰裕程度决定的相对优势，选择技术创新的适当形式，进行投资。

由于发展过程中所要建立的是开放的而不是封闭的二元经济结构，所以经济中每一个组成部分究竟应当如何发展生产，应当建立什么样的产业部门，这些必须从生产要素组合的有效性来考虑，从经济中不同部分各自如何确定相对优势，以利于进行分工、交换来考虑。经济中每一个组成部分,不一定要求生产门类齐全或产品品种齐全,而只要求根据相对优势来确定产业部门的建立和发展,这才符合开放的二元经济结构的原则。①

(二)在经济中每一个组成部分发挥各自相对优势的前提下,相互提供资金、技术或人力,开展经济技术合作,以促进生产要素的有效组合

1. 封闭条件下经济较不发达部分发展中的不良循环

在二元经济结构中,经济较不发达的部分的收入水平较低,社会集资较少,技术创新可能性较小,从而劳动生产率增长较慢。这样,原来的低劳动生产率再加上劳动生产率增长较慢,不仅使收入继续处于低水平,而且将使经济较不发达的部分同经济较发达的部分之间的收入差距增大。这就是经济发展中"收入增长率低—劳动生产率增长率低"的不良循环。

为了防止收入差距扩大,社会主义国家可以采取各种收入调节措施。但应当指出,避免收入差距过大的积极措施是通过较不发达部分本身的经济发展,提高劳动生产率增长率,提高收入增长率。

2. 较不发达部分从外界引进资金和技术,是突破上述不良循环的重要的一环。

尽管较不发达部分也有自己的相对优势,但只有利用资金和技术,才能把潜在的相对优势变为现实的相对优势。从外界,包括从国内的经济较发达部分,引进资金和技术的作用,在于实

---

① 从相对优势的考虑出发,一个地区、一个城市不要求生产门类齐全或产品品种齐全。但这是就生产方面而言的。在生活上,则应当使一个地区、一个城市有尽可能齐全的生活服务项目。也就是说,为了便利居民的生活,一个地区、一个城市应当建立多种生活服务性的商店、服务性企业和单位。

现适合本部分情况的技术创新，有效地重新组合生产要素，提高劳动生产率，进而提高收入水平，以突破发展中的不良循环。

在给定的经济体制前提下，经济中较发达部分和较不发达部分可以联合生产，联合经营。指导性计划范围和市场调节范围的扩大，将对经济中两个组成部分之间的合作提供更多的机会。具有重要意义的是，经济中两个组成部分之间的经济技术合作主要是通过企业之间的合作来实现的。这样，必须使从事这种合作的企业双方都能得到实际的利益，并相应地承担经济责任。换言之，二元经济结构的开放性主要体现在企业经济活动的开放性上；把企业的经济活动局限在十分狭小的范围内，使企业的经济活动实际上是封闭式的，既不利于较不发达部分的发展，也不利于较发达部分的发展。

3. 在二元经济结构中，任何一个组成部分经济发展的不良循环的继续存在，归根到底都是不利于另一个组成部分的经济发展的。

尽管二元经济结构会长期存在，但社会主义经济毕竟是一个统一的整体，较不发达部分与较发达部分各自在统一的整体中占据一定的位置。假定经济中这两个组成部分全都处在经济发展的上述不良循环之中，那么整个社会主义国家的经济发展就不可能进入"收入增长率高—劳动生产率增长率高"的良性循环状态。现在要考察的问题是：假定其中一个部分的经济发展处于不良循环之中，则将对另一个部分发生什么样的影响？

第一种情况是经济中的较发达部分的经济发展出现了不良循环。这种情况的出现很可能与投资有关。例如投资过少或投资效率过低，使经济处于停滞状态，或投资方向不当，使投资发挥不了应有的作用,或投资过大,生产资料严重供给不足,从而阻碍了经济发展,等等。由于经济中的较发达部分为全国提供主要的工业品,并且是财政收入的主要来源、较不发达部分提供的农产品的市场,因此较发达部分经济发展的不良循环将会导致较不发达部分的经济停滞。

第二种情况是经济中的较不发达部分的经济发展出现了不良循环。出现这种情况的主要原因在于资金、技术不足。由于较不发达部分通常是农产品的提供者和工业品的市场,这一部分经济发展的不良循环将会使整个国民经济处于"跛足"的状态,使较发达部分难以持续稳定地发展,至少会使较发达部分的经济增长率降低。

由此可以对经济中两个组成部分之间的经济技术合作的意义有进一步的认识。这种合作不仅使参加合作的企业彼此得到利益,而且从整个国民经济的角度来看,它也会使社会受益。经济中每一个组成部分的经济发展都能由此转入"收入增长率高—劳动生产率增长率高"的良性循环,国民经济也将在良性循环的轨道上发展。

(三)政府的作用主要在于促进经济中不同部分的企业之间的经济技术合作

在加速经济中较不发达部分的发展方面,政府采用直接投资、信贷支持、价格调节等手段是能够起作用的。但作为一种发展战略,政府不应当采取"输血"、"济贫"的方式来对待经济中较不发达部分的开发事业,而应当通过自己的各种手段来促进经济中不同部分的企业之间的经济技术合作,从而增强较不发达部分自身的"造血"能力,使较不发达部分通过自身的发展来摆脱贫困状态。

第四节 基本内向型经济与基本外向型经济的比较

一、基本内向型开放经济

对外开放的经济,包括对外开放的社会主义经济,通常有两种类型,即基本内向型的开放经济和基本外向型的开放经济。①

基本内向型开放经济是指这样一种经济,它通过对外贸易,在国内建立制造最终产品的工业部门,以这些工业部门的制成品替代原来需要从国外进口的工业制成品,以满足国内的需求。因此,基本内向型开放经济的重点放在国内市场上。它的进出口战略是一种"出口是为了进口"的战略。所谓"出口是为了进口",就是说,为了满足国内市场的需求,需要进口产品,而为了进口这些产品,必须出口相应价值的产品作为支付。

基本内向型开放经济的优点是:由于重点放在国内市场上,它可以使本国经济较少地受到国际市场波动的影响。但它也有一些弊端:一是易于形成对本国落后的工业部门和企业的保护,使本国技术水平与国际先进技术水平的差距越来越大;二是往往不注意出口贸易的盈利性,即把出口的目的单纯看成是换取外汇,以便购进国内市场所需要的外国产品。

---

① 这里使用的概念是"基本内向型"和"基本外向型"。要知道,纯粹"内向"的经济仅仅存在于封闭条件下。纯粹"外向"的经济仅仅存在于开放条件下的特定地区(而且仅限于较小的范围内)和特定部门(严格地说,是特定的"次部门"、"再次部门")。

二、基本外向型开放经济

基本外向型开放经济是指这样一种经济,它在国内建立以国际市场为主要销售场所的工业部门,这些工业部门的产品(包括半成品和制成品)在国际市场上有竞争能力。因此,基本外向型开放经济的重点放在国际市场上。它的进出口战略是一种"进口是为了出口"的战略。所谓"进口是为了出口",就是说,为了开拓国际市场,必须出口有竞争能力的产品,而为了出口这些产品,必须进口具有相应价值的产品,以满足生产出口品的需要。

基本外向型开放经济的优点是:它能够较好地利用本国在资源方面的优势,在不断发展对外贸易的过程中缩小本国与国外的技术差距,同时,它能够发展有竞争能力的工业品生产,通过对外贸易取得较多的盈利和外汇收入。但它也有一些弊端:一是同国际市场上的价格之间的关系过于紧密,如果国际市场上的价格有较大波动,就会引起国内经济的震荡;二是往往使本国经济过分依存于其他国家的国内需求,并进而依存于其他国家的经济政策,一旦其他国家的国内市场有较大波动或经济政策有重大变化,也会引起本国经济的震荡。

三、基本内向型开放经济与基本外向型开放经济之间的选择

一般说来,资源相对丰富、资源自给率较高的国家不像资源比较贫乏、资源自给率较低的国家那样密切地依赖于国际市场,依赖于进口。因此,前者倾向于实行基本内向型开放经济,后者

倾向于实行基本外向型开放经济。

此外，国内市场容量的大小和工业企业的规模之间的关系也是一个值得注意的问题。这是因为，要降低工业品的生产成本，就必须使工业企业达到一定的规模。如果工业企业的规模达不到适度规模的要求，工业品的生产成本就高，产品的竞争能力就低。因此，如果一个国家的国内市场容量大，它的工业品以本国市场为主要销售场所，不少工业企业可以达到适度的规模，从而可以盈利。如果一个国家的国内市场容量小，从规模经济的角度来看，它的工业要达到适度规模的要求，其产品就有必要面向国际市场，即以一部分产品满足国内市场的需求，而把另一部分产品输往其他国家。这表明：国内市场容量大的国家倾向于实行基本内向型开放经济，国内市场容量小的国家倾向于实行基本外向型开放经济。

四、以基本内向型为主的开放经济的设想

在制定我国的发展战略时，首先要考虑到我国幅员广阔，人口众多。随着收入水平的提高，国内市场容量越来越大。从规模经济的角度来看，我们的工业部门和工业企业可以在以国内市场为主要销售场所的条件下达到适度规模的要求。加之，由于基本外向型的开放经济具有过分依存于国际市场和其他国家的国内经济状况的弊端，所以我们不宜于以基本外向型开放经济为主。

但以基本内向型开放经济为主并不意味着不需要克服基本内向型开放经济的弊端。我们需要在国内开展联合、竞争，让企业通过联合，通过竞争，提高本身的技术水平，以缩小我国技术

水平同世界先进技术水平的差距。保护政策也是需要的。如果不加区别地让一切国外产品进入国内市场，将使国内的工业受到损害。但对国内工业部门的保护必须符合长远利益。受保护的工业应限于处在兴起阶段而又有发展潜力的部门，不应当把保护变为单纯地保护落后。而且，即使对国内工业的某些部门进行保护，也不能把它理解为永久性的保护，否则这些受保护的工业部门和企业将成为"温室中的植物"，在国际市场上缺乏竞争能力，缺乏生存的本领。这就是说，保护不仅应当因部门不同、产品不同而有所区别，它还应当是有期限的，对一定部门、一定产品的保护经历一个时期之后便应当减少，直到最终取消。

此外，在以基本内向型开放经济为主时，有必要强调对外贸易的盈利性。应当改变那种单纯以换取外汇为目的的经营方针。在给定的经济体制前提下，政企职责分开，企业有充分的活力，这就为对外贸易企业的盈利准备了条件。当然，国际市场上的竞争是激烈的，在出口贸易中究竟能否盈利，取决于产品能否反映先进的科学技术成果，能否反映我国技术创新的特色。由此可见，在以基本内向型开放经济为主时，如果要避免基本内向型开放经济的弊端，就应当把开展科学技术研究、将研究成果应用于国内生产之中，使劳动生产率有较大幅度的提高，列为一项关键性的措施。

五、某些地区和某些部门的基本外向型开放经济的设想

从全国范围来说，我国应当建立的是以基本内向型为主的开放经济。但与此同时，我国可以根据实际情况，建立某些地区和某些部门的基本外向型开放经济。

这里所说的某些地区,主要指一些沿海城市及其邻近区域、内陆一些边境城市及其邻近区域。某些交通运输条件、资源条件适宜的内地城市及其邻近区域,也可以包括在内。在这些地区,可以面向国际市场进行生产,为此,或者采取"进口是为了出口"的战略,即从国外进口原料、设备,供生产出口品之用,或者服从于全国范围的"出口是为了进口"的战略,即利用国内的原料、设备,在当地加工生产出口品。

这里所说的某些部门,也包括某些部门中的某些产品的生产在内。这些产品可以把国外作为主要的销售场所。如果采取"进口是为了出口"的战略,那么所利用的是本国在这些产品生产方面的人力资源优势或技术、工艺的优势;如果服从于全国范围的"出口是为了进口"的战略,那么所利用的不仅是本国在这些产品生产方面的人力资源优势或技术、工艺的优势,而且包括自然资源的优势。

某些地区和某些部门的基本外向型开放经济也会具有一般基本外向型开放经济的弊端,即容易受到国际市场波动和其他国家经济政策变化的影响,从而产生经济的不稳定性。但一方面,由于这只是某些地区和某些部门所遇到的问题,不致导致全国性的经济不稳定;另一方面,如果采取一定的措施,如采取全方位的贸易方针(即采取贸易伙伴多元化的方针),增加长期贸易协议所占的份额等,是有可能缓和这些地区和部门所经受的国际市场波动和其他国家经济政策变化的冲击的。

六、经济特区的发展战略

关于经济特区的发展战略,有必要单独论述。一个经济特区采取基本外向还是"双向"的发展战略,要根据它自身的情况来确定。

"双向"发展战略是指:国外市场与国内市场并重,所生产的产品既为了出口,也为了内销。与此相应,在"双向"的开放经济中,既采取"进口是为了出口"的战略,同时也采取"出口是为了进口"的战略。

经济特区各自的地理位置、资源状况、历史条件和已有的建设规模是不同的。不同的经济特区可以采取不同的发展战略。

适宜于实行基本外向型开放经济的经济特区将是这样一类经济特区:本身原来的工业基础差,自然资源不足,本身的市场容量小,但地理位置有优势(如接近国际市场,对外运输条件好),有可能通过有计划的或自由的劳动力流动而形成一支技术工人队伍。这样,它可以吸收外资,引进设备,进口生产出口品所需要的原料,产品以出口为主。只要它在外汇收支方面长期保持顺差,对它来说,基本外向型开放经济就是可行的。它作为基本外向型的经济特区,可以通过少部分产品的内销,通过同内地的经济技术合作、交流,而发挥经济特区的技术窗口、管理窗口、知识窗口、对外政策窗口的作用。

适宜于实行"双向型"开放经济的经济特区将是这样一类经济特区:本身原来的工业基础较好,资源条件较好,有条件同时利用外资和内资,有一定的市场容量。这样,它可以一方面兼收外资和内资,引进和自制设备,从国内外输入生产出口品所需要的原材料,制成工业品出口,另一方面,加强与内地的经济联系,将大量产品内销,并以这些产品替代内地原来需要进口的产品。只要它在外汇收支方面能基本上维持平衡,对它来说,"双向型"

开放经济就是可行的。实行"双向型"开放经济的经济特区同样起着"窗口"的作用。

第五节 早熟消费与滞后消费的比较

一、消费与生产的同步问题

消费与生产的同步是指消费与本国生产的发展程度完全相适应，也就是在生产发展的同时，消费紧接着进行调整和变化。

消费与生产的同步不是政府有意识地安排的，它出于消费者的自发活动。这种同步性的出现既有客观原因，也有主观原因。从客观上说，本国在生产发展方面居于领先地位，有能力向居民提供在该种生产技术条件下的消费品和消费方式。从主观上说，消费者的收入和支出随生产的发展而相应增长，并且他们的消费活动不受非经济因素的干扰。但消费与生产的同步并不具有普遍意义。尤其对发展中国家来说，消费与生产的同步更缺乏现实性。发展中国家面临的是消费的滞后还是消费的早熟？

二、消费的滞后

消费的滞后是指消费的变化落后于生产的发展。一般说来，滞后的消费是一种以人为的方式对以后的消费进行调节。

从客观上说，消费之所以滞后，与生产发展过程中存在着产业结构和产品结构不适应有关。例如，一国在较长时期内只注意发展生产资料的生产，不注意发展消费品的生产，或者只注意发展某些消费品的生产,而不注意发展随着消费结构变化而为消费者所需要的一些消费品的生产,这样,消费不可能随着生产的发展而相应地进行调整和变化。

从主观上说,一方面是由于消费者收入未能随着生产的发展而相应地增长,从而缩小了消费支出,另一方面则可能由于发展目标的需要而有意识地增加储蓄,压缩消费,或出于思想、文化、习惯等原因而忽视消费的作用,轻视消费的意义,以致消费的变化落后于生产的发展。

三、消费的早熟

消费的早熟是指消费的变化过快,即消费超越了本国生产发展的程度。一般说来,早熟的消费是一种诱发性的消费,它是在外界的影响下发生的。它也可能发生于储蓄所占比重过小的经济环境中。发展中国家消费早熟的主要标志,一是储蓄在收入中所占的比重过小,二是生产资源中为发展新消费方式而消耗的资源所占的比重过大(接近于发达国家的水平)。

从客观上说,消费之所以早熟,与对外开放条件下受到国外的消费方式的影响有关。在一国同经济发达的国家交往的过程中,经济发达国家的消费方式是与它们本国的生产发展程度相适应的,但对于发展中国家来说,这种消费方式可以通过不同的渠道而发生"示范作用"。这被称为"消费的国际示范"。于是发展中国家的消费便有可能以超越生产发展水平的程度变化,形成了早熟消费。

从主观上说,同样可以从经济方面和非经济方面进行分析。在经济方面,出现早熟消费可能是由于储蓄过少,因而消费者的消费支出增长过快。在非经济方面，则是由于消费者在经济发展过程中有一种内在的要求早日摆脱消费受压抑状况的动机，加之消费行为本身一般是不可逆的，因此消费者一旦有可能购买新的消费品和采取新的消费方式，便会自动改变消费观念，增加消费支出。

四、消费滞后与消费早熟的利弊

对发展中国家来说，消费滞后与消费早熟各自的利弊如下：

滞后的消费的好处是：它有利于在经济发展过程中增加储蓄，发展生产能力，保证一定的经济增长率。它的弊端是：第一，在这种情况下，消费者的意愿不受重视，消费者的利益得不到保障；第二，由于忽视了消费对生产的重要作用，易于造成生产与消费的脱节，结果不利于经济的发展，使经济增长难以长期持续。

早熟的消费的弊端较多：第一，它导致经济发展中用于投资的资金不足，使经济增长率下降；第二，由于新消费品多半是发达国家生产的，发展中国家自己有时还不能制造它们，于是进口的消费品会过多，使国家本来比较有限的外汇储蓄耗费在消费品的进口上，甚至会使国际收支出现逆差，外债增大；第三，由于新消费品的使用和新消费方式的推广不是孤立的，它们通常需要消耗电力，或需要消耗汽油，这样，在一国开始进行现代化建设时，不得不把资源中的相当大的一部分用于发展新消费方式，从而影响生产建设。当然，也不能认为早熟消费没有任何好处。可能会有这样一个好处，即加速本国的耐用消费品工业部门的建设速度。但与它所造成的弊端相比，这种好处是不足道的。

五、消费的适度滞后的探讨

如果说消费与生产的同步对于像我国这样的发展中国家说来缺少现实意义,从而我们在消费的发展战略方面需要作出适合自己国情的决策的话,那么在当前存在着"消费的国际示范"的条件下,我们不但不应当实行早熟型的消费,而且要竭力防止早熟消费的出现。[①]

这样,我们可以选择的只是滞后的消费。至少在社会主义从不发达状态向中等发展状态过渡,以及由中等发展状态向发达状态过渡的时期内,只能如此。但要知道,滞后消费的滞后程度是可以有差别的。不妨把消费的滞后区分为严重滞后和适度滞后。严重的消费滞后是指消费与生产发展的脱节达到了这样的程度,以致阻碍了生产的进一步发展,严重损害了消费者的利益。严重的消费滞后显然有损于经济发展,从而是应当避免的。适度的消费滞后与此不同。它是指消费虽然落后于生产的发展,但脱节的程度并不大。随着生产的发展,消费也在原有的水平上相应地提高,但消费同生产的发展之间大体上总保持着一个较小的距离,这样就既不会影响投资和经济增长,也不会损伤劳动者的积极性。从根本上看,适度的消费滞后也是符合于社会主义社会的劳动者的长远利益的。

六、对消费的引导和对消费支出增长率的控制

（一）对消费的引导

[①] 应当指出,这里提出的是防止早熟消费的出现,并不意味着在我国已经出现了早熟消费。从投资在国民收入中的比例和生产资源中用于发展新消费方式所消耗的部分所占比重来看,我国目前并不存在早熟消费。

政府不能直接命令企业生产什么样的花色品种的消费品，更不能直接规定人们如何消费。在对待居民的个人消费行为方面，政府所应该做的和能够做的是对消费的引导。具体地说，政府可以通过以下三个途径来引导人们的消费：

1. 向消费者提供比较多的、比较准确的市场信息，沟通生产单位与消费者之间的联系，以利于消费者进行选择和合理地分配自己的消费支出。

2. 引导人们树立正确的消费观念，改变人们对消费的某些不正确的看法。例如，对资本主义国家流行的消费方式和消费风气中的某些不健康的内容，要说明它们的危害性，并予以抵制。又如，对于什么是节约，要有科学的解释。从生产领域来看，节约是指消灭生产中的浪费现象，减少单位产品的能源、原材料消耗，减少非生产性支出，提高经济效率。从消费领域来看，尽管消费是个人的行为，但由于资源是有限的，应当把有限的资源用到更需要的地方去，所以要节约水、电、燃料以及各种稀缺的资源。其次，尽管消费是个人的行为，但人们在生活方面的挥霍，将对其他人的消费行为直接或间接发生作用，这也是需要注意的。当然，生活要美化，在人们的衣着、饮食、娱乐等方面不应当强求一律。人们改善生活的愿望是正当的，绝不能把节约狭隘地理解为压缩消费和降低人们的生活水平，如果那样的话，就不符合节约一词的本义了。

3. 促进公共服务事业的发展和公共服务项目的增加，满足消费者的多方面的需求。

(二) 对消费支出增长率的控制

对消费的引导主要是微观经济研究中的课题，对消费支出增长率的控制则是宏观经济研究中的课题。

根据适度的消费滞后的论点,可以得出这样的看法,即为了有利于经济的发展,应当使消费支出的增长同国民收入的增长保持适当的比例,同社会劳动生产率的增长保持适当的比例。生产的发展是消费增长的前提,消费支出增长过分落后于生产的发展,或者消费支出增长超越了生产的发展程度,都是应当防止的。为此,对消费支出增长率的控制,不能仅仅从消极的方面来理解,即把这种控制单纯看成是限制消费支出的增长。从积极的意义上说,控制消费支出增长率的目的,既是为了避免消费的早熟,又是为了避免消费的严重滞后。

假定经济立法是健全的,经济监督是有效的,而国家的各种规定(如关于税率的规定、企业税后利润分配的规定、工资增长率和劳动生产率增长率之间关系的规定、企业专项资金用途的规定、信贷的用途的规定,等等)能够被严格执行,那么在给定的经济体制之下,对消费增长率的控制一般不会发生重大的问题。这是因为,根据上述条件:

1. 农民和从事直接生产经营的其他劳动者的收入是同他们向市场提供的产品和劳务的数量相适应的。在一定价格水平的条件下,他们提供的产品和劳务的多少决定了他们的收入多少。而他们的收入中必然有一部分要用于非消费的项目。这样,农民和从事直接生产经营的其他劳动者的消费的增长是在生产发展的基础上实现的,并且可以保持适度的消费滞后。

2. 企业职工的收入是同企业向市场提供的产品和劳务的数量相适应的。在一定价格水平的条件下,企业提供的产品和劳务的多少决定了企业的总收入多少。企业的总收入中,包括了支付给企业职工的工资和企业其他支出。如果企业有税后利润,那么能转化为企业个人收入的只是其中的奖金部分。这说明,企业职工的工资收入和奖金收入是以企业生产为前提的:无论是企业的总收入还是企业的税后利润,都只有一部分转化为企业职工个人收入。而且,企业职工个人收入中也有一部分要用于非消费的项目。这样,企业职工消费的增长是在企业生产发展的基础上实现的,并且可以保持适度的消费滞后。

3. 国家机构工作人员的收入是国民收入再分配的结果。他们的收入来自财政收入,而财政收入归根到底来自生产单位创造的国民收入。国家机构工作人员的收入受到国家财力的制约,国家的财力受到生产部门创造的国民收入的制约,这意味着,国家机构工作人员的收入间接地与生产的发展保持联系。由于国家机构工作人员的收入中同样有一部分要用于非消费的项目,这样也就有可能保持适度的消费滞后。

农民和从事直接生产经营的其他劳动者的收入、企业职工的收入、国家机构工作人员的收入是社会主义社会中个人消费支出的主要来源。只要这三部分的收入的增长率得到了控制,对整个社会的消费增长率的控制也就不会出现重大的问题。当然,如果经济立法不健全,经济监督没有成效,国家的各项规定又未被严格执行(如企业把税后利润中的生产发展基金、福利基金转用于个人消费,企业的工资增长率等于甚至大于劳动生产率增长率等),那就会出现消费增长过快,从而不利于经济的稳定和发展的结果。

第六节　经济增长与投资的合理性

一、经济增长与投资的关系

（一）经济增长和经济发展

经济增长是指一国的总产值、国民收入的增加。

经济发展通常有宽窄两种含义。狭义的经济发展也以总产值、国民收入的增加来表示，广义的经济发展则不仅包括总产值、国民收入的增加，而且还包括人民物质文化生活水平的提高，以及社会经济结构和制度的变更。

因此，当人们使用经济发展一词时，如果从狭义来理解，那么经济发展与经济增长是一回事；如果从广义来理解，那么经济发展不仅包含了经济增长，而且包括了社会发展。但无论是从广义还是从狭义来理解经济发展，总产值、国民收入的增加都是与经济发展不可分的。于是对经济发展的分析，也可以从总产值、国民收入增加（即经济增长）的分析开始。

（二）制约经济增长的两个基本因素

经济增长是经济运动的结果。总产值、国民收入在经济运动中增大，一是依靠各种资源的投入的增加，二是依靠每一单位资源投入的产出的增加。国民经济中各种资源的投入的货币表现，就是投资。每一单位资源投入的产出的增加，则可以用投入产出之比来表示。平均每一单位投资的产出，称为投资效果。

但由于经济增长是在前一时期已经达到的国民收入水平的基础上实现的，国民经济中究竟能够投入多少资源，取决于投资在国民收入中所占比例(即投资率)的大小。这样,在前一时期国民收入水平为既定的条件下,经济增长受到两个基本因素的制约:一个因素是投资率,另一个因素是投资效果。单纯从这两个基本因素的关系来分析:

1. 如果投资效果不变,投资率越高(即国民收入中投资所占的比例越大),经济增长率越大;

2. 如果投资率不变,投资效果越好(平均每一单位投资的产出越多),经济增长率越大。

(三) 投资是经济增长的第一推动力量

在任何经济增长中,投资都表现为第一推动力量。这里所说的第一推动力量,是指使经济得以在原有的基础上增长的最初的推动力。要使经济持续增长,必须有追加的投资。即使在投资率不变的条件下,要提高投资效果,也往往需要投资,因为这样才能改变原有生产设备或工艺的落后状态,才能提高劳动力的素质,才能改善原材料的质量或采用新型原材料,等等。

当然,经济中会存在这样一种情形,即由于经营管理状况不善或劳动者缺乏主动性、积极性而使得经济不可能增长,因此不需要追加投资,而只需要改善经营管理,调动劳动者的主动性、积极性,也能使经济增长得以实现。但应当注意到,投资作为第一推动力量的作用与改善经营管理,调动劳动者的主动性、积极性的作用并不矛盾,二者可以并存。我们可以在假设经营管理状况、劳动者的主动性和积极性为既定的条件下,肯定投资作为第一推动力量在长期经济增长中的作用。

(四) 对投资率的需求约束和资源约束

如果单纯从投资率和投资效果这两个基本因素的关系来分

析,那么在投资效果不变时,投资率越高,经济增长率越大。但在现实经济中,投资率要受到需求的约束和资源的约束。

1. 由于一定时期的国民收入为既定,投资在国民收入中所占比例越大,消费所占比例越小。消费所占比例偏低不仅阻碍劳动者生产积极性的发挥,而且会使居民可以用于消费的收入偏少,对经济增长发生不利影响。这就是需求状况对于投资率的约束。

2. 由于投资意味着经济中的资源投入,资源投入的价值形式应当与资源投入的实物形式统一,因此,如果投资率偏高而形成生产资料供给不足或生产资料供求结构不协调,也将阻碍经济增长。这就是资源状况对于投资率的约束。

由此可见,即使投资效果不变,也不可能出现投资率的任何程度的提高都能促进经济增长的情况。

二、投资的合理性

(一) 投资在协调经济发展目标中的作用

投资是经济中的第一推动力量,这是从投资与经济增长之间的关系来分析的。但投资还有协调经济发展目标的作用,这种作用表现于:投资有助于促进经济中的各种主要比例关系相适应,有助于同时实现社会经济发展的各项目标,或至少在总产值、国民收入增加过程中不致妨碍其他目标的实现。

如果投资的结果在增加总产值、国民收入的同时,却使得经济中的各种主要比例关系不相适应,使得社会经济发展的其他目标无法实现,那么投资就不仅不能起到促进经济协调的作用,反而会成为妨碍或破坏经济协调的力量。

(二) 合理投资的含义

可以把社会经济发展中所要求实现的目标进行简化，即把它们简单地归结为：促进经济增长，防止物价剧烈波动，提供较多就业机会，提高劳动者的实际收入水平，维持国际收支基本平衡等。

就投资在促进经济增长、防止物价剧烈波动、提供较多就业机会、提高劳动者的实际收入水平、维持国际收支基本平衡等方面的作用而言，投资以后，至少其中有一个方面的情况比过去好转，而没有一个方面的情况比过去恶化，那么这样的投资就是合理投资。如果不符合上述要求，就是不合理投资。

但应当指出，以上关于投资合理与否的论述，与不同目标在实现中的"得"与"失"不可抵消的假定有关。如果没有这种"得"与"失"不可抵消的假定，那就需要对不同目标的重要性进行评价，以及对不同目标的实现程度进行衡量，然后加以比较，才能判明什么样的投资是合理的，什么样的投资是不合理的。

(三) 从投资的合理性看经济发展战略

有关投资的合理性的探讨对于社会主义社会经济发展战略研究是有重要意义的。

例如，某一项投资或某一方面的投资，单纯从增加总产值、国民收入的角度来看，可能是有价值的。但如果这种投资在它形成生产能力之前因占用资金过多、占用资金的时间较长，从而影响货币供应量，影响总需求与总供给之间的关系，引起物价较大幅度的波动；或者，它有可能在形成生产能力之后，本身吸收的就业和由此引起的其他部门、企业的就业反而减少了；或者，即使它形成了生产能力，但由于物价变动和就业变动的影响，或由于劳动生产率下降,而导致劳动者实际收入水平降低;或者,它不能直接或间接导致出口增加,而只能导致进口增加,或导致进口比出口有更大幅度的增加,那么根据不同目标在实现中"得"与"失"不可抵消的假定,这样的投资是不合理的投资。在经济发展中应当尽可能地停止这样的投资。

又如,某一项投资或某一方面的投资,从协调经济和兼顾多种目标的角度来看,它是合理投资,因为它能使经济增长、防止物价剧烈波动、提供较多就业机会、提高劳动者的实际收入水平、维持国际收支基本平衡这些方面的情况中至少有一方面的情况比过去好转,而没有哪一方面的情况比过去恶化。但是,正由于它要协调经济,要兼顾多种目标,因此,在采用或引进技术方面,它不一定要采用或引进最先进的技术(比如最节省劳动力的全自动化工厂等),它也不一定为了使产量更大、劳动生产率更高而购置主要靠进口原材料才能生产产品的最高级设备。

这就是说,考虑到投资的合理性,也许在某些场合,采用中间技术比采用最先进的技术反而有助于经济的协调发展。

(四)单项投资的合理性和总投资的合理性

从每一个单项投资来看,可能出现以下这种情况,即该项投资并不一定在增加产量、提高劳动生产率的同时又能使就业增加,或使出口增加等,那么能不能简单地根据不同目标在实现中"得"与"失"不可抵消的假定,认为该项投资一定不合理,从而应当避免进行呢?对于这个问题需要从两方面进行研究:

1.某项投资本身不可能同时兼顾其他目标,但投资的结果却有助于其他部门或企业的生产有更大程度的增长,有助于协调各个目标之间的关系,有助于其他部门或企业在协调经济发展中起更大的作用,那么这样的投资仍是十分必要的。这样的投资具有宏观经济意义上的合理性。

2. 国民经济中的投资总量是由若干个单项投资组成的。尽管其中某些投资并未在产量增大和劳动生产率提高过程中兼顾其他目标的实现,但只要总投资能起到协调经济发展的作用,即总投资的结果兼顾了各个目标,就可以在承认总投资具有合理性的前提下再分析每一个单项投资存在的理由。

在进行以上两个方面的研究时,都需要分析国民经济各个部门之间的投入产出关系。如果某一部门所生产出来的产品除了直接供应消费者而外,还为其他部门的生产消费所必需,而其他部门所生产出来的产品除了直接供应消费者而外,还为另一些部门的生产消费所必需,如此等等,那么,对某一部门追加一定投资的效果就不仅仅从该部门本身所增加的收入中反映出来。假定一定的收入量与一定的就业量之间存在某种比例关系,一定的劳动生产率增长率与一定的出口量增长率之间存在某种比例关系,那么,对某一部门追加一定投资的效果既反映于该部门本身就业量、出口量的变动,也反映于其他部门的就业量、出口量的变动。这就为单项投资的合理性特别是为总投资的合理性的分析提供了数量的依据。

三、经济增长过程中的就业问题

以上在谈到投资的合理性时,已经谈到了社会主义经济中的就业问题。现在对就业问题作进一步的考察。

(一) 增加生产和扩大就业

从动态的角度考察,假定以生产作为前导因素,以就业作为后继因素,那就可以看到两种后果完全不同的累积性过程。

社会总产值越少,生产者的平均收入越难以增加。生产者的平均收入水平较低,产生了两方面的不利后果:一方面导致社会消费结构长期保持高比率"家内食物支出"的状态,从而大大限制了增加就业的可能性;另一方面,生产者的平均收入水平较低,使得收入用于家庭生活支出之后可以积余下来的部分极为有限,甚至没有积余或者形成负债,而生产者手中没有积余或很小积余则限制了社会集资的可能性,这样也就大大限制了增加就业的可能性。

由生产者平均收入的低水平导致的增加就业的困难,反过来又影响生产者的收入。这是因为:就业越困难,越需要生产者赡养已具有劳动能力但未能就业的家庭成员,从而使生产者的消费结构更难以变更,生产者集资的可能性更小,社会增加就业的可能性也就更加受到限制。

可以对这样两个图式进行比较(见图 18.1、图 18.2):

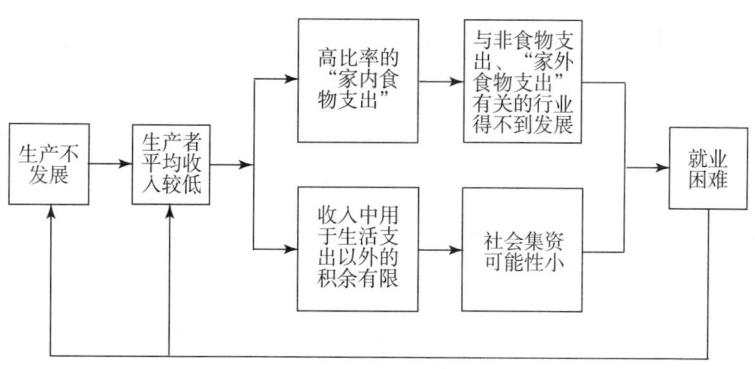

图 18.1

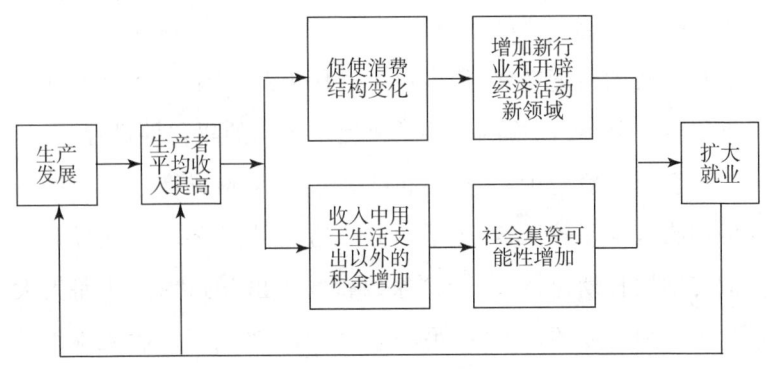

图 18.2

图 18.2 说明,平均收入提高后,居民的消费结构自然会随之发生变化。"家内食物支出"在居民收入中(或居民总支出中)所占的比率会降低,非食物支出、"家外食物支出"所占的比率则相应地提高,于是新行业和经济活动新领域(这里主要指的是第三产业中的若干部门)就得以建立和发展,这些行业和领域将成为吸收劳动力的主要部门,因而就业总量可以不断扩大。就业总量的扩大反过来又会增加产量,并能使每个生产者所赡养的家庭成员数减少,使平均每个生产者的家庭收入增多,这些又会进一步导致消费结构的变化和就业人数的增多,并增加社会集资的可能性。从这个意义上说,平均收入的增长是可以容纳较多劳动者就业的第三产业各部门发展的重要前提。

(二)平均劳动生产率提高与扩大就业

如上所述,增加社会总产值,提高生产者的平均收入,导致消费结构变化,从而创造出较多的工作岗位。但这一过程是与平均劳动生产率提高联系在一起的。

如果每一个增加的劳动者所增加的产值大于平均每个劳动者的产值,则不仅总产值是上升的,而且平均每个劳动者的产值也必定是上升的。假定平均每个劳动者产值的增加意味着平均每人收入的增加,那就必然得出下列结论:只要每一个新增加的劳动者所增加的产值大于平均每个劳动者的产值,就能导致消费结构的变化和新行业的发展,从而为社会提供较多的工作岗位。

反之,每一个新增加的劳动者所增加的产值小于平均每个劳动者的产值,平均每人收入将是下降的,这就不能促进新行业的发展,从而也就不可能为社会提供较多的工作岗位。

由此可见,如果说社会总产值的增加以增加一定数量的就业人数为前提,那么新增加的就业者必须具有一定的文化技术水平,他们所增加的产值应当大于平均每个劳动者的产值,这样才能在平均劳动生产率提高的基础上增加平均每人的收入。假定就业人数增加而平均劳动生产率下降,那么这种形式的就业人数扩大就无助于提高平均每人收入,从而无助于改变消费结构、发展新行业和为社会提供较多的工作岗位。从这个意义上说,平均劳动生产率提高是可以容纳较多劳动者就业的第三产业各部门发展的重要前提。

(三)结构调整与就业之间的关系

即使在社会主义社会中,供给也不可能自行创造等量的需求:要使增加的产品和劳务的供给能与增加的需求相配合,一定要以结构调整作为条件,否则曾经适应消费者需要的产品又会滞销、积压,而由于消费者的需求得不到满足,他们增加的收入将会有相当一部分不被用于消费支出。

在这种情况下,就业问题除了仍要依靠消费结构变化外,还必须通过经济结构、产业结构、产品结构的调整来解决。新行业和经济活动的新领域始终是新就业者的主要去向。但新就业者必须具有适应于新工作岗位的文化技术水平,否则就会出现"人找事"与"事找人"并存的局面。

由此可见,随着新行业和经济活动新领域中新工作岗位的不断产生,表现为"人找事"与"事找人"现象并存的结构性就业问题就会长期存在。原有的职业空位与劳动者的文化技术水平不相适应的矛盾缓和了,新的"人找事"与"事找人"的矛盾又会产生。如果教育结构并未随着经济结构、产业结构、产品结构的继续调整而调整,新形势下"人找事"与"事找人"之间的矛盾就不易解决。

(四)个人职业选择性就业问题

个人职业选择性就业问题是指个人出于对职业的选择而未能就业。这种就业问题表现为:尽管某些工作岗位空闲着,而且没有工作做的劳动者也并不缺乏为从事该项工作所需要的文化和技术,但他们出于对职业的选择,对该项工作不感兴趣,因此宁肯待业而不愿填补该种工作岗位的缺额。

家庭平均收入水平的提高对于解决个人职业选择性就业问题可能没有什么成效。这是因为:在一般情况下,家庭收入越多,子女对职业的选择范围可能越窄,对职业越有所挑剔,因为这时所考虑的主要不是收入,而是兴趣和爱好,甚至考虑得更多的是对职业本身的社会评价。一涉及职业的评价问题,那就不仅与就业者本人的意识形态有关,而且与周围的人的意识形态和社会风尚有关了。

因此,这一类基本上属于意识形态领域的就业问题,应主要从意识形态方面着手解决。加强劳动就业中的政治思想工作和树立良好的社会风尚,逐步改变旧社会遗留下来的把职业分为三六九等以及轻视体力劳动和服务性劳动的风气,对于解决个人职业选择性就业问题具有重要意义。

除此以外,提高全社会的劳动生产率水平,使平均每人的产值不断增长,可以在这个基础上促进工作日长度缩短和工作条件改善,使劳动者有更多的业余时间,并有可能在业余时间保持较多的精力。业余时间的增加和业余时间仍有较多的精力,有助于人们在业余范围内发挥自己的才能,满足自己的兴趣和爱好,并能减少某些人单纯出于个人兴趣和爱好而对职业的苛求。这样也就有可能在一定程度上缓和个人职业选择性就业问题。

四、长期货币回笼渠道和经济的持续稳定增长

从国民经济运行的角度来看,要经济持续地、稳定地增长,就必须使货币回笼(现金回笼)的渠道通畅无阻。这样就不可避免地涉及一个值得探讨的课题:今后主要依靠什么来吸收居民手中的货币(现金)?随着居民收入的不断增加,尤其是在农产品商品率迅速提高、农民手头的货币量越来越多的情况下,这个问题必将越来越重要。另一方面,在给定的经济体制前提下,企业有权根据规定,从税后利润中建立生产发展基金和福利基金,并有权自行支配和使用这些基金,从而也有必要为这些基金的使用安排去向,使之符合国民经济发展的要求。这同样会涉及货币回笼渠道问题。

毫无疑问,货币回笼越快越好。假定一方面生产不断增长,而另一方面居民却在"持币待购",货币回笼速度迟缓,则经济的运行将不可避免地遇到障碍,这显然是不利的。为此,必须研究

保证货币迅速回笼的商品的供应问题。根据我国的具体情况，不妨设想这样三条加速货币回笼的途径：一是建筑业产业（包括住宅）的商品化；二是推广农村的轻型载货汽车；三是发展国内旅游业。

在这三条货币回笼渠道中，住宅商品化被列为首位，这是有道理的。

城乡居民手中的货币将用于消费支出，而居民的消费结构又将随着居民收入水平的提高而变化。"衣"、"食"两项的支出，从绝对量来说，在一定时期内还会继续增长，但它们在消费支出中所占的比重却会下降。"用"和"住"两项支出必然越来越成为企业界可以从居民手中吸收货币的重要项目。然而，"用"与"住"的支出往往联系在一起，家用电器设备、家具、屋内装饰品等支出要受到住房条件的制约。住房条件的改善，必将加速家用电器设备的普及，增加与改善居民生活环境有关的一切商品的销售额。因此，城乡居民住房的商品化实际上预示着一个非常广阔的国内市场，预示着商品流转加快、货币回笼加快的经济前景。

民用公共建筑物作为商品进入市场，以及某些生产性建筑物作为商品进入市场，也为企业有权自行支配和使用的一部分生产发展基金和福利基金的合理使用提供了条件。特别是考虑到今后农村的经济状况，农民通过个人集资而积集的货币资金，也有可能用于购买作为商品出售的民用公共建筑物（如剧场、校舍、文化馆等）和一些生产性建筑物（如农产品加工厂房、养鸡场、仓库等），这同样有利于货币的加速回笼。

除建筑业产品（包括住宅）商品化而外，推广农村轻型载货汽车(从更长远的角度来看,未尝不可以设想私人小轿车的推广)和发展国内旅游业也将是今后货币回笼的两条重要渠道。这两者同建筑业产品商品化之间是有紧密联系的。国内旅游业的发展、农村轻型载货汽车的推广不仅会促进集镇和乡间的民用建筑的普遍更新,并且会大大增加对城乡和公路两侧的生产性、服务性建筑物的需求,从而建筑业产品将会得到拥有很大潜力的市场。建筑业产品商品化将大大加快村镇的建设速度,它有助于在统一规划下把我国的村镇建设成布局合理、各有特色的社会主义新村镇。反过来说,建筑业产品商品化了,也会促进国内旅游业的发展和农村轻型载货汽车的推广。

要知道,建筑业产品商品化、农村轻型载货汽车的推广、国内旅游业的发展都需要较多的投资才能实现。这些投资本身意味着对生产资料和消费品的需求的扩大,也就是意味着货币投放量的增加。这是在建筑业产品建成和出售之前、汽车制成和出售之前以及国内旅游业接待能力扩大之前不可避免的现象,但在这一阶段过去以后,建筑业、汽车制造业和国内旅游业就能起着加速货币回笼的作用,届时,货币回笼数量将超过货币投放数量。如果建筑业、汽车制造业、国内旅游业持续发展,那么上述先增加货币投放量,然后加速货币回笼的过程会持续进行下去。

可以设想,今后我国经济的正常运行同货币迅速回笼的上述渠道的通畅是不可分的。从现在算起,解决我国的货币迅速回笼问题也许需要十至十五年的时间。这是因为,住宅的商品化、农村轻型载货汽车的推广、国内旅游业的发展都需要有一定的过程,但"水到渠成",只要经济增长了,经济本身的发展趋势必然是这样,这是不以人们的意志为转移的。

五、从经济增长的角度看农业在国民经济中的作用

(一)农业的重要性

根据本书第五章的论述,农业与国民经济其他各个部门之间存在着密切的联系。农业是粮食和许多重要工业原料的提供者,农业劳动者及其家庭又是工业品的重要销售对象。因此,农业的发展在经济增长中所起的作用非常重要。

对于像我国这样的社会主义大国来说,农业不能提供粮食,而靠进口粮食解决吃饭问题,是不可想象的。保持粮食生产的稳定增长,具有重要的政治意义和经济意义。在经济增长过程中,农村的产业结构肯定要进行调整,但粮食稳定增长是调整农村产业结构的前提。如果不能保证粮食生产稳定增长,产业结构的调整就很难进行下去。调整农村产业结构,是加速农村经济专业化、商品化的客观要求。重视粮食生产同发展多种经营相辅相成、互相促进。

在经济增长中,由于农业以外的其他部门的发展,农业在国民经济中所占的比重逐渐下降,这个趋势是不可避免的。但这并不等于说今后农业不那么重要了。事实恰恰相反,国民经济越是发展,对农业的要求就越高,即要求农业有更高的劳动生产率,否则农业生产就不能适应发展社会主义商品经济的需要。

(二)发展农业的主要途径

发展农业生产,无疑需要注意发展商品粮专业户。但商品粮专业户以外的各种专业户的发展与商品粮专业户的发展也是相互促进的。商品粮多了,可以促使其他专业户放弃兼营的土

地，从而促进商品粮专业户扩大生产规模，收到规模经济的好处，使粮食生产劳动生产率提高。但在这里，既有促使劳动生产率提高的有利条件，也有不利于劳动生产率提高的条件。有利条件是：在给定的经济体制前提下，广大农民已经作为商品生产者崛起，使农村经济发生了巨大的变革。在政策规定的范围内，放手让农民去干，他们是会创造出更高的劳动生产率的。不利条件是：当前农民作为新形势下的商品生产者，他们的素质还不高，而这只有通过教育的发展来逐步解决。当然，不能忽视这样一点，这就是：一旦压抑了农民作为商品生产者的积极性，那么即使教育有了发展，农业仍然不可能有更高的劳动生产率。因此，农业科研成果不能很快推广的原因，不完全在于农民文化水平低，更重要的是农民有没有应用科研成果的主动性、积极性。放手让农民去干，即使在这个过程中会出现这样那样的问题，那也不必大惊小怪，及时引导、赞助，是可以解决问题的。而且全国农村不应该实行一样的政策，而要因地制宜，讲究实效。这里所说的讲究实效，不仅是指不能追求形式主义的东西，而且也意味着：不能只讲完成产量指标，而不顾市场需求，不讲成本核算，不计算投入产出比率。

在经济增长过程中，调整农业内部比例关系同样有着重要意义。农业内部比例关系至少可以分为两个不同的层次。一是农、林、牧、渔业的比例关系。发展趋势将是林、牧、渔业的增长快于种植业的增长。林业、牧业和渔业所占的比重应当逐渐增大，否则工业生产和人民生活需要的木材、肉类、水产品将供给不足。二是种植业内部各种农作物生产的比例关系。在保证粮食和工业原料（主要是棉花）所必需的产量的前提下，蔬菜生产应当大力发展。这一比例关系可以通过种植面积的调整使之趋于合理。

在经济增长过程中,农业承担着为农业以外的其他部门输送劳动力的任务。在我国人口中,农民占80％左右,劳动力向农业以外的转移将伴随农业劳动生产率、农产品商品率的不断提高而进行。但这种转移并不意味着多余劳动力必须进入城市,而只是意味着多余劳动力要离开农业生产领域,进入其他生产部门。因此,应当通过发展多种经营和乡镇工业自我消化,走"离土不离乡,进厂不进城"的道路。劳动力的这种转移方式将大大促进小集镇的发展,并将通过小集镇的发展而密切城乡之间的联系,加速农村面貌的改变。在乡镇工业中,最有发展前途的是食品加工、饲料加工和建筑材料工业。这些工业的发展,对生产者、对城乡消费者都是有利的。而随着农村建筑材料工业的发展,农村建筑业也必将进入一个新的阶段。农村建筑业将是容纳农业中大批多余劳动力的部门。大批农户建房,加上小集镇的建设,乡镇工业厂房的建造,为农村建筑业开辟了广阔的市场。

总之,从经济增长的角度来看,轻视农业的作用的观点是没有根据的。不重视粮食、农业提供的工业原料以及人民生活所需要的副食品的生产,不提高农业劳动生产率,不设法使农业中多余出来的劳动力合理地转移到农业以外的部门,经济就不可能持续稳定地增长。如果说一个小国仍有可能通过经济的外向化而从世界市场取得粮食和副食品,取得农业提供的工业原料(当然,这要以本国经济在一定程度上依赖于世界市场为代价),以实现经济增长,那么对于像我们这样的一个大国来说,在农业不发展的基础上实现经济增长,是不可能的。

第七节 外汇平衡与社会总需求——社会总供给平衡的关系

一、外汇平衡与社会总需求——社会总供给平衡之间的矛盾

在开放条件下,净出口、净资金流入、净侨汇收入、净入境者支出,可以列入总需求一方。它们如果是正值,表明社会总需求增加。从收入流量的角度来分析,如果国内需求和国内供给已经处于平衡状态,那么只要存在着正值的净出口、净资金流入、净侨汇收入、净入境者支出,在同一时期内,国内供给并不因此而增大,但对消费品的需求和对生产资料的需求却会增大,其结果必定是社会总需求大于社会总供给。

假定一国经济的初始状态是社会总需求大于社会总供给,以及外汇支出大于外汇收入,则政府面临着国民经济管理中的两项任务:一是设法抑制社会总需求,使之与社会总供给保持平衡;二是设法增加外汇收入,使外汇收支保持平衡。然而,这两项任务却是矛盾的。如果要平衡外汇收支,那就要设法增加净出口,或者增加净资金流入、净侨汇收入、净入境者支出(比如说,使来自国外的旅游者人数增加,平均每人多支出一些),但无论哪一种做法,都会使社会总需求增大,而这与抑制社会总需求的愿望显然不符。反过来说也一样,如果要抑制社会总需求,那就只能抑制国内对消费品和生产资料的需求,而不能抑制出口,

也不能抑制资金流入、侨汇收入、入境者支出所体现的对消费品和生产资料的需求,否则外汇支出大于外汇收入的现象只会加剧,而不会缓和。

在实际的国民经济管理中,如何解决外汇收支平衡与总需求—总供给平衡之间的上述矛盾呢?

对这个问题,让我们首先从以下三个不同的方面来进行探讨:

(一)政府调节的重点

政府的调节要根据客观政治经济形势和外汇收支不平衡、社会总需求—社会总供给不平衡的程度来确定重点,这样才能找到适当的对策。在两者都不平衡的情况下,需要权衡轻重。这就是说,如果社会总需求大于社会总供给的严重程度超过了外汇收支不平衡的严重程度,那就应当把抑制社会总需求放在首要的地位,而在外汇收支不平衡变得更为严重时,则以增加外汇收入为当务之急。

(二)政府调节的有效范围

从政府调节的有效范围或政府调节的可能收效程度来看,抑制社会总需求的难度比增加外汇收入要小一些。要知道,抑制社会总需求可以只限于国内经济部分,而增加外汇收入则涉及国际经济环境。一般说来,如果政府决心要抑制社会总需求,即使在较低水平上保持社会总需求和社会总供给之间的平衡也在所不计,即使抑制社会总需求的做法可能对今后的国内经济有较大不利影响也暂不考虑,那么,政府仍然是有较大的可能实现这一点的。至于增加外汇收入,则问题远为复杂。与此有关的外界条件(如国际商品市场上的竞争、其他国家可能采取的限制进口的政策、其他国家的外汇储备状况、国际资金的动向、各国之间投资的相对利润率水平,等等),并非本国政府单方面所能掌握。也就是说,本国政府单方面采取扩大出口的措施,不一定就能收效;只靠本国政府采取吸引资金流入的优惠办法,资金流入量也不一定会像预料的那样增长。因此,在外汇收支和社会总需求—社会总供给二者都不平衡的条件下,假定政府首先要平衡其中的一项,那么通过政府的调节,社会总需求—社会总供给恢复平衡可能较容易一些,而外汇收支平衡的恢复可能较难一些。

(三) 关于经济中存在的"自身制约性"

从经济中存在的"自身制约性"来看,社会总需求—社会总供给的"自身制约性"和外汇收支的"自身制约性"之间存在着一定的差别。先就外汇收支的"自身制约性"而言。假定不考虑原有的外汇储备量,也不考虑汇率的自由浮动,那么可以认为,如果客观上出现了外汇支出大于外汇收入的情况,就会自然形成对下一时期外汇支出的限制。不妨以进出口为例。如果上一年度进口大于出口,造成外贸逆差,那么本年度的进口将受到限制;如果本年度进口仍然大于出口,再次出现外贸逆差,那么下一年度的进口将会受到更大的限制……直到最终不得不把进口减少到最低限度。这就是外汇收支中的"自身制约性"。社会总需求—社会总供给的"自身制约性"与此不同。这里并不存在"必须用外汇才能向国外支付"的问题。如果上一年度出现了社会总需求大于社会总供给的情况,本年度社会总需求不会因此受到限制;如果本年度继续存在社会总需求大于社会总供给的情况,下一年度的社会总需求也不会因此受到限制。也就是说,社会总需求仍有可能继续扩大，而不会像外汇收支那样受到外汇数量方面的制约。当然，社会总需求的过分膨胀迟早也会受到某种限制。这主要是来自市场供求的制约作用，即在社会总需求膨胀而引起物价上涨的情况下，如果资源条件的约束较少，那么社会总供给会相应增加，从而缓和供不应求，或者，如果消费行为的约束较少，那么物价上涨会使得社会总需求的继续扩大受到制约，从而供不应求的情况也会有所缓和。这种情况表明，市场本身存在着一种可以制约社会总需求过分膨胀的力量，只要根据市场机制是否受到人为的限制，以及资源的约束和消费行为的约束是否阻碍着市场机制作用的发挥，就能确定市场对社会总需求过分膨胀的制约力量究竟能大到何种程度。

如果从最坏的方面来考虑，外汇收支的"自身制约性"和社会总需求—社会总供给的"自身制约性"也有相似之处。外汇收支的不平衡发展到极点时，可能转化为一场国际债务危机，而严重的国际债务危机有可能使一国单纯支付外债利息就已经超过了全部外汇收入（假定在发生国际债务危机的条件下不再有新的资金流入）。这样，外汇收支中的"自身制约性"实际上也就不存在了。至于社会总需求大于社会总供给的情况，如果发展到极点，也可能转化为一场社会政治动荡，而严重的社会政治动荡有可能使一国的社会总供给不但不因社会总需求的膨胀而受到刺激，反而会急剧下降（假定在发生社会政治动荡的条件下生产遭到很大的破坏）。这样，社会总需求—社会总供给的"自身制约性"实际上也就不存在了。但这些都是极端的例子。在给定经济体制前提下的社会主义经济中，可以把它们排除在外。

（四）政府调节的"先后顺序"排列

根据以上所述,在同时发生社会总需求大于社会总供给和外汇支出大于外汇收入的条件下,如果不是外汇收支的不平衡更为严重,从而必须把增加外汇收入作为当务之急,那么,从政府调节的有效性和外汇收支的"自身制约性"的特点来看,政府调节可按这样的顺序进行:把抑制社会总需求作为自己的首要任务,在平衡社会总需求与社会总供给之后,再着手解决外汇收支不平衡问题。

至此,我们已经就外汇平衡与社会总需求—社会总供给之间的矛盾以及可供选择的先后顺序提出了初步看法。但这只是先后次序的讨论,我们还没有找到可以解决这一矛盾的途径。现在,让我们转到另一个角度,对这个问题采取另一种分析方法。

二、从增加供给着手来解决这一矛盾

如果外汇支出大于外汇收入,那么,我们除了可以采用增加外汇收入(如增加出口、资金流入、侨汇收入、入境者支出)的办法以外,还可以设法减少外汇支出(如减少进口、资金流出、出境者支出)。但进口在许多情况下是必要的,资金流出和出境者支出在许多情况下又是不可压缩的,因此能够做到的主要是减少不必要的进口和可以压缩的资金流出和出境者支出。尽管如此,这仍然有助于缓和外汇收支的不平衡。假定外汇支出的减少超过了上述界限,比如说,把必要的进口减少了,那就会影响社会总供给,从而同样不利于社会总需求与社会总供给之间的平衡的实现。

再考察在社会总需求大于社会总供给的情况下可以采取的对策。增加供给可能是既有利于实现社会总需求与社会总供给之间的平衡,又有利于实现外汇收支平衡的一条途径。问题在于:在这种情况下,应当增加的是什么样的供给?如何增加这种供给?增加这种供给之后会不会产生与原来意图不一致的后果?现分别论述如下。

(一) 增加什么样的供给

假定同时发生社会总需求大于社会总供给和外汇支出大于外汇收入的情况,作为一种对策,增加较少依赖进口品和有较大可能输往国外的物质产品和劳务的供给是可行的。这就是说,在这种情况下,并非增加任何一种供给都能够符合预定的平衡目的,应当增加的只是上述这种供给。

那么,能不能把较多依赖进口品但同时又有较大可能输往国外的物质产品和劳务的供给的增加也列入这一类供给?比如说,采取"外向"的生产经营方式,主要进口国外的原材料和零部件,进行加工,制成产品出口,等等。如果是这种情况的话,那就必须具体计算这一业务本身的外汇支出与外汇收入的对比。假定外汇收入大于外汇支出,显然也是可行的。

由此可见,无论是增加较少依赖进口品还是较多依赖进口品的物质产品和劳务的供给,只要外汇收入能大于外汇支出,就都可以被认为是既有利于实现社会总需求与社会总供给之间的平衡,又有利于促进外汇平衡的对策。接着要探讨的是:如何增加这种供给?

(二) 如何增加这种供给

一般而言,要增加供给,需要有人力投入和物质投入,而人力投入和物质投入既以实物形式表现(即表现为具体的劳动者和具体的生产资料),也以价值形式表现(即表现为支付给劳动者的报酬和购买生产资料的费用)。假定在实物形式上没有满足增加供给的需要,即缺乏必要的人力和物质资源,供给就不可能增加。假定在价值形式上没有满足增加供给的需要,即缺乏必要的资金,供给也不可能增加。这样,如果要增加供给,那么在供给增加之前,经济中原来就存在的社会总需求大于社会总供给的缺口将会加大,即供给不足的情况更为严重。

因此,即使所要增加的是可以促进外汇平衡的供给,也一定要设法使供给的增加不致加剧经济中原来已经存在的供给不足。在这里,如果我们不仅从总量上看问题,而且从结构上看问题,那么这个问题仍有解决的可能,这就是:在增加供给时,应当充分利用经济中闲置的人力资源(包括在提高劳动生产率方面仍有潜力的人力资源)和物质资源(包括原来利用率不高的物质资源),而尽可能少利用经济中原来就已相当短缺的物质产品和劳务,尽可能不增加新的人力投入。

需要进一步考察的是,如果所要增加的是导致外汇收入大于外汇支出的供给,并且是采取充分利用经济中闲置的人力和物力的方式来增加这种供给的,那么,这种供给增加之后,究竟会不会产生一些与原来的意图(指既有利于实现社会总需求与社会总供给之间的平衡,又有利于实现外汇收支平衡)不一致的后果呢?

关于有利于实现外汇收支平衡这一点,是比较清楚的。这是因为,在探讨增加什么样的供给这一问题时,已经限定了所采取的措施的性质,即这种供给的增加要符合于外汇收入大于外汇支出的条件。

现在要说明的是,增加这种供给以及采取上述方式增加供给,对社会总需求的影响究竟如何?这是否有可能不利于社会总需求与社会总供给之间的平衡的实现?

(三)增加了的供给会不会立即全部转化为需求

要知道,任何程度的社会总供给的增加都表明生产劳动者收入(v)的增加和生产劳动者创造的剩余(m)的增加,即社会净产值(或国民收入)的增加。即使利用的是闲置的人力资源和物质资源,只要物质产品和劳务被提供出来,v和m就会增加,从而在社会总需求和社会总供给平衡公式的社会总供给一方,以价值形式表示的数值就会增大。而生产劳动者收入和剩余是会转化为对消费品的需求和对生产资料的需求的。这就是说,在社会总供给增加以后,社会总需求不可能仍然维持原状,它会因v和m的增加而有所增加。因此,要了解增加了的供给会不会立即全部转化为需求的问题,有必要从实物形式和价值形式两个方面来考察社会总供给的增加:

从实物形式上看,社会总供给的增加意味着以实物形式向社会提供的物质产品和劳务增加了,也就是实物形式的消费品供给或生产资料供给增加了;

从价值形式上看,社会总供给的增加意味着以价值形式表现的国民收入(v+m)增加了,也就是生产劳动者收入(v)和剩余(m)增加了。这就不能不使由增加了的v和增加了的m所转化的社会总需求也有所增加。

于是就会出现这样一个问题:假定增加了的国民收入(v+m)全部转化为对消费品的需求和对生产资料的需要,岂不是不可能符合原定的缩小社会总需求与社会总供给之间的差距,平衡社会总需求与社会总供给的意图?

对于这个问题,可以先从下述两个方面进行分析:

1. 从总量的角度进行分析

增加供给之后所增加的 v 并不一定立即转化为需求。从时间上说,这种转化可能有一个滞后的过程,或一定的时间间隔。不仅如此,v 的增加表现为个人收入的增加,而增加了的个人收入中可能有一部分作为个人储蓄或个人手头持有的现金,而暂时不进入消费领域。

增加供给之后所增加的 m 也不一定立即转化为需求。滞后的过程是同样存在的。特别是,m 中的一部分将进入财政或信贷部门,财政或信贷部门可以根据社会中已经出现的社会总需求大于社会总供给的程度而暂时减少其进入消费和投资领域的数额。

这样,增加了的(v+m)是有可能并不全部转化(至少并不立即全部转化)为需求的。

2. 从结构的角度进行分析

如上所述,从实物形式来考察,增加了的供给表现为不同实物形式的消费品和生产资料。从价值形式来考察,增加了的供给表现为可能转化为需求的 (v+m) 的增加。但增加了的(v+m)所转化的需求,能否与增加了的不同形式的消费品和生产资料供给相一致呢?这是一个结构性的问题。它并不是那么容易解决的。只要在结构上存在着不协调,增加了的(v+m)就有可能并不全部转化为需求。

让我们由此再回到前面给定的具体条件上去。前面已提到,在社会总需求大于社会总供给以及外汇支出大于外汇收入的环境中,所增加的供给,是可以使外汇收入大于外汇支出的输往国外的出口品,所采取的增加供给的方式是充分利用闲置的人力和物力,并尽可能少利用短缺的物质资源和避免投入新的人力。在这样一些给定的具体条件之下,即使(v+m)增加,在(v+m)增加的过程中需要追加的投资的数额也是有限的(当然,不可能完全不增加投资);(v+m)增加之后,m之中转化为投资需求的部分也会受到控制,财政或信贷部门并不一定把进入本部门的m立即或全部转化为需求。同样的道理,在这样一些给定的具体条件之下,即使(v+m)增加,在(v+m)增加的过程中需要追加的消费的数额也是有限的(当然,即使避免投入新的人力,消费也不可能完全不增加);(v+m)增加之后,v之中总会有一部分转化为消费需求,然而v不一定立即或全部转化为消费需求。

(四)用外汇盈余额的一部分换取进口品的做法

在这种情况下,可以分两个步骤来解决外汇不平衡和社会总需求—社会总供给不平衡问题。由于增加的供给是出口品,这有助于增加外汇收入,所以首先解决的是外汇不平衡问题。就国内需求和国内供给之间的平衡而言,从实物形式的角度看,似乎这样并没有直接缓和国内需求大于国内供给的状况,而从价值形式的角度看,如上所述,投资需求和消费需求仍然可能有所增大。那么,国内需求和国内供给之间的矛盾又将如何解决呢?按照上面所拟定的增加供给的途径,这将是第二步措施所要解决的问题。具体地说,可以采取如下的做法:

假定通过增加供给而使外汇收入超过外汇支出之后有某个

盈余额,那就可以利用这一外汇收支盈余额的一部分,进口一些满足国内需求的商品。这样,与采取上述增加供给的措施以前相比,无论是外汇平衡状况还是社会总需求—社会总供给平衡状况都会有所好转。这就是"利用外汇盈余额的一部分,从国外进口商品,以促进国内货币回笼"的方法。这种方法在一定条件下是可行的。

假定上述增加供给的做法不是一次性的,而是连续性的,那么外汇平衡状况和社会总需求—社会总供给平衡状况将越来越好。

由此看来,经济中同时存在社会总需求大于社会总供给及外汇支出大于外汇收入这一难题,通过以上两个步骤,仍可以解决或接近于解决。

三、"出口带动增长"问题的探讨

增加供给就是增加社会总产值、社会净产值(国民收入),也就是实现经济的增长。以上所讨论的,实际上就是"出口带动增长"问题。但以上所讨论的还只是"出口带动增长"的一种类型,即外汇支出大于外汇收入和社会总需求大于社会总供给条件下的"出口带动增长"。

为了进一步说明外汇平衡与社会总需求—社会总供给平衡之间的关系,下面转入对另外三种类型的"出口带动增长"的分析。

(一) 外汇支出大于外汇收入,但社会总需求小于社会总供给条件下的"出口带动增长"

前面曾经指出,一个完整的社会总需求与社会总供给平衡公式,是把净出口列入社会总需求一方的。正值的净出口,就对外贸易收支而言,意味着收入大于支出。因此,在社会总需求小于社会总供给的情况下,正值的净出口的存在本身就是减少社会总供给或扩大社会总需求的一个不可忽视的因素。这就是说,如果社会总需求小于社会总供给,而外汇支出却大于外汇收入,那就应当设法利用多余的供给来平衡外汇收支,比如说,增加出口,或减少进口,或同时兼用这两种方式。

这里要讨论的是带动经济增长的问题。社会总需求小于社会总供给对于进一步增加供给是一个障碍,而这个障碍的存在则是不利于经济增长的,至少经济增长率会下降。假定预定的经济增长率作为目标是近期或中期所要实现的,那么用减少进口的方式来解决外汇平衡和社会总需求—社会总供给平衡的做法就与预定的经济增长目标不一致。在这种情况下,所要采取的,应是"出口带动增长"模式。

由于增加出口既可以增加外汇收入,又可以使社会总需求小于社会总供给的现象有所缓和,还可以保证经济增长的实现,所以这是一种一举三得的措施。

当然,社会总供给大于社会总需求并不意味着可供出口的物质产品和劳务的供给必定大于对这类物质产品和劳务的需求。这仍然是一个结构性的问题。在"出口带动增长"的过程中,可以采取的做法是:利用增加了的外汇收入的一部分进口必要的生产资料,以促进国内的产品结构的调整。这样,总的说来,不仅外汇收支有可能好转,而且也有助于国内的供给和需求方面的平衡的实现。

(二)外汇收入大于外汇支出,但社会总供给小于社会总需求条件下的"出口带动增长"

在这种情况下,通常可以采取的做法是利用外汇收支的盈余额来进口商品,以弥补社会总供给的不足,使社会总供给与社会总需求保持平衡。只要国际市场有为国内所需要的商品可以买进,那么外汇平衡与社会总需求—社会总供给平衡的同时实现,就纯理论的角度来看,是没有什么困难的。

但现在要探讨的是这种情况下的"出口带动增长"问题。从静态分析,似乎这里适用的是"进口带动增长"的模式,而不是"出口带动增长"的模式,然而从动态分析,不难发现,即使利用已有的外汇收支盈余额来进口商品,使社会总需求得以满足,但在国内供给连续小于国内需求的情况下,一旦外汇收支盈余额因进口增加而减少并最终消失,以进口来弥补社会供给不足的做法就难以继续实行下去了。可见,如果没有持续的出超收入作为持续的外汇收支盈余额,"进口带动增长"是不可能持久的。从这个意义上说,持续的"进口带动增长"的基础依然是"出口带动增长"。换言之,在这种情况下适用的仍是这样一种模式:出超→进口→经济增长。

(三)外汇收入大于外汇支出和社会总供给大于社会总需求条件下的"出口带动增长"

这是一种比较复杂的情况。要知道,外汇收入大于外汇支出,表明有可能增加进口。但增加进口却意味着社会总供给的增大,从而使得本来已经存在的供给过多或需求不足的情况更加严重了。假定要消除社会总需求和社会总供给之间的不平衡,则这时应当扩大需求或减少供给,而要扩大需求,则应当增加出口;如果要减少供给,则应当减少进口。两者的结果都会使外汇收入超过外汇支出的数额更大。

这里暂不涉及究竟应该如何看待外汇收支盈余的问题。如果我们限于以平衡作为所要达到的境界，而不考虑外汇收支的盈余问题，那么在外汇收入大于外汇支出和社会总供给大于社会总需求的条件下，可供选择的将是如下的措施：

一方面，以多余的供给作出口之用，另一方面，利用已有的外汇收支盈余和出口所得到的外汇收入换取进口品。由于多余的供给转化为出口，社会总需求与社会总供给之间的关系与原来的情况相比，会朝着有助于平衡的方面变化；同时，由于已有的外汇收支盈余和出口所得到的外汇收入转化为进口，外汇收入与支出之间的关系与原来的情况相比，也会朝着有助于平衡的方面变化。这样，总的说来，两种平衡状况将有可能好转。问题在于：增加了的进口对于下一轮的经济运行会有什么样的影响？会不会使下一轮的社会总供给同社会总需求之间依然保持那样大的差距，即多余的供给是否依然存在？

在这里很重要的一点是：进口的商品应该是可以导致追加需求（或诱发新需求）的商品。这就是说，如果进口的商品可以起到把个人手头持有的现金和个人储蓄动员起来，使之转化为追加消费支出的作用，或者可以起到动员企业追加投资的作用，那么与原来的情况相比，下一轮的社会总供给超过社会总需求的余额将会真正有所减少，从而两种平衡状况将会真正有所好转。

一旦多余的供给在下一轮的经济运行中减少了，经济增长率就会提高。如果持续采取这种方式来安排进口和出口，经济增长也就会持续下去。这就是同时发生外汇收入大于外汇支出和社会总供给大于社会总需求条件下的"出口带动增长"的模式。

四、合理外汇储备的调整

(一)合理外汇储备

以上在考察外汇平衡与社会总需求—社会总供给平衡的关系时,一直把外汇平衡作为所要达到的境界。实际上,在处理这两种平衡之间的关系时,还可以把调整外汇储备作为所要达到的境界。

外汇储备的增减来自外汇收支的变动和外汇净收入流量的正值或负值。在经济增长过程中保持合理的外汇储备,可以应付外汇收支中的逆差,可以用作一般性的外汇调剂,还可以应付特殊的需要。合理外汇储备的数量,按照国际惯例,通常相当于本国3个月左右的进口额。然而进口额并不是一个固定的量,在经济增长过程中,由于社会总产值增长,进口额也是增长的。进口额增长幅度与社会总产值增长幅度之比,又取决于本国的社会总产值的构成、社会总产值增量的构成以及进口的构成、进口增量的构成。但不管怎样,只要进口额随社会总产值的增长而增长,合理的外汇储备数量也就应当随之增加。因此,让外汇收入大于外汇支出而有一定的盈余,对于保持新形势下的合理外汇储备数量是必要的。如果单纯为了保持流量意义上的外汇收支平衡,那就无法满足增加合理外汇储备数量(外汇存量)的需要。

(二)合理外汇储备的增加和减少

在经济增长过程中增加合理外汇数量的必要性清楚地告诉我们,在经济中出现外汇收支不平衡和社会总需求—社会总供给之间的不平衡时,通过增加供给和增加出口而取得的外汇盈余额,应当保留一部分作为外汇储备,以满足增加合理外汇数量的需要。相应地,可以用来换取进口品的外汇盈余额,就比前面所提到的能换取进口品的外汇盈余额减少一些。这一点是完全可以理解的。但保留一部分外汇作为外汇储备的做法,并不与以上所论述的"出口带动增长"和实现社会总需求—社会总供给平衡的方式和步骤相矛盾,只是调整过程需要适当地延长并使经济增长率适当降低而已。这正是为了在经济增长中保持合理外汇储备数量所必需的调整。

当然,这里提到的是合理外汇储备数量,而不是"最优外汇储备数量"。"最优外汇储备数量"这个概念是不明确的,而且在实际经济生活中也很难计算出来。即使是合理外汇储备数量,它仍然有某种伸缩余地。前面谈到,按照国际惯例,合理外汇储备数量通常相当于本国 3 个月左右的进口额。但这也是可以伸缩的。如果国际上通货膨胀率较高,合理外汇储备的数量可以少一些;国际上通货膨胀率较低,合理外汇储备的数量可以多一些。预计今后一段时期内由于国内技术进步和产业结构调整而需要有较多的进口,可以多保留一些外汇作为储备;预计今后一段时期内外汇收入可能增加,也可以少保留一些外汇作为储备。总之,合理外汇储备数量本身并不是目的,它起的是"蓄水池"的作用。在调节外汇收支平衡和社会总需求—社会总供给平衡时,这一"蓄水池"的作用是不可低估的。①

---

① 需要说明的一个问题是:外汇储备数量过多,对经济有哪些不利?假定某一外币正在贬值或将会贬值,那么储存这种外币显然不利。假定外币币值不变,外汇储备数量过多,则可能有以下两方面的隐患。第一,外汇储备的增加意味着本国货币在社会上的数量的增加。如果外汇储备太多了,也就意味着社会上的本国货币太多了,这就有可能导致通货膨胀。第二,外汇储备过多意味着资源的闲置不用,这本身就是一种损失。不仅如此,而且还有可能导致对外贸易的摩擦,使今后的出口遇到困难。所以关键在于善于利用外汇储备,保持合理的外汇储备。

第十九章 衡量社会主义社会经济发展目标实现程度的标志

第一节 人在社会主义社会中的地位

一、社会主义经济研究的最高层次：对人的研究

有关人的研究不限于研究个人行为与社会规范之间的关系。从社会主义经济理论的高度来看，有关人的研究所要涉及的，主要是社会主义生产目的实现问题。这就是说，作为社会主义经济研究的最高层次，应当弄清楚这样一系列问题：我们从事社会主义经济建设究竟是为了什么？我们究竟是为谁提供产品和劳务？我们为什么要提供越来越多的产品和劳务？

二、人不是为了生产，生产是为了人

人是社会的主体，生产本身不是目的。人不是单纯地作为生产力的要素之一而生活在这个世界上的。人之所以生产和生活，其意义远远超过了这一点。如果不是为了人而生产，那么生产就失去了意义。

社会主义社会中的人之所以不同于以往任何社会中的人，很重要的一点是：他们能够成为全面发展的人，能够发挥自己的更大的创造力,充分发展自己的潜在的能力,以及对自身的历史使命的认识不断地提高。社会主义生产发展了,如果社会主义社会中的人的物质文化生活水平并没有相应地提高,他们的利益得不到关心,他们未能在全面发展的道路上有相应的进展,他们的潜在能力未能在相应的程度上得到发挥,或者他们对自身的历史使命的认识依然停留在原来的水平上,那就很难认为这样的生产发展与社会主义生产目的的实现是一致的。

三、人是社会生活的主人

作为社会生活的主人,劳动者在社会主义社会生活中受到尊重,得到关心和培养,感到生活有意义和价值,他们应当有所创造,有所作为,成为全面发展的人。在这里,人人都是普通劳动者,所有的劳动者都是平等的。

四、宏观生产目的和微观生产目的的一致性

在对人的关心和培养方面,社会和企业的生产目的是根本一致的。社会主义公有制企业的性质决定了企业必须关心和培养劳动者。一个企业,如果不顾职工的健康和安全,把职工看做是单纯的劳动力,只顾追求产值和利润,这就是违背了社会主义生产目的。一个企业,如果不顾消费者的利益和需要,粗制滥造,这也是违背了社会主义生产目的。一个企业,如果不顾周围的环境,造成严重污染而又不设法消除,以致危害周围居民的身体健康,这同样是违背了社会主义生产目的。此外,如果一个企业的领导人不尊重职工的权利,不把职工真正当做企业的主人,不关心他们,不发挥他们的才干和主动积极性,领导与职工之间

的关系不是同志式的关系，他们之间的隔阂在加深，信任在减少，那里的职工不可能在生产过程中发展自己，他们是被动的、服从的，那么这样的企业生产，也不可能是符合社会主义生产目的的。

由此可见，社会主义企业应当有盈利，应当增加盈利，否则社会主义社会在实现经济和社会发展目标方面会遇到困难。但这一切仍然不能违背社会主义企业的性质。正如第五篇中已经指出的，企业的经济活动归根到底要受到"劳动者的最大利益"这一社会评价标准的约束。以损害职工、消费者、居民的利益作为代价来追求利润，增加利润，恰恰与社会主义生产的性质背道而驰。由此也可以进一步了解到，社会主义企业既是生产单位，同时也是培养人的场所。企业既向社会提供产品，又向社会提供人才。企业在向社会提供产品方面做出了成绩，是应当予以肯定的。但只有在企业使劳动者走向全面发展的道路上也有所进展的情况下，企业的成绩才能得到全面的肯定。

五、人支配物还是物支配人

社会主义公有制的建立只是为消除"物支配人"现象创造了必要的前提，它本身并不意味着这种不正常的现象不再存在或不再有可能出现。要消除"物支配人"现象，要防止"物支配人"的现象的发生，在建立社会主义公有制之后还有大量的工作需要去做。就这一点而言，发展生产力，增加社会总产值，让人们有丰富的物质产品，固然是重要的，但单纯依靠发展生产力，并不一定能消除那种见物不见人、重物轻人、"物支配人"的现象，或防止它们的出现。

第二节 对社会主义民主、法制、精神文明建设的意义的进一步认识

一、人民群众参加民主管理的深刻意义

人民群众参加民主管理的意义在于：只有他们真正参加了民主管理，他们才不再仅仅是名义上的社会生活的主人、名义上的生产资料的主人，社会主义社会成员之间真正平等的关系才得以实现。以社会主义企业内部关系来说，企业负责人只有在维护国家利益、关心职工生活方面做出成绩，才能得到劳动者的信任和拥护，才能继续留在负责的岗位上。如果他们只注意利润而不顾职工、消费者和居民的利益，只关心自己的地位和自己的亲属子女而不关心企业的经营，不关心职工及其家庭，那么人民群众就有权力撤换他们。

见物不见人、重物轻人、物支配人这些不正常的现象，只有在人民群众参加民主管理、成为名副其实的公有制的主人的条件下才有可能被消除。换言之，只有在一个高度民主的社会主义社会里，劳动者和生产资料才有可能真正结合在一起。

二、社会主义民主的制度化、法律化

在社会主义经济发展过程中，要使劳动者成为名副其实的社会生活的主人，成为名副其实的公有制的主人，就必须加强社会主义民主和健全社会主义法制，使民主建设与法制建设紧密地结合起来。对这一点，应当提高到社会主义经济发展方向的

高度来认识。通过生产力的发展,一个社会迟早能够提供比较丰富的物质产品;但单纯通过生产力的发展,社会并不会自行走向民主和法制。社会必须在民主和法制建设方面不断进行新的努力。在物质产品比较丰富的社会中,如果劳动者在政治生活和经济生活等方面依然处于被动地位,处于与社会上某些成员在法律上不平等的地位,不能成为社会生活的主人,不能行使管理国家和管理经济的权力,那么这样的社会,即使存在着生产资料的公有制,也不是我们希望实现的发展目标。

三、社会主义新型社会关系和新价值观念的确立

建设社会主义精神文明,是为了确立社会主义的新型社会关系,为了给这种新型社会关系奠定深厚的思想和文化基础。社会主义的新型关系不同于以往旧社会关系的本质特征,在于它建立在社会成员根本利益一致的基础上,它是一种团结一致的、和谐发展的社会关系。这种新型的社会关系的物质基础在于社会主义的社会化大生产,在于社会生产力的高度发展,它的思想和文化基础在于社会主义思想建设和文化建设,在于社会的成员是有理想、有道德、有文化、有纪律的新型劳动者。

在社会主义经济发展和社会主义经济体制日趋完善的过程中,人们的价值观念必然相应地发生变化。精神文明建设的一个内容是确立社会主义的新价值观念。传统东方文化中价值观念的核心是家族观念,是小生产者的平均主义思想。近代西方文化中价值观念的核心是个人主义。这两种价值观念是冲突的。一个在传统东方文化基础上实现现代化的发展中国家,时时和处处都可以发现这两种价值观念的较量。然而对我们来

说,其中任何一种价值观念都不是适应于社会主义现代化过程的。我们今天并不是要在这二者之间作出选择,而是要跳出传统东方文化和近代西方文化的圈子,确立自己的社会主义的新价值观念、一种个人创新精神与群体意识相结合的价值观念、一种体现了时代感和社会责任感的价值观念。我们所理解的"平等"或"公平",既不是小生产者的平均主义,也不是"市场的承认就是平等或公平"的原则。我们所要确立的"平等"观念,只能是生产者作为生产资料的主人,是无差异的机会平等,是现实生产力水平上的各尽所能,按劳分配。怎样看待就业,怎样看待福利,怎样看待竞争,怎样看待知识……这一切都要在新的条件下认真考虑。价值观念的转变以及与此有关的社会精神面貌的更新,也许是一场比社会主义经济体制改革更为深刻的革命。我们绝不能轻视这一点,否则我们将会越来越敏锐地察觉到经济基础和上层建筑之间的冲突。

第三节 对人的关心和培养的检验

一、生活质量概念

生活质量是反映人们生活和福利状况的一种标志,它包括自然方面和社会方面的内容。生活质量的自然方面的内容是指人们的生活环境的美化、净化等,生活质量的社会方面的内容是指社会文化、教育、卫生、交通、生活服务状况、社会风尚和社会治安状况等。

生活质量的高低与人们的福利增减直接有关。在人们实际收入不变的条件下,如果生活环境比过去美化了,净化了,社会各种文化和生活服务比过去方便了,社会风尚和社会治安好转了,那就意味着生活质量提高,意味着生活改善和福利增长。反之,在人们实际收入不变的条件下,如果生活环境与过去相比,污染增大了,社会各种文化和生活服务不如过去方便了,社会风尚和社会治安状况下降了,那就意味着生活质量降低,意味着生活状况恶化和福利减少。

二、提高生活质量的物质条件

要知道,居民生活质量之所以能够提高,主要是由于社会增加了用于提高居民生活质量的投资,而追加投资的来源只能是社会的剩余。但社会的剩余是不可能全部用于提高居民生活质量的,否则扩大再生产无法保证。不仅如此,用以提高居民生活质量的各种事业(如文化教育事业、公共服务事业、环境保护和治理事业,等等)不可能脱离其他部门的发展而孤立地发展,国民经济中各个部门之间的协调发展才能保证居民的生活质量切实有效地提高,因此,不发展其他部门或削减其他部门的生产,孤立地扩大用以提高居民生活质量的事业,不仅居民生活质量无法提高,而且会对国民经济发生十分不利的影响。

从这里可以得出这样一个结论:那种认为居民生活质量的提高与生产的增长之间存在着此长彼消的交替关系,甚至认为唯有降低生产增长速度才能使居民生活质量提高的观点,是过于简单的,也是有碍于居民生活质量的最终提高的。应当全面地、综合地看待这一问题。一方面,从静态的角度看,在社会的剩余总量为既定的条件下,用于扩大再生产的资金多了,用于提高居民生活质量的资金就少了。反之亦然。另一方面,从动态的角度看,用于扩大再生产的资金较多,社会可以有更多的剩余,从而为生活质量的不断提高准备了物质条件。社会用于提高居民生活质量的资金总额之所以有可能随着生产的增长而增长,并且能以大于生产增长的幅度增长,其原因正在于此。

三、对生活质量状况的衡量的不同研究途径

对居民生活质量状况的衡量是一个在经济学中至今尚未很好地解决的研究课题。在国外,有些经济学家对这个问题进行了探讨。他们曾提出不同的衡量方法并建立了各种指标。归纳起来,对生活质量状况的衡量基本上有三种不同的研究途径:

1. 对总产值进行一些增减,作为衡量生活质量(或居民福利)的尺度。进行增减后的总产值被称为总产值调整数。它是用货币值表示的。增加到总产值中去的,有闲暇、主妇家务劳动的货币值等;从总产值中减去的,有污染造成的损失等。

2. 用衡量社会发展的综合指标来衡量居民福利和生活质量状况。它不用货币值来表现,而是把所拟定项目的有关数字指数化,再根据每一项目的重要程度而增加它的比重(加权),以求得一个总的指数。所拟定的项目,通常包括识字率、婴儿死亡率、预计平均寿命、就业率、出生率等可以反映居民生活质量的指标。此外,也有把人均总产值或它的增长率、人均国民收入或它的增长率包括在内的。

3. 用社会财富作为衡量居民生活质量的指标。这里所说的社会财富,是一个存量概念,它是指社会上现有的可以用于提高居民生活质量的财富的数量,如生产设备的价值、公共服务设

施的财产价值、住宅的价值、市场可供商品的价值等。生产被认为是社会财富的增加,消费则是社会财富的减少,生产超过消费的余额,是社会财富的净增加。生产超过消费的余额越大,平均社会财富越多,居民的生活质量就越高。

以上这三种不同的研究途径,对于社会主义制度下的生活质量状况的衡量,都可供参考。

四、社会主义的生活质量指标体系的探讨

对于社会主义经济的研究者来说,可以用一定的综合指标作为反映社会主义社会对人的关心和培养程度的尺度。在这里,存量概念和流量概念都是有用的,因为它们各自从一个方面说明居民的福利和生活质量的状况。适用于衡量社会主义社会中的生活质量的指标,可以包括若干组指标,这些指标将按各自的重要程度形成一个综合的指标体系,这是解决这一课题时不妨试用的办法。

选择的指标越少,计算起来就越简便,但所反映的对人的培养和关心程度则越带有局限性;反之,选择的指标越多,计算起来越复杂,越困难,但却能比较全面地反映社会主义社会中对人的培养和关心程度。总的说来,社会主义的生活质量指标体系(或者称之为社会主义的福利与发展指标体系)的设计和计算是一个有待进一步探讨的经济与统计的理论问题,在这个领域内还有不少工作需要去做。

五、名义的生活质量和实际的生活质量

衡量生活质量的某些指标,并不能反映居民实际上得到的

生活质量。如果这样,这些指标就不是实际生活质量的反映,而只是表示名义的生活质量。试以平均每人的疗养院床位数为例。如果这些疗养院不向社会开放,而仅限于社会极少数人有资格享用,就很难把这类床位数的增长作为居民实际生活质量提高的标志。再以城市居民平均每人的草地面积为例。如果市区的草地主要处在一些有围墙的公园里,而这些公园却被占用,不向社会开放,那么也很难把草地面积同居民实际生活质量直接联系在一起。同样的道理,如果由国家拨款建立和发展起来的剧团不面向社会演出,剧场不对社会开放,那么平均每人每年的文化经费作为生活质量指标就不得不打一个折扣,因为其中有一部分不代表实际的生活质量。

区分名义的生活质量和实际的生活质量,有助于检验社会对人的关心和培养的实际情况。社会主义社会把重点放在提高居民的实际生活质量上,才真正符合社会主义生产目的。

第四节 社会的评价标准

一、从关心人和培养人的角度来考察社会的评价标准

社会的评价标准是一个规范经济学的问题。总产值和国民收入虽然是有用的国民经济统计指标,可借以表示生产力的发展水平,但由于它们不足以反映社会发展程度,不足以反映社会经济制度的先进与否,因此把总产值和国民收入(或它们的按人口平均值)作为社会的评价标准,是不适宜的。

在把社会主义社会同以往各种社会经济制度进行比较时,

必须从我们在前面一再提出的"人在社会中的地位"这一命题出发。劳动者在社会中的地位是被用来评价社会主义社会和以往各种社会经济制度的基本的尺度。但究竟怎样判明劳动者在某一个社会中的地位呢？劳动者在社会中的地位可以具体地表现在一些方面，即通过劳动者的实际的物质和精神生活状况表现出来，通过劳动者受到社会尊重、关心和培养的状况表现出来。这些表现不仅是可以被检验的，而且是可以在不同的社会经济制度之间进行比较的。只有这样，劳动者在社会中的地位才能被当作社会评价的标准。

由此我们可以得到一个初步的结论：在劳动者成为社会生活的主人的社会中，劳动者受到社会的尊重、关心和培养；而在劳动者并未成为社会生活的主人的社会中，劳动者则得不到社会的尊重、关心和培养。这就是评价社会的标准。

二、社会评价标准体系

劳动者是否成为社会生活的主人，劳动者是否受到社会尊重、关心和培养，如果劳动者受到了社会尊重、关心和培养，那么他们受到尊重、关心和培养的程度如何，都可以由下列标准来衡量：

（一）社会平等

在把社会主义社会同其他社会对比时，首先要看这是不是一个消灭了人剥削人制度的社会。从劳动者是否成为社会生活的主人这一点来看，这是最基本的标准。这里所说的社会平等，是指劳动者对生产资料占有的关系而言。社会平等意味着消灭了剥削制度。

(二) 丰裕程度

在把社会主义社会同其他社会对比时,要考察这是不是一个能够满足人们基本物质生活需要的社会。人们的基本物质生活需要包括吃饭、穿衣、住房、健康等方面的需要。一个社会如果是关心劳动者的,它就会设法满足劳动者的基本物质生活需要。

(三) 人的全面发展

在把社会主义社会同其他社会对比时,要考察这是不是一个能够满足人们发展自身的要求的社会。人们发展自身的要求是指人们的聪明才智能够发挥出来。人们不仅要吃饭,穿衣,有房子住,而且需要有精神生活的满足。在这方面,有一个由较低层次向较高层次发展的问题。但无论如何,一个社会,如果只有物质财富,而精神生活却是贫乏的,劳动者得不到全面发展的机会,成为片面发展的人,这样的社会就不符合社会要关心和培养劳动者的评价标准。

(四) 安全感

在把社会主义社会同其他社会对比时,要考察这是不是一个能够使人们有安全感的社会。这里所说的安全感,也可以称为保障感,是指人们对现在的生活和未来的生活感到放心,没有重重顾虑。它包括的范围是较广的,即不仅包括生活安定,而且包括社会秩序良好,环境舒适和洁净等。缺乏安全感和保障感,是指人们生活在一种感到没有保障、提心吊胆过日子的状态之中。在这种情况下,即使人们有丰裕的物质产品可供消费,他们也不会感到真正的幸福。

(五) 人与人之间的信任感

在把社会主义社会同其他社会对比时,要考察这是不是一个有良好的道德风尚,人与人之间有信任感的社会。人们生活在社会中,人与人之间时时处处发生联系。假定一个社会没有良好的道德风尚,到处是尔虞我诈,相互倾轧,人们彼此虚伪相待,那么在这样的社会中,即使有丰裕的物质产品,人们也不会感到幸福。

三、对社会主义制度的优越性的进一步认识

尽管社会主义社会目前所达到的劳动生产率还不高,提供的物质产品还不丰富,然而由于建立了公有制,并且在端正经济建设指导思想和建立适合生产力发展要求的经济体制的条件下,劳动者的积极性能够充分发挥出来,因而能以较快的速度提高劳动生产率,实现经济增长。这正是社会主义社会必定会在劳动生产率方面最终战胜资本主义的保证。

社会生产关系是否适合生产力的性质这一点,与上面提到的社会评价标准体系实际上是一致的。我们说,社会主义制度之所以是优越的,是因为社会主义的生产关系适合生产力的性质,使得社会主义社会成为一个社会平等的社会,成为一个能够提高劳动生产率,从而满足人们不断增长的物质文化生活需要的社会,成为人们感到生活有保障、人与人之间有信任感的社会。这就是说,单纯从人均国民收入来比较,会使人们感到我国的人均国民收入是低的,单纯从劳动生产率水平的现状来考察,也会使人们感到我国目前的劳动生产率水平不高。我们不必否认这些,因为它们是历史造成的事实。但是,如果从这里提出的以对劳动者的关心和培养程度作为尺度的社会评价体系来看,

我们会感到，只有在社会主义制度下，我们才能使劳动者成为社会生活的主人，才能使劳动者得到全面的发展，才能使劳动者真正得到社会的尊重、关心和培养。当然，在满足人们物质文化生活需要方面，在人的全面发展方面，特别是在建立人们的安全感、信任感方面，现状距离我们的要求或理想还有不少差距，为此，我们需要作出很大的努力。但只要在社会主义公有制基础上进行了所有制改革和其他改革（包括政治体制改革），广大劳动者的积极性被真正调动起来了，人的聪明才智充分施展出来了，适合于生产力性质的社会主义社会生产关系必将为生产力的高度发展创造条件，我们的人均国民收入必将在社会主义经济发展过程中不断提高，我们的劳动生产率水平也必然会日益增长。这就是我们的社会的希望所在。

劳动者准备建立的是一个什么样的社会？劳动者能够接受的是一个什么样的社会？是一个物质产品虽然充足，但存在着人剥削人制度的社会吗？肯定不是。是一个虽然有丰富的消费品，但精神生活贫乏、空虚，人们缺乏安全感和信任感，人得不到尊重、关心和培养的社会吗？也肯定不是。只能认为那样的社会是一个病态的社会。社会评价标准体系能够告诉人们在不同的社会制度中如何作出正确的选择。用这一社会评价标准体系来对比社会主义制度和资本主义制度，可以充分判明社会主义制度是优于资本主义制度的。

第二十章 经济学的使命
——代结束语

第一节 经济学是社会启蒙的科学和社会设计的科学

一、经济学和政治经济学

这里所说的经济学,是指一般经济学或理论经济学而言。

经济学虽然要研究如何增加物质财富,但并不仅限于研究如何增加物质财富。经济学更应当研究如何利用人们创造出来的财富来满足人们的物质和文化生活需要,研究物质财富增加过程中人与人之间的关系及其变动趋势。对于社会主义经济的研究者而言,这就是说,应当研究如何关心劳动者和培养劳动者,使劳动者真正成为社会生活的主人,成为全面发展的人。如果明确了经济学这门科学的意义,那么无论称之为经济学还是政治经济学,全都一样,因为它们的内容是一致的。

由此可以认为,那种把经济学或政治经济学的对象说成是研究或仅仅研究生产关系及其变动的规律性的表述方式,未免过于简单。

二、经济学研究的三个层次

经济学的研究分为三个层次。

第一个层次是对现行经济体制以及该种经济体制条件下的经济运行的研究。

第二个层次是对经济和社会发展目标的研究。

第三个层次是对人的研究,也就是对人在社会中的地位和作用的研究。

关于经济运行的研究尽管是属于第一个层次,但这是基础性的研究。没有这一层次的研究,也就谈不上第二、第三层次的研究。

三、经济学是社会启蒙的科学

学习了经济学之后,应当了解在经济中什么是"值得向往的"、"应该争取的",什么是"不值得向往的"、"不应该争取的"。具体地说,学习经济学,是为了明辨经济中的是非,明确应该肯定什么,应该否定什么。因为只有这样,才会有方向,有是非感。这就是经济学的社会启蒙作用。

经济学作为社会启蒙的科学,无疑是有阶级性的。经济学不是超阶级的科学。

我们强调经济学的社会启蒙作用,即强调经济学的规范研究的重要性,绝不等于不需要进行经济学的实证研究,也不等于可以轻视经济学的实证研究。经济学的实证研究是在既定的规范前提下进行的。实证研究所得出的成果,将会丰富规范研究的内容,使得经济学中有关社会的评价、政策的探讨、是非得失的分析建立在更具有说服力的基础之上。

四、经济学是社会设计的科学

学习了经济学,并且在明确了什么是"值得向往的"、"应该争取的"之后,就应该进一步去了解,为了使那种"值得向往的"或"应该争取的"目标得以尽快地实现,应该怎么做,应该做些什么。这就是经济学的社会设计作用。

经济学作为社会设计的科学,将告诉人们,如何进行经济建设,如何制定发展目标并且如何把目标实现的可能变为现实,如何促进国民经济的协调,以及如何把人们创造出来的物质财富用于满足人们的不断增长的物质文化生活的需要。

经济学的社会启蒙作用和经济学的社会设计作用在实质上是统一的。经济学作为社会设计的科学,如果不能在明确经济中的是非的前提下进行设计,不能说明一种经济行为究竟对谁有利、对谁不利,不能判断经济运行的后果究竟如何,那么经济学仍然不可能起到促使发展目标实现的作用。同样的道理,尽管经济学作为社会启蒙的科学能够告诉人们如何评价一个目标,但是如果不发挥经济学作为社会设计的科学所应当具有的作用,不研究如何使目标由可能变为现实,那么即使是美好的目标,它也不会自动实现。

五、经济理论和经济政策的关系

经济理论为经济政策的制定提供理论的依据。政策研究是社会主义经济研究的一个部分,但它绝不等于社会主义经济研究的全部内容。经济理论应当是自成体系的、相对稳定的,而经济政策则根据经济理论,结合特定的政治经济形势而制定,甚至在执行中还容许有某种程度的弹性。经济政策可以而且必须按照客观政治经济形势的变化而相应地调整,并在政治经济形势发生根本的变化之后自然地被新的经济政策所代替。经济理论则不能随时调整,经常变化。把社会主义经济研究变为对现行经济政策的解释,实际上无异于取消经济理论。

第二节 经济学的方法

一、经济学方法与经济理论的关系

任何一种经济学方法都不可能脱离经济理论的指导。当经济学研究者运用某一种方法来分析、研究客观经济现象和过程时,他不是以这一种经济理论为指导,就是以那一种经济理论为指导。同一种经济学的方法,可以被持有不同理论观点的人所运用。在它被人们根据不同的经济理论用来分析、研究同一种经济现象时,可以起不同的作用,得出不同的结论。不仅如此,在持有不同理论观点的经济学研究者运用同一种经济学方法进行研究时,这种方法很可能被他们按照各自的理论观点的要求加以改造,以致不再表现为一般的方法,而变成了适应于不同的理论观点要求的某种特殊的方法。

二、根据所研究的课题采取不同的方法

经济学的方法是进行经济分析、研究的一种手段。一个经济学研究者究竟采取什么样的方法,要根据他所研究的课题作

出抉择。

关于经济学的方法,可以从各个不同的角度来分类。一般地说,在经济学研究中可以采用以下这些方法:

1. 演绎和归纳;
2. 宏观经济分析、微观经济分析和数量结构分析;
3. 静态分析和动态分析;
4. 纯经济分析和综合分析。

从不同的角度出发划分的各种方法之间存在着交叉的关系,这些方法并不一定是相互排斥、非此即彼的。在经济学研究中,可以按照所研究的特定的课题,采取一种或几种分析方法。由于各种方法有相互补充的作用,所以经济学的研究者可以同时运用多种方法,以符合研究的要求。

在经济学研究中,为了便于对复杂的经济现象和经济活动过程进行分析,可以从简单的分析着手,然后再由简单的分析转入复杂的分析。例如,在经济学研究中,根据所研究的课题的特点,有时可以先假定其他条件不变或其他因素不起作用,然后再把其他条件的变化考虑在内,把其他因素的作用考虑在内,这样,静态分析不一定不如动态分析,因为静态分析有它的特点和用途;纯经济分析也不一定不如综合分析,因为纯经济分析也有它的特点和用途。[①]

三、经济学研究的精密化和非精密化

随着经济学研究的越来越深入,随着自然科学的进展和各

---

① 参看第二章第四节。

门学科之间相互联系的加强，经济学研究中的数量分析，将越来越受到重视。经济学的数量化是为了使经济学的表述更加精确。尽管数量分析的技术和手段仍有不断改进的必要和可能，但经济学研究需要数量化，需要有经济计量的分析，这是没有疑义的。然而要知道，经济学的数量化并不是经济学研究的唯一趋势。问题不在于有没有可能使经济学中所有的表述都那么精确，问题在于有没有必要使经济学中所有的表述都那么精确。

经济学中有一些问题可以有精确的表述，但经济学中也有不少的问题更需要的是粗线条的研究。经济学研究的非精密化有非精密化的好处，正如精密化有精密化的好处一样。事实上，不仅太精确的分析在不少经济问题的研究中是不必要的，而且太精确等于不精确，过于精确反而会得到相反的后果。

经济学研究中的非精密化并不等于不作细致的分析，不作认真的研究，或者不做踏实的资料收集和整理工作。非精密化主要是指在研究中不要被形式上的精密所蒙蔽，而忽略了对总体的了解。精密化和非精密化实际上既是两种不同的研究方法的区别，又是两种不同的研究指导思想的区别。在研究中要考虑可行性问题。精密化不一定可行，可行的不一定精密化。在这个意义上，可行就是优，精确但不可行，那就不是优。

因此，经济学研究中的精密化和非精密化这两种趋势，今后将长期并存。它是经济学研究的特殊性的一种反映，也是经济学研究所要解决的任务向研究方法提出的要求。有些研究课题需要精密化，也有一些研究课题需要非精密化，还有一些研究课题，需要同时从精密化和非精密化两个角度来进行探讨。一般地说，属于较低层次的许多研究课题往往需要精密化的研究，以确定其数量界限;层次越高,非精密化研究所占的比重往往越大。一个经济学的学习、研究者既应当懂得精密化的重要性和局限性,也应当懂得非精密化的重要性和局限性。不应当对经济学研究中的这两种趋势中的任何一种趋势有片面的理解。

第三节 经济学的生命在于创新

一、把马克思主义的普遍真理同我国的具体实际结合起来

经济学同任何一门科学一样,它的生命在于创新。

在社会主义政治经济学的领域内,创新是指马克思主义基本原理同社会主义国家的具体实际相结合,研究经济中的新情况,解决社会主义经济建设面临的新问题,提出新的论点。所谓马克思主义过时的论调,是完全错误的。马克思主义没有过时,也不会过时,因为它是科学的理论,它是不断结合新的实际而发展的理论。以经院式的态度来对待经典作家的语录,把经典著作中的个别公式和结论奉为永远不变甚至不容修改的教条,这不是维护马克思主义,而是对马克思主义的曲解。

本着为社会主义革命和社会主义建设负责的精神,为科学负责的精神,也就是为马克思主义本身负责的精神,经典著作中没有讨论过的问题,我们可以提出来讨论,提出自己的看法;经典著作中已经讨论过的问题,我们也可以重新提出来讨论,如果发现在新的情况下有必要对原来的结论进行修改、补充,而且这样做了,那也完全是正常的事情。一部经济学作品是不是遵循

马克思主义基本原理，并不是看它引用了多少条马克思主义经典作家的语录，不是看它的每一个论点是否都在马克思主义经典著作中找到了出处，而是看它是否运用辩证唯物主义和历史唯物主义的立场、观点、方法来研究经济现实，提出符合实际的新见解。只要我们真正意识到马克思主义只有向前发展才富于生命力，我们就会认真地联系实际，思考问题，用实践的标准来检验经济学论点，而不会把自己限制在经院式的研究之中。

二、马克思主义经济理论将依靠集体的智慧不断丰富和发展

每一个经济学的学习、研究者都应当自觉地把自己看成是经济学创新队伍中的一员。这就是说，每一个经济学的学习、研究者都应当有"创新意识"。

经济学的创新不是个别人的任务，也不是个别人所能够完成的。经济学作为一门紧密联系实际的社会启蒙和社会设计的科学，通过一代又一代人的集体智慧积累而发展起来。后人在前人已有的研究成果的基础上，推陈出新。后人不超过前人，经济学就停滞不前，经济学的生命也就完结了。因此，谁是经济学的创新者？是我们大家，是成千上万名学习经济学、研究经济学以及从事实际经济工作的普通人。我们谁也不要轻视国内围绕着某些经济理论和应用问题而展开的一次又一次学术讨论，我们谁也不要小看国内各种刊物上所发表的有关经济问题的一篇又一篇大大小小的文章，同样，我们谁也不要忽略那些不曾公开发表，而通过工作总结、工作报告、社会经济调查、政策建议等形式提出的各种不同的观点。许多经济问题的研究正是通过大家

的讨论,集思广益,而越来越深入的。我们大家都可以这么说:我们也曾参加了经济学界的大讨论,我们也曾为经济学的创新贡献了自己的微薄的力量。

经济学的创新是无止境的。马克思主义关于社会主义经济建设的理论要依靠集体的力量和智慧来丰富和发展。社会在发展,时代在前进,社会主义政治经济学不应该也不可能停留在已经达到的水平上。我们没有任何理由为经济学研究中已经取得的成就感到满足。不但今天如此,将来也永远如此。

三、经济学的争鸣和繁荣

社会主义政治经济学理论体系至今仍然处于探索阶段,社会主义政治经济学中若干重大的理论问题还需要继续深入地展开研究和讨论。因此,要使社会主义政治经济学理论体系成熟、完善,要在这些重大的理论问题上取得比较一致的看法,肯定不是短期内所能实现的任务。在研究过程中,将会在马克思主义的理论指导下,出现持有不同观点的社会主义政治经济学的各个学派。学派的划分主要不是分析方法的区别。学派划分的依据首先是基本理论观点的不一致。这里所说的基本理论观点的不一致,并不涉及对社会主义制度本身的态度,而主要是指对社会主义经济运行的看法,对影响社会主义经济活动的各个有关因素的作用的看法,以及对若干经济现象和经济问题的出现原因、发展趋势及其影响的看法等而言。

经济学的争鸣是经济学繁荣的必由之路。在社会主义政治经济学研究中所出现的各有特色的不同学派,将为社会主义政治经济学的进一步发展共同作出努力。这些学派将在越来越高的层次上进行学术争论,这将标志着中国社会主义政治经济学研究质量的不断提高。

四、经济学工作者的社会责任感

本书是供广大的社会主义政治经济学初学者学习的入门读物。因此,在本书行将结束的时候,有必要向读者们谈谈学习社会主义政治经济学的目的问题。

正如前面已经说明的,经济学是社会启蒙的科学和社会设计的科学。我们学习经济学,研究经济问题,是为了认识世界和改造世界。我们学习经济学的目的正是同经济学的社会启蒙作用和社会设计作用联系在一起的。我们应当认识时代所赋予我们的使命。在认识到这一使命后,我们就会产生迫切要求实现这一使命的心情,这就是我们作为一个经济学工作者的使命感,也就是我们的社会责任感。

经济学作为社会启蒙的科学,说明经济学工作者的责任就是一个教育、宣传、评论工作者的社会责任。我们要通过自己的研究,来鉴别经济中的是非曲直,给人们以知识、力量和信心。我们要敢于揭露那些不利于社会主义经济建设和不利于实现社会主义生产目的的经济行为,我们要敢于反对那种只能使人们沮丧、彷徨、失望,使社会走向愚昧无知,使历史止步或倒退的经济学说教。这就是我们的社会责任所在。经济学作为社会设计的科学,说明经济学工作者的责任就是一个经济政策研究者、一个经济发展战略探索者的社会责任。我们要通过自己的研究,来规划、设计我们的经济前进的途径和步骤,供决策者参考、借鉴、比较。我们要善于从中国的实际出发,分析问题,解决问题。

不联系实际的经济学工作者,是完成不了经济学的社会设计工作的。因此,为社会主义经济建设而贡献自己的智慧和力量,这同样是我们的社会责任所在。

我们知道,在革命胜利以前的环境中,宣传马克思主义是冒风险的。在经济学领域内,许多前辈在这方面作了不少努力,终于使马克思主义的经济学在中国得以传播。但我们是否懂得,在革命胜利以后的环境中,宣传发展了的马克思主义有时也要冒风险。在从二十世纪五十年代下半期到党的十一届三中全会这一段漫长而又难忘的日子里,在经济学领域内,不是有不少经济学工作者由于在发展马克思主义方面进行了一些探索,从而遭到了不公正的待遇么?当然,这些已经是过去的事了。但不要忘记,学术界的自由讨论环境,还有待我们大家继续创造。作为一个认识到时代赋予的使命的经济学工作者,应当时时刻刻牢记自己的社会责任。我们是对科学负责,对社会主义事业负责,对历史负责,对后人负责的。为了在坚持马克思主义的基础上发展马克思主义,把我们的经济科学提到新的高度,我们应当不畏险阻,不怕被别人误解,不怕遭受挫折,坚持不懈地在社会主义政治经济学领域内大胆探索、开拓、前进。

青年读者们,希望你们经常这样地问问自己:我是不是忘记了经济学的社会启蒙作用和社会设计作用?我是不是忘记了时代所赋予经济学工作者的历史使命?对于一个经济学工作者来说,难道还有比立足现实,发展马克思主义经济学说,解决社会主义经济建设中的实际问题,更值得去从事的么?

后　　记

本书初稿完成后,曾同刘天申、杨德明、彭松建、厉以平、鲍寿柏、罗知颂、曹凤岐、朱善利、王家卓、车耳、刘伟、何小锋、厉放、章铮、平新乔、李琪、肖麟、厉伟同志进行讨论,听取了他们的意见。

在我用初稿对北京大学经济管理系本科一年级和经济管理干部专科一年级学生讲授时(72学时:周学时4,共18周),孙来祥、席涛同志担任辅导和答疑。

中国社会科学院经济研究所俞敏声、于渝生、胡淑珍、李树志、刘实同志,为本书基本论点讲授提纲的刊印,做了不少工作。

本书写作大纲在《红旗》杂志1985年第13期刊出后,不少读者来函给予鼓励。此后,我曾应邀先后在厦门大学、中国社会科学院研究生院、中国人民银行总行研究生部、国家计委培训中心、国家经委培训中心、国家体改委讲习班、福建省委党校、桂林空军炮校、湖南财经学院、湖南商学院等单位就本书的体系和结构作过专题报告,得到了广大听众的鼓励。

在北京市海淀区职工大学举办的"社会主义政治经济学讲座"上,我用51学时(周学时3,共17周)把本书初稿系统地讲授了一遍。听课的除海淀区职工大学的学生而外,还有北京、天津、苏州一些高等学校的经济学教师。在讲授过程中,我向他们征求了意见。

商务印书馆胡企林、吴衡康、王涌泉同志关心、支持本书的写作,并在出版方面提供很大的方便。

在此,谨向以上这些同志致以谢意。

最后,还应当感谢我的妻子何玉春,她是最早知道我要撰写这样一本《社会主义政治经济学》的人,也是本书初稿的第一个读者。虽然她的专业不是经济学,而是发配电,但我们常在一起讨论电力系统运行的特征同经济运行的特征的比较,讨论电力系统运行中的调节是否对经济运行的调节有可供参考之处。我在同她的讨论中,得到了不少启发。

厉 以 宁

1986 年 5 月 4 日于北京大学